KB203951

하얀나라 공사장

하얀나라 공사장

이신현 지음

코람데오

CONTENTS

01.
공중 대 축제

    이 날은 대한민국의 휴일이었다. 일천 구백 십구 년에 있었던 기미 독립 운동을 기념하는 국가 공휴일이었다. 대부분의 사람들이 자기 집 대문이나 창틀에 태극기를 꽂아놓고 조용히 하루를 보내고 있었다. 그러나 밖으로 나가기를 좋아하는 사람들은 자신들이 원하는 산이나 바다, 강 혹은 유원지로 나갔다. 그런가 하면 일제의 압박을 경험했던 상당수의 노인들은 자꾸 희미해지고 있지만 그 날의 외침을 추억처럼 기억하고 있었다. 일인들의 보복은 너무 잔인했지만 그래도 그 동안에 쌓였던 체증들을 말끔히 털어내는 후회 없는 감격의 순간이었던 것이다. 그러므로 이 지상을 떠날 날이 얼마 남지 않은 그들에겐 이 날이 잔칫날처럼 여겨지기도 하였다. 그러나 일인들의 야욕과 잔인성을 경험하지 못한 세대들은 특별한 감정 없이 이 날을 보내고 있었다.

    여하튼, 삼일절은 대한민국의 국민들에겐 여러 감정들이 교차하는 날이었다. 일인들은 아직까지도 자기 민족이 다른 민족에게 행하였던 무서운 죄악들을 뉘우치지 않고 있었기 때문이다. 그들은 여전히 위안부 문제를 자기들 나름대로 해석하고 있었다. 그토록 야만적인 행동을 오랜 기간 동안 하였음에도 불구하고 여전히 당당한 모습을 보이고 있는 것이었다. 그리고 그러한 행동을 했던 때의 군대를 다시 갖고자 법을 바꾸고 있었다. 유대인들을 학살하고 크게 반성함은 물론, 지금까지도 피해자들을 발굴하여 배상을 해 주고 있는 저 독일인들의 모습과는 너무나 다른 모습인 것이다. 그래서 한국의 의식 있는 그리스도인들은 일본에서 기독교가 확산되지 않고 있는 가장 큰 이유를, 일본인들이 기독교에서 가장 중요하게 여기는 회개를 하지 않는 민족성을 가지고 있기 때문이라고 생각하고 있었다. 그들의 연약성은 이것만이 아니다. 참으로 놀라운 사실은 일본인들은 언제부턴가 한국의 중요한 섬 중의 하나인 독도가 자기들 땅이라고 말하고 있었다. 그리고 이제는 독도를 국제법을 통하여 자기들의 땅으로 만들겠다는 이해할 수 없는 행태를 보이고 있었다. 그들은 자기들이 하는 행동이 대한민국에 전쟁을 선포하는 행위라는 것을 모르는 듯 했다.

한국인들에게 있어서 삼일절이란 단지 일인들에게만 국한되는 그런 단순한 것이 아니었다. 저 북녘의 동포들과도 연관되어 찜찜한 무엇이 엉켜 있는 그런 복잡한 것이었다. 마치 해가 나왔지만 한 쪽에는 여전히 검은 비구름이 잔뜩 끼어 있어서, 씨가 담긴 그릇을 들고도 담대히 논밭으로 나가지 못하는 농부들의 마음과 흡사한 어떤 느낌이 존재하고 있었다. 삼천리 강산을 반으로 가른 저 분단의 철책이 삼일절에도 저들의 의식을 은밀히 흔들고 있었던 것이다. 일인들이 물러간 후 민족의 번영은 곧 찾아올 것 같았다. 그러나 얼마 있지 않아서 그 번영 대신 공산주의라는 깃발을 흔들며 소련제 탱크가 이 강산으로 굴러왔다. 그리고 동족상잔의 가공할 전쟁이 이 땅을 피로 물들였다. 그 처참한 죽고 죽이는 광경들을 이 땅의 많은 사람들이 여전히 기억하고 있었다.

이 날 국가 차원의 정식 기념행사는 천안에 있는 독립 기념관에서 진행

되었다. 대통령과 정부 고위 인사들이 그 곳에 모였다. 또 아직 생존해 있는 독립 유공자들도 초청되어 자리를 좀더 무게 있게 만들었다. 비중 있는 국가 기념행사답게 애국가도 사절까지 불렀다. 독립 선언문이 다시 한 번 낭독되었고 만세도 불렀다. 대통령은 기념사에서 이제 우리나라가 세계를 향하여 당당히 나아가 우리의 역할을 다해야 한다고 말했다. 대통령의 연설에는 힘이 있었고 자신감이 넘치고 있었다. 국민들 중에는 대통령의 이 같은 자신감이 같은 날 폐막식을 가진 동계 올림픽과 관련이 있을 것이라고 추측하는 이들이 많았다. 한국 선수들이 금메달과 은메달, 동메달을 많이 땄던 것이다. 종합 성적이 세계 십위 안에 들었던 것이다. 그것이 어떤 분야이든 세계 십위 안의 성적은 굉장한 것이다. 대한민국보다 면적이 넓고, 인구도 많고, 자원도 많은 나라들이 부지기수인데 그들을 모두 제치고 그 정도의 성적을 거두었다는 것은 기적이라고 표현해야 옳을 것이다. 대한민국은 최근에 와서 기적이라 말할 수 있는 여러 일들을 세계만방에 자주 알리고 있었다. 일부 국민들은 대통령이 여기에 고무되어 자신감 있는 연설을 한다고 믿었다.

사실 대한민국 국민들은 이번 동계 올림픽을 통하여 마음들이 한껏 고양되어 있었다. 커다란 자신감을 얻은 것이다. 그만큼 선수들이 경기를 잘했던 것이다. 그들은 최선을 다하여 달렸고 빙판 위에서 춤도 멋지게 추었다. 세계가 온통 대한민국을 주시하며 함께 열광할 수 있는 멋진 경기를 보여 주었다. 한국 선수들은 세계에서 가장 큰 대륙이자 사철 눈이 쌓여 있는 러시아를 제쳤고, 세계에서 세 번 째로 큰 나라인 중국까지 앞질렀다. 이렇게 되자 온 세계가 대한민국을 보고 열광할 만도 했다.

그런데, 참으로 놀라운 사건이 있었으니 그것은 저 공중의 영계(靈界)에서도 대한민국이 가장 문제의 나라로 지목되어 열띤 토론의 대상이 되어 있었다는 사실이다. 더욱 괄목할 만한 사실은 바로 이 날이 사탄이 다스리는 저 공중제국의 대 축제일이었다는 사실이다. 마귀의 왕국인 공중의 세계에서는 인간들이 올림픽을 개최하는 것처럼 정기적인 축제가 있는 게 아니었다. 공중의 지배자인 마왕(사탄)은 워낙 변덕이 심해서 무슨 일을 정기적으로 하는 경우가 없었다. 변덕이 죽 끓듯 하여 계획이 금방 변하곤 했기 때문이다. 그 아래 있는 참모들(신하들)도 똑같이 변덕이 심한 자들이어서 마왕의 계획이 수시로 변하는 것을 함께 즐기고 있었다.

그러나, 이번에는 마왕이 수년 전부터 발설해 온 대 축제를 실제로 거행한 것이었다. 그것도 대한민국의 삼일절에 공중제국의 대 축제를 거행한 것이었다. 마왕이 한국의 삼일절을 자기 왕국의 축제일로 잡은 것은 어떤 의도가 있기 보다는 우연의 일치였다. 일단 그들 입장에서 볼 때는 그랬다. 마왕은 무슨 일을 하든지 제멋대로 했다. 그의 아래는 무수한 참모들이 있었지만 한 번도 그들의 의견을 진지하게 수렴하여 일을 집행한 적은 없었다. 그는 오직 자기의 욕망을 성취하는 데 참모들의 의견을 적절히 이용할 뿐이었다. 참모들 역시 마왕의 그러한 태도가 이상적인 지도자의 태도라고 믿었다. 마왕이 거짓의 명수요, 잔인한 살인자며, 계교와 술수에 뛰어난 영물(靈物)이라는 것은 항상 그들의 자랑이었다.

공중제국의 대 축제는 술판이 하이라이트였다. 마왕은 무수한 술통들을 미리 준비해 놓았다. 술이 가득 담긴 술통들은 어떤 특징을 지니고 있었다. 미국의 죄수들이 입는 옷처럼 통의 외형은 굵은 줄무늬가 죽죽 그어진 형상이었다. 이 통들은 보통 일미터 정도의 높이에 보통 사람들이 양팔로 안을 만한 원통모양을 하고 있었다. 마왕은 세상에서 술을 주관하는 마국주(마귀제국의 주관,酒官)에게 술이 가득 담긴 이 술통들을 준비시켰던 것이다. 그런데 참으로 놀라운 사실은 저들이 술이라고 말하는 통속의 붉은 액체들은 모두 다 피였다. 예수 그리스도를 믿다가 생명을 잃은 성도들의 피였다. 마왕이 어떤 식으로 해서 순교자들의 피를 이렇게 많이 모았는지는 마국주와 그의 졸개들, 그리고 마왕밖에는 몰랐다. 여하튼 공중제국의 일인자인 옛 뱀이라고도 하고 마귀라고도 하는 사탄은 순교자들의 피를 모아 통속에 담아 놓고 있었던 것이다. 그리고 저들의 회합이나 축제가 있으면 이 피를 술이라고 말하며 내놓았다. 그리고 자기의 참모들에게 직접 잔을 돌리며 함께 마셨다. 오늘도 예외는 아니었다. 마왕은 그 어느 때보다도 기분이 좋아서 연신 껄껄 웃으며 계속 잔을 돌렸다.

마왕은 상아를 으깨서 만든 하얀 몸체에 황금구슬을 무수히 박은 큰 잔을 들었다. 이 잔은 마왕이 특별한 귀신들에게 술을 부어 줄 때만 사용하는 잔이었다. 그래서 이 잔을 포잔(포상하는 잔)이라고 하였다. 마왕은 마국주에게 자기가 든 포잔에 술을 가득 부으라고 말했다. 마국주는 곧 그 번쩍거리는 잔에 술을 가득 채웠다. 그러자 마왕은 좌중을 둘러보면서 말했다.

"오늘은 참으로 기쁜 날이다! 그 동안 우리들은 저 유럽의 교회들을 우리들의 뛰어난 지략과 술수를 통해 초토화시켰다. 아직 미세한 세력들이 남아 있긴 하지만 그것들은 이미 병이 들어서 다시 일어나진 못할 것이다. 빌빌거리며 켁켁거리다가 모두 죽을 것이다. 미국의 교회들도 마찬가지다. 저것들도 이미 많이 병들어 죽었고, 나머지도 저들이 먹는 음식에 독을 뿌려 놓았으니 얼마 있지 않으면 우리들이 풀어놓은 독에 내장이 썩어서 모두 쓰러질 것이다. 이제 곧 우리들이 이 세상을 완전히 장악하는 순간이 올 것이다. 저 가련한 인생들 모두가 우리의 발 앞에 머리를 조아리고 흐느껴 울면서 생명을 구걸하는 순간이 올 것이다. 오늘 우리들은 이 놀라운 승리의 기쁨을 나누고 있다. 이 얼마나 기쁜 날이냐. 나는 오늘 특별히 마국지(마귀왕국의 지관,知官)에게 이 포잔을 건네고 싶다. 자, 마국지는 내 앞으로 나오라!"

마왕의 이 말이 떨어지자 마왕의 오른 쪽 세 번째에 앉아 있던 마국지가 자리에서 일어났다. 그는 조심조심 몇 발짝 걸어서 마왕 앞으로 갔다. 지금까지 마귀의 명을 받아 숱한 인간들을 거짓 지혜로 속여 지옥으로 보낸 아주 흉물스런 존재였다. 그러나 다른 귀신들에 비해 특별하게 다른 점은 없었다. 수염이 길고 머리가 벗겨져 번들거리는 외관이 좀 고상하게 보일 뿐이었다. 물론 귀신들은 제 모습이란 게 없었다. 인간을 미혹하기 위해서는 언제든지 다른 모습을 할 수 있었기 때문이다. 마국지는 마왕 앞에 오거나 귀신들의 모임이 있을 때엔 항상 지금의 모습을 하곤 하였다. 이것은 세상에서 지식인이나 지혜자들을 꾈 때 내보이는 모습이었다. 마국지가 앞에 오자 마왕은 흡족한 표정으로 잔을 건네며 말했다.

"마국지, 너는 참으로 위대한 존재이다! 너의 술책에 지금까지 안 넘어간 인간들이 없었다! 하나님의 말씀인 저 두려운 성경을 인간이 창작한 문학작품 내지는 이스라엘의 조작된 역사책이라고 기묘하게 설득하는 그 지혜를 누가 주었느냐?"

"당연히 대왕 폐하께서 주신 것이옵니다. 황공하기 그지없습니다 폐하."

"쿠하하하~ 너는 참으로 나의 사랑스런 충복이다! 전 유럽의 교회들을 네가 나의 지략으로 평정했으니 자 한 잔 크게 받아라! 오늘 함께 취해보자! 쿠하하하~"

마국지는 마왕이 주는 포잔을 두 손으로 조심히 받았다. 그리고는 고개를 숙인 채 뒷걸음질쳐 몇 발자국 물러났다. 그는 고개를 살짝 돌리고는 포잔을 입으로 가지고 갔다. 그는 꿀꺽꿀꺽 소리를 내며 마치 물 마시듯 술을, 아니 순교자들의 그 붉은 피를 마시기 시작했다. 그는 단숨에 잔을 비웠다. 그의 입술과 입술 주위엔 붉은 피가 묻어 있었다. 그는 마치 영화 속의 드라큘라와 흡사했다. 사람의 목을 물어 이제 막 피를 흠씬 빨아먹은 흡혈귀의 흉측한 모습을 하고 있었다. 사람들이 보면 기겁을 하고 졸도도 할 수 있는 모습이었다. 마왕과 마왕 주위에 둘러앉은 수많은 참모들이 마국지의 이 모습을 보고 있었다.

마국지는 잔 안에 붉은 핏방울이 남아 있는, 번쩍이는 빈 포잔을 양 손으로 높이 쳐들었다. 그리고는 그 자리에 모인 모든 귀신들(타락한 천사들)에게 보였다. 마치 올림픽 메달 시상대 위에서 메달을 받은 선수가 주위의 온 관람객들에게 꽃다발을 높이 들어 인사를 하는 것 같았다. 사실 올림픽 시상대 위에서 메달리스트가 꽃다발을 높이 드는 것과 귀신들이 축제 때에 마왕이 준 포잔을 비우고 그것을 번쩍 드는 것은 같은 의미를 지니고 있었다. 포잔은 곧 마왕이 주는 금메달과 같은 것이었기 때문이다. 마국지는 유럽의 교회들을 파괴시키고 미국의 교회들을 변질시킨 최고의 공로자였다. 그는 이 공적을 인정받아 오늘 공중 대 축제에서 마왕의 포잔을 받았던 것이다.

마왕이 포잔을 높이 들자 박수가 터져나왔다. 여기저기서 휘파람도 불었다. 마왕도 흡족한 표정을 지으며 박수를 쳤다. 마국지는 그 박수소리에 한껏 고양되어 어쩔 줄을 몰랐다. 엉덩이가 근질근질 하고 전신이 간질간질하여 연신 몸을 비틀었다. 머릿속이 온통 헛된 지혜로 가득한 마국지는 자신의 능력을 인정 받는 순간엔 슬슬 장난기가 발동했다. 그는 오래 전 로마의 교회들을 교황 중심의 로마 가톨릭으로 완전하게 변질시켜 그 공로로 이 포잔을 받은 적이 있었다. 이 때도 그는 주위에서 터져나오는 박수의 힘을 이기지 못하고 결국 궁둥이 춤을 추었었다. 발동하는 장난기를 제어하지 못하고 궁둥이를 흔들었던 것이다. 이번에도 그는 슬슬 궁둥이를 돌렸다. 그가 궁둥이를 돌리는 모습은 예전 같지 않았다. 상당히 세련되어 있었다. 그는 인간들이 TV에 나와 궁둥이를 신나게 돌리며 노는 모습을 자주 보고 있었다. 그래서 이번엔 그들을 흉내 내면서 제법 구성지게 엉덩이를 돌렸는데 반응이 굉장했다. 아직 술에 취하지 않은 상태인데도 귀신들은 박수로 장단을 쳐 주며 박장대소하는 것이었다. 마왕도 좋아서 어쩔 줄을 몰랐다.

마국지의 궁둥이 춤으로 인해 공중 대 축제는 점점 더 절정으로 치닫고 있었다. 마국지가 잔을 반납하고 자리에 와 앉자 마왕은 기분이 좋아서 자리에서 일어섰다. 그리고는 자기의 정면에 앉아 있는 '마국음(마귀왕국의 음란, 淫亂을 주관하는 귀신)을 일어나게 하였다. 마국음은 공중제국의 참모들 중에서 그 외형이 가장 기묘하게 생긴 존재였다. 큰 키에 머리는 긴 장발을 하고 있었다. 그리고 그 머리카락도 삼분의 일은 노란색, 삼분의 일은 보라색, 삼 분의 일은 분홍색으로 물들이고 있었다. 옷도 망토 형식의 긴 통옷을 입고 있었는데 거기엔 여러 종류의 달팽이들과 뱀들, 기묘한 꽃들, 별들과 달의 무늬가 수놓아져 있었다. 마국음은 최근에 들어와 마왕의 칭찬을 가장 많이 받는 참모 중의 하나였다. 왜냐하면 그는 최근 몇 년 사이에 무수한 교인들을 음란의 수렁으로 끌어들여 파멸시켰던 것이다. 최근에 와서는 큰 교회를 담임하고 있는 목사들을 집중공략하며 여러 명을 쓰러뜨리고 있었다. 지금도 계속 공작 중에 있었다. 마왕은 일어선 마국음에게 말했다.

"마국음이여, 사실 나는 오늘 그대에게도 포상을 주려고 했다. 그러나 둘이서 한꺼번에 포상을 받게 되면 독선과 아집과 자기 자랑을 귀한 덕목으로 여기는 우리 제국의 규율을 약화시킬까 걱정하여 그만 두었다. 그러나 네가 지금처럼 분발한다면 다음 축제 때엔 분명히 네게 포상이 돌아갈 것이다. 오늘 이 흥겨운 자리에서 네가 저 남색하는 거짓 목사를 큰 교단의 총회장으로 세웠던 경험을 한 번 말해보아라."

마국음은 마왕의 이 말에 기묘한 웃음을 띠며 좌중을 한 번 둘러보았다. 그리고는 역시 아주 해괴한 웃음을 얼굴에 덧붙여 그리며 말했다.

"마왕이시여, 그 일이 그렇게 어려운 것이 아니었습니다. 이미 제가 그 교단 안에 우리의 특수요원들을 많이 심어 놓았기 때문입니다. 유럽이나 미국, 호주 등 영어권의 교회들에는 우리의 특수요원들이 요직에서 항상 기회를 노리고 있습니다. 머지 않아 간음을 일삼는 자들과 호모들이 보수적인 교단에도 침투할 것입니다. 아니 솔직히 말씀 드리면 이미 침투해서 은밀하게 작업을 하고 있습니다. 마왕께서는 저만 믿으시면 됩니다. 이제 인생들은 저 노아시대와 같이 색(色)에 집중하고 있습니다. 제가 이미 보고 드린 대로 보수교단이라 하는 곳에도 색에 깊이 빠져 헤어나오지 못하는 인생들이 많이 있습니다. 우리는 지금 최고의 호기를 맞고 있습니다. 큰 교회의 성직자라 하는 이들도 이 부분이 가장 취약함은 자명한 사실입니다. 두고 보십시오. 현재 가장 경건하다 하는 한국의 교회들도 제가 색을 무기로 그것들을 파괴시킬 것입니다. 제가 누구입니까? 저 고대의 다윗과 미국의 잭 하일즈 목사라는 자를 무너뜨린 능력자가 아닙니까. 잭은 한 때 세계적인 목사로 추앙 받았지만 저의 공격에 참새처럼 짹 소리를 내며 싱겁게 무너졌습니다."

"그래, 바로 그 경험을 한 번 이야기해보아라. 커다란 방송국까지 운영했던 그 유명한 잭을 매수했던 그 경험을 한 번 이야기해보아라. 너의 경험담이 오늘 우리의 축제에 큰 즐거움이 될 것이며 우리의 대업에 기폭제가 될 것이다. 그리하여 우리들은 더더욱 악명 높은 공중제국의 전사들이 될 것이다."

마왕은 크게 신이 나서 목소리가 한껏 흥분되어 있었다. 마국음은 다시 표정을 바꾸어 기묘한 미소를 흘리며 입을 열었다.

"기회를 포착하여 색으로 호리면 됩니다. 그 때 잭은 모든 일이 잘 되었습니다. 교회가 크게 부흥되었습니다. 방송국과 신문사, 잡지사와 출판사를 만들었는데 모두 성공했습니다. 그 때 그는 세계적인 목사로 명성을 날렸습니다. 바로 그 기회를 포착한 것입니다. 그 때 그는 그의 생애 중 기도하는 시간이 가장 짧았습니다. 세계 최고의 목사인데 기도하는 시간은 하루 30분도 안 되었습니다. 저는 그 때 세계 최고의 미인 버금가는, 잭 목사

딸 또래의 아가씨를 매수하여 그에게 접근시켰습니다. 그러나 그는 처음엔 살짝 거절했습니다. 하지만 그 아름다운 아가씨가 계속해서 유혹하자 걸려들었습니다. 나중에는 색에 몰입하여 다른 여인들과도 은밀히 쾌락을 추구하다가 결국 발각되어 파멸했습니다. 물론 그로 인하여 우리의 대적인 교회들도 큰 피해를 입었습니다. 그 결과가 어떠했는지는 제가 이미 마왕 폐하께 자세히 보고 드렸었습니다. 이 사건으로 인하여 천국을 가겠다며 교회를 기웃거리던 수많은 엉터리 기독교도들이 다시 우리의 종들로 복귀했습니다. 그리고 그와 관련된 여러 목회자들이 함께 추락하여 많은 교회들이 문을 닫았습니다. 대왕이시여, 그러므로 요는 기회를 잘 포착해야 합니다. 그 기회란 그 인간에게서 기도의 불꽃이 꺼지는 때입니다."

마국음의 이 말에 박수가 터져 나왔다. 그러나 다음 순간 갑자기 축제의 분위기가 가라앉았다. 우선 마왕부터, 이제까지 기쁨에 들떠 흥분되었던 표정은 어디로 가버렸는지 사뭇 심각한 표정을 짓고 있었다. 이것은 마국음의 입에서 나온 기도라는 말 때문이었다. 마귀의 제국에서 가장 싫어하는 단어는 기도였다. 이들은 기도라는 말만 들어도 마치 미꾸라지들에게 소금이라도 뿌려진 듯 이제까지의 모든 흐름이 일시 중단되는 것이었다. 기도는 그들에게 상극이었다. 독약보다도 더 무서운 것이었다. 핵폭탄과 같은 것이었다. 지금도 마국음의 입에서 나온 기도라는 말에 분위기가 즉시 바뀐 것이었다. 옛 뱀이라고도 부르는 마왕인 사탄은 다분히 경직된 표정으로 그 징그러운 입을 열었다.

"그렇다. 기회를 잘 포착하라. 기독교인이라는 것들이 기도하지 않을 때 나비처럼 사뿐히 달라붙어 벌처럼 잽싸게 쏘아라. 알았는가?"

"예 대왕 각하!"

저들의 마음은 잠시 굳어 있었지만 저들이 토하는 큰 소리의 대답은 공중제국의 축제마당을 울렸다. 마왕은 이제까지의 들뜬 표정과는 정 반대의 아주 무시무시한 사탄 본래의 표정으로 돌아와 있었다. 그는 한국에 주둔하고 있는 제이군대의 사령관인 마국아수(세계 육대 주에 주둔하고 있는 마귀제국의 사령관 중 하나로 아시아지역을 담당하는 책임자)를 불렀다. 마국아수는 공중제국에 있는 가장 용맹스럽고 지략이 뛰어난 여섯 명의 전투사령관 중 하나였다. 그는 아주 교활하고 잔인한, 아주 포악스러운 귀신이었다. 다른 오개주의 전투사령관들처럼 그도 매일매일 사람들을 죽이라고 명령하는 게 주 업무였다. 그는 할 수만 있으면 사람의 생명을 죽이고자 우는 사자와 같이 기회를 엿보고 있었다. 물론 그의 부하들이 아시아 전 지역에 좍 깔려서 주어진 업무에 열중하고 있었다. 이를테면 그는 아시아 지역의 인간들을 죽여서 지상과 인연을 끊게 하는 일을 하고 있었다. 그들은 어떻게 해서든지 이 세상의 인간들에게 죽음이라는 검은 장막을 덮어씌우고자 노력했다. 왜냐하면 인간들은 죽음을 두려워하고 죽음으로 인해 가장 큰 고통을 느꼈기 때문이다. 공중제국에서의 가장 큰 기쁨은 하나님의 창조물인 인간들이 고통을 받는 것이었다. 인간들이 고통을 받고, 그로 인하여 자기들을 천국에서 축출한 성삼위 하나님이, 창조주 하나님이 아픔을 느낄 때 그들은 통쾌함을 느꼈다.

하지만, 70년 전에 유럽에서 이 곳으로 근무지를 옮긴 마국아수는 아직 마왕으로부터 포장을 받은 적이 없었다. 유럽교회를 출입하던 수많은 인간들을 미혹함으로 잔인하게 죽여서 천국이 아닌 지옥으로 보낸 그는 그 때 마왕으로부터 딱 한 번 포장을 받았었다. 그리고 그 공로를 인정 받아 교회가 부흥하고 있는 한국으로 오게 된 것이었다. 그리하여 그는 지금까지 한반도에서도 무수한 사람들을 죽였다. 특히 그는 간교한 계략을 통하여 천구백오십 년 육이오 전쟁을 일으키는 데 성공하였다. 그 전쟁으로 인하여 마귀제국에서는 또 한 바탕 축제가 있었다. 그리고 매일매일 사람이 죽는 것을 보면서 즐겼던 그들이었다. 특별히 세상의 여러 국가들이 이 전쟁을 통하여 함께 고통하는 것을 볼 때에 그들의 마음은 다시 천국을 되찾은 것 같았다. 그러나 그럼에도 불구하고 마국아수는 마왕으로부터 포장을 받지 못했다. 왜냐하면 마왕이 가장 심혈을 기울여 파괴 타깃으로 삼고 있는 한국의 교회들이 부흥하고 있었기 때문이다. 마국아수를 한국 땅으로 보낸 것도 사실은 우선적으로 부흥의 불길을 진압하고 그 여세를 몰아 교회들을 박멸하고자 함이었다.

하지만, 그 일은 마왕의 기대처럼 되지 않았다. 육이오 사변을 통하여 북한의 교회들을 모두 부수었지만 남한은 상황이 달랐다. 웬일인지 교회의 파괴에 그처럼 능한 마국아수가 한국에서는 실적이 미미한 것이었다. 제대로 힘을 발휘하지 못하는 것이었다. 아니 오히려 수많은 귀신들이 하나님의 군대인 선한 천사들에게 묶임을 받고 추방 당하는 것이었다. 마왕은 마국아수를 수백 번도 더 불러서 이유를 추궁했었다. 그리고 함께 대책을 논의하였다. 그러나 한국의 교회는 그들이 원하는 대로 되지 않았다. 오히려 보라는 듯이 더더욱 거세게 성장하는 것이었다. 이런 세월이 이어지는 동안 마국아수는 마왕 앞에서 제대로 고개를 들지 못했다. 그러나 마국아수는 최근에 와서 서서히 고개를 들고 있었다. 왜냐하면 전세가 달라지고 있었기 때문이다. 한국의 교회들은 마침내 그들이 원했던 대로 점점 흔들리고 있었던 것이다. 거세게 타올랐던 부흥의 불길은 꺼졌고 내분에 휩싸여 세상의 지탄을 받고 있었던 것이다. 이렇게 되자 마국아수의 처졌던 어깨가 점점 위로 오르는 것이었다.

마국아수가 번쩍번쩍 빛나는 계급장이 달린 제복을 입고 마왕 앞으로 걸어 나왔다. 그는 체격이 컸다. 얼굴 생김도 무시무시하였다. 머리통은 사자와 비슷했고 눈은 독사의 그것과 똑같았다. 단단하고 예리한 고드름처럼 생긴 날카로운 두 송곳니가 입술 밖으로 불거져 나와 있었다. 제복은 악어가죽 몇 개를 포개어 누빈 것으로 그것 역시 아주 징그러운 느낌을 주었다.

마국아수가 앞에 서자 마왕은 물었다.

"마국아수, 그렇지 않아도 오늘 제이군대의 사령부가 있는 한국이라는 나라에 관하여 진지한 논의를 하려고 했다. 그런데 자연스럽게 한국의 문제로 주제가 넘어온 것 같구나. 자, 오늘 이 자리에서 네가 지금까지 경험한 한국의 실상에 관하여 자세히 말해 보거라. 물론 너는 그 동안 나에게 정기적으로 한국의 모든 상황을 보고했었다. 하지만 우리의 이 자랑스러운 동료들이 함께 모인 곳에서는 이야기를 하지 못한 줄로 안다. 오늘 이 즐거운 대 공중제국의 축제마당에 어둠을 가져오는 한국이라는 나라에 관하여 한 번 말해 보거라. 도대체 무엇이 문제이냐?"

마왕의 이 말에 마국아수는 상당히 기분이 나쁘다는, 다분히 찡그린 표정을 지은 채 사방을 한 번 휘이 둘러보았다. 마국아수는 오랜 세월을 마귀제국의 군인으로 보낸 만큼 무시무시하게 생긴 것 외엔 표정이 단순했다. 저 구약성경에 나오는 다윗시대의 장수 요압처럼 무뚝뚝하고, 병술을 익히는 데에만 열심인, 또 그 병술을 현장에서 적용시키는 데에만 관심이 있는, 다분히 그러한 이미지를 풍기는 인상이었다. 그러나 오늘 그는 별로 기분이 좋아 보이지 않았다. 사실대로 말한다면 그는 오늘 조금 긴장한 상태였다. 마왕은 전부터 한국교회의 계속되는 부흥 문제로 마국아수를 은근히 압박했던 것이다. 그리고 최근에 와서는 마국아수를 조금 무시하는 태도를 보이는 것도 사실이었다. 마국아수는 이러한 마왕의 언행이 보통 불쾌한 게 아니었다. 하지만 그는 그러한 진심을 보이지 않으려고 최대한 감정을 절제하고 있었다. 그는 누구보다도 마왕의 성격을 잘 알고 있었다. 변덕이 심하고, 어떤 하급자가 조금만 불순종의 낌새를 보이면 가차없이 처벌하였다. 그 처벌도 아주 잔인하여 한 번 철퇴를 맞으면 어디로 갔는지 마귀제국에서 그 귀신을 다시 볼 수 없었다. 그러므로 모든 귀신들은 마왕의 그러한 통치법에 두려움을 느끼고 있었다. 마왕은 귀신들을 절대복종시키기 위하여 바로 이 두려움이라는 무기를 사용하였다. 마국아수 역시 자기가 한국으로 옮겨 온 후 마왕이 자기에게 대하는 태도가 영 탐탁스럽지 않았지만 마왕을 두려워하고 있었다. 무엇보다도 그는 자신이 제이군대의 사령관 자리에서 잘릴지 모른다는 두려움을 가지고 있었다. 마국아수가 입을 열려고 할 때 저 은하계의 한 별로부터 섬광처럼 빛이 발산되었다. 그러자 그의 제복에 달린 수많은 훈장들이 그 빛을 받아 반짝거렸다. 마국아수가 입을 열었다.

"대왕 폐하도 아시다시피 한국이라는 나라는 이 지상에 있는 아주 유별난 나라입니다. 땅도 넓지 않고 자원도 없습니다. 개인개인을 보면 인간성도 좋지 않은 편입니다. 둘만 모이면 부딪치는 엽전민족이라는 비평이 옳습니다. 모래알 족속이라는 말이 이 민족을 제대로 표현한 말입니다. 오죽하면 지들 끼리 싸워서 그 조그마한 나라가 남과 북으로 쪼개져 있겠습니까. 저 북쪽을 보십시오. 하는 행동들이 야만인과 다를 게 뭐가 있습니까. 대왕 각하의 말에 그 정도로 순종을 잘하는 인간들은 아직 이 지상에 나타나지 않았습니다…"

마국아수의 목소리가 다분히 흥분된 어조로 점점 높아가는 것을 보고 마왕은 손바닥을 쫙 편 오른손을 번쩍 들며 입을 열었다.

"마국아수, 지금 너의 감정을 폭발시키라는 게 내 말의 의도가 아니지 않는가! 한국이라는 나라에서 왜 아직도 교회들이 부흥되고 있는가를 말하라는 것이야!"

마왕의 말엔 짜증과 압력이 짙게 배어 있었다.

"알았습니다 각하!"

마국아수는 놀란 표정을 지으며 말을 이었다.

"제 경험에 의하면 이 나라는 우리가 헤아리기 어려운 묘한 특징이 있습니다. 언뜻 보면 인간들이 엉터리 같은데 다른 민족들이 갖지 못하고 있는 어떤 장점들을 가지고 있습니다. 이를테면 이웃들이 어려움을 당할 때엔 어려운 자기의 형편을 개의치 않고 자기 것을 기꺼이 나누어 주며 동정을 합니다. 위로하려고 합니다. 그래서 어려울 때엔 하나가 됩니다. 그리고 어떤 인간들은 예수를 목표로 삼고 자신도 그와 같이 깨끗하게 살려고 몸부림을 치기도 합니다. 그 열심히 대단해서 아주 도를 닦습니다. 그것만이 아닙니다. 이 인간들은 자신만이 최고라며 서로 치열하게 싸우지만 신을 섬기는 데엔 일등입니다. 이 사람들만큼 예수를 열렬히 섬기고, 대왕 각하를 열렬히 섬기는 인간들이란 지구상의 다른 곳에서는 찾아볼 수 없습니다. 지가 구세주라고 말하는 인간들이 수십 명이나 활동하는 나라가 이 세상 어디에 또 있겠습니까. 물론 그들은 우리가 세운 허수아비들이지만 말입니다."

이 때 마왕이 또 바닥을 쫙 편 손을 들었다. 그리고는 말했다.

"마국아수, 주위를 한 번 둘러보거라. 지금 우리 제국의 모든 장관들과 지혜자들이 짜증을 내고 있어요. 그 정도는 여기에 있는 대다수 동료들이 다 알고 있단 말이다. 본론을 말해야지. 자꾸 말을 빙빙 돌리면 짜증을 내지 않겠나. 그리고 우리의 전사들을 무식하게 보지 않겠나. 인간이나 우리 제국의 전사들이나 다 단순하고 무식하다고 하지 않겠느냐 말이야. 본론을 말해요 본론을. 마국아수, 유럽교회를 무너뜨릴 때의 그 지략과 용맹은 모두 어디에다 버린 거야? 왜 그렇게 내 말귀를 못 알아들어. 분위기 파악을 못 하느냐구!"

마왕의 이 말에 마국아수의 얼굴이 순간적으로 심하게 일그러졌다. 그러나 마국아수는 이 자리가 아주 중요하며 또 위험한 자리임을 알고 있음으로 곧 표정을 고치며 말했다.

"대왕 각하, 제가 잠시 실수한 것을 용서해 주시기 바랍니다. 이제 본론을 말씀 드리겠습니다. 제가 한국의 교회들을 아직까지도 박멸시키지 못하고 있는 것은 기도의 화력 때문입니다. 한국의 기독교도들은 기도에 열심입니다. 특별히 동터 오는 새벽에 모여서 기도를 합니다. 이것은 세계 어느 나라에서도 유례를 찾을 수 없는 기도법입니다. 이 화력이 너무 뜨겁습니다. 이 기도의 위력은 너무 강하여 우리의 모든 계략이 종잇장처럼 타버리고 맙니다. 우주만물이 기지개를 켜는 새벽 첫 시간에 저들 한국의 크리스천들은 막강한 기도의 포탄으로 우리의 진지를 초토화시켜 버립니다. 그러면 우리들이 그 날 저들을 점령하려고 구상했던 모든 계획들이 여지없이 구겨지고 나중에는 연기처럼 사라져 버립니다. 이 무서운 기도의 포탄들을 맞아보지 않은 자들은 그 가공할 실상을 상상도 하지 못합니다."

"마국아수, 우리가 지금 한국 기독교도들의 기도 포탄에 맞는 우리의 패배를 시인하고 그 쓴 맛을 되씹으려고 여기에 모인 게 아니다. 지금 우리들에게 중요한 일은 그들의 기도줄을 모두 끊어버리고 기도의 입들을 철저히 막아버리는 일이다. 그리하여 한국의 교회들을 와해시키고 철저하게 파괴시키는 일이다. 여기에 대한 효과적인 대책이 요구된다는 말이다."

이 때 마국재(마귀왕국의 재물을 관장하는 재무관)가 자리에서 일어났다. 마국재는 체격이 크고 두 눈이 부리부리하게 생긴 귀신이었다. 언뜻 보면 그의 툭 튀어나온 두 눈은 개구리의 그것을 연상하게 하였다. 그러나 그는 비록 두 눈이 튀어나왔다 해도 상당한 지략이 있고 주변머리가 있는 귀신이었다. 무엇보다도 재물을 다루는 데 탁월한 재능을 가지고 있었다. 그는 재물을 가지고 인간을 꾀는 기막힌 기술들을 알고 있었던 것이다. 그가 입을 열었다.

"대왕이시여, 마국아수 사령관을 너무 질책하지 마십시오. 한국 기독교도들의 기도 화력은 정말 가공할 화력입니다. 그 불 앞에서 타버리지 않을 것은 아무 것도 없습니다. 하지만 제가 분명하게 말씀 드리지만 그 화력이 점점 약해지고 있습니다. 마국아수 사령관이 너무 긴장하여 그것을 먼저 보고하지 못했는데 사실이 그러합니다. 지금 한국의 기도 화력은 전에 비하면 그 힘이 현저하게 약해졌습니다. 왜 그런 줄 아십니까? 바로 제가 공작을 펴고 있기 때문입니다. 제가 한국의 기독교도들에게 계속 재물을 던져주고 있습니다. 기도를 그치게 하는 최고의 약은 재물을 던져 주는 것입니다. 그리하여 나중에는 그 재물의 맛에 취하여 예수의 은혜를 잊어버리도록 하는 것입니다. 예수가 십자가에서 흘린 그 붉은 피의 사랑을 별 가치가 없는 것으로 인식시키는 것입니다. 아무리 열심히 기도하는 기독교도도 일단 재물이 생기고 생활에 여유가 생기면 예수와의 관계에 금이 갑니다. 균열이 오는 거지요. 하나님과 만나는 시간이 줄어들기 때문입니다. 제가 이미 연구해서 보고를 올렸지 않습니까. 지금 한국의 기독교도들도 점점 돈이 많아지고 있습니다. 제가 전처럼 그들의 사업장이나 직장에서 훼방을 놓지 않고 있습니다. 어떻게 하든지 돈을 많이 버는 쪽으로 도움을 주고자 노력하고 있습니다. 물론 하나님이 그들을 복 주시지만 저도 그 쪽을 돕습니다. 저들이 돈을 많이 벌도록 여건을 조성하고자 노력하고 있습니다. 교회가 어마어마한 자산들을 만들 수 있도록 노력하고 있습니다. 저들은 자기들이 하나님께 복을 받아서 교회가 재산이 늘어난다고 생각합니다. 그러나 대왕 폐하도 아시다시피 예수의 이름으로 재물을 자꾸 나누어 주며 복음을 전하지 않는 행위들은 모두 다 우리의 계략에 말려든 행위가 아니겠습니까. 나중에는 결국 재물이 저들의 우상이 될 것입니다. 그리고 그것들을 서로 차지하려고 지들끼리 머리가 터지게 싸울 것입니다. 그러면 문제들을 세상 법정으로 가져갈 것이고, 교회들은 자연히 세상의 지탄을 받습니다. 그 다음 단계는 자연히 전도의 길이 막히는 것입니다. 결국 교회들은 신도의 수가 감소하면서 자연스럽게 파괴될 것이고 나중에는 문을 닫게 되는 것입니다. 우리의 전략대로 한국의 교회들은 이미 크게 흔들린 상태에 있습니다. 이러한 행태를 보이는 교회들이 점점 많아지고 있습니다. 대왕 각하, 한국의 교회들 때문에 너무 심려하지 마십시오. 우리들은 이미 희망을 보았습니다. 승리는 우리의 것입니다. 우리 재관부서에서는 유명목사들을 돈을 미끼로 계속 미혹하고 있습니다. 그래서 기독교도들이 예수의 이름으로 재물을 모아 부자가 되는 것이 축복이라고 설교하도록 독려합니다. 두고 보십시오 대왕 각하, 머지 않아 한국교회도 기도의 불꽃들이 꺼질 것입니다. 그 가공할 위력이 사라질 것입니다. 저 유럽의 교회들처럼 교회가 빈 건물만 가지고 비실거릴 그 날이 멀지 않았습니다. 저는 재물을 가지고 저들을 박멸시킬 자신이 있습니다."

마국재의 자신 있는 말에 마왕의 표정이 상당히 밝아졌다. 마왕은 마국재와 마국아수를 제 자리에 앉게 한 다음 좌중을 둘러보며 말했다.

"우리들은 이 자리에서 마국재와 마국아수를 통해 한국의 영적 실상에 관해 들었다. 그러나 우리가 한국의 교회에 대하여 낙관적으로만 바라보아서는 안 된다. 마국재는 이러한 보고를 이미 삽십 년 전에 나에게 한 적이 있다. 그런데 아직도 한국교회는 세계 제일의 기도화력을 보유하고 있다. 이것은 우리의 생각처럼 쉽게 기도의 불꽃들이 꺼지지 않는다는 강력한 증거이다. 그래서 말하는 건데 이제 우리는 한국교회의 파괴 전략을 새롭게 세워야 한다고 생각한다. 어느 한 부서가 공격한다고 해서 부서질 한국교회가 아니라고 보기 때문이다. 우리는 이 문제를 보다 새로운 각도에서 정밀하게 접근해야 한다. 그리고 가급적이면 빨리 새로운 전략을 세워서 실행에 옮겨야 한다. 왜냐하면 지금 한국에 들어가 신학을 공부하는 제 삼 세계의 젊은 기독교도들이 상당히 많다. 저들이 수업료 전액 무료 등의 특혜를 베풀며 보다 적극적으로 나오면 앞으로 지원자는 더더욱 많아질 것이다. 뿐만 아니라 머지않아 미국이나 유럽에서도 한국에 들어가 신학을 공부하는 기독교도들이 나타날 것이다. 일단 이 일이 시작되면 그들의 숫자도 점점 많아질 것이다. 영어권의 많은 크리스천들이 한국으로 몰려올 것이다. 그 땐 우리가 당해내지 못할 만큼 저들의 힘이 강해질 것이다. 그리고 그 힘은 다시 저 기독교 초기시대처럼 우리의 왕국을 위협할 것이다. 내 말을 이해하겠느냐?"

"예, 대왕 각하!"

그 자리에 모인 마귀제국의 참모들은 공중이 찌렁찌렁 울리도록 큰 소리로 대답했다. 마왕은 공중이 울리는 이 큰 대답 소리를 듣고 흡족한 표정을 지으며 말을 이었다.

"그렇다. 결국 승리는 우리의 것이다. 우리의 공중제국은 앞으로도 계속 번창할 것이다. 저 타는 지옥불에 인간들을 우리의 마음껏 던져 저들이 고통을 못 이기고 토하는 비명과 그 허우적거림을 여전히 재미있게 구경할 것이다."

마왕은 참모들을 한 번 둘러보았다. 그리고는 그 특유의 표정인 상대방을 멸시하는 듯한 표정을 지었다. 그리고 다분히 뱀의 눈처럼 가느다랗고, 독을 잔뜩 품은 듯한 두 눈으로 또 한 번 사방을 휘둘러 보았다. 그리고는 다시 말을 이었다.

"이제 그 일을 보다 수월하게 하기 위하여 대책을 세우도록 하자. 저 한국의 교회들을 어떻게 하면 종잇장을 찢어서 활활 타는 난롯불에 던지듯 없애버릴 수 있겠느냐? 좋은 의견이 있는 자들은 말해 보거라."

이 때 지금까지 입을 다물고 가만히 앉아 여러 말들을 듣고만 있던 마국종(마귀 제국의 종교장관)이 자리에서 일어났다. 그는 와이셔츠 단추구멍처럼 생긴 작고 교활한 눈을 번뜩이며 입을 열었다.

"대왕 각하, 한국의 상황에 대하여 너무 심려하지 않아도 됩니다. 우리 공중제국의 전사들이 불철주야 한국의 교회들을 파괴하고자 전략을 모으고 있습니다. 또 틈만 있으면 공격합니다. 저의 종교분야만 하더라도 이미 강력한 거점을 마련해 놓았습니다. 지금 한국엔 세계 그 어느 나라보다도 우리가 파놓은 이단사설의 함정이 많습니다. 최근에는 인간들이 가장 무서워하는 이슬람의 기지들을 계속 세워나가고 있습니다. 이미 수십 개의 기지들이 건설되어 공중제국의 전사들이 활동하고 있습니다. 아주 왕성하게 활동하고 있습니다. 다만 제가 과격한 활동은 잠시 보류를 시키고 있을 뿐입니다. 아직 단단하게 뿌리를 내리지 못한 초창기부터 과격하게 나가면 오히려 역효과가 날 수도 있기 때문입니다. 하지만 때가 되면 어느 곳에서든지 포탄을 던질 것입니다. 공공건물 안이건, 백화점 안이건, 지하철 안이건, 거리이건, 일반건물 안이건, 예배당 안이건 필요하다 싶을 때엔 언제든지 테러를 감행할 것입니다. 그런 준비는 이미 되어 있습니다. 한국처럼 우리의 활동이 용이한 나라도 없습니다. 각하, 기다리십시오. 물이 바다를 덮듯이 이단과 사설이 한국을 덮을 날이 멀지 않았습니다. 때가 되면 기독교도들을 인정사정없이 죽일 것입니다. 저 중동 지역에서처럼, 아프리카에서처럼, 말레시아나 인도네시아나 필리핀에서처럼 강력한 점령 정책을 전개할 것입니다. 한국인들은 종교성이 강해서 우린 이미 많은 한국인들을 매수했습니다. 우리의 전사들이 되려고 훈련 받는 젊은이들이 얼마나 많은지 그 수를 셀 수 없을 정도입니다. 비단 이슬람만이 아닙니다. 지상에 존재하는 모든 이단과 사설의 고수들을 특별히 선별하여 한국으로 끌어와 포교와 매수에 나서고 있습니다. 최근에 와서는 한국 사람들이 너무 쉽게 매수되고 있습니다. 물론 돈은 주고 있습니다. 그러니 너무 심려할 것 없습니다."

마국종의 이 말에 마왕은 사뭇 흡족한 표정을 지으며 고개를 끄덕거렸다. 그러나 여전히 긴장을 늦추지 않은 표정으로 마국종에게 물었다.

"네가 한국 교회를 파괴하는 아이디어로써 이만한 게 없다고 자신했던 그 신흥 종교는 어떻게 되어가고 있나?"

"동일교 대용물로 고안한 새천지 말입니까?"

"그래. 그건 어떻게 되어가고 있나?"

마국종의 얼굴에 곧 미소가 번졌다. 그는 자신감이 넘치는 어조로 대답했다.

"각하, 이미 많은 한국의 교회들이 우리가 고안한 그 위대한 전략에 의하여 파괴되었습니다. 우리의 전사들이 가는 곳마다 교회들이 혼란해지고 결국엔 문을 닫습니다. 아니 우리들이 그 교회를 접수하고 있습니다. 아직 대형교회들은 우리 수중에 들어오지 않았지만 앞으로 저들도 우리들의 소유가 될 것입니다. 우리의 첩자들이 그 곳에 들어가 은밀히, 아주 열심히 일하고 있기 때문입니다. 대왕 각하이시여, 비단 그 아이디어만이 성공을 거두고 있는 게 아닙니다. 하나의교회 같은 아이디어들도 굉장한 효과를 보고 있습니다. 저희들은 지금도 계속하여 신종 아이디어들도 만들어내고 있는 중입니다. 특별히 VCC를 통한 한국 대교회 지도자들의 포섭은 생각보다 쉽게 먹혀들고 있습니다. 앞으로 좀 더 깊이 연구하여 저들을 전 교회를 파괴할 도구로도 사용할 계획입니다. 폐하의 지원을 받는 저희들의 아이디어는 무궁무진합니다. 그러므로 폐하께서는 너무 염려하지 않으셔도 됩니다. 머지않아 우리들이 만들어낸 종교가 한국을 뒤덮을 것입니다."

마귀는 다소 흡족한 표정을 지으며 고개를 끄덕였다. 한국 교회의 파괴를 위한 그 계획들이 이미 많은 열매를 맺고 있었기 때문이다. 하지만 그는 검푸른, 다분히 징그러운 눈빛을 발산하며 좌중을 둘러보았다. 마왕의 눈길이 자신들의 얼굴을 스쳐가는 순간 공중제국의 지도자들은 사뭇 두려운 눈동자로 마왕의 입을 주시하였다. 그러나 마왕은 입을 열지 않은 채 계속 주위를 둘러보았다. 이렇게 되자 분위기가 어두워지기 시작하였다. 마왕은 어두운 분위기를 좋아하였다. 사실 마귀제국은 항상 어둠에 뒤덮여 있는 제국이었다. 마왕이 어둠을 좋아했기 때문이다. 그러나 축제 때에는 밝은 빛을 경멸하는 의미에서 빛을 사용하기도 하였다. 환한 전구들을 켜놓고 낄낄거리며 하나님이 창조하신 밝은 세상을 마음껏 조롱하는 일이란 그들에겐 큰 즐거움이었다.

　어둠과, 긴장의 순간들이 분위기를 답답하게 하자 마왕과 귀신들은 그것을 즐겼다. 그들은 어둠을 좋아했고, 긴장하는 것도 즐겼다. 답답한 느낌은 그들에겐 어떤 쾌감을 주었다. 이것들은 다분히 인간들을 괴롭게 하는 요소들이었지만 마귀와 그의 부하들인 귀신들에게는 즐거움의 요소였다. 마국지가 다소 누그러진 분위기를 느끼며 자리에서 일어났다. 마국지는 오늘 포장을 받은 자로 현재 공중제국에서는 마왕의 가장 큰 신뢰를 받고 있는 귀신이었다. 마국지는 그의 간교함과 잔인함, 지적인 능력을 통해 기독교에 치명타를 입히고 있는 존재였다. 이 세상에서 세차게 타올랐던 교회 부흥의 불길이 꺼지는 곳엔 언제나 그가 있었다. 그는 그만큼 인간의 심리, 즉 그 버리기 힘든 인간의 욕망들을 알고 있었다. 물론 그는 기독교의 부흥을 멈추게 하고 교회를 파괴하는 일을 혼자서 하지는 않았다. 공중제국의 다른 귀신들도 그들의 계교를 합하여 놀라운 힘을 발휘하곤 했었다. 마귀와 그의 졸개들은 교회를 파괴하고 성도들을 죽음으로 몰아넣는 일엔 똘똘 뭉쳤다. 마치 수천 수만 마리의 뱀들이 한데 엉겨서 거대한 원형의 무기로 둔갑하는 것처럼 그들의 단결력도 그러하였다. 그리고 그들의 그러한 단결을 주도하는 중심엔 언제나 마국지가 있었다. 그는 기독교의 근간을 흔들어서 버팀목을 제거함으로 교회들을 와르르 무너져 내리게 하는 방법을 알고 있었다. 그리하여 그는 이 마귀의 나라인 공중제국에서 교회를 파괴시키는 천재로 알려졌다. 그는 시대의 흐름과 거기에 편승하는 인간의 감정을 교묘하게 이용하였다. 그리하여 인간들을 성삼위 하나님으로부터 멀어지게 하였다. 엄격히 말하면 이러한 계교는 공중제국의 일인자인 마왕의 가르침에서 나오고 있었다. 마국지는 마왕의 가르침을 가장 귀담아 듣는 귀신으로 마왕의 교시에 그의 경험과 연구의 결과를 더하여 술수를 구사하였다. 무엇보다도 마국지는 하나님의 질서와 계시에 민감하였다. 물론 그는 하나님의 계획을 모두 다 알고 있지는 못했다. 하지만 그의 분별력은 다른 귀신들과는 다른 점이 있었다. 그만큼 정확하였다. 그는 인간들을 구원하시고자 이 세상에 내려오신 예수 그리스도에 관하여 상당히 많은 것들을 알고 있었다. 때문에 그의 가장 강력한 적이자 제일 무서운 대상인 예수 그리스도의 존재에 관해서는 특별한 주의를 기울이고 있었다. 이러한 모습은 성경에 이미 잘 드러나 있다. 마가복음을 보면 이 세상에 오신 예수님의 존재를 가장 먼저 가장 분명하게 알았던 존재는 오직 마귀의 부하들인 귀신들뿐이었다. 귀신들은 베드로의 고백(막 8:29)이 있기 전에 이미 예수님을 정확하게 알고 있었다(막 5:7). 인간들은 아무도 예수님의 존재를 정확하게 알지 못할 때에 귀신들은 예수님이 누구인가를 바로 알고 있었다. 이 귀신들을 마귀제국의 지관인 마국지가 가르쳤다. 마국지는 귀신들이 예수 그리스도를 분별할 수 있도록 가르치고 있었다. 이것은 마국지가 그만큼 마왕의 교시를 충실히 배웠고 익혔기 때문이다. 마국지가 이처럼 마귀제국의 탁월한 지관이 된 것은 그의 업무와도 관계가 있었다. 마국지는 성경이 강론되는 강단을 변질시키는 임무를 맡고 있는 존재였다. 그러므로 그는 세상에서 머리가 좋다고 말하는 인간들과 늘 함께 하고 있었다. 언제나 그들의 주변에 있었고 그들의 일거수일투족을 관찰하며 약점을 찾았다. 그러다가 빈틈이 보이면 가차없이 공격하여 무너뜨렸다. 그러므로 그는 끊임없이 연구를 해야만 했다. 그는 적을 이기기 위해서는 적을 알아야만 한다고 생각하였다. 그의 연구는 지금도 계속되고 있었다. 인간들이 펼쳐나가고 있는 학문의 발달과 함께 그의 연구도 쉬임없이 계속되고 있었다. 이러다 보니 지금 공중제국에서는 마왕을 제외하면 마국지의 지식과 궤휼을 당할 자가 없었다.

마국지가 일어서자 좌중은 더욱 조용하여 무거운 침묵이 몇 초 동안 이어졌다. 마침내 마국지가 입을 열었다.

"존경하는 대왕 각하, 그리고 친애하는 우리 공중제국의 전사 여러분,

오늘 우리는 축제의 마당에 와 있습니다. 우리의 원수인 예수를 생명을 걸고 전하던 저 유럽의 교회들을 완전히 박멸하여 그 기쁨을 한껏 누리는 자리에 와 있는 것입니다. 저는 이 자리에서 단언합니다. 한국의 교회도 머지않아 그러한 날이 올 것입니다. 왜냐하면 바로 제가 있기 때문입니다."

마왕이 박수를 치자 모든 귀신들도 따라서 박수를 쳤다. 공중제국에서는 자기 자랑이 하나의 큰 덕목이었다. 최소한의 근거만 있으면 자기 자랑을 해야만 박수를 받는 사회가 바로 마귀제국이었다. 마국지는 박수를 받고 나자 기분이 한껏 좋아졌다. 그는 으쓱거리며 말을 이었다.

"여러분, 교회의 기둥은 누가 뭐라 하여도 성경입니다. 그 성경을 푸는 신학입니다. 이것들이 제 자리를 벗어나면 교회는 틀림없이 망합니다. 이것은 마치 저 수돗물을 공급하는 수원지에 독이 풀어져 있으면 그 물을 마시는 모든 인간들이 죽는 이치와 같습니다. 신학이 변질되면 교회들은 자연히 쇠퇴하고 나중에는 문을 닫습니다. 나는 이미 이 일을 수 차례나 직접 해오며 열매를 얻었습니다. 저 초대교회, 중세교회, 유럽의 교회들이 내 손에서 여지없이 파괴되었습니다. 지금 선교사들을 가장 많이 파송하고 있는 미국의 교회들도 내 손바닥위에 올려진 지 오래입니다. 내가 혹 불면 마른 낙엽처럼 날아가 저 파멸의 벼랑으로 떨어질 것입니다. 한국의 교회들도 이미 내 손아귀에 들어왔습니다. 물론 아직도 기를 쓰고 나와 대항하는 몇몇 신학대학들과 신학교들이 있지만 그것들도 얼마 가지 않아서 나의 궤휼에 넘어갈 것입니다. 나는 자신이 있습니다. 아무도 내 손을 빠져 나가지 못합니다. 이러한 능력은 우리의 위대하신 수령되시는 저 마왕 각하께서 주신 것입니다."

이번에는 모든 귀신들이 마왕을 향하여 박수를 쳤다. 마왕은 기분이 좋아서 어쩔 줄을 몰랐다. 마왕은 고개를 끄덕이며 껄껄 웃었다. 그리고는 마국지에게 물었다.

"마국지, 나는 네가 우리 공중제국의 지관인 것을 자랑스럽게 생각한다. 한국교회를 박멸할 계책 중 가장 중요하게 밀어붙이는 것이 무엇이냐? 너의 그 위대한 구상에 우리 공중제국은 모든 지원을 아끼지 않을 것이다."

"대왕 각하, 제가 밀고 나가는 계책에 관하여는 크게 괘념치 않으셔도 됩니다. 왜냐하면 한국교회는 이미 구조적으로, 제 계산대로 되어지고 있는 상태이기 때문입니다. 한국교회는 이미 우리가 파놓은 허영의 함정에 빠졌습니다. 신학 강단의 선생들을 신앙을 보고 선택하지 않습니다. 내가 보낸 첩자들이라 하여도 하버드대학 같은 명문대학의 졸업장과 학위만 있으면 교수로 채용합니다. 제가 우리의 승리를 장담하는 것은 바로 이것 때문입니다. 두고 보십시오. 아무리 성경 중심의 강의를 하는 보수교단이라 하여도 앞으로 이러한 추세가 대세를 이룰 것입니다. 아니 제가 이미 우리의 첩자들을 여러 명 들여보냈습니다. 그들은 지금 은밀하게 신학의 교란과 혼동을 위해 작업하고 있습니다. 저들은 우리가 보낸 첩자들의 정체를 전혀 알지 못합니다. 우리의 첩자들이 쓸데없는 말들은 전혀 하지 않기 때문입니다. 제가 교육을 단단히 시켰습니다. 물론 우리의 독을 마음껏 뿌릴 수 있는 학교에서는 우리의 주장을 강력하게 펴고 있습니다. 신속한 붕괴를 위해서입니다. 그러한 학교들은 말만 신학대학이지 사실은 이미 우리가 접수한 공중제국의 부속기관들입니다. 그러나 마왕 각하께 한 가지 부탁할게 있습니다."

"그것이 무엇이냐?"

"소수의 특별한 의인들을 죽여 주라는 것입니다."

"소수의 특별한 의인들이라니?"

"대왕 각하도 잘 아다시피 창조주 하나님은 교회가 무너질 때엔 교회의 존속을 위해 소수의 정예병들을 감추어 놓습니다. 그리하여 저들이 은밀하게 일하도록 하십니다. 지금 한국교회도 그러한 경향을 보이고 있습니다.

물론 이것은 제 추측인데 아마도 제 추측이 맞을 것입니다. 어느 땐 우리가 전혀 예측하지 못한 하늘의 천군들이 혜성처럼 나타나 우리의 동료들을 예수님이 흘린 그 끔찍한 보혈의 권세로 꽁꽁 묶어 바닥에 내동댕이칩니다. 이것은 저 얄미운 의인들의 간절한 기도를 통해서만 이루어지는 일입니다. 저들이 드리는 간절한 기도는 강력한 하늘의 군사들을 동원합니다. 저들은 기독교도들을 지키는 일반 천사들과는 확실히 다른 존재들입니다. 이럴 때마다 저희들은 저 특별한 의인들이라 말하는 이들의 이름과 사역지를 찾아보지만 아무리 찾아보아도 찾을 수가 없습니다. 하나님께서 숨기시기 때문입니다. 저들은 교회가 우리 쪽으로 기울어 타락할 때에 하나님께서 감추어 놓고 부리는 무서운 종들입니다. 이를테면 기독교의 마지막 보루 같은 존재들입니다. 각하 우리들은 저들을 색출하여 죽여야만 합니다. 이들이 존재하는 한 우리의 박멸계획은 지체될 수밖에 없습니다."

"그러니까, 한국에 하나님이 부리는 저들 특별한 의인들이라는 자들이 많다는 거구나."

"그렇습니다 대왕 각하. 틀림없습니다. 이걸 보면 전쟁에 대한 승패의 대세는 이미 우리에게 넘어온 것이 사실입니다. 마왕 각하도 아시다시피 하나님은 언제나 교회가 변질되었을 때에 그 방법을 쓰지 않았습니까."

마왕은 흡족한 표정으로 고개를 끄덕였다.

"그렇지. 그건 틀림없이 그렇지. 한국의 상황이 정말 그렇다면 이건 정말 기쁜 소식이구나. 아직도 대형교회들이 많아 걱정이 되었는데 마국지네 말을 들으니까 크게 안도감이 생기는구나. 알았다. 이제부터 그 소수의 특별한 의인들을 색출하는 일에 총력을 기울이겠다. 그 놈들이 게릴라전을 하지 못하도록 조치를 취하겠어."

마왕은 두 눈을 지그시 감고 무엇을 생각하다가 "마국아수" 하고 큰 소리로 마국아수를 불렀다.

마왕이 마국아수를 부르자 마국아수가 자리에서 벌떡 일어났다.

"마국아수입니다. 말씀하십시오. 대왕 각하."

"내 너에게 네 명예를 회복할 기회를 다시 한 번 주겠다. 마국지의 말을 잘 들었을 것이다. 너는 지금부터 하나님이 숨겨 놓은 그 소수의 특별한 의인들이란 놈들을 찾아내기 바란다. 이 축제가 끝나는 즉시 그 놈들을 남김없이 색출하여 죽이도록 해라. 물론 그들의 생명을 해할 권한은 우리에게 없다만 하나님이 그 인간들을 저 이스라엘의 초대왕 사울이나, 예수님이 택했던 제자 가룟 유다처럼 미련 없이 버리도록 조치를 취하라는 말이다. 알았나 마국아수?"

"예 대왕 각하!"

"좋아. 내 또 한 번 너의 능력을 지켜 보겠다. 이번엔 마국디(마귀제국의 디지털 장관)가 한마디하도록 해라. 네가 내놓았던 디지털을 통한 세상 점령 계획은 지금 어떻게 진행되고 있느냐?"

마국디는 체격에 비하여 머리가 드럼통처럼 큰 귀신이었다. 머리통이 정도 이상으로 큰, 어떻게 보면 치명적인 장애를 가진 귀신이었다. 그러나 사탄과 그의 부하들은 마국디를 무시하지 못했다. 마국디는 기발한 창의력을 가지고 있었던 것이다. 마국디는 걸음걸이도 다른 귀신들보다 느렸다. 이를테면 행동거지가 느렸다. 얼른 보면 꾸물거리는 벌레 같은 느낌을 주었다. 하지만 지능은 비상하여 마귀의 사랑을 받고 있었다. 그는 자리에서 천천히 일어나 입을 열었다.

"대왕 각하, 저는 지금 이 세상을 우리의 손에 온전히 넣을 수 있는 프로그램을 만들고 있습니다. 모든 인간의 몸에 우리 제국의 칩을 심어 저들을 일률적으로 관리하며 통치할 그 날을 준비하고 있습니다. 여기에 관하여는 다음에 한번 더 보고를 드리겠습니다. 지금 저희들은 기본적으로 인터넷과 스마트폰, TV, 영화 등을 통하여 인간들의 관심을 헛된 곳으로 모아 저들의 영혼을 저 사막처럼 황폐화시키는 일을 진행하고 있습니다. 폐하께서 알다시피 인간들은 지금 기계문명의 노예가 되어 있습니다. 우리 제국의 전사들은 그것을 적극 활용하여 인간의 이성을 무능화시키는 작업을 하고 있습니다. 이제 인간들은 머지 않아서 자신들의 의지 따윈 잃어버릴 것입니다. 멀티미디어 공간에서 방황하는 존재들이 될 것입니다. 인간들은 벌써 스타들이라 칭함 받는 자들을 우상화하고 그들의 삶을 자신들의 삶과 동일시합니다. 또 그들처럼 자신들을 노출시키고자 원하고 있습니다. 이것은 우리들이 원하는 바로, 자신을 버리고 허상을 쫓는, 빈 껍데기와도 같은 존재들이 되어 있는 것입니다. 알맹이가 쏙 빠져버린 저들은 모두 다 우리들의 손안에 있습니다. 저희들은 디지털 문명이 가지고 있는 모든 독소들을 이용하여 교회들을 파괴시킬 것입니다. 인터넷 중독, 게임 중독, 인권 침해, 음란, 자살, 해킹 등등 수많은 사건들을 디지털 기기들을 통해 계속 일으킬 것입니다. 인간의 영혼을 계속 파괴해 나갈 것입니다. 이미 큰 효과를 거두고 있습니다.”

“알았다. 계속 수고하기 바란다. 이 시대는 그 어떤 역할보다도 너의 역할이 중요하다는 것을 잊지 말아라. 알겠나 마국디?”

“예 대왕 각하! 충성을 다하겠습니다!”

“좋아. 내 너의 활동을 계속 지켜 보겠다.”

시간이 지나면서 마귀와 그의 부하들인 귀신들은 더욱 간교한 눈들을 번들거렸다. 그리고 한국의 교회들은 물론 이 세상의 모든 교회들을 박멸하고자 수많은 의견들을 내어놓았다. 저들은 인간들을 지옥으로 보내기 위해 좀 더 효과적인 방법을 찾고자 침을 튀기며 격렬한 토론을 벌였다. 그런 가운데 인간들을 죽이기 위한, 인간들이 상상할 수 없는 잔인하고 끔찍한 아이디어들도 계속 나왔다. 성도들을 시험하여 파멸로 끌고가기 위한 고도의 방법들이 자기 참모들의 입에서 쏟아져 나오자 사탄은 흡족한 표정을 지었다.

02

치열한 전투

이성웅 목사는 올 봄을 어떻게 보낸지 모르게 보내버렸다. 그것은 아내의 몸에 문제가 생겼기 때문이다. 아내는 봄이 시작되자마자 자리에 눕기 시작하더니 장마철이 지날 즈음엔 중병환자처럼 변해버렸다. 그녀의 얼굴은 점점 더 병색이 짙은 얼굴로 변해갔다. 그리고 이젠 아예 자리에 누워 있는 시간이 앉아 있는 시간보다 많았다.

이목사는 오늘도 긴 기도를 끝내고 자리에서 일어났다. 그는 요즘 새벽에 일어나면 네댓 시간은 족히 기도하였다. 일주일 전부터 아내가 새벽에 일어나지 못해 예배는 드릴 수 없어서 그냥 혼자서 기도만 하고 있었다. 아내는 오늘 진찰을 받아보기 위하여 병원과 예약이 되어 있었다. 이목사는 미키한 냄새가 코를 찌르는 삼십 평 남짓한, 습한 지하 예배당을 둘러보았다. 밤색의 긴 장의자들이 이목사를 보고 있는 듯하였다. 그리고 그들도 이 습기 많은 지하 예배당이 싫은 듯한 느낌을 주었다. 그래서 이목사는 빙그레 웃었다. 그리고는 그 장의자들에게 마음속으로 말을 건넸다. '미안하다 의자들아, 조금만 참아라. 머지 않아 하나님께서 냄새가 나지 않는, 늘 쾌청한 공기가 가득한 지상으로 너희들을 옮겨 줄 테니…' 그러자 장의자들이 일제히 대답하는 것 같았다. '괜찮아요 이목사님, 이목사님 기도소리를 들으면 이 칙칙한 냄새들도 꽃향기처럼 바뀌는 걸요. 저희들은 너무 염려 말아요. 병 중에 있는 사모님 염려를 하셔야죠. 지금은 그게 가장 중요하잖아요.' '그래 고맙구나. 미안하고… 사모님이야 하나님께서 책임져 주시지 않겠니. 난 그렇게 믿고 있는데..' 이렇게 말은 했지만 이목사는 아내의 건강이 마음에 걸렸다. 결혼하자마자 교회를 개척하여, 이 지하 예배당에서 탁한 공기를 마시며 7년째 생활하고 있으니 아무래도 몸에 문제가 생긴 것 같았다. 이 때 의자들이 말하는 것 같았다. '목사님, 너무 염려는 마셔요. 요즘 세상이 바뀌면서 저희들의 운명도 바뀌고 있거든요. 교회들이 더 좋은 재질의 의자들을 사용하고자 저희들을 마구 부수고 있어요. 그리고는 태워버려요. 하지만 저희들은 염려를 안 해요. 우리들의 운명은 하나님이 알아서 인도하시거든요. 사모님도 하나님이 잘 인도하실 거예요. 목사님이 믿고 있는 것처럼 말예요.' '그렇겠지?' '그럼요. 그걸 굳게 믿으세요.' 이목사는 의자들을 둘러보면서 빙긋 웃었다.

이목사는 사택으로 들어왔다. 이 사택은 예배당 뒤켠 오른쪽에 칸을 막아서 만든 것이었다. 24시간 형광등을 켜야 하고, 항상 눅눅하고 미키한 냄새가 풍기는 지하에 있는 것이 문제였지만 지상으로 나갈 방법이 없으니 7년째 이렇게 지내고 있는 것이었다. 아내는 여전히 누워 있었다. 아이들은 이미 학교에 가고 없었다. 아내는 이목사가 들어오자 힘들게 몸을 일으켰다. 그녀는 이목사를 보면서 미안한 표정으로 말했다.

"몸이 이래서 어쩌죠? 새벽예배는 드려야 할 텐데…"

"여보, 너무 걱정 말아요. 하나님도 우리 입장 다 이해하실 거예요. 일단 진찰부터 받아보고 건강부터 챙깁시다. 몸이 아프니까 당장 예배도 못 드리잖아요. 그러니 너무 염려 말아요. 참, 상준이는 학교에 내야 하는 무슨 돈이 필요한 것 같던데?"

"오늘까지는 그냥 가라고 했어요. 반에서 어디를 가나 봐요. 하지만 집에 돈이 하나도 없잖아요. 진찰비 결제하고 나서 카드 돈 좀 빼 오죠 뭐. 그 방법밖엔 없잖아요."

"쌀은 좀 있나 모르겠네?"

이목사의 말에 김미란 사모는 무엇을 깜박 잊은 듯 두 눈을 크게 뜨고는 말했다.

"맞아요. 쌀도 없을 거예요. 오늘 중으로 사야 할 텐데… 통상 그것도 카드로 뽑아서 사야죠 뭐. 그렇게 해요."

"다음 달에 카드 결제하려면 또 진땀 꽤나 빼게 생겼군. 당신에게 정말 미안해. 결혼해서 지금까지 걱정거리만 많이 지워 주어서…"

"이게 어디 우리 일이에요. 다 하나님 일이잖아요. 잘 견디어야죠."

"그래요 여보. 우리 끝까지 인내합시다. 기필코 승리합시다."

이 때였다. 핸드폰 벨이 울렸다. 이목사는 곧 전화를 받았다.

"성웅아, 나 민수다. 오랜 만이다. 잘 지내? 예배당 사업은 잘 되고?"

최민수는 고향의 초등학교 동창생이었다. 가끔 전화를 해서 만나는 친구였다.

"오, 민수구나. 그래 난 잘 지내. 너 참 오랜 만이구나. 너도 잘 지내지?"

"그럭저럭 지내. 요즘 부동산 경기가 안 좋잖아. 그냥 그렇게 지내. 다른 게 아니고, 솔직히 말하면 나 너한테 부탁 하나 하려고 전화했다. 오늘 좀 만날 수 있겠니?"

"무슨 부탁인데?"

"그런 게 있어. 하지만 아주 중요한 거야. 니 도움이 꼭 필요해."

"나 오늘 오후에는 애 엄마 데리고 병원에 가야 하거든. 오전에는 만날 수 있는데. 네 시간을 모르겠구나."

"오전은 괜찮다 이거지. 가만 있자… 열 시에는 조사장을 만나고, 넉넉
잡고 한 시간 이야기하면 열한 시라… 좋아. 우리 열한 시 이십 분 경에 만
나는 게 어때? 우리가 전에 몇 번 만난 적 있는 남대문 근처의 백송카페라
는 곳에서 만나는 게 어때? 얘기 좀 하고 점심 같이 먹으면 좋겠어. 어때?
그 시간 맞출 수 있겠어?"

"괜찮을 것 같애. 그 시간까지 그리로 나갈게. 한데 무슨 일이야?"

"만나서 이야기할게. 그런 일 있어. 그럼 이따 보자. 들어가."

전화 받는 모습을 지켜 보던 사모가 부은 얼굴로 물었다.

"누구예요?"

"최민수. 그 친구가 나에게 무슨 할 말이 있는가 봐. 열한 시 이십 분에
좀 만나자는데. 병원 예약 시간이 두 시였지. 이야기 나누고, 점심 먹고 들
어오면 되겠어. 한데 당신 오늘은 얼굴이 더 많이 부은 것 같은데? 먹는 게
너무 빈약해서 영양 부족으로 몸이 더더욱 안 좋은지도 모르겠어. 당신 요
즘 밥을 거의 안 먹잖아. 하긴 쌀도 없다니 할 말 다했지만…"

"너무 염려 말아요. 우리의 생명 하나님이 쥐고 계시잖아요. 한데 그 분
이 왜 당신을 만나자고 해요. 항상 조심하세요. 준비 기도 충분히 하고 만
나세요. 그 분은 인상이 좀 사기꾼 같은 느낌이 들어서요. 하긴 사람 겉모
양 보고 평가하는 건 그렇지만…"

이목사는 김미란 사모의 입에서 사기꾼이라는 말이 나오자 갑자기 웃음
이 터져나왔다.

"그 친구 부동산업계에서 오래 생활하다 보니 좀 그렇게 보이긴 해. 하
지만 괜찮은 친구야. 초등학교 때는 교회도 열심히 다녔어. 난 그 때 교회
따윈 다니지 않겠다며 학교 수업만 끝나면 산으로 들로 신나게 뛰어다녔거
든. 그런데 그 친구는 자기 누나랑 열심히 교회에 다니더라구. 나에게 전
도도 했어. 한 번은 예수님 믿어야 천국 간다고 비스켓을 주면서 설득하더

군. 참, 사람의 운명이란 전혀 예측할 수 없어. 삽십 년이 지난 지금 난 목사가 되었고 그 친구는 무신론자에다 그 하기 힘든 부동산업자가 되었어. 그래도 잊지 않고 가끔 전화하는 고향 친구는 걔뿐이야. 쭉 만나면서 느낀 건데 그 친구도 주님께 빨리 돌아와야 할 영혼이야. 하나님이 자꾸 싸인을 보내는데도 깨닫지를 못하고 돌아오지 않으니 하나님 마음이 얼마다 답답하시겠어. 여하튼 기도하고 나갈게요. 너무 염려하지 말아요."

김미란 사모는 남편 이성웅 목사의 말을 가만히 듣고 있었다. 그녀도 가끔 최민수를 만난 적이 있기 때문에 더 이상의 말은 하지 않았다. 사실 최민수는 그들을 만날 때마다 예수사업이 쉽지 않을 텐데 성웅이 너는 아주 잘한다며 너스레를 떨었었다. 그리고 극진히 대접을 해 주곤 하였다. 때로는 애들 과자라도 사 주라며 돈도 주었다. 김미란 사모는 무엇이 생각 난 듯 또 입을 열었다.

"병수 말예요, 갈수록 더 심해지는 것 같아요. 요즘에는 아주 예배 시간을 난장판으로 만들고 있잖아요. 전 이제 그 앨 보면 골치가 아파요. 이러지 말아야지 하면서도 막상 예배당 안을 휘젓고 다니는 모습을 보면 정신이 돌 것만 같아요. 이런 맘 갖는 거 제가 잘못된 거죠? 사모의 올바른 마음이 아니죠?"

병수는 이 교회에 딱 한 명 있는 집사인 김명숙 집사의 아들이었다. 초등학교 오 학년생인데 정신에 문제가 있는지 지나치게 짓궂다. 예배당 안에만 들어오면 온통 제 세상이었다. 예배 인원이라야 여남은 명 되는데 그 사이를 제멋대로 휘젓고 다니며 말썽을 피웠다. 김명숙 집사는 교세가 큰 다른 교회에 다니다가 병수 때문에 신앙생활을 못하고 정금교회로 옮긴 여성도였다. 정말이지 정금교회의 주일예배 시간은 예배를 드린다기보단 병수와 싸운다고 하는 게 더 나을 것이었다. 특별히 이목사의 두 딸 은희와 승희를 얼마나 괴롭히는지 말로 표현할 수 없는 것이었다. 이목사는 가끔 차라리 김명숙 집사와 병수가 교회에 나오지 않으면 나을지도 모른다는 생각을 하였다. 작은 두 딸아이의 머리채를 잡아채어 두 딸들이 울고 있으면 그런 생각이 굴뚝처럼 치솟는 것이었다. 그러나 그런 생각을 한 후엔 엎드려 깊이 회개하곤 하였다. 그러한 마음은 예수님의 마음이 아니라고 생각했기 때문이다. 그런데 아내는 점점 더 신경이 예민해지고 있었다. 자신의 몸에 이상이 생기니까 이제는 그러한 고통스러운 상황들이 온통 짜증스럽게만 느껴지는 모양이었다. 이성웅 목사는 요즘 들어와서 이러한 문제들 때문에 더더욱 마음이 무거웠다. 기도를 깊이 많이 하여도 현실의 압력이 너무 커서 때때로 한숨이 터져나오곤 하였다. 개척 칠 년째엔 지금 자기 가족 다섯 명을 포함하여 예배 인원이 고작 열 명 정도였다. 거기에 십일조 생활을 하는 성도는 김명숙 집사 딱 한 명인데, 그 집사의 아들이 교회를 온통 아수라장으로 만들고 있었다. 이목사의 신대원 동기들 중엔 교회가 부흥되어 이미 예배당을 지은 이들도 몇 명 있었다. 사실 이목사는 신대원을 일등으로 졸업했다. 그러나 공부와 목회는 별개의 세계인 모양이었다. 같은 해에 개척을 했지만 이목사는 여전히 제 길을 찾지 못한 듯, 시쳇말로 아직도 헤매고 있었다. 이목사는 아내 김미란 사모를 진심으로 위로하고 싶었다.

"여보, 당신의 마음을 나도 충분히 이해해요. 솔직히 나도 요즘엔 그 아이가 교회에 나오지 않았으면 하는 마음이에요. 애들 괴롭히는 것도 그렇지만 너무 소란을 피워서 설교를 못 하겠어요. 아니 의도적으로 설교를 훼방하는 것 같아요. 요즘 기도할 때마다 그 아이의 배후에서 역사하는 악한 영들을 묶고 있어요. 조만간 분명히 보혜사 성령님의 역사가 있을 거예요. 보혜사 성령님의 어떤 조치가 있을 거예요. 그러니 조금만 더 기다려 봅시다."

"알았어요. 제 몸이 너무 좋지 않은 것 같아요."

"여보, 정말 미안해. 능력 없는 남편 만나서 목회다운 목회를 해보지 못하고 이렇게 고생만 하고 있으니… 교편 잡을 때가 좋았지? 우리가 괜히 큰 욕심 내서 신학공부했는지 모르겠어."

이목사의 이 말에 김미란 사모는 갑자기 두 눈을 크게 뜨고 놀란 표정으로 말했다.

"여보, 저는 괜찮으니까 그런 말 다시는 하지 마세요. 이스라엘 백성들이 광야에 나와 좀 힘들다고 자꾸만 옛날 얘기 했잖아요. 애굽에서 먹던 음식 얘기하고… 그들의 결과가 어떻게 되었어요. 한 명도 가나안땅에 못 들어가고 모두 광야에서 죽었잖아요. 하나님께 불만을 품어 불평하고, 마귀의 종으로 있던 때를 그리워하는 건 망하는 길이잖아요. 전 죽어도 당신 아내로 이 길을 갈 거예요. 전 가난한 목사 아버지 밑에서 이거 하나는 분명히 배웠어요. 우리가 가는 길이 영광의 길이라는 거 말예요. 그러니 다시는 당신이 교사생활하던 때의 이야기일랑 하지 마세요. 우린 그 때, 생활은 안정되어 있었지만 영적인 삶은 50점도 안 되었어요. 저는 지금이 그 때보다 훨씬 좋아요. 항상 예수님 품에 있는 이 마음이 늘 행복해요. 여보, 우린 분명히 주님의 부름을 받아 여기까지 온 사람들이에요. 아무리 현실이 어려워도 저 위대하신 주님의 소명만은 잊지 말자고요. 사탄이 아무리 우리를 훼방하고 우리들을 괴롭혀도 우리들은 결국 승리할 거예요. 난 그걸 믿어요."

이목사는 아내의 손을 꼭 잡았다. 그리고는 말했다.

"한 번 해본 말이요. 나도 이 생활이 좋아요. 설령 우리의 목회가 이대로 끝난다 해도 죽기밖에 더 하겠소. 죽으면 천국이요. 아버지 계시는 천국, 예수님 계시는 천국이요. 난 이미 준비되었소."

이목사의 비장한 얼굴을 살핀 김미란 사모는 다시 자리에 누웠다.

날씨는 쾌청하였다. 장마철이라 비가 온다는 보도가 있었지만 날씨는 전혀 비를 뿌릴 것 같지 않았다. 요즘은 일기가 하도 변덕스러워 일기예보를 그대로 믿을 수 없었다. 상당히 무더웠다. 사람들은 소매가 짧은 옷들을 입고 거리를 활보하였다. 아가씨들의 옷차림은 참으로 아슬아슬했다. 엉덩이가 보일락말락 할 정도의 옷차림을 한, 다분히 야한, 노출이 심한 패션으로 거리를 활보하는 아가씨들이 너무 많았다. 요즘 성폭력 사건이 자주 일어나는데 아가씨들의 이러한 유혹적인 옷차림도 거기에 한 몫 할 것이라고 이목사는 생각했다. 솔직히 이목사 자신도 그런 옷차림의 아가씨들을 보면 그 쪽으로 시선이 가는 것이었다. 이 목사는 이때마다 간절히 기도했다.

"오 주여, 사탄이 이 시대의 인생들을 음란으로 시험하고 있습니다. 정신 번쩍 차리게 하소서…"

백송카페에 들어가니 최민수가 먼저 와 있었다. 그는 이목사를 보자 손을 번쩍 들었다. 여전했다. 조금 벗겨진 이마 위의 머리에 기름을 약간 바르고, 옷은 연한 물빛양복에 노란 와이셔츠를 입고 있었다. 그러나 넥타이는 매지 않고 있었다. 얼굴은 전보다 살이 더 찐 것 같았다. 문득 아내가 말한 사기꾼이라는 말이 생각나자 순간적으로 또 웃음이 터져나왔다. 그러나 참았다.

"이야 이목사 너 참 오랜만이다!"

민수는 이목사의 손을 잡고 마구 흔들었다. 이목사도 민수의 그런 마음을 받았다.

"너 얼굴 좋구나. 신수가 훤해. 사업 잘 되나 보지?"

이목사의 말에 민수는 가지런한 치아를 자랑하듯 내 보이며 활짝 웃었다.

"넌 사람 제대로 보는 게 가장 맘에 들어. 이 계통이 불황이지만 난 그래도 잘 나가고 있는 편이야."

"그래. 그래야지. 넌 항상 잘할 거야. 어릴 때부터 넌 해결사 아니었니."

"그래그래. 아하하하, 맞아. 난 해결사였지. 아하하하~"

민수는 기분이 좋아서 입을 크게 벌리고 소리내어 웃었다. 이 때였다. 늘씬한 한 아가씨가 최민수 곁으로 왔다. 그리고 조심히 자리에 앉았다. 얼른 보아도 아주 미인인 아가씨였다. 적당한 크기의 얼굴과 깨끗한 이마, 뽀오

얀 피부, 쌍꺼풀진 둥근 눈, 오똑한 코, 앵두 빛깔의 입술… 정말이지 흔히 볼 수 없는 굉장한 미인이었다. 최민수는 이 아가씨와 이목사를 번갈아 보면서 말했다.

"내 이 시간 아주 좋은 사람들을 소개하겠어요. 이 쪽은 내 고향 깨복쟁이 친구 이성웅 목사님, 이 쪽은 나의 친척인 최은미 양, 자 서로 인사해요."

아가씨는 자리에서 일어나 이목사에게 공손히 인사했다.

"처음 뵙겠습니다. 최은미라고 합니다."

이목사도 곧 자리에서 일어나 인사를 받았다.

"저도 처음 뵙겠습니다. 이성웅 목사라고 합니다."

그들이 자리에 앉자 민수가 이목사에게 말했다.

"사실 오늘 좀 보자고 한 건 우리 은미 때문이야. 구체적인 이야기는 나중에 하겠어. 지금은 그냥 내 부탁만 말하려고 해. 아까 말한 대로 은미는 내 조카뻘되는데, 이번에 새로운 직장을 알아보려고 다니던 직장을 그만두었거든."

"그렇구만. 한데, 은미 양 취직에 내가 도움이 될 게 있나?"

이목사는 다분히 의구심이 든다는 표정으로 말했다. 그러나 민수는 충분히 그렇다는 표정으로 말했다.

"있지. 그러니까 자네의 귀중한 시간을 이렇게 얻어낸 게 아닌가."

"내가 도울 일이 있다고?"

"그럼. 실은 은미가 이번에 기독교 재단의 한 대학에 원서를 내려고 하거든. 그런데 준비서류를 보니까 세례증서라는 게 필요하더군. 그 대학은 전 직원이 세례를 받은 사람들이야. 세례를 받지 않은 사람은 그 대열에 낄 수 없는 거야. 직원들을 뽑을 때 그것을 가장 중요하게 본다는군. 그런데 은미는 세례 증서가 없어. 교회를 다니고 있지 않거든. 그래서 자네에게 전화를 한 거야."

"그러니까 은미 양의 세례증서를 하나 만들어 달라 이 말이군."

"그렇지. 교회를 직접 운영하고 있으니까 하나 만들어 주면 안 될까?"

이목사는 민수의 이 말에 갑자기 욱 치미는 무엇을 느꼈다. 그러나 꾹 참고 최은미의 얼굴을 한 번 살피려고 눈길을 최은미 쪽으로 돌렸다. 이 순간 그녀도 이목사를 보았다. 순간적으로 그들의 눈빛이 부딪쳤다. 최은미는 좀 당황했다. 그녀의 양 뺨에 곧 홍조가 피어났다. 이목사도 무엇인지 모르지만 마음을 흔드는 어떤 파문을 느꼈다. 그녀의 얼굴이 어떤 유명배우 못지 않은 아주 빼어난 미모여서 그런지도 모를 일이었다. 그리고, 아직 확인 되지는 않았지만 이 은미라는 아가씨가 자기에게 평범치 않은 은밀한 눈길을 주는 것만 같았다. 왠지 이목사는 이 생소한 첫 만남의 자리에서 그러한 느낌을 받은 것이다. 그래서 이목사는 지금 미묘한 기분을 느끼고 있었다. 이 목사는 민수를 보면서 말했다.

"민수야, 너도 알다시피 오늘 우리 한국의 기독교가 그 위상이 상당히 추락되어 있지 않니. 왜 이런 현상이 나타났겠니. 우리 기독교인들이 제 길을 걷지 않고 있기 때문이야. 내가 니 입장을 충분히 이해하고, 은미 양의 입장도 백 번 이해해. 하지만 이런 식으로는 내 입장이 아주 곤란해. 내가 니 부탁을 들어 준다면 진실을 가르치고, 진리를 가르친다는 교회가 위조서류 만드는 곳밖에는 안 되잖아. 니가 나 좀 봐 다오 민수야."

이목사의 이 말에 민수는 갑자기 얼굴빛이 변했다. 그는 이 젊은 아가씨 앞에서 체면이 크게 구겨진 듯 무척 당황하는 표정이었다. 헛기침을 몇 번 했다. 이목사는 그러한 민수에게 계속 말했다.

"하지만, 니가 내 친구이고, 내가 모든 인간을 사랑하라고 말씀하신 예수님의 종인 목사인 만큼 조건 하나를 걸겠어. 어때? 한 번 들어볼 수 있겠니?"

"조건?"

이목사는 최은미와 민수를 번갈아 보면서 말했다.

"그래. 조건 하나를 말할 텐데 들어 보겠느냐는 거야."

"무슨 조건인데? 말해 봐."

이목사는 최은미와 민수의 얼굴을 다시 한 번 살피고는 입을 열었다.

"내가 은미 양의 세례 증서를 써 주는 대신, 은미 양은 신앙을 고백하고 정식으로 우리 교회에서 세례를 받는 거야. 그리고 그 이후부터 우리 교회에 출석하는 거야. 어때?"

"야 성웅아, 은미는 교회 교자도 몰라. 꼭 그래야만 되겠니? 그냥 한 번 눈 딱 감고 친구 부탁 하나 들어 주면 안 되겠니?"

이 때였다. 갑자기 최은미가 입을 열었다.

"아니에요 삼촌, 저 목사님 말씀처럼 할게요. 그게 정당하잖아요. 교회를 안 다녀 보았지만 제 직장을 위하여 기독교의 하나님까지 속이고 싶진 않아요. 목사님 요구대로 따르겠어요. 목사님 그렇게 할게요."

민수는 믿지 못하겠다는 얼굴로 최은미를 보았다. 그리고는 최은미에게 물었다.

"너 정말 교회 다닐 수 있겠어? 넌 그 쪽 스타일이 아니잖아."

"그래요 삼촌. 전 교회 스타일이 아니에요. 어쩌면 그 반대일지 몰라요. 하지만 교회까지 속이면서 제 맘대로 살긴 싫어요. 저 돌아오는 일요일부터 교회에 나갈 거예요. 거기서 세례 받고 세례증서도 받을 거예요."

이 때야 민수는 실상을 파악하고 빙그레 웃었다. 그리고는 말했다.

"니가 교회를 나간다고 하니 이 삼촌의 마음이 좀 이상하다만 한 번 기대를 해보겠다. 서류는 일주일 이내로 제출해야 하니까 이목사가 잘 알아서 좀 해 줘."

"알았어. 다음 주에 신앙고백 정식으로 받고 세례 줄 거야."

"한데 그것도 위법 아냐? 난 초등학교 내내 교회 다녔어도 세례 못 받았는데?"

"넌 그 때 초등학생이었잖니. 최소한 중학생은 되어서 일 년 정도 다녀야 세례를 주지. 하지만 특별한 상황이라는 게 있잖아. 바로 이 경우. 안 그래?"

민수는 고개를 끄덕이며 활짝 웃었다. 그리고는 큰 소리로 말했다.

"야, 어찌 되었건 문제가 너무 쉽게 해결되었으니 난 기쁘다. 은미가 교회에 나간다고 하니 내일은 해가 서쪽에서 뜨지 않을까 궁금하기도 하고. 여하튼 기분 좋다. 자, 우리 일어나자구. 내가 오늘 거하게 한 방 쏠 테니까. 가자구!"

민수는 흡족한 표정을 지으며 자리에서 일어났다. 이목사와 최은미도 일어섰다. 카페를 나온 민수는 시청 쪽으로 발걸음을 옮겼다. 키가 크고 다리가 긴 그는 성큼성큼 발걸음을 내디뎠다. 무더운 날씨였다. 30도가 훨씬 넘을 것 같은 찜통 날씨였다. 세상을 태워버릴 기세로 직사광선이 쨍쨍 소리를 내듯 내려와 땅과 공간을 달구었다. 지열이 후끈후끈 솟아올랐다. 이때 최은미가 장미빛 꽃무늬가 수놓아진 하얀 색깔의 양산을 펼쳤다. 그녀는 이목사에게도 양산의 그늘이 갔으면 좋겠다는 듯 이목사 곁으로 바싹 다가섰다. 순간 그녀의 몸으로부터 아직 한 번도 맡아본 적이 없는 향수 내음이 향기롭게 풍겨왔다. 이 내음은 언뜻 라일락꽃 향기와 비슷한 것 같았다. 하지만 장미꽃처럼 향이 강한 다른 어떤 꽃 향이 거기에 가미된 듯 또 다른 향긋한 내음이었다. 이목사는 순간적으로 이 향의 은은함에 황홀함 같은 걸 느꼈다. 마치 여러 종류의 꽃들이 환하게 피어 온통 향기로 가득한, 저 5월의 화원 안으로 들어선 듯한 기분이 확- 밀려오는 것이었다. 이목사는 최은미의 얼굴을 보았다. 우연이었을까? 이 순간 그녀도 이목사의 얼굴을 보았다. 그녀는 다소 부끄러운 표정을 지으며 고개를 숙여 보였다. 이목사도 그녀의 그러한 인사에 미소를 지으며 고개를 끄덕 숙였다. 양산 아래에 있는 그녀의 얼굴은 눈이 부실 정도로 아름다웠다. 이건 이목사 개인의 감정을 떠나서 사실이 그러했다. 최은미는 누가 보든지 빼어난 외모를 지닌 미인일 것이었다. 정말이었다. 그녀는 지나치는 사람들이 눈길을 줄 만큼 돋보이는 미모를 지니고 있었다. 은미는 이목사에게 낮은 어조로 말했다.

"우산이 좁긴 하지만, 날씨가 너무 더워서… 같이 쓰셔도 되는데…"

"아, 아니에요 최양, 음식점에 금방 닿을 텐데. 난 괜찮아요."

이 때 앞서 가던 민수가 장난끼 섞인 얼굴로 뒤를 돌아보면서 말했다.

"이목사, 미인이 오라고 할 때 가. 한 발짝이라도 황홀하잖아. 빨리 양산 밑으로 들어가. 기회가 마냥 오는 줄 알어."

이목사는 웃으면서 민수의 말을 받았다.

"이런 기회가 쉽지 않다는 건 나도 알지. 하지만 은미양 혼자 쓰기에 딱 맞는 양산이야. 내 욕심 챙기다가 이 더위에 두 사람 모두 낭패 본다구."

"야, 낭패는 무슨 낭패야. 그냥 좋은 거지. 참, 너는 목사지. 내가 가끔 가다가 니 신분을 망각해요. 그냥 고향 친구로만 생각되거든."

민수는 농이 짙게 배인 표정으로 말했다. 하지만 이목사를 조롱하는 어투는 아니었다. 그도 예전에 교회를 다녀서인지는 모르겠지만, 민수는 은연 중에 스스로가 기독교를 폄하하는 언행은 자제하려는 태도를 보이곤 했었다. 오늘도 이목사에게 민수의 그런 언행이 느껴지는 것이었다. 이목사는 민수의 이런 태도가 다행스럽게 생각되었다. 최은미는 아무 말 없이 걷기만 했다. 그녀도 분명히 민수와 이목사의 오고가는 말을 들었을 것이다. 하지만 그녀는 그런 대화엔 전혀 개의치 않는 얼굴이었다. 그녀의 얼굴엔 미소가 여리게 깔려 있었다. 이목사는 누가 보든지 빼어난 미모의 이 아가씨와 함께 걷는 것만으로도 기분이 좋았다.

민수는 이목사와 최은미를 고급 일식집으로 데리고 갔다. 이 근처의 사무실 직원들에겐 많이 알려진 음식점이었다. 민수는 주인과 잘 아는 사이인 모양이었다. 카운터로 가 주인인 듯한 남자와 농담을 주고 받았다. 이목사와 최은미는 먼저 방으로 들어가 자리를 잡았다. 자리에 앉아 물수건으로 손을 닦자 몇 분도 안 되어 음식이 나오기 시작하였다. 처음엔 검은 깨가 섞인 죽이 나오더니 곧 이어서 주먹만한 소라와 이제 막 쪄낸 단호박이 나왔다. 단호박은 속이 노랗고 겉이 검초록의 빛깔을 띠고 있었다. 아주 먹음 직스러워 보였다. 찐 고구마도 몇 개가 나왔다. 그리고 옥수수 버무림 요리가 나오고 상추와 회가 나왔다. 미역국도 나왔다. 맛있어 보이는 음식들이 계속 나왔다. 가슴에 명찰을 단 단정한 모습의 아가씨가 등 뒤에 서서 도울 준비를 하고 있었다.

민수가 들어와 자리에 앉았다. 그는 기분이 좋은 표정으로 이목사와 최은미를 보면서 말했다.

"자, 먹어 보자구. 음식을 아주 잘 하는 집이야."

그들은 젓가락을 들어 음식을 먹기 시작했다.

"어때? 먹을 만해?"

민수가 웃는 얼굴로 이목사에게 물었다.

"응. 너무 맛있어. 호박과 고구마를 먹으니 고향 생각도 나고."

"고향 생각? 그래. 어려서 고구마 많이 먹었지. 우리 어릴 때 말이야, 너의 아버진 그래도 면서기였으니까 너의 집 형편은 다른 집보단 훨씬 나았어. 최소한 끼니 걱정은 하지 않았을 거야. 그 때 우리 가족들은 쌀과 보리가 없어서 고구마로 끼니 때우는 날이 많았어. 정말이지 넌 잘 모를 거야. 그 배 고팠던 시절의 아픔을. 그건 그렇고, 상준이 엄마 많이 아파? 같이 나왔으면 좋았잖아."

"응. 상태가 안 좋아. 아주 건강했던 사람인데 올 들어와서 갑자기 몸이 나빠지더라구."

"야, 여자가 그런 지하실에서 7년 정도 살면 병들게 되어 있어. 아무리 건강이 좋은 여자라도 그런 깊은 지하에서 7년 동안 살고 있다면 그 자체가 기적인 거야. 내가 뭐라고 했어. 그 냄새 나는 곳에서 빨리 좀 나오라고 했잖아. 차라리 돈을 좀 주더라도 지상으로 올라오라고 했잖아. 참, 돈이 없다고 했지. 그 웬수놈의 돈. 내가 한 건 잘 하면 널 지상으로 옮겨 줄 수도 있는데 말이야. 암, 내가 그 정도는 내 친구를 위하여 기꺼이 희사할 수 있지. 내 하는 일 대박 나라고 기도 좀 열심히 해라. 그리고 상준이 엄마도 신경 좀 써. 여자는 남자보단 몸이 약하잖니. 너 같다고 생각하면 오산이야. 그리고 이건 내 개인 생각인데, 하나님은 너 같은 목사 복 안 주시고 정말이지 지금 어디서 뭘 하시는 거야. 신문에 나는 교권 싸움하는 목사들 말이야, 그런 인간들은 교권 놓고 매일 싸워도 큰 교회에서 호의호식하고, 너 같이 진실한 목사들은 그 냄새 나는 지하에서 병이 나도록 고생만 하고. 난 교회 다니다 그만 둔 사람이지만 하나님에게 할 말 많아."

민수의 이 말에 이목사는 곁눈질을 하며 민수에게 싸인을 주었다. 옆에 있는 은미 양이 이야기를 모두 듣고 있으니까 제발 이 자리에서는 교회를 폄하하는 그런 부정적인 말은 그만 두라는 싸인이었다. 민수는 이목사의 눈빛이 전하는 말을 금방 알아들었다. 그는 이내 헛기침을 하면서, 최은미의 표정을 한 번 살피더니 입을 열었다.

"내 말은 교회가 나쁘다는 게 아녜요. 교회가 없으면 인간들이 어떻게 천국을 가겠어. 교회는 인간을 천국으로 인도하는 유일한 장소이지. 이 세상에서 가장 좋은 장소라고 할 수 있지. 하지만 사람이 중책을 맡았으면 책임을 가진 사람답게 살라는 말이야. 요즘 몇몇 성직자들이 자기의 본분을 망각하고 행동을 잘못해 사회의 빈축을 사고 있잖아. 물론 그런 인간들이야 어느 단체에나 있는 법이지만 말이야. 여하튼 교회는 좋은 곳이야. 암 좋고 말고."

민수의 말에 음식을 먹고 있던 최은미가 민수의 얼굴을 빤히 보면서 물었다.

"그런데 왜 삼촌은 교회에 안 나가세요? 세상에서 가장 좋은 곳엘?"

"나, 내가 왜 교회에 안 나가느냐구? 안 나가긴. 부동산 사업 때문에 그쪽은 잠시 휴업상태야. 이목사에게 물어 봐. 어릴 때, 우리가 초등학교 다닐 때, 내가 얼마나 교회에 열심히 나갔나 이목사에게 직접 한 번 물어 봐. 이래뵈도 내가 그 어린 시절에 새벽예배를 다녔던 사람이에요. 우리 마을에서는 훌륭한 목사 한 명 나왔다고 칭찬이 자자했어요. 이목사에게 물어 봐. 내 말이 참말인지 거짓말인지. 겉만 보고 사람 판단하면 큰 일 나요."

민수의 말에 최은미는 웃었다.

"왜 웃어? 내 말이 거짓말 같아?"

그녀는 이번엔 킥킥 소리를 내면서 웃었다.

"글쎄 왜 웃어? 내 말이 뭐 잘못 됐어? 앞뒤가 안 맞아? 뭐가 우스운데?"

"삼촌 표정이 너무 재미 있어서요. 삼촌이 그렇게 열변 토하는 거 처음 봐요. 그런 모습 귀여워요. 진짜예요. 너무 귀여워요."

"귀엽다… 그러니까 지금 삼촌인 내가 귀엽단 말이지?"

"그래요 삼촌. 너무 귀여워요."

민수는 다분히 어이가 없다는 표정을 지으며 이목사와 최은미를 번갈아 보았다. 최은미는 이제 막 가져온 잘 익은 꽁치를 젓가락으로 찢기 시작했다. 그리고는 살점 하나를 들어서 이목사 앞의 빈 접시에 놓았다. 그리고는 말했다.

"목사님, 이 꽁치구이 아주 맛있어 보여요. 들어보셔요."

이목사는 최은미의 이 갑작스러운 행동에 좀 당황했다.

"고, 고마워요. 은미양…"

민수는 그런 최은미의 모습을 보고는 자신도 얼른 은미가 나누어 놓은 꽁치 살 점 하나를 가져갔다. 이 모습을 보고 최은미가 말했다.

"가만 있으면 내가 삼촌도 주었을 텐데…"

최은미의 말에 민수는 슬쩍 최은미를 흘겼다.

"네 표정보니까 그런 마음 갖고 있는 것 같지는 않은데?"

"사람 표정 보고 마음까지 판단하세요? 사업가가 얼굴 보고 선입견 가지면 어떻게 해요. 나 진짜 삼촌도 주려고 했거든요."

"그랬다면 고맙고."

민수는 자기의 사업 이야기를 꺼냈다. 그의 경험담이 계속 이어졌다. 민수와 최은미는 소주를 한 잔씩 마셨다. 그러더니 계속 잔을 주거니 받거니 하였다. 민수의 목소리가 점점 커지고 있었다.

"이제 이 나라에서 집장사나 땅장사 해서 돈을 벌기는 틀렸어. 부동산 경기는 완전히 죽은 거야. 회복이 불가능해. 좋은 시절은 다 갔어. 이제 부동산업도 아이디어 경쟁인데 말이야… 난 아직 감을 못잡고 있어… 젠장!"

민수는 또 한 잔의 소주를 털어넣었다. 최은미의 양볼은 빨갛게 상기되어 있었다.

"민수 너 영업 중에 이렇게 술을 마셔도 괜찮은 거야?"

이 목사의 말에 민수는 불그레한 얼굴에 빙그레 웃음을 띠었다.

"이렇게 한 잔 마시고 사람을 만나면 자신감이 더 생기는 것 같거든. 염려 마. 실수하지 않을 테니까."

"그래도 초롱초롱한 정신으로 사람을 만나는 게 좋은 것 같애. 부동산 사업이 만만한 사업은 아니잖아."

"그건 그래. 이 사업이 결코 만만한 사업은 아니지. 하지만 두고 봐. 내 기필코 한 건 크게 할 거니까. 그 때 너의 예배당 지상으로 올려 줄게. 진짜야. 그러니 내 사업 잘 되라고 기도 많이 해. 알았니?"

"알았어. 말이라도 고맙다. 꼭 그렇게 해 다오. 나도 너 위해서 기도 많이 할 테니까. 그리고 어서 빨리 교회에 나와. 넌 나보다 먼저 예수님을 알았던 사람이잖아."

"아리까리한데 성경에 그런 말 있잖아. 먼저 된 자가 나중 되고 나중 된 자가 먼저 된다. 이거 맞나? 여하튼 알았어. 때가 되면 나갈 거야."

"야, 너 아직도 중요한 성경 말씀을 잘 알고 있구나."

"나에게 관계된 거잖니. 필요한 말씀 몇 가지는 이 마음 속에 항상 담고 다니거든."

이 때였다. 민수의 핸드폰 벨이 울렸다. 민수는 자리에서 일어났다. 그리고는 복도에 나가 전화를 받았다. 수분 후 그가 돌아왔다. 그는 좀 난처한 표정을 지으며 자리에 앉았다.

"왜 무슨 일 있어?"

이목사의 말에 그는 히죽 웃으며 말했다.

"한 시간 후에 날 좀 보자는 사람이 있어. 난 오늘 너와 시간 좀 보내려고 했는데. 그 동안 못한 얘기도 좀 하고 말이야."

"한 시간이면 식사 충분히 하잖아. 빨리 먹고 나가면 되지."

민수는 고개를 끄덕였다.

이목사는 모처럼 영양가 있는 음식들로 점심을 배 부르게 잘 먹었다. 그는 최은미로부터 주일에 꼭 교회에 나오겠다는 대답을 다시 한 번 받았다. 그리고 식당을 나오기 전에 화장실에 들렀다. 이 때 민수도 뒤따라왔다. 그는 화장실에 들어오자 흰 봉투 하나를 이목사에게 내밀었다. 이 목사가 놀라며 물었다.

"이게 뭐니?"

"니 형편이 너무 어려운 것 같아서 내가 얼마 넣었어. 이거 상준이 엄마 오늘 진료비로 쓰고 나중에 교회 부흥되면 두 배로 갚아. 알았지?"

"이거 받아도 되는 거야?"

"고향 친구가 좋은 게 뭔데. 내 한 건 하면 너의 예배당과 사택 지상으로 옮겨 줄게. 하나님께 내 기도 좀 열심히 해. 한 건 제대로 하도록 말이야. 알았지?"

"알았다. 고마워. 이렇게 늘 신경 써 주고 대접해 주어서."

"너무 그러지 마. 아주 조금이야."

밖으로 나오니 날씨는 여전히 무더웠다. 민수는 최은미를 데리고 차를 세워놓은 곳으로 가겠다며 손을 내밀었다.

"이목사, 그 세례증명서 말이야, 꼭 부탁해. 나중에 그 은혜 갚을 테니까."

"알았어. 오늘 고마웠어. 참 너 술 먹은 상태에서 운전하면 안 된다."

"알았다 친구야. 나 지금은 운전 안 할 거야. 차 있는 곳에 가서 은미한테 해야 할 말이 좀 있거든."

최은미도 공손히 인사를 하면서 말했다.

"일요일에 뵐게요 목사님. 저 교회 열심히 다닐 거예요."

"그래요. 주일에 꼭 교회에 와요. 그럼…"

그들은 헤어졌다. 이목사는 버스에 올라타자 늘 하던 대로 안전을 위해 잠시 기도했다. 그리고 속주머니에서 아까 민수에게 받은 봉투를 꺼냈다. 놀랍게도 봉투 안에는 십 만 원 권 수표가 열 장이나 들어 있었다. 참으로 큰 돈이었다. 민수는 오 주님! 하고 탄성을 자아냈다. 이번에는 하나님께서 고향 친구를 통해 쌀이 떨어진 위기의 순간을 면하게 하신다고 생각하니 가슴이 뭉클하며 눈물이 솟구쳤다. 지난 칠 년 동안 하나님은 항상 이런 식으로 이목사의 가족들을 먹이시고 입히셨다. 시마다 때마다 돌보아 주셨다. 전혀 예기치 않은 방법으로 저 하늘로부터 만나를 내려 주셨다. 그릿 시냇가의 엘리야에게 보내셨던 그 까마귀를 보내시어 그때그때 필요한 것들을 채워 주셨다.

이목사가 버스에서 내리자 핸드폰 벨이 울렸다. 송기창 목사였다. 신대원 동기로 동기들 중에서 가장 큰 교세를 가지고 있는 목사였다. 이미 도심의 아파트 단지에 오백 평이 넘는 부지를 사 웅장한 예배당을 지었다. 부흥사와 교수로도 활동하는 목사였다. 나이는 그가 한 살 위지만 목회의 결과로 볼 때엔 하늘과 땅의 차이를 방불하였다. 그래서 그는 기수가 좀 못 미치는 목사임에도 불구하고 교단의 중요한 부서를 맡아 활동하고 있었다. 또 부흥의 기류를 타고 있는 교단내의 몇몇 젊은 목사들과 교새모(교단을 새롭게 하는 모임)를 조직하여 총무로 활동하고 있었다. 이 교단에서는 이 모임이 젊은 목회자들의 모임을 대표하는 핵심 단체였다. 그래서 정치색이 강한 느낌도 주는 모임이었다. 이목사는 이 모임이 생겨나던 초창기엔 송목사의 권유로 이 모임에 몇 번 참석했었다. 그러나 그 이후엔 전혀 모임에 나가지 않았다. 특별히 교단이 총회장 자리를 놓고 싸움을 시작하면서부터는 교단의 어떤 모임에도 나가지 않았다. 다만 소속된 지방회(노회)의 교역자 기도회에만 성실히 참석하고 있었다. 이목사가 이렇게 지방회의 월례회 외엔 교단의 어떠한 모임에도 나가지 않은 데엔 단순히 교단의 교권분쟁 때문만은 아니었다. 그만한 이유가 있었다. 어느 날 그는 오전 내내 엎드려 기도하던 중 주님의 음성을 들었다. '마귀가 너의 교단을 파괴하고자 집중적으로 공격하고 있다. 깨어 근신하여 기도하여라. 수많은 종들이 분별력을 잃고 교권과 그로 인한 돈, 명예를 잡으려고 혈안이 되어 있다. 이러한 실상을 알고 눈물로 금식하며 통회하는 종을 찾아보기 힘들다. 너는 기도하여라. 모든 허망한 소욕을 내가 졌던 십자가에 못박아 버리고 오직 내가 피 흘려 세운 교회들을 위하여 눈물로, 밤을 지새워, 할 수만 있으면 금식하며 기도하여라. 지금은 상황이 너무 급박하다. 생명록에서 영원히 지워질 종들이 무수히 생겨날 수 있는 두려운 시기이다. 너는 모든 헛된 세력들과 섞이어 악을 도모하지 말고 골방에 들어가 근신하여 기도하여라. 나는 너의 하나님, 너의 주 예수, 너를 인도하는 보혜사 성령님이시다.' 이 목사는 이 음성을 너무나 선명하게 들었다. 실제로 교단의 교권 싸움은 장기화되어 삼 년이 지난 지금도 해결의 실마리를 찾지 못하고 있었다. 오히려 교단이 세 개로 쪼개질 상황에 이르고 있었다. 총회장 후보를 냈던 두 파와 그들의 행태를 맹렬하게 비난하는 개혁파들이 연일 소리를 높이며 상대들을 비방하고 있었다. 이들은 이미 여러 차례 교단의 문제를 세상 법정으로 들고가서 판결을 받았다. 그러나 그들은 법정을 나오는 순간 하나님의 법을 운운하며 싸움을 계속했다. 이렇게 가면 이 싸움은 교단이 쪼개지기 전에는 끝나지 않을 것이었다.

　송목사는 이목사가 비록 교회를 부흥시키지 못하고 깊은 지하에 있었지만 여느 목사들을 대하듯 평범하게 대하지 않았다. 그는 이목사를 언제나 아주 정중하게 대했다. 엠디비 과정 삼 년을 공부하던 시절 이목사가 쭉 수석 자리를 지켰고, 언행이 진중하여 사람들의 구설수에 오른 적이 없었기 때문이었다. 또 이목사가 성실하게 깊은 기도를 계속하며 말씀을 깊이 연구함으로 여전히 공부한다는 사실도 송목사는 알고 있었다. 그래서 자기가 총무로 있는 교새모에 들어와 블로그에 글도 올려 주고 활동을 해 주었으면 하고 바랐다. 송목사는 오늘도 이목사에게 꼭 한 번 만나자고 말했다. 며칠 전에 치른 두 번의 총회장 선거에 대해 교단의 젊은 목사들이 대책을 세워야만 한다는 것이었다. 그러니 이목사도 이번에는 모임에 들어와 힘이 되어 달라는 것이었다. E교단은 작년에 이어 올해도 총회장 선거를 두 번 치렀다. 두 패로 갈리어 양 쪽 모두 자기들의 후보를 몇 명 내어 자기들 끼리 선거를 치렀다. 그래서 총회장을 뽑고 임원들을 세웠지만 사실은 두 패 모두 교단의 실무를 붙들고 일을 할 수는 없었다. 왜냐하면 한 교단에 두 총회장과 두 임원들이 있을 수는 없기 때문이었다. 그래서 이들은 말만 총회장이고 임원들이지 사실은 선봉에 선 싸움꾼들에 불과하였다. 이들 모두가 많게는 수만 명에서 적게는 수백 명이 이르는, 큰 교회들을 치리하는 목사와 장로들이었다. 이목사는 깊이 기도할수록 이들이 보이는 모습들이 얼마나 두려운 것인가를 느끼면서, 더더욱 몸을 낮추고 각별히 근신함으로 기도하는 요즈음이었다. 그런데 동기인 송목사가 꼭 좀 만나자고 하니 보통 난감한 일이 아니었다. 하지만 이목사는 냉정해져야 하리라는 입장을 정하고 말했다.

"송목사, 송목사도 알다시피 난 그 모임에 들어가야 아무런 힘이 없어. 그러니까 난 빼 주는 게 좋겠어. 대신 뒤에서 기도할게. 나 지금 아내 데리고 병원에 가야 하거든. 이만 끊을게."

"이목사 형편 내가 누구보다 잘 알지. 하지만 들어와서 이름만 올려놓으란 이야기야. 시간이 안 되면 모임에는 안 나와도 돼."

"어떻게 그런 회원이 될 수 있겠어. 교새모는 활동을 많이 하는 모임이잖아."

"내가 이 모임의 총무야. 그러니 그냥 이름만 올려. 나머지는 내가 다 알아서 할게."

"송목사, 무슨 말인지 잘 알았어. 기도할 테니까 열심히 일하고 나는 좀 제외시켜 줘. 그럼 이만 전화 끊을게."

이목사는 전화를 끊었다. 그는 예배당을 향해 바삐 걸어서 몇 분 후 지하 사택으로 내려갔다. 아내는 헬쑥한 표정으로 벽에 기대어 앉아 있었다. 그녀는 이목사를 보더니 어렵게 미소를 보였다. 이목사가 그런 그녀에게 물었다.

"뭐 좀 먹었어요?"

사모는 고개를 몇 번 흔들었다. 하긴 집엔 지금 먹을 만한 음식이 아무 것도 없었다. 쌀이 떨어진 판국이니 먹을 게 뭐가 있겠는가.

"여보 일어납시다. 나가서 간단히 점심 먹고 병원에 갑시다."

"난 괜찮아요. 당신은 식사 잘 했지요?"

"그래요. 난 배부르게 잘 먹고 왔어요. 어서 일어나요. 그 친구가 용돈 좀 주더라구. 하나님께서 쌀이 없는 줄 아시고 쌀값 주시더라구. 그 친구 통해서."

이목사의 이 말에 사모의 얼굴이 조금 밝아졌다. 그녀는 감사가 넘치는 어조로 말했다.

"그랬군요. 하나님은 우리 형편을 너무 잘 알고 계셔요. 그렇죠?"

"그래요. 제 때에 틀림없이 까마귀 보내신다니까. 그러니 힘 냅시다."

"당신 친구 민수 씨 정말 고맙네요."

"고마운 친구지. 그러니까 앞으로는 사기꾼 같다는 말은 사용하지 말아요. 어서 일어나요. 오랜만에 당신 좋아하는 삼계탕 하나 먹어요. 당신 삼계탕 맛본 지 몇 년 된 것 같은데."

"나 정말 삼계탕 하나 먹어도 돼요?"

"그렇다니까. 어서 일어나요. 기운 차리고."

이목사의 말에 김미란 사모는 어렵게 몸을 일으켰다. 그녀는 자리에 눕기 시작하더니 마치 오래 전부터 아팠던 사람처럼 몸을 무겁게 놀렸다. 그녀는 다분히 위태로운 모습으로 몸을 일으켰다. 애써 몸을 일으키며 기우뚱 하는 모습이 금방이라도 쓰러질 것만 같았다. 이 목사는 그런 그녀를 얼른 부축하였다.

"괜찮아요?"

이목사의 말에 그녀는 고개를 끄덕였다.

"일어서니까 순간적으로 머리가 핑 돌았어요. 누워만 있다가 일어서니까 그러는가 봐요. 하지만 너무 염려 말아요. 나 잘 견딜 수 있어요."

그녀는 밖으로 나가 세수를 했다. 수돗물에 씻긴 그녀의 얼굴은 기미 같은 게 많이 생겨서 아주 거칠어 보였다. 교회를 시작할 때만 해도 소녀처럼 뽀얗던 얼굴이 많이 변해 있었다. 요새 와서 부쩍 변한 것 같았다. 이목사는 아내의 그런 얼굴을 보자 마음이 아팠다.

김미란 사모는 이미 바닥이 난 화장품 병을 거꾸로 세워 여러 번 손바닥을 때렸다. 하지만 로션은 한 방울도 나오지 않았다. 이목사는 그 모습을 보고 빙그레 웃었다. 그리고는 말했다.

"여보, 점심 밥 먹기 전에 당신 로션하고 스킨 먼저 삽시다."

아내는 옷걸이에 걸쳐놓은 옷을 그대로 입고 이목사를 따라나왔다. 이목사는 근처의 화장품 가게에 가서 아내에게 스킨과 로션을 하나씩 고르도록 했다. 아내는 가격표들을 살펴보더니 이내 제일 싼 것들을 하나씩 골랐다. 마치 저녁 파장에 나가 이것들은 당연히 우리들의 몫이라는 식으로 떨이 물건을 주저 없이 살 때의 그 표정으로 화장품도 집어들었다.

"피부를 위해서 좀더 나은 걸 사지. 너무 싼 것 같은데…"

이목사가 안쓰러운 표정으로 말했다.

"하나님이 언제인가는 좀더 나은 걸로 주시겠죠. 가요. 이것도 고맙죠. 어제만 해도 화장품은 생각도 못했는데요."

"그런가. 그래. 나중에 좀더 나은 걸 주시리라 믿고 오늘은 그걸로 삽시다."

이목사는 참으로 오랜만에 아내를 삼계탕집으로 데리고 갔다. 그리고 대자 하나를 시켰다. 아내는 아주 맛있게 대자 한 개를 금방 먹었다. 국물까지 모두 마셨다. 그런 아내의 모습을 보고 이목사가 말했다.

"당신 그 동안 너무 영양보충을 못했나봐."

"그건 당신도 마찬가지죠. 너무 맛있게 먹었어요. 민수 씨 위하여 기도 많이 해야겠어요. 우리가 이처럼 어려울 때 하나님은 그 분을 사용하시네요. 불신자인 그 분을 말이에요."

"그러게 말예요. 하나님의 하시는 일은 참 오묘한 것 같아요. 그 친구 하나님께 다시 돌아오기만 하면 하나님의 일을 많이 할 거예요. 우리 교회에 나와서 일꾼되게 해 달라고 기도합시다."

그들은 음식점을 나와 예약된 병원으로 갔다. 이 곳은 종합병원이어서 많은 사람들이 병원 안을 오고갔다. 환자복을 입은 채 링거병이 달린 스텐 폴대를 끌고다니는 환자들도 많이 보였다. 대부분의 병원들엔 여기처럼 환자들이 많을 것이다. 일류병원은 입원을 해도 몇 개월 후에야 제 차례가 돌아와 수술을 한다고 한다. 그리고 보면 오늘 이 세상은 얼마나 병이 많은 세상인가. 이 세상의 이 많은 병자들 중에 자신은 아직 끼이지 않았다는 것, 이것 또한 하나님의 크신 은총일 것이다. 이목사는 문득 예수님의 사역을 떠올렸다. 어떠한 환자가 찾아와도 능히 치료해 주셨던 예수님의 그 능력을 생각한 것이다. 그리고 그러한 능력을 계승하여 병을 치료하였던 사도들도 생각하였다. 나아가 이 땅에 기독교가 들어와서 크게 부흥하던 시기에 목회자들을 통해 나타났던 그 놀라운 신유의 역사들도 생각하였다. 그런데 오늘 날에는 왜 그러한 치료의 역사가 교회 안에서 나타나지 않는단 말인가? 사람들이 의사들만을 의지하는 시대여서? 아니면 예수님이 세상에 계시지 않은 시대여서? 결코 그것은 아니리라. 이것은 치료에 대한 인간들의 생각이 바뀐 때문이리라. 치료하시는 예수그리스도를 신뢰하지 않기 때문이리라. 예수 그리스도는 예나 지금이나 영원토록 치유의 능력을 믿는 이들에게 병고침의 은총을 체험하게 하실 것이다. 오늘 우리가 비록 병원에 왔지만 근본적으로는 우리 주 예수 그리스도의 은총으로 인해 아내는 병고침을 받으리라. '나는 치료하는 여호와라… 내가 채찍에 맞음으로 너희는 나음을 입었도다.' 이성웅 목사는 이처럼 신유의 역사에 관하여 골똘히 생각하였다. 이 때 간호사가 아내의 이름을 불렀다. 안으로 들어오라는 것이었다. 아내는 곧 진찰실로 들어갔다.

김미란 사모를 진찰실로 보낸 이목사는 잠시 기도하였다. 정확하게 진단이 되어 아내가 제대로 치료를 받고, 빨리 회복되게 해 달라고 기도하였다. 그러나 기도는 더욱 깊어져 전 세계의 모든 교회들이 신유의 능력을 회복하게 해 달라고 기도하였다. 무엇보다도 이 시대의 모든 성도들에게 건강의 축복을 달라고 기도하였다.

한참 후 간호사가 이목사를 불렀다. 이목사는 진찰실로 들어갔다. 육십

대 정도로 보이는 중후한 인상의 의사가 이목사를 맞았다. 그는 아주 지적으로 보이는 눈을 껌벅거리며 김미란 사모 옆에 앉으라고 이목사에게 말했다. 이목사는 그렇게 하였다. 의사는 이목사의 얼굴을 몇 번 훑어보더니 입을 열었다.

"아시겠지만 짧은 시간에 모든 것을 알아낼 수는 없습니다. 하지만 몇 가지의 증상은 확실하게 발견되었습니다. 우선 사모님의 기력이 많이 떨어져 있습니다. 영양 상태가 아주 좋지 않습니다. 앞으로 음식에 신경을 써야 하겠습니다. 기력이 떨어지면 몸의 저항력이 약해집니다. 질병이 침투할 기회를 주는 것이죠. 또 침투한 병균이 자유롭게 활동할 수 있는 여건을 조성해 주는 겁니다. 그리고 또 하나는 호흡기가 아주 약해져 있습니다. 공기가 탁한 곳에서 오래 있으면 이런 현상이 오는데 이 문제를 신경 써야 합니다. 요즘은 늑막이 상하는 환자들이 많고 결핵에도 많이 걸립니다. 사모님의 경우 맑은 공기를 마시도록 해 주어야 합니다. 그리고 또 하나 아주 중요한 것 하나가 발견되었는데… 에… 사실은 이것이 가장 큰 문제인데요… 사모님 자궁에 상당히 큰 종양이 있습니다. 몸져 누울 정도까지 된 것은 이 혹 때문인 것 같습니다. 아시겠지만 인간의 몸에 생기는 혹은 여러 종류가 있습니다. 자궁 안에 생기는 혹도 종류가 여러 가지입니다. 그러나 아주 악한 종류의 혹이 있습니다. 잘 아시겠지만 암덩어리인 경우가 있습니다. 사모님의 혹이 그런 종류의 혹이 아니길 원하지만 정밀한 조사를 해본 후에야 안심할 수 있습니다. 요즘은 암이 워낙 많은 세상이어서요. 날짜를 잡아서 조직검사를 해야 하겠습니다. 일주일 후에 다시 오셔야 하겠습니다."

의사는 상당히 예의를 갖추는 행동과 어조로 말했다. 하지만 일주일 후에 조직검사를 위해 다시 오라는 말은 아주 단호했다. 이 쪽의 사정이나 스케줄 같은 것은 전혀 고려하지 않겠다는 독재성이 들어 있었다. 하긴 아내의 병이 암이라면 의사의 말에 전적으로 따라야 될 것이다. 거기에 이유를 붙인다면 손해는 모두 이목사 자신에게 돌아올 것이다. 어쨌든 이목사와 김미란 사모는 의사의 이 말에 상당한 충격을 받았다. 김미란 사모가 영양실조 상태에 있다는 것도 그랬지만 자궁 안에 큰 종양이 있다는 사실에 더욱 놀랐다. 만약 그게 암이라면, 이미 그 정도의 크기로 진행된 암이라면, 이건 정말 여차하면 하나님의 영광을 가리는 일도 될 수 있을 것이다. 이목사는 의사에게 물었다.

"선생님, 이 정도 크기의 혹이라면 암일 확률이 크나요?"

"꼭 그렇지는 않습니다. 다른 종양일 수도 있습니다. 요즘엔 자궁근종이라는 병도 여성들에게서 자주 나타나고 있습니다. 그것도 상당히 큰 혹입니다. 이것은 수술하면 됩니다. 생명에는 지장이 없는 혹입니다."

"그렇군요. 잘 알겠습니다. 정말 감사합니다. 일주일 후에 다시 오겠습니다."

이들이 막 진찰실을 나오려고 하는데 의사가 "잠깐만요!"하고는 이목사와 김미란 사모를 붙들어 세웠다. 그리고는 말했다.

"혹시 수술이 급한 병인지도 모르니까 오늘 좀더 정밀한 검사를 하고 가시는 게 낫겠어요. 아무래도 그게 좋겠습니다. 몇 가지만 더 검사를 해서 일주일 후에 결과를 알려 드리겠습니다."

김미란 사모는 의사를 따라 다시 검사실로 들어갔다. 그리고 한참 후에야 검사실에서 나왔다. 이목사는 아내를 부축하여 조심조심 병원 복도를 걸어나왔다. 갈수록 태산이라더니 하나님의 담금질은 끝이 없었다. 병원 로비를 나와 택시 정류장으로 걸을 때 아내가 말했다.

"여보, 너무 걱정 말아요. 하나님께서 죽이시기야 하겠어요. 만약 암이라는 진단이 나오면 난 기도원에 올라갈 거예요. 하나님과 담판을 지을 거예요. 병을 치료하시든지, 그냥 데려가시든지 둘 중의 하나를 속히 결정해 달라고 조를 거예요. 분명히 말해 두지만 암으로 판명날 경우엔 난 수술은 절대로 받지 않을 거예요."

"여보…"

"난 치료하시는 예수님을 믿어요. 이미 치료 받은 경험도 있고요."

이목사는 아내에게 더 이상 할 말이 없었다. 마침 택시 한 대가 환자와 환자의 가족들을 태우고 정류장으로 들어왔다. 그들이 내리자 이목사와 김미란 사모는 곧 택시에 몸을 실었다.

이 무렵 마귀제국에서는 비상참모회의가 진행되고 있었다. 이들은 현재 부흥의 조짐이 보이고 있는 전 세계의 모든 나라들을 치밀하게 검토하고 있었다. 그리고 부흥을 주도하는 목사들에 대하여도 자료들을 토대로 광범위한 토의를 벌이고 있었다. 이들은 여전히 영향력을 행사하는 미국의 유명 목회자들에 대하여도 논의를 벌이고 있었다. 또 신학강단에서 신령한 강의를 하고 있는 학자들의 명단을 새롭게 작성하여 그들을 파멸시킬 구체적인 안도 짜내고 있었다. 그러나 이들의 가장 큰 관심사는 한국의 교회들이었다. 교회를 강력하게 거부하는 이십일 세기의 세속적인 흐름을 역류하여 아직도 전도가 먹혀 드는 한국 교회가 그들의 제국을 가장 위협하고 있었기 때문이다. 근래에 와서는 수많은 동남아 학생들이 이 곳에 와서 신학을 공부하고 있었다. 그뿐만이 아니었다. 유럽과 미국에서까지도 한국으로 유학 오는 신학생들이 점점 늘어나고 있었다. 이러한 추세라면 머지않아 한국이 이 세계에서 신령한 영적인 영향력을 가장 많이 보급하는 신학의 중심지가 될 수도 있을 것이었다. 때문에 저들의 긴장은 수위가 올라갈 수밖에 없었다.

마국아수는 보고서를 마왕에게 내밀며 말했다.

"대왕 각하, 여기에 지금 한국의 교회들을 이끌어 가는 인물들과 소위 소수의 숨겨진 의인들이라고 할 만한 기독교인들의 이름이 모두 적혀 있습니다. 그들이 현재 어디에서 어떤 형태의 사역을 하고 있는지에 대하여도 소상하게 적어 놓았습니다. 신학강단의 학자들까지도 망라하였습니다. 한 번 검토해 보시지요."

"흐음, 수고 많이 했군."

마왕은 그 어느 때보다도 진중한 표정을 지으며 그 서류를 받았다. 그의 간교하고 음험한, 움푹 패여 공포를 자아내는 두 눈은 연신 유황빛의 잔인한 안광을 발산하였다. 그가 서류의 내용에 집중할 때엔 그의 눈은 다분히 청동빛에 가까운 아주 으스스한 빛으로 변했다. 파랑과 노랑이 섞여진 이상하고 기괴한 안광이 계속 분출되는 것이었다. 주위에 둘러앉은 마귀제국의 참모들은 마왕의 그러한 눈빛만 보아도 그만 사지가 떨리고 공포심에 휩싸이는 것이었다.

마왕은 서류 전체를 찬찬히 살폈다. 그러는 사이에 마귀제국의 회의실엔 긴장이 서린 침묵이 흘렀다. 마귀제국의 참모들은 심각한 얼굴로 서로를 흘깃흘깃 쳐다볼 뿐 입은 꼭 다물고 있었다. 현장에 나가면 무시무시한 괴물들의 행태를 그대로 드러내 보이는 그들이었지만 마왕이 있는 장소에서는 언제나 보신탕집 앞마당에 묶여 있는 개들 같은 표정을 짓고 있었다. 그들의 그러한 표정은 마왕의 잔인한 성격이 만들어 놓은 것이었다. 마왕은 자기 앞에서 거들먹거리는 모습을 보이는 귀신들을 쥐도 새도 모르게 제거해 버렸다. 그는 언제나 말했다. "나는 맹종 외에 다른 충성을 보이는 이들을 필요로 하지 않는다. 우리 공중제국이 더욱 굳건히 서고 강건해지기 위해서는 오직 나를 중심으로 하나가 되는 것이다. 내 앞에서 경거망동하는 자는 어떠한 공로로도 살아남을 수 없다." 간혹 마왕의 언행에 불만을 품는 귀신들이 나타났지만 그들은 여지없이 축출되고 말았다. 마왕의 강력한 통치력은 그가 만들어내는 무시무시한 공포의 분위기에서 자연스럽게 생성되고 있었다.

서류를 다 검토한 마왕이 마국아수에게 물었다.

"맨 앞에 써놓은 이 강왕기 목사라는 자 말이야, 이 자는 이미 우리가 포섭하여 우리의 수하에 있다고 했지 않나. 왜 아직도 이 자를 한국 교회에서 가장 영향력이 있다고 보고를 하는 거야? 이 보고서 이거 신빙성이 있는 거야?"

마왕의 이 말에 마국아수는 다분히 두려운 표정을 지으며 대답했다.

"각하, 이 자가 자신을 우상화시키고 많은 재물을 축적해 놓은 것은 확실합니다. 그러나 이 자가 최근에 와서 자신의 재물을 가지고 교회들을 개척시키고 있습니다. 그것도 일억 원씩 지원하여 교회들을 세우고 있습니다. 그런가 하면 이 자가 병 들고 소외된 자들을 위해 모금운동을 하는 집회에 강사로 나가고 있습니다. 그래서 민중들은 이 자에게 계속해서 열광하고 있습니다. 아직도 이 자가 설교한다고 하면 수많은 군중들이 모여듭니다. 아직 한국에는 이 목사만큼 사람을 많이 모으는 목사가 없습니다."

마왕은 예리한 눈빛으로 마국아수의 얼굴을 노려보았다. 분명히 불만이 담긴 눈빛이었다. 그러나 이내 표정을 바꾸었다. 그리고는 마국지에게 눈빛을 주었다.

"마국지, 너의 의견은 어떠냐? 아직도 이 강왕기 목사라는 자가 한국교회에서 가장 영향력이 있다고 생각하느냐?"

마국지는 언제나 그랬던 것처럼 아주 사려 깊은 표정을 지으며 좌중을 한 번 둘러보았다. 그리고는 아주 다정다감한 어조로 입을 열었다.

"대왕 각하, 제 의견은 마국아수 사령관과는 좀 다릅니다. 왜냐하면 한국교회는 이제 사람을 많이 모으는 목사들이 더 이상 능력 있는 목사가 될 수 없는 상황이기 때문입니다. 오늘 이 자리에 모인 우리 공중제국의 전사들이 누구를 무서워했습니까? 오직 예수뿐이었습니다. 그러나 그가 제자들이라고 하면서 저 갈릴리의 무식한 어부들과 비천한 인간들 몇 명을 끌어모을 때에 우리들은 쾌재를 부르며 콧방귀를 뀌었습니다. 예수 너도 세상에 내려가더니 별수 없구나 하고 마음껏 비웃었습니다. 그러나 그 비천

한 인간들은 오늘까지도 우리들을 골탕 먹이고 괴롭게 하는 많은 것들을 남겨 놓았습니다. 성경을 남겼고 교회를 남겼습니다. 순교의 피를 뿌려 놓았어요. 그렇습니다. 교회는 숫자가 능력이 아닙니다. 아주 일순간, 꽃이 개화하는 순간처럼 교회가 확 부흥할 때 그 때만 교회의 숫자가 능력이 될 수 있습니다. 그 때는 보혜사 성령이라는 자가 그 능력을 유지시킵니다. 하지만 교회는 숫자가 많아질 때 오히려 능력을 잃게 됩니다. 물론 관리하면 숫자만큼 능력이 있을 수 있습니다. 하지만 유한한 인간의 지혜와 저들의 짧은 생각, 욕망, 수명으로는 숫자를 가지고 십자가의 능력을 유지할 수 없습니다. 인간은, 교회의 지도자들이라 하는 자들은 숫자가 많아지면 틀림없이 보혜사 성령과 거리가 멀어집니다. 말로 아무리 성령의 이름을 불러도 그들의 현실은 보혜사 성령과 점점 더 멀어지는 현실이 되는 것입니다. 우리가 잘 알지 않습니까. 하나님이나 예수나 보혜사 성령이나 무릎을 꿇고 간절히 기도할 때만 강하게 인생들을 돕지 않습니까. 기독교가 생긴 이래 지금까지 자기가 사역하는 교회의 사람 숫자가 많아진 만큼 기도의 양을 늘인 종들은 단 한 명도 없었습니다. 강의다 부흥회다 임원회다 방송국 출연이다 성지순례다 하면서 명분을 내세우며 이리저리 예수를 내세우고 다니지만 사실은 성령과 결별하는 행동들입니다. 그것을 뭘로 알 수 있느냐고요? 결국 저들의 교회들은 망했습니다. 우리들의 공격을 막아내지 못했습니다. 로마의 교회들이 그랬고, 저 유럽의 교회들이 그랬고, 미국의 교회들이 그랬고, 지금 한국의 교회들도 그러합니다. 사람을 많이 모은 목사들 치고 순전하게 자기의 삶을 유지하다가 마무리한 목사들은 많지 않습니다. 우리들은 저들을 가만 두지 않았습니다. 저들의 마음을 부추겨 교만하게 하였고, 교권을 탐내게 하였고, 음란과 헛된 탐욕에 빠지게 했습니다. 저들의 생활을 사치스럽게 하여 예수의 삶과는 거리가 멀어지게 했습니다. 특별히 저들이 교권을 탐내게 함으로 세상에서 교회의 위상을 추락시키는 역할을 하도록 강력하게 부추겼습니다. 한마디로 우리의 것인 저 세상 모든 것들을 한껏 누리게 함으로 예수가 활동하던 시대의 바리새인들과 사두개인들, 서기관들처럼 만들었습니다. 지금 한국의 교회도 예외는 아닙니다. 여기에 관하여는 제가 대왕 각하에게 보고한 바 있습니다. 그러므로 지금 한국에서 사람을 많이 모으는 목사들을 능력 있는 목사라고 생각하면 엄청난 오산입니다. 지금 한국의 교회에서는 사람을 많이 모으는 목사가 능력 있는 목사가 아닙니다. 오직 하나님이 인정하는 목사들이 능력 있는 목사입니다. 이것이 문제입니다. 우리가 하나님이 인정하는 목사가 누구인가를 찾기란 결코 용이한 일이 아닙니다."

마국지의 이 말에 마왕의 얼굴이 변하였다. 다분히 험상궂게 일그러졌다. 마국아수는 사색이 다 된 놀란 얼굴로 마왕의 이러한 얼굴을 보고 있었다. 마귀 제국의 다른 장관들로 긴장된 표정으로 마왕의 표정을 예의 주시하였다. 아무래도 어떤 무시무시한 일이 벌어질 것 같은 분위기였기 때문이다. 분명히 시뻘건 불똥이 튀어서 누군가는 상하게 될 텐데, 물론 일차 대상자는 마국아수지만, 그 불똥이 어디로 튈지는 아무도 모를 일이었다. 마귀 제국의 긴급회의실에 흐르는 긴장감은 점점 더 팽팽해지고 있었다.

마왕은 분노한 표정으로, 신경질을 부리는 어투로 쏘아부치듯 마국지에게 물었다.

"하지만 교세가 큰 교회들이 선교사들을 많이 파송하고, 매스컴 선교를 하고, 지들의 종들을 양육하는 대학에도 큰 도움을 주고 있지 않느냐? 그 영향력이 막강하지 않느냐 말이다!"

"물론 그러합니다. 하지만 교회사를 보십시오. 우리가 공략했던 모든 시대의 대형교회들이 그 일들을 했습니다. 그럼에도 불구하고 우리들은 저들의 거대한 예배당을 텅텅 비우게 하였고, 신학 강단을 변질시켰습니다. 그리고 부흥의 불길을 꺼버렸습니다. 그 이유는 저들이 선교라고 말하며 하는 일들 안에 저들의 세속화된 영성이 배어 있기 때문입니다. 저들은 이제 자기들의 생명인 피로 선교를 하지 않습니다. 그와는 정 반대로 일을 합니다. 예를 들어 매스컴 선교를 보십시오. 저들은 이제 매스컴을 통하여 자기들을 광고하면서 더 많은 사람들을 모으는 일에 몰두하고 있습니다. 생각해보십시오. 저들이 제 정신을 가지고 있다면 지하에서 죽어가는 자기들의 목회 동료들을 도울 것입니다. 하지만 저들은 함께 목회하는 이 시대의 자기 동료들을 전혀 생각하지 않습니다. 저들이야 죽든 말든 자기들은 자기들의 욕망을 위하여 신문과 방송에, TV화면에 자기들의 얼굴을 내밀면 그만입니다. 자기들을 광고하면서, 유명인사 대우를 받으며 사는 게 행복합니다. 저 아프리카와 세계 여러 곳에 선교사들을 몇 명 보내놓고 선교여행이라는 미명으로 슬슬 여행을 다니며 즐기면 그만입니다. 각하, 모두 다 우리의 계략입니다. 저들은 우리들의 함정에 빠져 있습니다. 예수의 생각과 예수의 마음을 버린 지 오래입니다. 우리의 장기인 비정과 자기 자랑, 교만, 탐욕, 방종, 거만, 안일, 영달, 음란, 쾌락, 거짓, 살인, 세상 중심의 생각, 우리의 탐심으로 가득 차있습니다. 우리들은 계속해서 저들의 마음속에 그것을 불어넣을 것입니다. 각하, 각하도 잘 알지 않습니까. 저들의 영혼에 우리의 생각을 조금만 집어넣어도 이미 예수의 영성은 변질되는 것을 말입니다. 그리고 그 변질된 영성은 저들의 언행을 따라 주위 사람들의 영성도 변질시키는 것을 말입니다. 그러므로 대형교회 때문에 염려할 것은 하나도 없습니다.”

　　마왕은 고개를 끄덕이며 연속 콧숨을 흥흥 하면서 뿜어냈다. 사탄은 자기 안에서 치솟는 분을 견디기 힘들 때엔 언제나 이랬다. 마왕인 사탄의 이러한 모습은 주위의 참모들을 더 한층 공포에 떨도록 만들었다. 마치 풍선이 계속해서 부풀어 오르듯 마귀 제국의 회의실은 긴장감이 점점 더 고조되고 있었다.

03.
특명

마귀의 마음을 금방 읽어내는 마국지는 이 긴장된 상황의 원인을 너무나 잘 알고 있었다. 그래서 마음을 추스린 다음 입을 열었다.

"하지만 대왕 각하, 마국아수 사령관의 보고처럼 한국교계에서 강왕기 목사라는 자의 위치는 여전히 견고합니다. 그가 문제가 많은 것은 사실입니다. 많은 돈을 축적해 놓은 것도 사실이며 자신을 우상화시키는 일을 하고 있는 것도 사실입니다. 하지만 그는 아직 우리의 손아귀에 온전히 들어오지 않았습니다. 오히려 우리의 가슴을 깜짝깜짝 놀라게 만드는 보혈 설교를 하고 있습니다. 물론 자주 하지는 않지만 가끔씩 십자가 위에서 예수가 흘린 그 피에 대하여 설교합니다. 각하도 아시지 않습니까. 예수가 십자가 위에서 흘린 피에 대한 설교가 우리들을 얼마나 곤혹스럽게 하는지 말입니다. 그 이야기만 나오면 우리들은 사지가 벌벌 떨리지 않습니까. 그런데 그는 지금도 예수의 피에 대하여 종종 설교합니다. 그러니 우리 손아귀에 들어온 게 아닙니다. 한국 교계에서 그가 아직도 가장 영향력이 있는 목사인지는 좀더 깊고 넓은 광범위한 조사가 필요하다고 봅니다. 여하튼 그가 여전히 큰 영향력을 행사하고 있는 것만은 틀림없는 사실입니다."

"그게 사실이야?"

"틀림없습니다 각하."

마왕은 마국지의 이 자신 있는 대답을 듣고서야 비로소 얼굴 표정이 좀 펴졌다. 마국아수도 마치 죽을 고비를 넘긴 것처럼 하얗던 얼굴에 다시 핏기가 돌았다. 마왕은 곧 시선을 서류로 돌려 조금 전처럼 서류들을 검토하기 시작하였다. 아주 자세하게 내용 하나하나를 살펴보았다. 그러다가 마국아수에게 물었다.

"한국에 우리의 제국을 괴롭히는 이 숨겨놓은 종들이란 놈들이 이렇게 많이 있단 말이야?"

"예 각하. 조사한 바에 의하면 그러합니다."

"하나 같이 이름도 없는 교회에서 일하는 목사들 아니야. 농촌교회와 어촌교회, 섬교회, 그리고 도시 개척교회에 하나님의 사랑을 받는 인간들이 이처럼 많다는 거야? 교회를 부흥시키지 못하는 이 멍청한 인간들을 하나님이 사랑하신다는 거야?"

"그러합니다 각하. 각하도 교회 역사를 통하여 잘 알고 계시지 않습니까."

"알지. 하지만 이건 숫자가 너무 많잖아. 도대체 어떤 기준으로 이러한 작자들을 하나님이 특별하게 뽑아서 숨겨 놓았다고 보는 거야?"

마왕은 여전히 마국아수 사령관의 능력을 의심하는 표정이었다. 작성해서 가져온 서류 자체가 사실인지 사실이 아닌지 믿을 수 없다는 표정이었다. 마국아수는 이러한 마왕의 눈빛과 어투가 견딜 수 없을 만큼 못마땅했다. 하지만 전혀 내색하지 않고 대답했다.

"하나님이 숨겨놓은 특별한 인간들을 판별하는 데엔 우리들의 판단이나 기준을 따르고 있지 않습니다. 전적으로 하나님의 판단기준에 따르고 있습니다. 하나님은 저들에게 강력한 능력을 부여하고 있습니다. 저들의 사역지는, 외형적으로는 교세가 없고 아주 연약해 보입니다. 하지만 저들이 매일 쏘아올리는 기도의 양은 굉장합니다. 그리고 저들이 기도를 통하여 내뿜는 능력은 어마어마합니다. 우리의 부하들이 감히 근접할 수 없습니다. 그리고 저들이 예수의 이름으로 축사하면 우리의 부하들은 여지없이 묶임을 당하여 축출되고 맙니다. 저들은 하나같이 오랜 기간 동안 낙도에서, 농어촌에서, 깊은 지하에서 자기들의 사명을 감당하고 있습니다. 교회를 지키고 있습니다. 환경이 너무 열악하여 삶이 곤고하지만 예수를 위해 죽기를 결단하고 자기의 길을 걸어가는 인간들입니다. 아주 무식하고 쇠뭉치같이 우둔한 인간들입니다. 하지만 하나님은 저들에게 하늘로부터 큰 힘을 공급해 주고 있습니다. 아마도 예수를 위해 온전한 희생을 결단했기 때문에 그런 것 같습니다."

마왕은 이번에도 신뢰의 빛이 역력한 눈으로 마국지를 보았다. 마국아수의 의견이 타당성이 있나 확인하는 것이었다. 마국지는 곧 입을 열었다.

"각하, 그것은 사실입니다. 지금 한국의 교회는 바로 저 숨겨놓은 종들이 지킨다고 해도 과언이 아닙니다. 지금 우리들이 흔들고 있는 E교단을 보십시오. 수천 수만 명의 사람들이 모인다는 교회의 목사들도 여지없이 우리의 꼬임에 넘어가지 않습니까. 머리가 터지게 교권 싸움을 하지 않습니까. 세상 법정에 가서 우리의 하수인들에게 머리를 조아리고 있지 않습니까. 하나님의 말씀인 생명의 책 성경을 인간의 법서 아래 놓았지 않습니까. 저들은 겉만 목사지 속은 우리들의 마음과 똑같습니다. 하지만 마국아수 장군이 가져온 명단에 기록된 목사들은 다릅니다. 저들은 타협하지 않는 자들입니다. 겉은 협수룩해 보이고 한없이 불쌍해 보이지만 속내는 그러하지 않습니다. 저들은 부요한 자들이고 강한 자들입니다. 저들의 심령엔 언제나 강같은 평화가 흐르고 있습니다. 예수 그리스도를 뜨겁게 갈망하는 외엔 아무 것도 부러워하지 않는 인간들입니다. 저들 대부분은 분명한 특징 하나를 가지고 있습니다. 그것은 교세가 없다는 것입니다. 모두 다 오지에서, 깊은 지하에서 이름도 없이 아주 작은 교회들을 섬기고 있다는 것입니다. 더러는 규모가 있는 교회들을 섬기고 있습니다만 그 숫자가 많지 않습니다. 우리들은 이미 도시 대 교회의 자료들을 가지고 있습니다. 각하도 아시다시피 이 세상에서 궁전 같은 예배당을 가지고 있는 이들은 세속의 안일과 자랑에 빠진 이들이 대부분입니다. 이것은 우리들이 치열하게 추구해온 일이요 이미 한국교회에서도 큰 성과를 거둔 일입니다. 우리들은 저들이 보다 더 강렬하게 세속의 욕망을 추구하도록 유혹할 것입니다. 마치 지들이 큰 성공을 한 것인 양 거드름을 피우고 교만을 떨게 할 것입니다. 각하, 지금 한국에서 대 교회를 담임하는 이들의 생활을 보십시오. 하나같이 왕 같은 생활을 하고 있습니다. 가장 좋은 집에, 가장 좋은 차에, 최고의 물건들만 사용합니다. 최고의 음식만 섭취하고 있습니다. 저들의 자녀들은 대부분 외국에 나가 공부하고 있습니다. 신학대학의 교수라는 이들 중엔 봉급을 받아 부동산 투기를 하는 이들이 있습니다. 그런가 하면 십일조생활을 하지 않은 이들도 많이 있습니다. 새벽예배를 드리는 이들은 가뭄에 콩 나듯 극히 소수입니다. 저들은 지들이 따른다는 예수의 생활과는 정 반대의 생활을 하고 있습니다. 실천은 없고 입만 살아서 떠벌거리는 자들이 부지기수입니다. 예수고, 교회고 다 팽개치고 지들의 세속적인 욕망을 위해 싸우는 꼴들을 보세요. 이제 저들은 우리의 적이 아닙니다. 우리들에게 협조하는 자들입니다. 저들은 가만 놔두어도 우리들에게 두려움을 주는 행동은 할 수 없을 것입니다. 오히려 점점 더 어두운 영적 구덩이로 빠져들 것입니다. 우리의 사슬에 꽁꽁 묶여 우리들의 유순한 종들이 될 것입니다. 우리들이 교회를 파괴하는 일에 직간접으로 도움을 줄 것입니다. 그러므로 이제 우리들도 한국교회의 파괴전략을 전면수정하여 저들 숨겨 놓은 이들을 집중적으로 공격할 때가 된 것입니다. 우리는 그 일을 해야 합니다.

그 일이 우선입니다."

"그러니까, 지금은 저들 숨겨놓은 종들이라 하는 놈들을 철저히 색출하여 제거해야 한다는 것이냐?"

"바로 그것입니다 각하. 지금 우리들의 가장 큰 적은 바로 저들입니다. 대형교회의 목사들이나 부흥사들이 아닙니다. 신학대학의 교수들인 신학자들은 더더욱 아닙니다. 바로 하나님이 오지에 숨겨놓은 바로 저 기도하는 종들입니다. 예수가 걸어간 길을 자기들도 가겠다고 자신들의 인생을 과감하게 희생하고 있는 목사들과 소수의 기독교도들입니다. 저들이 우리들의 가장 큰 적입니다. 실제로 저들은 우리 공중제국의 군사들을 잔인하게 다루고 있습니다. 저들을 잘못 건들면 여지없이 묶임을 받고 치명타를 입습니다. 하늘에서 불이 내려오게 하여 사릅니다. 마국아수 사령관이 이 점을 잘 포착하여 저들에 대한 명단을 자세히 작성한 것은 아주 잘한 일이라고 생각합니다."

"알았다."

옛 뱀이라고도 하고 사탄이라고도 하는 마왕은 이제야 좀 얼굴이 풀어졌다. 그는 마국아수의 얼굴을 한 번 살피고는 물었다.

"마국아수, 그 동안 수고 많이 했다. 그런데, 저 숨겨 놓은 놈들을 멸망시킬 계책을 특명(特命)이라고 간단히 적어 놓았는데 이것은 무슨 뜻이냐?"

"말 그대로 특별한 명령입니다. 지금 저들 하나님이 숨겨 놓은 종들에게는 특별한 명령을 받은 우리의 특수요원들이 은밀히 따라붙고 있습니다. 하루 이십 사 시간 동안 저들을 파멸시킬 기회를 노리고 있습니다. 다방면으로 접근하고 있습니다. 물론 저들의 가장 약한 부분을 알아내어 그 곳을 집중 공격하는 방법을 사용하고 있습니다. 아주 작은 기회만 포착되어도 그 기회를 놓치지 않고 즉시 독화살을 쏘게 됩니다. 벌써 몇 명은 우리의 손에 죽었습니다. 앞으로 많은 목사들과 그들을 따르는 기독교도들이 우리의 총에 맞아 죽을 것입니다."

"정금교회 이성웅이라는 자와 십여 명의 기독교도들 이름 밑으로는 빨간 줄을 그어 놨는데 이것은 무슨 뜻이냐?"

"제가 빨간 줄에 관하여는 보고서 맨 앞에 언급을 했습니다 각하. 각하가 잠시 그것을 잊은 것 같습니다. 빨간 줄이 그어진 몇 사람은 아주 요주의 인물들입니다. 왜냐하면 그들은 우리의 부하들을 효과적으로 물리치는 영계의 질서를 터득한 자들입니다. 우리의 부하들이 그들에게 가면 여지없이 묶임을 받고 무서운 타격을 받게 됩니다. 단순히 축출되는 게 아닙니다. 더 이상 활동을 할 수 없을 정도로 치명타를 입힙니다. 그러므로 우리들이 맨 먼저 제거해야 할 인간들은 바로 저들입니다. 저들을 없애지 않으면 세상의 교회가 다 없어진다 하여도 교회의 뿌리는 여전히 남습니다. 이성웅 목사라는 자는 우리 공중제국 전체의 파멸을 위해 끊임없이 기도하는 자입니다. 저 구약시대의 모세 같은 인간이요, 선지자들과 같은 인간입니다. 포로기 이후에 활동했던 느헤미야 같은 인간입니다. 생명을 걸고 이방 세계에 예수를 전했던 바울 같은 인간입니다. 로마 가톨릭 시대의 루터 같은 인간입니다. 영국을 파멸의 상황에서 건진 웨슬리 같은 인간입니다. 틀림없습니다. 우리 부하들이 그의 기도 내용을 하나도 빼지 않고 녹음하고 있습니다. 나중에 그 내용이 녹음된 칩을 드리도록 하겠습니다. 참으로 무서운 우리의 대적자입니다. 우리가 저 자의 정체를 알았기에 망정이지 몰랐다면 우리에겐 엄청난 피해를 안겼을 것입니다. 놀라운 사실은 빨간 줄을 쳐놓은 자들이 하나같이 그런 인간들이라는 것입니다. 저들은 세상의 인간들이 볼 때엔 최악의 목회생활을 하고 있습니다. 세상에서는 실패한 성직자들처럼 보이고 있습니다. 그래서 인간들에겐 수모를 당하고 우스운 인간들로 취급을 받습니다. 하지만 그것은 보혜사 성령의 술책입니다. 저들을 더욱 더 강하게 하면서 순교의 신앙을 견고히 다지게 하는 성령의 위장술입니다. 그러나 이젠 우리들도 그 정도의 위장술엔 속지 않습니다. 각하도 아시다시피 우리 공중제국도 그 동안 놀라운 발전을 했지 않습니까. 세상문화가 다 우리의 생각에서 나온 게 아닙니까."

마왕은 상당히 흡족한 표정을 지으며 고개를 끄덕였다. 그리고는 또 물었다.

"그래, 저 이성웅 목사라는 자에겐 어떤 식으로 덫을 놓고 있느냐?"

"그의 사역을 최대한 훼방하고 있습니다. 생활을 꾸릴 수 없도록 헌금줄을 철저히 차단하고 있습니다. 그와 가까운 목사들과 기독교도들의 마음에서 그를 동정하는 마음들을 제거하기 위해 수많은 군사들을 풀어서 활동시키고 있습니다. 동료들을 불신하게 만들고, 예수를 원망하게 하는 전법입니다. 워낙 믿음이 견고하여 쉽지는 않겠지만 끝까지 숨통을 누르며 괴롭히면 분명히 예수를 원망하고 모든 기독교도들을 불신하게 될 것입니다. 지금 이성웅 목사를 돕는 교계의 중요 인물들은 하나도 없습니다. 오히려 그의 주위에는, 저 사람은 왜 저 모양이지 하고 의아해 하는 이들과 그의 사역을 비웃는 이들이 대부분입니다. 아주 고독한 존재입니다. 곧 어떤 돌출행동이 나타날 것입니다. 비단 그렇게만 하는 게 아닙니다. 지금 그의 아내를 병으로 치는 중입니다. 그의 아내는 머지 않아 중병으로 쓰러질 것입니다. 그녀가 쓰러진 틈을 타 그를 음란으로 공략할 우리의 첩자를 이미 보냈습니다."

마국아수는 마왕이 큰 관심을 보이며 자신의 말에 귀를 기울이고 있는 것을 보면서 모처럼 신이 났다. 그래서 자신감이 넘치는 어조로 말했다. 그러나 마왕은 다시 좀 미심쩍은 표정을 지으며 물었다.

"사령관은 그런 방법이 그를 제거할 수 있는 가장 효과적인 방법이라고 확신하나?"

"각하, 인간들은 대부분 돈과 음란, 명예로 넘어집니다. 물론 예외의 인간들이 있긴 합니다. 하지만 이성웅 목사의 경우 아직은 젊기 때문에 이 방법들이 틀림없이 먹혀들 것이라 고 생각합니다. 그러나 만에 하나 아니다 싶으면 제 이단계의 공격을 감행할 것입니다. 그것도 이미 준비가 되어 있습니다. 한 가지 염려가 되는 게 있긴 합니다. 그것은 그가 쉬지 않고 기도를 깊이 하고 있다는 것입니다. 각하도 알다시피 기도하면 하늘에서 파송된 천군천사가 그의 주위를 에워쌉니다. 그는 특별한 존재여서 그가 기도를 시작하면 독특한 능력을 가진 천사들이 그의 주위를 에워쌉니다. 이것이 문제입니다. 한 번은 경험이 없는 우리 부하 한 명이 그를 죽이고자 공격했습니다. 큰 뱀으로 화하여 한 입에 삼키고자 공격했습니다. 그러나 그 옆에 있던 호위 천사가 거대한 가위를 꺼내어 우리 부하 녀석을 싹둑싹둑 잘라 몇 동강 내버렸습니다. 그처럼 거대한 가위를 저는 본 적이 없습니다. 하늘에서 특별하게 제작된 가위였습니다. 그 가위와 같은 아주 독특한 무기와 은사를 가진 천사들이 그의 주변에 항상 포진하고 있습니다. 이것이 문제입니다. 하지만 그도 인간이기 때문에 분명히 어떤 약점이 있을 것입니다. 우리들은 그 놈을 기필코 파멸시킬 것입니다. 우리 제국의 멸망을 위해 쉬지 않고 기도를 토해내는 그 입을 기필코 봉해버릴 것입니다."

"그가 어떤 말로 우리 제국의 멸망을 외친다는 거냐?"

마왕이 음험하고 간교한 눈을 크게 뜨면서 마국아수에게 물었다.

"예수님 어서 이 땅에 오시옵소서. 어서 오셔서 저 악한 마귀와 그의 부하들인 더러운 귀신들을 타는 유황불못에 던져 넣으소서. 그리고 우리들은 들림 받아 주와 영원히 살게 하소서." 이렇게, 무릎을 꿇고 기도할 때마다 외칩니다.

마국아수의 이 말에 미왕의 두 눈에서 시뻘건 불이 튀어나왔다.

"흐음, 그 놈이 간이 부었어도 크게 부었구나. 예수더러 세상에 어서 오라고 외치다니. 예수가 이 세상에 다시 오면 우리 제국이 끝장나는 걸 잘 알고 있다 이거지. 알았다. 그 놈을 죽이는 일에 최선을 다하라. 어떤 지원도 아끼지 않을 테니 최대한 빨리 그 놈의 숨통을 끊도록 해라. 그리고 그 나머지 놈들도 할 수 있는 대로 속히 처단하도록 해. 예수 보혈을 외치고 예수 재림을 외치는 놈들은 일차적으로 죽이라는 말이다. 알겠나 사령관?"

"예 각하. 분부대로 움직이겠습니다."

마왕은 좌중을 한 번 둘러보았다. 그의 어둡고 깊은, 마치 동굴 같은 검은 눈빛이 유황빛 비슷한 괴이한 안광을 쏘며 사방으로 뻗어나갔다. 그의 그 기분 나쁜 눈빛이 공중제국의 요직에 있는 이들의 눈길에 닿을 때마다 차디 찬 바람이 불어 그들의 간담을 서늘하게 만들었다. 마왕은 일단 그의 그 해골 같은 흉측하고 잔인한 안광으로 부하들의 마음을 떨게 만들었다. 그리고는 입을 열었다.

"오늘도 우리들이 한국 교회들에 대한 보고를 받았다만 상황이 예사롭지 않다! 일순간도 마음을 놓을 수 없다는 말이다! 하나님은 특수한 인간들을 발탁하여 숨겨 놓고 있다! 우리들의 나라를 파괴시킬 무서운 인간들을 아무도 모르게 요소요소마다 박아 놓았단 말이다! 우리들은 큰 교회들만 주시하고, 큰 교회의 목사와 신도들을 죽이고자 했는데 하나님은 우리들의 그런 약점을 이용하여 술책을 편 거야! 정신 차리지 않으면 우리의 제국에 큰 위험이 올 수 있단 말이다!"

마왕의 말에 공중제국의 참모들은 긴장된 얼굴로 서로를 보았다. 이 때 마국지가 입을 열었다.

"잘 알았습니다 각하. 너무 심려하지 마십시오. 하나님이 숨겨놓은 몇 몇 종들이 기도한다고 해서 우리들의 위대한 목적에 차질이 생기지는 않을 것입니다. 우리들은 이미 수많은 교회들을 우리들의 뜻대로 허물어 왔습니다. 초대교회라고 말하는 이스라엘의 교회를 파괴시켰고, 로마의 교회도 변질시켜 멸망시켰고, 유럽의 교회도 문을 닫게 했습니다. 청교도들이 세웠다고 저희들끼리 자랑 삼아 떠들었던 저 미국의 교회들도 유럽의 교회들처럼 종말을 고할 날이 멀지 않았습니다. 두고 보십시오. 틀림없이 그렇게 될 것입니다. 각하가 염려하는 한국의 교회들 역시 이미 우리들의 수중에 들어왔습니다. 우리가 이미 자료를 통하여 면밀히 살펴보았지만 저들에게서도 이미 희망의 시대는 갔습니다. 저들은 우리들이 설치해 놓은 덫에 여지없이 걸려든 것입니다. 저들은 지금 예수처럼 살고자 하지 않습니다. 말로만 주여주여 부르지 마음은 다른 데 가 있습니다. 돈이 생기는 곳, 명예가 주어지는 곳, 교권을 잡을 수 있는 곳에 있습니다. 지도자들이라 말하는 이들은 그 누구도 예수가 졌던 십자가를 지려고 하지 않습니다. 저들은 호의호식하며 예수의 이름으로 세상의 모든 좋은 것들을 누리고 있습니다. 이미 그러한 생활에 길들여져 있습니다. 저들을 보고서 저들의 뒤를 잇겠다는 햇병아리들인 신학생들도 그것이 마치 성공한 인생인 것처럼 생각하며 그 길을 익히며 배웁니다. 저들의 미래가 불 보듯 뻔하지 않습니까. 우리 참모들은 저들을 더더욱 세속적인 성정의 사람들로 만들 것입니다. 세상의 영광에 취하게 할 것입니다. 이제 게임은 끝난 것입니다. 우리들은 이 기회를 놓치지 않고 저들의 남은 진지를 초토화시킬 것입니다. 하나님이 숨겨 놓았다고 하는, 소수의 의인들이라는 자들도 하나도 남김없이 색출하여 죽일 것입니다. 그러니 각하께서는 아무 염려 마십시오."

마국지의 자신감 넘치는 말에 마왕은 흡족한 표정을 지으며 고개를 끄덕였다.

"알았다. 너의 말을 들으면 언제나 내 마음이 기쁘구나 마국지. 자신감을 가지고 밀고 나가라. 저 지구라는 땅덩어리를 우리 공중제국의 놀이터로, 재미가 넘치는 사냥터로 완전히 접수하는 그 날까지 결코 너의 과업에 태만하지 말라. 지금처럼 열심을 가지고 최선을 다하라. 마국지만이 아니다. 여기에 모인 우리 공중제국의 모든 전사들은 하나님이 만든 저 지구라는 땅덩어리와 거기에 있는 모든 생명체를 우리들의 온전한 소유로 만들 때까지 단 일초도 졸아서는 안 된다. 우리의 계획을 방해하는 모든 교회들을 철저히 파괴해야 한다. 알겠나?"

"네 각하!"

공중제국의 참모들은 입을 모아 큰 소리로 대답했다. 마왕은 다시 한 번 좌중을 둘러보다가 자기의 정면에 앉아 있는 마국디(마귀제국의 디지털 장관)를 불렀다.

"난 너의 보고를 계속 받고 있다만 다른 참모들은 너의 일이 어떤 식으로 진행되는지 잘 알지 못할 것이다. 오늘 이 자리에서 우리의 전사들에게 너의 계획을 한 번 알려 주어라."

"네 각하!"

앞에서 언급한 대로 마국디는 공중제국의 장관들 중에서는 유일하게 체격이 작은 자였다. 그러나 작은 체격에 비해 머리통은 아주 컸다. 턱이 뾰족하고 눈에는 항상 장난끼가 어려 있는 듯하여 언뜻 보면 특별한 재주가 있는 귀신 같이 보이지 않았다. 그러나 그의 외관을 보고 그를 평가하면 그것은 큰 오산이었다. 마국디는 인간이 말하는 아이큐로 친다면 그것이 이백에 가까운 자였다. 이를테면 그는 지능이 특별한 귀신이었다. 그는 지금 이 세상의 인터넷 세계, 이를테면 전파 세계를 주관하고 있었다. 악성 바이러스를 만들어서 유포하는 자들과 잔인한 게임을 만들어서 보급하는 자들이 모두 다 그의 사주을 받고, 그의 명령에 따라 움직이고 있었다. 전파를 이용한 모든 분야에 그의 손길이 가 있었다. 그러나 마왕은 참모들 앞에서 그를 치켜세우지 않았다. 그가 하는 일들이 너무 중요하였기 때문이다. 그러나 오늘은 다른 참모들에게 자극을 주기 위하여 그를 불러 세운 것이었다. 마국디는 왼손으로 자기의 뾰족한 턱을 한 번 어루만지더니 입을 열었다.

"각하도 알다시피 제가 하는 일은 웹(web) 세계를 주관하는 일입니다. 인간 세계의 모든 전파망을 통치하고 있습니다. 저는 지금 각하가 명령하신 대로 웹 세계를 통하여 인간의 영혼들을 병들게 하는 일에 최선을 다하고 있습니다. 그리고 죽이는 일도 계속 진행하고 있습니다. 인터넷, 스마트폰, TV, 라디오 등을 통하여 인간들의 영혼을 부패시키고, 그것을 통하여 결국엔 인간들이 저들의 생명과 삶을 하찮게 여겨 쉽게 죽도록 유도하고 있습니다. 궁극적으로는 웹 망을 통하여 인간들을 각하의 손에 들어오도록 거기에 총력을 기울이고 있습니다. 예수의 제자인 요한이라는 자가 성서의 계시록에서 우리의 계획을 미리 언급했지만(계 13:11−18) 인간들은 이제 그러한 내용에 귀를 기울이지 않습니다. 우리들은 절호의 기회를 만난 것입니다. 인간들은 컴퓨터를 계속 발전시키고 있지만 그것이 결국 자기들을 각하의 수하에 들어오도록 하는 도구가 될 것을 모르고 있는 것입니다. 물론 여러 참모들이 각 분야에서 인간들의 마음을 예수와는 멀리 떨어지게 하는 작업을 열심히 한 결과라고 생각합니다. 각하, 제가 장담하지만 앞으로 놀라운 결실들을 거두게 될 것입니다. 머지않아 세상은 각하의 손에 모두 들어올 것입니다."

사탄은 입을 꼭 다문 채 고개를 끄덕였다.

"알았다 마국디. 난 널 믿는다. 넌 이미 말없이 많은 일을 했다. 그러나 자만하지 말고 더 분발해야 한다. 몇몇 기독교도들이 웹 세계의 예수 통치를 위해 계속 기도하고 있다. 또 웹 기술을 이용해 전도를 하고 있어. 너도 그것을 잘 알 것이다."

"그것은 저도 잘 알고 있습니다. 그러나 염려 마십시오 각하. 저들은 이미 우리의 힘을 이기지 못하고 있습니다."

"좋아. 끝까지 정진해. 세상이 내 손 안에 온전히 들어올 때까지."

"잘 알았습니다 각하."

마국디가 자리에 앉자 마귀는 무엇이 생각난 듯 또 입을 열었다.

"너희들도 알다시피 올해도 천상집회(天上集會)의 날이 다가오고 있다. 올해도 우리의 종으로 들어올 유력한 자를 한 명 선출하여 나에게 보고하기 바란다. 최근 몇 년 동안 천상집회를 통해 우리의 종이 된 유력한 자들이 우리 제국의 확장과 발전에 얼마나 큰 일을 하고 있는지 너희들도 익히 알 것이다. 너희들이 제대로 두 마음을 가진 인간들을 분별하여 뽑아 주었기 때문이다. 내가 항상 경고하지만 저 욥 같은 인간은 절대로 추천하면 안 된다. 우리 공중제국이 욥을 잘못 골라 욥을 통하여 당해 왔고, 지금도 당하고 있는 피해란 말로 표현할 수 없을 정도로 막중하다. 그러므로 신중히 고르기 바란다. 이미 말했지만 최근 수년 동안은 제대로 사람들을 골랐다. 특별히 작년에 골랐던 한국의 고장로라는 자는 참으로 잘 골랐다. 너희들도 알다시피 그는 우리의 공격에 금방 항복했다. 예수를 저주하고 우리의 하수인이 되었다. 그리고 우리의 사주를 받아 글을 써서 책을 출판했다. 지금 그 책이 한국의 서점가에서 얼마나 잘 팔리고 있는지는 너희들도 잘 알고 있다. 아직 성령의 세례를 받지 못한 수많은 인간들이 그 책을 통해 영혼이 헝클어지고 있다. 예수와 멀어지고 있다. 성경을 우리의 방식대로 풀어서 전하고 있는 것이다. 올해도 고장로와 같은 인간을 골라서 하나님께 참소하고, 공격 기회를 얻어 저들의 신앙을 철저히 파괴시켜야 한다. 그리하여 우리의 충성스러운 하수인으로 만들어야 한다. 다시 한 번 명심해라. 절대로 욥 같은 인간은 고르지 마라. 알겠나?"

"옛 각하!"

부하 참모들의 우렁찬 대답을 듣고 마귀는 무엇이 생각난 듯 눈에 빛을 모으더니 마국과(마귀제국의 과학기술부 장관)를 불렀다. 마국과는 체격이 크고 눈이 부리부리한 귀신이었다. 그러나 그는 아주 과묵한 성격의 소유자로 특별한 경우가 아니면 입을 열지 않았다. 그의 그런 성격을 큰 체격과 넓적한 얼굴도 은연중에 드러내고 있었다. 그는 마왕의 부름에 천천히 몸을 일으켰다.

"마국과 너희 일은 어떻게 되어가고 있느냐? 난 지금 너희 일에 큰 기대를 걸고 있다."

"각하, 전번에 보고 드린 대로 그 두 가지의 사안에 우리의 기술력을 총 동원하고 있습니다. 우리의 동지들이 세상에서 그 프로젝트를 가동하여 이미 실행 중에 있습니다. 머지않아서 인조인간들이 거리를 활보할 것입니다. 그들은 우리의 계획대로 인간 사회를 우리 제국의 스타일로 바꿀 것입니다. 그리고 외모가 똑같은 인간들이 우리의 의도대로 세상에서 움직일 것입니다. 그러면 인간의 질서는 완전히 파괴되어 우리의 질서가 자리 잡을 것입니다. 우리가 만든 인간들이 폐하의 의도대로 세상을 다스릴 것입니다. 이 일은 이미 완성 단계에 왔습니다. 우리가 만든 인조 두뇌가 이미 인간의 두뇌를 압도하고 있습니다."

"쿠하하하- 듣기만 해도 마음이 시원해지는 말이구나. 그러나 이 작업에 기독교도들이 침투하지 못하도록 해야 한다. 그것들이 침투하면 우리의 노력을 자기들의 것으로 바꾸어버릴 것이다. 내 말 알겠느냐?"

"명심하겠습니다 각하. 우리의 프로젝트에 예수의 백성들은 낄 수 없도록 모든 조치를 취하겠습니다."

"좋다 마국과. 난 널 믿는다. 어서 속히 네 과업을 완성하여 인간의 두뇌가 보잘 것 없는 쓰레기 같은 것임을 인간들이 알도록 해 주어라."

"네 각하, 꼭 그렇게 하겠습니다."

"좋아. 말만 들어도 기분이 좋다. 모든 지원을 아끼지 않을 테니 그 일을 어서 속히 완성하거라. 알겠느냐 마국과?

"잘 알겠습니다 각하."

마귀의 제국에서 사탄과 그의 참모들이 머리를 맞대고 교회들을 파괴할려고 온갖 궤계와 술수를 짜내고 있는 이 무렵, 하나님이 좌정하고 계시는 저 천국에서도 거룩한 모임이 있었다. 보좌에 앉으신 하나님의 모양은 벽옥과 홍보석 같았다. 찬란하게 빛을 발하는 일곱 빛깔의 무지개가 그 보좌를 두르고 있었다. 하나님 우편에는 예수님이 앉아 계셨다. 예수님은 세상에 계실 때처럼 진중하고 근엄하신 얼굴로 조용히 앉아 계셨다. 하나님과 예수님의 보좌 좌우로 늘어선 보좌들 위엔 이십 사 장로들이 흰옷을 입고 앉아 있었다. 그 보좌 앞으로는 수정과 같은 유리 바다가 있었다. 또 보좌 가운데와 보좌 주위에 앞뒤에 눈들이 가득한 네 생물이 있었다. 그 첫째 생물은 사자 같았고, 그 두 번째 생물은 송아지 같았다. 세 번째 생물은 얼굴 생김이 사람 같았다. 네 번째 생물은 날아가는 독수리의 형상을 하고 있었다. 이들 네 생물들은 제각기 여섯 개의 날개를 가지고 있었다. 그 날개 안과 주위에는 눈들이 가득하였다. 이 눈들은 세상의 모든 것들을 볼 수 있을 정도로 총명한 빛을 발하였다. 네 생물들은 쉬지 않고 하나님을 찬양하였다. 이들의 찬양 내용은 다음과 같았다.

"거룩하다! 거룩하다! 거룩하다! 주 하나님 곧 전능하신 이여, 전에도 계셨고, 이제도 계시고 장차 오실 이라!"

이들은 이 찬양을 반복하여 계속하였다. 이들은 살아 계시는 하나님 곁에서 쉬지 않고 그 거룩하신 창조주에게 존귀와 영광과 감사를 드리는 것이었다. 이십 사 장로들도 모두 일어나 하나님과 예수님의 보좌 앞에 무릎을 꿇고 자기들의 관들을 벗어 보좌 앞으로 드렸다. 그리고는 말했다.

"우리 주 하나님이시여, 영광과 존귀와 권능을 받으시는 것이 합당하오니 주께서 만물을 지으셨음이니이다. 만물이 주의 뜻대로 있었고, 또 지으심을 받았나이다."

하늘보좌 주위에는 수를 셀 수 없는 천군과 천사들이 둘러서 있었다. 그들 중에는 하늘 왕국을 수호하는 천사장 미가엘도 서 있었다. 그는 위풍당

당한 형체에 황금빛이 뿜어져 나오는 갑옷을 입고 있었다. 견고한 황금띠가 둘려진 그의 왼 쪽 허리에는 하나님이 친히 내려주신 예리한 검이 달려 있었다. 오른 쪽 허리에는, 역시 하나님이 하사한, 영적존재들을 쉽게 제거할 수 있는 무서운 위력의 총이 총집에 담겨 있었다. 그런가 하면 그의 건너편엔 인간세상과 하늘을 오고가며 하나님께 세상의 모든 내용을 보고하는 천사들의 수장 가브리엘도 서있었다. 그리고 하나님 보좌 뒤쪽엔 반란을 꾀하여 쫓겨난, 전 루시엘(루시퍼)의 임무를 새롭게 이어받은 찬송과 섬김의 수장 천사 루시엘이 서있었다. 이들은 한 마음으로 하나님을 찬양하였다.

"거룩하다! 거룩하다! 거룩하다! 주 하나님 전능하신 이시여, 전에도 계셨고, 이제도 계시며, 장차 오실 이시여, 영광과 존귀와 권능을 받으심이 합당하시나이다. 주 하나님은 만물을 지으시고 통치하시는 대 주재이시니 만물이 주의 뜻대로 존재하나이다. 죽임을 당하신 어린 양 예수님이시여, 존귀와 영광과 찬송을 받으시기에 합당하나이다."

천사들의 찬송이 끝나자 가브리엘 천사가 얼굴과 몸을 굽히고 조심히 하나님의 보좌 앞으로 나아갔다. 그는 향이 가득한 금대접을 하나님께 드렸다. 이 금대접에 담긴 향들은 성도들의 기도였다. 하나님은 그 향을 흠향하셨다. 그리고는 다시 우편에 계신 예수님께 그 금대접을 드렸다. 금대접을 받은 예수님도 그 향을 흠향하셨다. 그 모습을 보고 주위에 둘러선 천군과 천사들, 네 생물들, 이십 사 장로들이 입을 모아서 하나님과 예수님을 찬양하였다.

"주 하나님은 거룩하시며 존귀하시도다. 어린 양 예수님은 거룩하시며 존귀하시도다. 성도들의 기도를 흠향하심이 마땅하시도다. 존귀와 찬송과 감사를 받으시기에 합당하신 주여, 이제 성도들의 기도를 들어 응답하소서!"

예수님은 금대접을 들어 성도들의 기도를 흠향하신 후 둘러선 모든 이들에게 말씀하셨다.

"교회들을 핍박하는 사탄의 궤계와 술수가 극에 달하였구나. 그러나 아직 나의 때가 차지 아니하였으니 성도들에겐 인내가 필요하다. 가브리엘 천사는 나의 재림을 갈망하는 종들에게 더 깊은 위로의 마음을 전하라. 미가엘 천사는 엎드려 기도하는 성도들을 더더욱 철저히 보호하라. 금식하며, 눈물을 쏟으며 나의 이름으로 아버지께 간원하는 이들에게 일곱 배의 은혜를 더하라. 이적과 기적을 통하여 응답해 주고, 무릎을 꿇고 내게 간구함이 사는 길임을 명백하게 심어 주어라. 기도 외에는 사탄을 이길 권세가 아무 것도 없다는 것을 분명하게 알려 주어라. 모든 교회들에게 그것을 알게 하여라. 기도하지 않는 자에겐 높은 지위와 귀중한 직분이 악이 되고 해가 되고 독이 되며 무거운 짐이 된다는 것을 깨닫게 하여라. 말세에 사는 오직 한 길은 기도하는 길임을 알려 주어라. 기도할 때에 적절한 사명과 교회 운영을 위한 신령한 방법이 하늘로부터 주어진다는 것을 온 교회에 알려 주어라. 기도할 때에 내가 비로소 온전한 교회의 머리가 되고 아버지가 교회의 주인이 된다는 것을 알려 주어라. 기도할 때에 보혜사 성령님이 성도의 주인이 되어 그의 인생을 친히 인도하신다는 사실도 알려 주어라."

예수님의 이 말씀에 둘러선 모든 천군과 천사들, 네 생물들, 이십 사 장로들이 입을 모아 대답하였다.

"어린 양 예수님의 말씀이 합당하시오며 그 말씀대로 행하심이 저희가 받는 넘치는 은혜이옵니다. 존귀와 영광과 찬송을 주 하나님과 어린 양 예수님에게 돌립니다."

이 때 이십 사 장로들이 예수님에게 말했다.

"창주주 하나님, 어린 양 예수님, 순교자들의 피가 쉬지 않고 흐르는 세상을 어느 때까지 보고 계시겠습니까? 사탄은 기세를 높이어 더더욱 발악을 하며 교회를 파괴하고 연약한 인생들을 삼키고 있습니다. 세상을 마치 자기들의 소유인 양 가지고 노는 이 처참한 형국을 어느 때까지 보고 계시겠습니까? 거룩한 종들의 기도에 속히 응답하소서."

예수님은 이십 사 장로들과 네 생물들, 하늘왕국의 천군천사들을 둘러 보면서 말씀하셨다.

"내가 세상에 내려가서 세상을 심판할 그 때와 기한은 그대들이 알 바 아니다. 오직 아버지 한 분만 아신다. 분명한 것은 사탄의 발악을 볼 때 그 때가 가까웠음을 아버지께서 우리들에게 암시하고 계신다는 것이다. 그러 니 온 천군과 천사들은 더욱 근신하여 자기의 직무를 감당하라. 아버지와 내가 세상의 모든 것들을 여기에서 보고 있고, 매일매일 성도들의 간절한 기도를 흠향하고 있으니 모든 일들을 시기적절하게 시행할 것이니라."

예수님의 말씀에 둘러선 모든 천군과 천사들, 네 생물들, 이십사 장로들 이 또 다시 입을 모아 대답하였다.

"어린 양 예수님의 말씀이 합당하시오며 그 말씀대로 행하심이 저희의 은총이옵니다. 존귀와 영광과 찬송을 주 하나님과 어린 양 예수님에게 돌 립니다."

이 무렵 이성웅 목사는 주일아침을 맞고 있었다. 아내 김미란 사모는 병 원에 다녀온 후로 몸의 상태가 더욱 나빠졌다. 병원에서 가져온 약을 먹고 있는데도 상태가 계속 악화되는 것이었다. 그래서 대소변을 보기 위해서 만 겨우 일어날 뿐 하루 온 종일 자리에 누워 있어야만 했다. 이목사는 많 은 기도를 했음에도 불구하고 이번 주엔 적절한 설교의 주제를 토요일 늦 은 시간까지도 정할 수 없었다. 어제 저녁 때까지도 마음을 감동시키는 말 씀을 만나지 못했던 것이다. 그래서 주일 아침까지 설교준비를 해야만 하 였다. 그는 끙끙 앓고 있는 아내 옆에서 설교 준비를 겨우 끝냈다. 그는 설 교 준비를 끝내자 곧 부엌으로 나와 쌀을 씻고 씻은 쌀을 밥통에 넣었다. 물 을 적당하게 넣고 뚜껑을 닫은 후 취사 버튼을 눌렀다. 그리고는 반찬을 만 들기 시작했다. 어제 시장에서 사온 단무지를 썰어 접시에 담았다. 또 냄

비에 물을 붓고 된장통에서 된장을 두어 스푼 떠서 냄비에 넣었다. 그리고
는 휘저었다. 된장국을 끓이기 위함이었다. 아내가 자리에 누운 후 밥상을
차릴 때마다 이목사는 아내의 자리가 얼마나 큰 자리였는가를 새삼 느끼
는 것이었다. 매일매일 밥상을 만들었던 아내의 노고를 직접 체험하고 있
기 때문이었다. 개척교회의 목회자 아내가 매일 다섯 식구의 밥상을 차린
다는 것은 확실히 쉬운 일은 아닐 것이었다. 이목사가 며칠 해보니까 그랬
다. 이목사는 반찬을 만들면서 터져나오는 한숨을 애써 누르고 대신 긴 콧
숨을 내쉬었다. 오랜 동안 이어지는 이 거친 광야의 생활 속에서 병으로 쓰
러진 아내를 생각하면 가슴이 미어지는 것 같았다. 하지만 어쩔 것인가. 종
의 가는 길에 순종 이외의 무엇이 또 있겠는가. 주께서 죽으라고 하시면 생
명도 기꺼이 내어놓아야 하는 게 이 길이 아닌가 말이다. 이 목사는 다시금
입을 굳게 다물었다. "주님의 일은 언제나 알파와 오메가다. 시작이 있으면
끝이 있다. 우주만물을 창조하셨으니 다시 해체하시리라. 언제인가는 우리
에게도 찬란한 햇빛이 비칠 것이다." 여기까지 생각이 미치자 그는 입을 열
어 찬송을 시작했다.

"내 영혼에 햇빛 비치니 주 영광 찬란해-"

바로 이 때였다. 누구인가가 지하계단을 내려오고 있었다. 그리고는 곧
문을 두들였다. 이목사는 반찬을 만들다가 그대로 놓아두고 곧 출입문으로
갔다. 그리고는 물었다.

"실례이지만 누구신지요? 여긴 교회인데…"

이목사의 이 말에 밖에서 금방 명랑한 어조의 음성이 들려왔다.

"안녕하세요 목사님, 저 최은미예요! 빨리 문 좀 열어 주세요!"

"최은미라고요… 아! 미스 최군요. 민수가 소개한 미스 최!"

"그래요 목사님! 어서 문 열어 주세요! 오늘 주일이잖아요! 제가 주일에
교회에 나온다고 했잖아요!"

"맞아요 맞아 미스 최! 한데 이거… 너무 이른 시간이라서 아직 세수도 못했는데… 이거 어쩌나 이거…"

"괜찮아요 목사님! 제가 일부러 빨리 왔어요! 세상에 태어나서 처음 교회에 간다고 생각하니까 잠도 오지 않았어요! 어서 문 열어 주세요!"

"그래요. 알았어요. 한데 우리 집 사람이 몸이 좀 아파서… 여하튼 알았어요."

이목사는 출입문을 열었다. 순간 향수 내음이 훅 풍겨왔다. 그리고 눈 앞에는 곤색 양장을 한 미스 최가 웃으면서 서 있었다. 그녀는 키가 큰 늘씬한 몸매의 아가씨여서 지하교회의 출입문은 그녀로 인해 일순간 막혀버리고 말았다. 그녀는 이목사를 보며 미소를 짓고 난 후 고개를 숙이며 인사를 했다.

"안녕하셨어요 목사님."

"그래요 미스 최. 어서 들어와요. 지하교회라서 보다시피 이렇게 누추하고…"

"목사님, 교회면 되었지 지하교회면 어때요. 저는 이 교회가 딱 마음에 드는데요. 정말이에요."

그녀는 정면에 있는 앞의 예배실을 한 번 훑어보고는 다시 지하 뒷켠에 있는 주방으로 시선을 옮겼다. 그리고는 깜짝 놀라는 표정을 지었다.

"목사님이 밥하시고 계시는 거예요?"

"아내가 몸이 좀 안 좋아서 요즘 내가 부엌살림을 하고 있어요."

"어머나, 그럼 저에게 전화를 좀 해 주시지. 제가 와서 밥도 해 드리고 반찬도 좀 만들어 드릴 텐데요."

그녀는 찬장과 가스 레인지를 살피더니 다시 놀라는 표정을 지었다.

"어머나, 양념도 없네요. 찬장이 텅 비었잖아요. 안 되겠어요. 잠깐만 기다리세요. 제가 옆의 슈퍼에 가서 뭘 좀 사올게요. 금방이면 돼요."

그녀는 곧 밖으로 나가려고 했다. 그러나 이목사가 그러한 미스 최에게 말했다.

"괜찮아요 미스 최. 그냥 저기 의자에 가 앉아 있어요. 여기 이렇게 단무
지도 있고 지금 된장국도 끓이고 있으니까요. 김도 있어요."

이목사의 이 말에 미스 최는 이목사의 말이 당치도 않은 말이라는 듯 또
놀라는 표정을 지으며 말했다.

"사모님도 아프시다면서요. 환자의 밥상이 이러면 안 되죠. 환자는 건강
한 사람보다 입맛이 훨씬 더 없는 법이에요. 환자는 잘 먹어야 빨리 몸을 회
복하는데 이렇게 먹어서 사모님 몸이 회복되겠어요? 잠깐만 계세요. 제가
근처의 슈퍼에 가서 이것저것 좀 사올게요. 예배 끝나고 시장도 좀 봐 드리
고요. 지금은 아침 밥상 준비할 것만 좀 사올게요."

"미스 최가 무슨 돈이 있다고 그래요. 지금 취직 준비하고 있으면서…"

"목사님, 그런 건 염려 마세요. 저 이렇게 보여도 빈털터리는 아녜요. 제
쓸 것은 다 가지고 다녀요. 그러니 그런 건 염려 마세요. 잠깐만 계세요. 금
방 갔다 올게요."

미스 최는 문을 열고 밖으로 나갔다. 미스 최와 말하는 것을 들었는지 김
미란 사모가 이 목사를 불렀다. 이목사는 곧 방문을 열었다. 김미란 사모는
어렵게 몸을 일으켰다. 그리고는 이목사에게 물었다.

"누가 왔어요?"

"응. 전번에 민수와 만났을 때 함께 만난 그 아가씨가 왔어요. 미스 최 말
예요. 교회를 나오겠다고 그러더니 정말 왔네요."

"그래요? 정말 그 아가씨가 왔어요?"

김미란 사모는 상당히 기쁜 표정으로 물었다.

"그렇다니까. 우리 찬장과 식탁을 보더니 슈퍼에 가서 뭘 좀 사오겠다고
나갔어요."

"말리지 그랬어요. 처음 교회에 나오는 아가씨에겐 부담 주는 일인데."

"글쎄 극구 말려도 집안에 환자가 있는 밥상이 이래서는 안 된다며 슈퍼에 갔어요. 그럴 필요 없다며 팔을 잡고 말릴 수도 없고 해서 그냥 가게 두었어요."

김미란 사모는 고개를 끄덕였다.

"그건 그렇죠. 마음이 참 기특하네요. 나이도 얼마 되지 않은 아가씨가 그런 마음까지 먹고. 약속한 대로 교회에도 나오고. 그런데 여보…"

김미란 사모는 고개를 갸웃거리며 이목사를 보았다. 이목사는 그런 김미란 사모의 얼굴을 보면서 물었다.

"왜 그래요? 무슨 할 말이 있어요?"

"바로 조금 전에요. 제가 꿈을 꾸었는데요. 그 꿈이 참 묘했거든요. 오늘 좋은 일이 있으려나 아니면 나쁜 일이 있으려나 모르겠네요. 참 이상한 꿈이었어요."

"그래요. 당신 몸이 아프니까 요즘 꿈을 자주 꾸네요. 몸이 허할 때는 이상한 꿈이 많이 꾸어지나 보지. 한데 조금 전에 꾼 꿈은 어떤 꿈인데요?"

"얘기 할 테니 들어보세요. 우리 가족들이 소풍을 갔더라고요. 옆으로는 맑은 물이 찰랑 거리는 강이 있고, 강가엔 이름 모를 꽃들이 아름답게 많이 피어 있는 곳이었어요. 날씨는 참 좋았어요. 따스한 봄볕이 온 누리에 가득 내려앉았어요. 우리 가족들은 그 강가의 잔디 위에서 돗자리를 깔고 즐거운 시간을 보내고 있었어요. 아이들은 잔디 위에서 공을 가지고 뛰놀고, 당신과 나는 조용히 흐르는 그 깨끗하고 푸른 강물과 강가의 꽃들을 보면서 이야기를 하고 있었어요. 모처럼 너무나 행복한 시간이었어요. 그런데 갑자기 그 강에서 커다란 독사 한 마리가 기어 나왔어요. 몸에 검은 점이 흉측하게 박혀 있는 아주 징그럽고 무섭게 생긴 독사였어요. 그 독사는 물에서 나오자마자 쏜살같이 내게로 달려들었어요. 그래서 난 비명을 지르며 당신 품으로 뛰어들었어요. 그러자 당신이 옆에 있는 가방을 들어 그 독사를 내려 쳤어요. 한 방 맞은 독사는 주춤하더니 이번에는 아이들이 있는 쪽으로 쏜살같이 기어갔어요. 당신과 나는 벌떡 일어나 그 독사를 뒤쫓았어요. 그런데 그 독사가 너무 빨리 기는 거예요. 우리들은 여기 있는데 독사는 어느새 아이들 곁에 갔어요. 그래서 우리들은 아이들에게 독사가 너희들을 물러 갔으니 조심하라고 소리쳤어요. 그러자 우리 큰 애가 들고 있던 공을 그 독사에게 던졌어요. 내 생각에 저런 가벼운 공으로 인해 독사가 물러갈 리 없을 거라고 생각했어요. 그래서 빨리 우리들이 쫓아가야 한다고 생각하는데 몸이 무거워 속도가 나지 않는 거예요. 아이들이 독사에게 물려 상할까 보아 제 마음이 너무 두렵고 답답한 거예요. 이상하게 남자인 당신도 제대로 뛰지를 못하는 거예요. 너무 답답해서 어쩌나 어쩌나 하고 안달만 하다가 잠이 깼어요. 너무 생생하게 이 꿈을 꾸었어요. 조금 전에요."

이목사는 빙그레 웃으며 말했다.

"그래도 그 독사가 아직 아무도 해하지는 못했네. 애들이 물린 것 같지는 않읍디까?"

"네. 아직 독사가 물지는 못한 것 같았어요. 모두 다 독사를 보면서 서 있었어요. 하지만 큰 애가 독사를 보고 공을 던진 건 사실이이에요. 아주 위험한 상황이었어요. 무슨 꿈이죠? 그처럼 크고 무서운 독사를 본 건 처음이에요."

"독사는 마귀일 것이고, 마귀는 우리 가족들을 죽이려고 공격 중이고… 뭐 그런 꿈이 아니겠소. 오래 전부터 늘 당해오는 현실 아니요. 그건 그렇고 당신이 빨리 건강을 되찾아야 당신이 꿈속에 갔던 그런 장소로 우리 가족들이 소풍을 갈 텐데… 안 그래요?"

"난 병이 나아도 꿈에 갔던 그 장소로는 소풍을 가지 않을 거예요. 그 강에서 진짜 뱀이 나오면 어떻게 해요. 그런 맑은 강에서 갑자기 그런 무서운 뱀이 나올 줄은 정말 몰랐어요."

"맑은 강이든 흐린 강이든 그 물속에는 여러 종류의 생물들이 살고 있지 않겠소. 뱀은 원래 깨끗한 곳에서 산다고 합디다. 사탄이 본래 하나님을 수종 들던 천사 루시엘이었으니 그 둘은 속성이 비슷한가 봐요. 여하튼 기도를 더 많이, 더 깊이 하라는 하나님의 계시인 것 같아요."

"그렇죠 여보? 더더욱 근신하여 깨어 기도하라는 하나님의 계시겠죠?"

"틀림없어요. 기도 외에는 마귀와 그의 부하들인 귀신들을 물리칠 수 없다고 마가복음 구 장 이십 구절에서 예수님이 말씀하시지 않았소. 더욱 분발하여 기도하라는 주님의 음성이에요. 늘 기도하지만 지금은 더 많이, 더 깊이, 더 간절히 기도할 때인 건 사실이에요. 당신 몸도 이렇게 병중에 있지만 우리 교단도 지금 아주 어려운 상태에 있어요. 오년째인데도 치열한 교권싸움은 아직도 진행 중이잖아요. 아니 끝날 기미가 전혀 보이지 않아요. 더더욱 물고 뜯고 하는 중상모략이 난무해요. 캄캄한 밤과도 같은 게 우리 교단의 현실이에요. 사실 이러한 현상은 비단 우리 교단만이 아니에요. 이 시대의 교회들이 대부분 이런 어두운 상태에 있어요. 수많은 문제들을 안고 있어요. 마귀란 놈이 우리 가정만 공격하는 게 아녜요. 많은 가정들이 이러한 위험 가운데 있어요. 기도하지 않으면 단 일초도 안심할 수 없는 긴박한 상황이에요."

"알아요. 한데 나야 어디 이 몸으로 깊은 기도하겠어요. 당신이 늘 힘들지."

이 때 발자국 소리가 들렸다. 미스 최인 것 같았다. 그녀는 큰 비닐봉지에 무엇을 가득 사 가지고 왔다. 그녀는 열려진 방문을 보더니 한 발 더 나아와 그 안에 김미란 사모가 앉아 있는 것을 보고 꾸벅 고개를 숙였다.

"안녕하세요 사모님, 처음 뵙겠어요. 저는 최은미라고 해요."

"그래요. 안녕하세요. 반가와요. 목사님으로부터 최양에 대한 말 들었어요. 이렇게 교회에 나오다니 너무 기뻐요. 거기에 슈퍼에서 물건까지 사 오고… 뭐라고 고마운 말을 해야 할지 모르겠네요. 난 보다시피 이렇게 몸이 좋지 않아서…"

"사모님, 아침 밥은 제가 잘 차려 드릴게요. 그리고 제가 자주 와서 일을 좀 도울게요. 직장에 나가기 전까지만이라도요. 아니 직장에 나가게 되면 퇴근 후에도 들러서 반찬을 좀 만들어 드릴게요. 저 이래 봬도 반찬 잘 만들어요. 김치도 잘 담그고요."

"말만 들어도 고마워요 최양. 하지만 우리들에게 그렇게 많은 시간 빼앗길 필요 없어요. 그냥 주일에 교회만 잘 나와 주면 돼요. 그것만도 우리들에겐 너무 기쁜 일이예요. 정말이에요. 그러니 너무 이렇게 무리하게 우리들에게 신경 쓰지 말아요."

"알았어요 사모님. 하지만 제 일은 제가 알아서 잘 할게요. 그럼 제가 밥상 좀 차려볼게요. 참치랑 젓갈 같은 거 몇 가지 사 왔거든요."

최은미는 곧 팔을 걷어부쳤다.

"이거 고맙고 미안해서 어쩌나…"

이목사의 말에 그녀는 방긋 한 번 웃고는 주방으로 가 음식을 만들기 시작했다. 김미란 사모는 그런 그녀를 보면서 웃었다. 이목사는 방문을 닫고 최은미 옆으로 갔다. 은미는 이목사를 보면서 말했다.

"목사님, 들어가 계세요. 제가 곧 상을 차려서 방안으로 드릴게요. 저 혼자서도 다 할 수 있어요. 벌써 주방 상황을 모두 파악했거든요."

"정말 그래도 되겠어요?"

"그럼요. 제 말 믿으세요. 전 이제 이 교회 멤버예요. 목사님에게 칭찬 받는 멋진 멤버가 될 거에요. 그러니 어서 들어가세요."

"이거 참…"

이목사는 다시 방으로 들어왔다. 김미란 사모는 놀란 표정을 짓고 있었다. 이목사가 들어오자 낮은 어조로 말했다.

"외모가 탤런트 같네요."

이목사는 김미란 사모의 이 말에 웃었다.

"나도 처음 만났을 때 놀랐어요. 세상에 이렇게 이쁘게 생긴 아가씨도 있나 하고 말예요. 당신 말처럼 유명한 여배우가 내 앞에 있는 느낌이었어요."

"성격도 아주 명랑하네요."

"그런 것 같아요. 전번에 만났을 때는 이 정도인지는 몰랐는데 오늘 보니까 아주 명랑하고 적극적인 아가씨네요. 하나님께서 일꾼 한 사람 제대로 보내 주신지 모르겠소. 두고 보아야 하겠지만 말예요."

"사연이 있는 것 같으니까 최양 위해서 기도 많이 해야겠어요."

"나도 그렇게 생각해요. 잘 감당하면 좋은 일이 있을 거예요."

조금 후 최은미는 밥상을 들고 들어왔다. 짧은 시간에 여러 가지의 반찬을 만들어 한 상 잘 차린 밥상을 들고 들어왔다. 아이들은 오랜 만에 이러한 밥상을 보는지라 모두 놀랐다. 최은미는 그러한 아이들의 얼굴을 보고 좀 익살스럽게 웃었다.

"야 이거 완전히 잔치상이군! 진수성찬이야! 미스 최, 너무 무리한 것 같아요."

이목사가 말하자 김미란 사모도 놀란 눈으로 한 마디를 더 보탰다.

"그러게 말예요. 이 많은 음식을 그 짧은 시간에 준비하다니 너무 무리했어요."

"아니에요. 대부분 만들어진 걸 사온 거예요. 저는 그저 생선 굽고 참치 찌개와 샐러드 만든 것밖에는 없어요. 어서 드세요."

이목사는 감사기도를 하고 가족들과 함께 아침밥을 먹기 시작했다. 최은미는 그들 옆에 앉아서 흐뭇한 표정으로 그들이 식사하는 모습을 보고 있었다.

04.
브니엘의 영광을 위하여

예배시간이 되었다. 그 동안 정금교회의 예배 인원은 총 십일 명이었다. 이제 최은미가 입교했으니 십이 명이 되는 것이었다. 이 중에서 집사는 김명숙 집사 한 사람뿐이었다. 김집사는 초등학교에 다니는 남자 아이들 둘과 중학교 일학년인 딸 아이 하나를 데리고 넷이서 정금교회에 출입하고 있었다. 그러니까 정금교회 구성 인원은 이제 이목사 가족 다섯과 김집사 가족 넷, 이십 대의 청년 한 사람, 사십 대 초반의 여성 한 사람, 최은미, 도합 십이 명이 되는 것이었다. 올해가 개척 칠 년째인데 교세는 이처럼 연약하기 짝이 없었다. 하지만 지난 칠 년 동안 교회는 별 탈 없이 유지되었다. 정말이지 이것은 기적이었다. 함께 개척했던 주변의 교회들이 대부분 문을 닫았는데도 정금교회는 여전히 건재하였다. 목사와 성도들 모두는 이 교회가 진짜 교회라는 마음을 굳게 지니고 있었던 것이다.

이목사는 예배를 시작하는 시간인 열한 시가 지났지만 아직 도착하지 않은 한 성도를 기다리기 위해 찬송 한 곡을 더 불렀다. 오늘도 김명숙 집사의 아들 병수는 사람들 틈을 비집고 다니며 장난을 쳤다. 예배에 처음 참석한 최은미의 모습이 신기하게 보였는지 그녀의 주변을 빙빙 돌면서 킬킬거렸다. 김미란 사모가 그러지 말라고 몇 번 주의를 줘 보지만 그게 통하지 않았다. 최은미는 자기 주변을 빙빙 돌다가 자기 누나에게 가서 머리채를 낚아채는 병수를 유심히 쳐다보았다. 그러나 아무 말 없이 앉아 있었다. 조금 있자 김우성이라는 청년 성도가 헐떡이며 예배당으로 들어왔다. 뛰어왔는지 이마에는 땀방울이 송송 맺혀 있었다. 마침내 예배가 시작되었다.

묵도를 시작으로 찬송과 성경봉독이 이어졌다. 계속해서 신앙고백이 이어졌고 이제는 기도하는 시간이었다. 기도는 김명숙 집사와 김미란 사모가 매주 돌아가면서 하는데 오늘은 김미란 사모의 차례였다. 김미란 사모는 비록 몸이 아프긴 했지만 항상 그러는 것처럼 기도에 힘이 있었다. 기도의 내용과 기도 소리는 참으로 애절한 것이었다. 힘든 개척교회 생활이 칠 년째 이어지는 만큼 그녀의 간절한 외침은 눈물을 자아내게 하였다. 특별히 오늘은 자기의 몸이 너무 아팠기 때문에 그녀의 기도는 마치 피를 토하듯 간절하였다. 그녀의 이 각혈하는 듯한 기도가 한창 이어지고 있을 때였다. 갑자기 쾅- 하는 소리가 나더니 째지는 듯한 여자의 음성이 예배당 안을 울렸다. 성도들은 이 갑작스러운 상황에 모두 다 놀라서 눈을 떴다. 그리고 그들은 놀랐다. 쿵 하는 소리는 최은미가 세차게 미는 바람에 병수가 바닥에 나둥그러지는 소리였고, 벌떡 일어난 최은미가 넘어져 있는 병수에게로 달려가는 것이었다. 그녀는 분이 가득한 얼굴로 병수에게로 갔다. 그리고는 넘어진 병수를 일으켜 세우더니 따귀를 힘차게 몇 번 갈기는 것이었다. 소리도 쳤다.

"이게 어디라고 감히 어른의 머리채를 낚아 채! 이게 어디라고 감히 교회에 와서 망나니 짓을 해! 이 따위 행동을 너희 집에서나 하지 왜 하나님께 예배하는 교회에 와서 하는 거야! 니가 뭔데 예배를 방해해! 니가 뭔데 예배 드리는 사람들을 괴롭히냐구!"

최은미는 한 번 더 따귀를 갈기려고 손을 번쩍 쳐들었다. 병수는 파랗게 질려서 벌벌 떨고 있었다. 이 때 단에서 내려와 달려온 이목사가 최은미의 팔목을 잡았다.

"최양, 참아요! 이러지 말아요! 이 애 정상 아니에요!"

이 때였다. 병수의 어머니 김명숙 집사가 이목사와 최양 곁으로 왔다. 그리고는 소리쳤다.

"그래요! 우리 병수 정상 아니에요! 정상도 아닌 애를 교회 안에서 이렇게 다루어도 되는 거예요? 되는 거예요?"

이 말을 들은 최은미가 갑자기 김명숙 집사를 노려보았다. 그리고는 쏘아 부쳤다.

"이것 봐요 아줌마! 적반하장이라더니 누가 누구한테 큰 소리예요! 이 머리 안 보여요! 이거 얼마 짜리 머리인지나 알아요! 그리고 이런 공적인 장소에 와서 아이를 제대로 돌보아야지 이게 뭐예요! 여기가 당신네 안방이에요! 교회도 꽤나 다니신 모양인데 오늘 처음 온 나보다도 교양이 없으시네! 목사님이 이렇게 가르치시진 않은 것 같은데!"

"뭐야! 이 새파랗게 젊은 게, 말이면 다 하는 줄 알아!"

김명숙 집사가 최은미에게 달려들었다. 최은미는 그러한 김명숙 집사를 세차게 밀어버렸다. 김명숙 집사는 쿵 소리를 내며 뒤로 나가 떨어졌다. 그러나 벌떡 일어선 김명숙 집사가 도끼눈을 하고 최은미에게 또 달려들었다.

"니가 나를 나이 들었다고 우습게 본다 이거지! 좋아 한 번 해보자 이것아!"

이목사와 김미란 사모는 두 사람을 뜯어 말렸다.

"이러지들 마세요 예배 시간에. 제발 좀 진정하세요…"

김명숙 집사는 최은미를 노려보며 씩씩거리다가 딸 인자와 병수에게 말했다.

"가자. 이런 교회 아니어도 갈 교회 많아. 어서 가자."

그녀는 곧 가방을 챙겨들고는 아이들과 함께 예배당을 나가버렸다. 이 목사와 김미란 사모는 넋이 나간 표정으로 그들이 나가버린 입구를 물끄러미 바라보고 있었다. 비록 문제아를 데리고 교회를 출입했지만 한 명의 유일한 십일조 교인이자 집사인 성도가 교회를 그만 두는 순간이었기 때문이다. 참으로 순식간에 아주 큰 사건이 벌어진 것이었다. 그래서 성도들은 잠시 멍한 상태에 있었다. 이성웅 목사도 이게 도대체 무슨 일인가 생각했다. 하지만 그는 산만해진 마음을 곧 수습하고 다시 단으로 올랐다. 그리고 예배를 인도하였다. 최은미는 입을 꼭 다문 채 이목사를 유심히 바라보면서 예배 순서에 응했다.

이목사가 설교를 위해 택한 본문은 갈라디아서 육 장 십 일절부터 십 팔절까지였다. 주보에 적은 설교 제목은 '나의 자랑은 십자가뿐'이었다. 김명숙 집사가 아이들 셋을 데리고 나가버려서인지 설교를 시작할 때 그의 목소리는 아주 낮았다. 그러나 설교가 이어지면서 이목사의 목소리엔 점점힘이 실리고 있었다. 원래 이목사의 설교는 힘이 있었다. 항상 기도를 많이하고 단에 올라섰던지라 보혜사 성령님이 그의 설교를 강하게 붙드셨던 것이다. 열 명 남짓한 적은 무리가 모였지만 이목사의 설교는 수천수만의 청중을 향한 듯 언제나 불꽃이 튀었었다. 그런데 오늘은 불꽃만 튀는 게 아니었다. 이목사의 설교엔 이 기막힌 상황을 호소하는 애절함과 간절함이 배어 있었다. 그리고 칠 년째 이어지는 이 뼈저린 고난의 아픔을 토로하는 붉은 핏빛의 아픔도 담겨 있었다.

"여러분, 우리들은 우리들에게 지워진 우리들의 십자가를 두려워하지 맙시다. 우리들의 십자가를 부끄러워하지 맙시다. 때로는 너무 힘들고 아파서 견딜 수 없겠지만 그 땐 간절히 간절히 기도합시다. 우리 예수님이 하셨던 것처럼 땀방울이 핏방울되도록 그렇게 기도합시다. 그리하여 우리의 자아를, 우리의 세상을 향한 욕망을 십자가에 온전히 못박아 버립시다. 나와 이 세상을 십자가에 완전히 못박아 버립시다. 정녕 부활의 영광이 있을 것입니다. 우리 주 예수님의 십자가 사랑이 물밀듯 밀려올 것입니다…"

최은미는 절박한 어조로 외치는 이목사의 설교를 미동도 하지 않은 채 듣고 있었다. 그녀의 크고 둥근 두 눈은 가끔씩 반짝 빛을 발하기도 하였다. 이목사는 최은미의 둥근 두 눈에서 발산하는 그 빛을 보았다. 그 빛은 이목사의 설교에 어떤 힘을 공급하였다.

예배가 끝났을 때 교회 안은 늘 그랬던 것처럼 다시금 소망의 기운으로 가득하였다. 오늘은 예배 초반에 은혜롭지 못한 일이 있었지만 예배 후의 분위기는 전과 다름없었다. 아니 전과는 또 다른 은혜가 있었다. 그것은 병수로 인하여 훼방을 받았던 소란하고 헝클어진, 그 산만함이 교회 안에서 사라진 것이었다. 사실이었다. 병수는 예배 시간 동안 가만히 있던 적이 없었다. 그래서 예배 시간은 언제나 그와의 싸움이었다. 이 싸움은 수년 동안 계속되었었다. 그런데 오늘은 초반의 싸움을 끝으로 예배 시간이 제 모습을 찾게 되었던 것이다. 이목사는 이 사실을 직시하고 혼자서 씁쓸히 웃었다. 이처럼 허망하게, 수년 동안 함께 예배 드리며 교제를 나누었던 네 사람이 아주 불미스러운 모습으로 교회를 떠난 사실이 일순간 그의 마음을 고통스럽게 만들었다.

최은미는 가운을 벗고 방에서 나오는 이목사에게 진정으로 미안한 표정을 지으며 말했다.

"정말 죄송해요 목사님. 제가 참아야 하는 건데 참지를 못해서 큰 잘못을 범한 것 같아요. 정말 죄송해요."

이목사는 그런 최은미를 보면서 빙긋 웃으며 말했다.

"너무 염려 말아요. 최은미 자매만이 아니라 누구나 그런 상황에서는 그렇게 했을 거예요. 난 괜찮으니 괘념하지 말아요. 머리카락이 좀 헝클어졌네요."

이목사의 말에 그녀는 반사적으로 오른 손을 올려 머리를 만졌다.

"이 머리 아침에 미장원에 가서 돈 많이 주고 특별히 한 거예요. 교회 오려고요. 걔가 자꾸 이 머리를 잡아채잖아요. 그래서 그냥…"

이목사는 최은미의 미안해 하는 표정을 보고 또 한 번 빙긋 웃었다.

"최양의 마음 이해할 수 있으니 병수와의 일은 잊으세요. 난 괜찮아요."

이목사의 이 말에 최은미 얼굴이 좀 밝아졌다. 그녀는 말했다.

"목사님, 너무 염려 마세요. 저도 전도할 거예요."

"전도한다고요?"

"네. 두고 보세요. 그 가족들 수보다도 훨씬 많은 사람들을 우리 교회로 데려올 거예요."

"그래요. 그렇게만 한다면 하나님이 크게 기뻐하실 거예요. 기대할게요."

이목사의 말에 그녀는 고른 치아를 보이며 웃었다.

김우성 청년이 뒷부분의 의자들을 앞으로 밀었다. 점심 식사 자리를 마련하기 위함이었다. 정금교회의 식구들은 예배가 끝난 후엔 언제나 함께 식사를 했었다. 물론 김미란 사모가 점심을 준비하곤 했었다. 그런데 김미란 사모의 병세가 악화된 후로는 점식 식사가 잠시 중단되었었다. 그러나 김명숙 집사와 김우성 청년, 신원숙 성도는 김미란 사모의 몸이 회복될 때까지 자기들이 돌아가면서 식사를 준비하겠다고 이목사에게 말했다. 이목사는 그렇게 하라고 했고 그들은 지금까지 그 일을 잘하고 있었다. 오늘은 신원숙 성도가 점심식사를 준비해 오기로 된 날이었다.

신원숙 성도는 김밥을 푸짐하게 준비하였다. 과일과 음료수도 준비해 왔다. 빙 둘러앉자 이목사가 감사기도를 하였다. 이목사는 음식을 먹는 중에 성도들에게 말했다.

"제가 심방을 해보긴 하겠습니다만 아무래도 김명숙 집사님이 우리 교회에 다시 나오기는 힘들 것 같습니다. 우리 모두가 이 문제로 큰 상처를 받지 않았으면 합니다. 그렇지 않아도 식구가 많지 않은 교회에서 네 사람이 줄었으니 마음이 아프지만 낙심하지 말고 신앙생활을 했으면 합니다."

이 말에 평소에 말이 없던 신원숙 성도가 짧게 한마디 했다.

"목사님, 오늘 예배 시간은 수년 만에 태풍이 멈춘 것 같았어요."

김우성 청년도 한마디 보탰다.

"병수 걔 정말 대단했어요. 걔 때문에 예배시간이 난장판이었잖아요. 오늘은 정말 예배다운 예배를 드린 것 같아요. 김집사님에겐 미안하지만 솔직한 제 마음은 그래요."

"그 동안 병수 때문에 맘고생들이 컸군요. 그래도 내색 않고 잘들 참아주셔서 감사해요. 앞으로 최은미 자매가 우리의 좋은 식구가 될 거예요. 당장은 식구가 줄었지만 앞으로 많이 늘어날 거예요."

이목사의 말에 모두 다 밝은 표정을 지었다. 이 때 이목사의 핸드폰 벨이 울렸다. 이목사의 친구 민수가 전화를 건 것이었다. 이목사는 자리에서 일어나 사택으로 들어왔다. 민수는 이목사에게 물었다.

"은미 걔 오늘 교회 나왔니?"

"응 왔어."

"그래. 걔 대단한 결정을 했군. 난 안 갈 줄 알았는데."

"그 게 무슨 말이니? 우리 셋이 만났을 때에 교회에 나온다고 분명히 약속했잖니?"

"야, 걔가 그런 약속을 고분고분 지킬 애가 아니야. 어쨌든 고맙다. 걔가 교회 나온 게 너에게나 나에게나 좋은 일이니까. 한데, 세례는 주었어?"

"세례? 아니 아직. 점심 먹고 찬양 예배 시간에 줄 거야. 열한 시 예배에는 일이 좀 있었거든. 한데 넌 어디니? 너도 교회에 나와서 함께 예배 드리면 좋을 텐데?"

"야, 난 아직 때가 안 되었어. 때 되면 갈 테니까 나 돈 많이 벌도록 기도나 열심히 해 줘. 그리고 은미 걔한테 오늘 꼭 세례 베풀어 줘. 걔 내일 그 증서와 함께 대학교에 취직 서류 내야 하니까."

"알았어. 참, 미스 최가 서류 내는 대학이 어느 대학이지?"

"있어. 나중에 다 말할게. 꼭 세례 증서 만들어서 보내라. 알았지?"

"알았어."

이 때 김미란 사모가 방으로 들어왔다. 그녀는 초췌한 표정으로 말했다.

"여보 나 좀 누워 있어야 할 것 같애요. 몸이 영 안 좋아요."

"그래요. 어서 누워요. 내가 자리 깔아 줄 테니 잠간만 기다려요. 참 여보, 오늘 일 당신이 이해해야 할 것 같애. 미스 최가 아직 교회에 대하여 잘 몰라 그런 행동을 한 것 같거든. 나도 너무 당황했어요."

김미란 사모는 무표정한 얼굴로 말했다.

"김집사님 가족이 그렇게 교회를 나간 건 가슴이 아프지만 성도들은 예배시간이 경건하기를 원하잖아요. 오늘 일은 하나님의 크신 섭리가 있는 것 같아요. 난 괜찮아요. 나도 오늘 오랜 만에 예배다운 예배 드렸어요. 이건 사실이에요."

이목사는 고개를 끄덕였다.

"맞아요. 그 동안 병수 때문에 예배 시간이 늘 소란스러웠었어요. 우리의 큰 기도 제목이었어요. 하지만 이젠 병수의 그런 모습도 보지 못할 것 같소. 김집사님이 병수 문제로 고민할 것을 생각하면 마음이 편하지 않아요."

김미란 사모는 이불장을 열어 요와 이불을 꺼내면서 말했다.

"마음이 아프지요. 하지만 내 몸이 아프기 시작한 후로는 병수의 그런 행동이 너무 힘들었어요. 하나님 앞에서 옳지 않은 마음인 줄은 모르지만 이런 아인 차라리 예배 시간에 오지 않았으면 좋겠구나 그런 마음이 들 때도 있었어요. 난 너무 지쳤나 봐요. 몸이 아프니까 더더욱 마음이 약해지나 봐요. 이러다가 신앙 다 까먹은 이상한 사모로 변하면 어떡하죠?"

이목사는 김미란 사모가 꺼낸 요와 이불을 깔면서 말했다.

"그런 일은 없을 거예요. 당신의 믿음은 워낙 강하게 단련되어서 어떤 일이 닥쳐도 변질되지 않을 거예요. 그건 내가 믿어요. 참, 방금 민수한테서 전화 왔어요. 미스 최 내일 대학교에 서류 낸다고 세례를 베풀어 증서를 주어서 보내라는 거였어요."

"그 문제로 기도 많이 했잖아요. 그렇게 해 주세요. 그럼 난 좀 누워 있을게요."

이목사는 방을 나왔다. 그는 곧 먹던 김밥을 먹기 시작했다. 점심을 다 먹은 아이들이 방으로 들어가자 이목사는 김우성 청년과 신원숙 성도에게 말했다.

"오후 찬양예배 때에 최은미 성도에게 세례를 베풀 예정입니다. 최은미 성도는 오늘 교회에 처음 나왔지만 즉시 세례를 받아야만 할 사정이 있습니다. 성경을 보면 에디오피아 여왕 간다게의 국고를 맡고 있는 내시에게 빌립 집사가 세례를 주었던 것처럼 때로는 갑작스럽게 주는 세례가 있습니다. 최은미 자매가 그런 경우에 해당됩니다. 제 말 이해하겠죠?"

그들은 처음엔 이목사의 말이 무슨 뜻인지를 잘 이해하지 못하는 눈치였다. 그러나 그들은 곧 이목사의 말을 이해하였다. 김우성 청년이 은미를 보면서 물었다.

"세례를 급히 받아야만 할 어떤 이유라도 있습니까?"

최은미는 웃으면서 고개를 끄덕였다.

"취업 때문에요."

"취업? 어떤 직장인데요?"

이번에는 신원숙 성도가 최은미를 보면서 물었다.

"대학교요. 그 곳이 기독교대학인가 봐요. 세례증서가 꼭 필요하대요. 취직되면 멋지게 한 턱 쏠게요."

"그래야지 그럼. 우리들은 일 년 이상 교회에 나온 후 세례를 받았어. 은미씨는 교회에 나오는 날 세례를 받았으니 특별한 경우야. 그러니까 당연히 고마움을 표해야지. 교회에 더 많이 충성해야겠어."

신원숙 성도가 이렇게 말하자 은미는 즐거운 표정을 지으며 말했다.

"암요, 꼭 그래야지요. 제가 멋지게 한 턱 쏠게요. 전도도 열심히 할 거예요. 기대하세요."

이목사는 이들의 이야기를 들으면서 마음이 가벼워졌다. 김우성 청년과 신원숙 성도는 교회 출석 일 년이 지난 후 세례를 받았었다. 그래서 최은미의 세례가 이들에게 어떤 갈등을 주지는 않을까 염려했는데 일이 쉽게 풀리고 있었다. 이 일에 보혜사 성령님이 관여하고 계심이 분명히 느껴졌다.

찬양예배는 오후 두 시에 드려졌다. 그러나 정금교회에는 저녁 일곱 시 예배도 있었다. 이목사는 구약의 상번제 제도에 영적의미를 부여하고 저녁 예배를 없애지 않았다. 구약시대의 제사장들은 매일 아침과 저녁에 제사를 드렸었다. 현대에 와서도 이러한 예배제도는 오랜 동안 지켜졌었다. 그러나 언제부터인지 교회들이 저녁 예배를 오후 시간으로 대치하고 있었다. 물론 다 그런 것은 아니었다. 하지만 많은 교회들이 그렇게 하고 있었다. 그렇게 한다고 해서 하나님과의 관계에 당장 어떤 문제가 생기는 것은 아닐 것이다. 다만, 이목사는 인간의 편리를 쫓아 계속 변하고 있는 교회의 예배 현실을 경계하고 있었다. 인간들은 언제부터인가 자신들을 하나님께 맞추려고 하지 않고 하나님이 자신들에게 맞추기를 원하는 어리석음을 보이고 있었다. 이러한 행태는 영적으로 볼 때 그 자신이 하나님으로부터 멀어지는 행위가 될 것이다. 이목사는 오후 두 시 예배를 드리면서도 저녁 예배시간을 철저하게 지키고 있었다. 물론 예배 인원들은 그의 가족들뿐이었다.

최은미는 세례 받을 자로서 답하는 시간을 가졌다. 최은미는 성경 육십육 권을 하나님의 말씀으로 믿느냐는 질문에 아멘- 하고 큰 소리로 대답했다. 앞으로 교회에 충성하며 일평생 성도의 직무를 다하겠느냐고 물었을 때도 아멘- 하고 역시 큰 소리로 대답했다. 모든 질문에 큰 소리로 시원하게 아멘- 하였다. 그래서 이목사는 성부와 성자와 성령의 이름으로 그녀에게 세례를 베풀었다. 그녀는 아주 기쁜 표정으로 세례를 받았다. 이목사가 세례 증서를 주었을 때에 그녀는 마치 세상의 유명한 상이라도 받은 것처럼 좋아했다.

오후 네 시쯤에 세 명의 성도들은 각기 집으로 돌아갔다. 이목사는 방으로 들어왔다. 아내는 끙끙 앓지는 않았지만 아주 고통스러운 표정을 짓고 있었다.

"몸이 많이 안 좋아요?"

이목사가 묻자 김미란 사모는 고개를 끄덕였다.

"이번 주에 병원에서 결과가 나온다고 했죠. 진통제라도 좀 사올까요?"

김미란 사모는 고개를 저었다. 그녀는 낮은 어조로 말했다.

"그냥 견뎌볼게요. 진통제 많이 먹어서 좋을 게 뭐 있겠어요. 세례식은 잘 했죠?"

"네. 신원숙 성도님과 김우성 성도가 이해를 잘하여 적극적으로 동참했어요. 잘 마쳤어요."

"미스 최 말예요. 보통 아가씨가 아닌 것 같아요. 얼굴 생김도 그렇고…"

"그런 것 같아요. 그녀를 통한 어떤 섭리가 우리 교회에 있는 것 같아요."

김미란 사모는 무슨 생각을 하는지 조금 전보다는 두 눈을 더 크게 뜨고 천장을 쳐다보았다. 그러다가는 말했다.

"최양이 우리 교회에 나온 게 한편은 굉장히 기쁜데 어떤 염려 같은 게 생기기도 해요."

이목사는 그런 아내의 표정을 살피며 물었다.

"그래요? 어떤 염려가 생기는데요?"

"아침에 꿈도 그렇고, 그녀가 겉으로는 겸손하지만 아까 보니까 굉장한 데가 있잖아요. 얼굴도 아주 이쁘고…"

이목사는 고개를 끄덕였다.

"그건 나도 공감해요. 단순한 아가씨는 아녜요. 민수도 그렇게 말했어요."

"민수 씨가 그랬어요?"

"그래요. 최양은 교회를 나올 애가 아니라고 하더군. 오늘 교회에 나왔다고 하니까 크게 놀랬어요. 앞으로 알게 되겠지만 보통 아가씨가 아닌 것은 확실해요. 기도 많이 해야 할 것 같아요."

"그래야 할 것 같아요. 하긴 기도하면 하나님이 책임지시잖아요. 당신은 기도를 많이 하시는 분이니 큰 염려는 안 해도 될 것 같아요. 항상 기뻐하라. 쉬지 말고 기도하라. 범사에 감사하라. 우리 집안의 모토잖아요."

김미란 사모는 애써 웃어 보이며 말했다. 이목사도 그 모습을 보고 고개를 끄덕이면서 웃었다. 그러면서 말했다.

"여보, 그녀가 누구라 하여도 우리가 쉬지 않고 깨어 기도하면 보혜사 성령님이 그녀를 통치하는 거 우린 확실히 믿잖아요. 그녀의 등록을 긍정적으로 봅시다."

"알았어요. 범사에 감사하라. 우리 주님의 명령이잖아요. 한데 그 뱀 말예요? 그게 사람을 상징하는 걸까요?"

"아니요. 그것은 마귀를 상징하는 거예요. 사람이 아니에요. 우린 마귀의 공격을 막아야 해요."

"그러겠죠. 하와에게 나타났던 뱀도 마귀의 사주를 받았으니까. 한데,

최양은 너무 이뻐요. 탤런트 시험 보아도 합격하겠어요."

"그러게 말예요. 정말 굉장한 미인이에요. 최양 보고 우리 교회에 총각들이 미어지게 들어올지 누가 알아요."

이목사가 웃으며 말하자 김미란 사모도 웃었다. 김미란 사모가 모처럼 이를 드러내고 활짝 웃자 이목사는 기분이 좋았다. 이목사는 김미란 사모가 자리에 잘 눕도록 해 주고 작업복으로 갈아입은 후 성경을 들고 강단으로 향했다. 다시 기도를 시작하기 위해서였다. 이 때였다. 핸드폰 벨이 울렸다. 이목사는 전화를 받았다. 폰 화면에 이름이 뜨지 않고 번호도 생소한 것으로 보아 잘 모르는 사람 같았다.

"저, 이성웅 목사입니다. 누구십니까?"

"이목사, 오랜 만이야. 나 오지훈이야. 오목사."

"오목사라고! 그래그래 오목사! 자네 지금 영국에 있어야 할 사람이잖아! 방학이어서 나왔나? 야, 이거 너무 오랜 만이다!"

"아냐. 나 아주 나왔어. 공부 끝났어."

"그럼 학위 받은 거야?"

"응 받았어. 하나님의 은혜로 겨우 받았어. 그동안 기도 많이 해 줘서 고마워."

"정말 고생 많이 했다. 아무튼 축하해. 그럼 가족이 모두 나온 거야?"

"응. 모두 나왔어. 애들 교육 때문에 집사람과 애들은 거기에 남을까 했는데 그래서는 안 될 것 같아 나왔어."

"애들이 이젠 영국 사람들 다 됐을 텐데."

"그렇지. 한국에서 적응하려면 시간이 좀 걸릴 거야. 그래도 본격적으로 이 곳에서 사역하려면 가족이 모두 나오는 게 옳은 것 같아서 함께 나온 거야."

"그건 그래. 한데 지금 어디 있어?"

"서울 큰 형 집에. 애 엄마와 아이들은 시골 부모님 집에 있고 나만 올라와 있어. 학교 문제와 집 문제 등 알아볼 게 많아서 어제 올라왔어. 영국에서 온 지는 일주일도 안 돼. 우선 시골에 가서 부모님과 며칠 보냈어. 그리고 어제 나만 서울에 올라온 거야. 한 번 만나보고 싶은데 시간이 어떤지 모르겠어?"

"나? 나야 항상 시간이 있지. 개척교회 목사가 크게 바쁠 건 없잖아. 요즘은 아내가 몸이 안 좋아서 거기에 많은 신경을 쓰고 있어."

"상준이 엄마가 많이 아파?"

"응. 얼마 전부터 드러누웠어. 이번 주에 진단 결과가 나올 거야."

"그래! 너무 고생해서 그렇구나. 병문안 겸 한 번 들러야겠다. 저녁에도 예배 드리니?"

"응. 예배 인원은 없지만 가족끼리 드리고 있어."

"몇 신데?"

"일곱 시."

"벌써 네 시 다 되었는데 우리 저녁이나 같이 먹을까?"

"그래. 지금 곧장 이리로 올 수 있어?"

"응. 지금 곧 출발할게."

이목사는 다시 방으로 들어왔다. 김미란 사모가 통화하는 소리를 들었는지 물었다.

"누가 전화했어요?"

"응. 오지훈 목사가 학위를 받아서 귀국했나봐. 지금 이리도 오겠대요. 저녁 식사를 같이 하자는구만."

"오지훈 목사라면 신대원 다닐 때 당신과 일, 이등 다투던 그 분 말인가요?"

"그래요. 바로 그 친구예요. 졸업하자마자 영국으로 건너가더니 마침내

Ph.D 학위를 받았나 봐요. 그 친구 어지간한 노력파인데 드디어 학위를 받은 것 같아. 우리 교단의 훌륭한 일꾼이 될 거예요."

"당신이 일등하고 그 분이 이등했으니까 당신도 유학 갔으면 학위 받았겠네요?"

"그랬을까? 모르지. 그랬을지도."

이목사는 조용히 웃었다. 그러다가 김미란 사모를 보면서 말했다.

"당신도 함께 나가요. 애들도 데리고 나갈까? 우리가 대접하는 거니까 가족 모두 나가서 함께 식사하는 게 좋겠어요."

"오랜 만에 만났으니 두 분이서 할 이야기가 많을 텐데요. 그냥 두 분만 식사해요. 우린 집에서 먹을 테니. 지금은 애들도 모두 밖으로 나가 있잖아요."

"그 친구가 당신과 애들 놔두고 우리 둘만 밥 먹으러 가자 하지는 않을 것 같은데… 그 친구 상당히 기분파거든. 어쩌면 우리를 대접하려고 할지도 몰라."

"그래도 오늘은 당신과 둘이서만 가요. 영국은 학비가 비싼 곳이잖아요. 어떻게 Th.M과 Ph.D를 그 곳에서 마쳤죠? 그 목사님 아버지가 돈 좀 있는 분이에요?"

"아버지가 시골에서 땅을 많이 가지고 있는 줄 알아요. 그러나 아들을 영국에 유학 보낼 만큼은 부자가 아닌 것 같아요. 내가 알기로는 사모님이 미용 기술을 가지고 있는 줄 알아요. 사모님이 영국에서 미용사로 일했나 봐요. 듣기로는 영국 미용사 자격증을 땄다는 말도 있어요."

"그랬군요. 사모님이 단단히 한몫 했네요. 목사님을 위해서 말예요."

"그런 셈이지. 사모님이 아주 적극적인 사람인 건 사실이에요. 그런 분이 아이들을 데리고 귀국을 결단했다니 그건 굉장히 큰 사건인 것 같아요. 아이들은 이제 영국생활이 좋아지고 있을 텐데 그런 아이들을 데리고 한국에 함께 들어오겠다고 한 것은 쉬운 결정이 아니었을 거예요."

"정말 그러네요. 왜 그런 결정을 했을까요? 많은 목사님들이 가족은 그냥 외국에 두고 자기만 들어오고 있는데 말예요?"

"아마도 올해 있을 우리 교단 대학의 교수 임용 때문에 그랬을 거예요."

"교수 임용에 그런 것도 영향을 주나요?"

"젊은 사람이 가족은 외국에 두고 자기만 나와서 평생 동안 해야 하는 교수 사역 시험에 응시하는 것은 좀 문제가 있어 보이잖아요. 사실 이건 문제가 있는 거예요. 우리 교단의 경우 초창기엔 이런 걸 용인하지 않았어요. 종들을 양육하는 직임인 만큼 교수가 먼저 본을 보여야 한다고 해서 교수의 두 살림을 용납하지 않았어요. 그런데 언제부터인가 그것이 용납되었고 지금은 많은 교수들이 두 살림을 하고 있어요. 사모님과 아이들은 외국에 있고 본인만 사역하다가 방학이 되면 외국으로 가는 식이에요. 아이들 교육 때문에 할 수 없는 현실이지만 이것이 과연 예수님이 원하시는 사역의 모습이냐 하는 데엔 말들이 있어요. 더구나 하나님의 종들을 양육하는 교수가 이런 식의 생활을 해야 하느냐 하는 데엔 생각해 볼 여지가 있어요. 오 목사는 그런 걸 용납 못하는 사람이에요. 지나치다 할 정도로 남의 말 듣는 것을 싫어해요. 또 하나님의 뜻이 아니다 싶은 일은 결코 하지 않아요. 어떤 면에서는 결벽증이 나보다 더 심해요. 아직 사정이야기를 안 들어보아서 자세히는 모르겠지만 아마도 그런 이유가 있지 않을까 생각이 들어요."

김미란 사모는 고개를 끄덕거렸다. 그러다가 또 물었다.

"교단 신학교에 자리는 있어요?"

"그 친구 전공이 교회사이거든. 그 때 말로는 중세교회사로 논문을 쓴다고 했어요. 우리 교단 대학에는 교회사 교수가 두 분 있어요. 한 분은 세계교회사를 전공하신 분이고, 한 분은 한국교회사로 학위를 받으신 분이에요. 올 말이면 세계교회사를 전공하신 분이 정년퇴임을 하신다고 들었어요. 한 학기 전에 교수를 뽑아 일을 물려주는 시간을 가질 것 같아요. 아마도 오목사가 그 자리로 들어가지 않을까 생각이 들어요."

"아! 아주 잘 됐네요. 때를 맞추어 학위를 받았네요. 정말 잘 됐네요."

김미란 사모는 마치 자기 일이라도 되는 것처럼 진심으로 기뻐하였다. 그러한 사모를 보면서 이목사도 즐거운 표정을 지었다.

시간이 금방 지나갔다. 다섯 시가 채 안 되었는데 오목사가 정금교회 지하 예배당으로 들어왔다. 그리고 예배실 바로 앞에 있는 사택의 문 앞에서 이목사를 만났다.

"이목사!"

"오목사!"

그들은 잠시 몸을 끌어안고 포옹했다. 잠시 후 그들은 몸을 떼고 손을 잡고 서로를 보면서 웃었다. 오목사는 전보다 훨씬 더 건강해진 것 같았다. 얼굴도 훤하였고 얼굴엔 웃음이 가득하였다. 먼 이국 땅에서 박사 학위를 받기 위해 오랜 기간 학문과 씨름한 사람 같아 보이지 않았다. 이목사는 오목사가 이처럼 건강해 보이는 게 좋았다. 이 때 김미란 사모가 방에서 나와 오목사에게 인사를 했다.

"안녕하세요 목사님! 그 동안 고생 많이 하셨어요. 공부하시느라고요. 이렇게 다시 뵙게 되어 너무 반가워요."

"감사합니다. 그 동안 기도 많이 해 주셔서 너무 고맙습니다. 사모님 건강이 좀 좋지 않으시다고 이목사가 말해서 걱정이 되었습니다."

"하나님께서 고쳐 주시리라고 믿어요. 염려해 주셔서 고마워요."

"물론이죠. 우리 하나님께서 조만간 깨끗하게 치료하실 겁니다. 치료의 하나님 아니십니까. 저는 이목사와 사모님에 대해서는 염려하지 않습니다. 하나님께서 두 사람을 외면하시면 이 세상의 모든 사람들이 외면을 당할 거예요. 안 그래 이목사?"

"이 친구 예나 지금이나 우리 과찬하는 건 변함없군. 여하튼 너무 반가워. 그 동안 고생 많이 했고. 말이 박사지 외국에서 학위 받는 게 어디 쉬운 일이야. 정말 너무 수고 많이 했어 오목사."

"고마워. 아이들은 어디 갔어?"

"응. 모두 밖에 좀 나갔나 봐."

"알았어. 일단 기도 좀 하고 올 테니까 잠깐 기다려."

오목사는 예배실로 들어가 의자에 앉아서 기도를 시작했다. 그는 십 분 이상을 기도하였다. 자리에서 일어난 후엔 예배실 안의 여기저기를 둘러보았다. 그리고는 빙긋이 웃으면서 이목사에게 말했다.

"하나님의 훈련이 만만치 않군. 이 지하에서 칠 년을 보내다니."

이목사도 웃으면서 고개를 끄덕였다.

"아직도 사람 덜 되어서 이러는 거야. 감사하고 있어."

이번엔 오목사가 고개를 저었다.

"사람이 덜 되어서가 아니라 보다 더 강하게 하시는 거야."

"강하게 하신다고?"

"그렇지. 이목사 인격 정도라면 대형교회라도 맡기면 능히 감당하지. 하지만 예수님이 지신 십자가를 지려면 더 많은 훈련이 필요한가 봐. 내 생각엔 이제 그만 연단을 멈추어 주셨으면 한데 주님 생각은 나와 다른가 봐. 자, 이제 우리 저녁 먹으러 가자구. 사모님이랑 애들 모두 함께 갔으면 해. 내가 오랜 만에 이목사 가족 식사 한 번 대접하고 싶거든."

"이 사람 무슨 말이야. 찾아온 손님에게 접대는 우리가 하는 게 마땅하지. 그런데, 우리 사모는 애들이 오면 애들과 집에서 식사를 하는 게 나을 것 같애. 우리끼리 할 이야기도 있을 것 같고."

"그런 이야기야 나중에 천천히 하면 되지. 나 이젠 한국에서 아주 살 텐데."

"그래도. 사모가 몸이 좀 불편하잖아."

"아 참 그렇지! 내가 그걸 미처 생각 못했군. 알았어. 일단 나가자구."

오목사는 예배실을 나와 김미란 사모에게 말했다.

"사모님, 내가 식당에 도착하면 사모님과 애들 먹을 음식 배달시킬 거예요. 그러니 여기 가만 계세요. 자, 이목사 가자구."

김미란 사모는 깜짝 놀란 얼굴로 만류하였다.

"목사님, 목사님은 손님이에요! 저희가 대접할 거예요!"

"사모님, 그 동안 기도해 주신 은혜 밥 한 끼로 때우는 거예요. 너무 이러지 마세요."

이목사는 오목사를 데리고 근처의 식당으로 갔다. 오목사는 식당에 들어서자마자 음식을 주문하여 교회로 배달하게 했다. 그들은 식탁 하나를 잡아 자리에 앉았다.

"오목사, 고마워. 이렇게까지 안 해도 되는데… 공부하느라 돈 다 썼으니 이젠 생활비도 없잖아. 그래도 굳이 밥을 사겠다니 원…"

이목사의 말에 오목사는 웃었다.

"이 사람 무슨 말을 하는 거야. 우리 사모가 돈을 얼마나 잘 벌었는지 알아? 영국은 미용사들에게 예술가 대우를 해 주더라구. 미용사가 그런 정도의 대우를 받는 줄을 몰랐어. 나 우리 사모 덕에 아주 여유 있게 공부했어."

"정말이야?"

"정말이라니까. 영국에는 세계적인 미용사들이 여러 명 있어요. 그들이 자주 TV에 나와서 강의도 하고 기술도 보여 주니까 미용사들의 위치가 훌륭한 예술가들 수준이야. 나 자네한테는 미안하지만 생각보다 여유 있게 살았어. 미용 기술 가진 아내 덕에 말이야."

"그랬구만. 정말 다행이야. 난 공부하느라 돈 때문에 애 많이 태운 줄 알았지."

"솔직히 아주 여유 있게는 못 지냈지. 그냥 근근히 빚 안 지고 공부한 거야. 하지만 이것도 굉장한 은혜야. 자네도 알겠지만 영국은 학비가 보통 비싼 게 아니야. 그런 곳에서 석사와 박사를 빚 안 지고 했다는 것은 하나님의 크신 은혜지. 내 주변에 등록금 때문에 학교 휴학한 친구들 여러 명 있었어."

"그랬을 거야. 영국은 유별나게 학비를 많이 받는 곳인가 봐."

"자기들 스스로가 위대한 영국이라고 말하잖아. 그 사람들 훌륭한 부분이 많은 건 사실이야. 근대문명의 시작은 그 곳에서 시작되었다고 해도 과언 아니잖아."

"아무리 그래도 교회의 현실은 엉망이라면서?"

이목사의 말에 오목사는 갑자기 심각한 표정을 지으면서 고개를 끄덕였다.

"심각한 정도가 아니야. 회복이 불가능할 정도로 황폐해지고 있어. 대부분의 영국인들은 이제 하나님의 존재를 필요로 하지 않은 것 같아. 아직도 교회가 존재하고 있지만 그들의 예배는 진지하지가 않은 것 같아. 그들은 이제 성경대로 산다는 것을 원시인의 생활 같은 것으로 알거든. 저들에게서 십일조의 개념이 사라진 지는 오래 되었어. 수입의 많은 부분을 세금으로 내고 그 세금을 가지고 공공시설을 무료로 이용하거든. 이러다 보니세금이 곧 십일조야. 선교도 그래. 저들은 선교의 개념을 제각기 독특한 개성과 문화를 가진 사람들의 마음을 기독교가 자기 식으로 바꾸려고 시도한다는 식으로 생각하거든. 남의 사생활에 관여해서는 안 된다는 식이야."

"유럽의 교회들은 영원히 그렇게 끝나는 것일까?"

이목사는 사뭇 처연한 표정으로 오목사에게 물었다. 오목사는 그런 이목사의 표정을 보면서 말했다.

"그런데 말이야, 아직도 영국인들 중에는 진실한 믿음을 가진 성도들이 있어. 물론 많지는 않은 것 같아. 그래서 교회들이 문을 닫고 있거든. 하지만 소수의 귀한 사람들이 있는 건 확실해. 아주 소수의 사람들이 지금도 여전히 기도를 하고 있어. 최근에는 우리 한국인들이 그곳에서 열심히 활동하고 있어. 한국인 교회들 중에는 상당한 교세를 가진 교회들이 꽤 있어. 이 한국인 교회들이 영국에서, 저 유럽에서 어떤 역할을 할지는 아직 미지수야. 사실 한국인 교회에는 유럽인들이 별로 없거든. 요즘은 한국인 선교사들이 유럽 사람들을 대상으로 교회를 해보려는 모습도 보이고 있어. 독일과 프랑스 등에서는 저들을 대상으로 한 한국인 선교사들이 몇 명 있거든. 지금으로서는 쉽지 않은 시도들인데 결과는 모르지. 보혜사 성령님이 어떻게 하실지는 아무도 모르잖아."

"유럽에도 여전히 신앙의 씨앗들은 남아 있구나."

"그렇지. 그들의 역사가 기독교 역사잖니. 하지만 지금 남아 있는 기독교의 불꽃들은 언제 꺼져버릴지 모를 정도로 약해. 자네도 알잖나. 사탄의 공격이 얼마나 교활하고 잔인한 줄을. 이 거대한 세상의 문화가 곧 사탄의 문화잖아. 우리 그리스도인들은 강력한 영성으로 이것들을 역이용해야 하는데 그러려면 최소한의 어떤 힘이 필요해. 이를테면 초대교회가 시작되기 전 저 마가의 다락방에서 기도했던 백이십여 명의 문도 같은 그런 공동체, 그런 힘이 필요하거든. 한데 내 생각에는, 지금 유럽에는 그 힘이 없는 것 같애. 이것이 유럽 교회의 가장 큰 문제인 것 같애."

이목사는 고개를 끄덕였다. 그리고 짧게 한숨을 내쉬면서 말했다.

"유럽의 교회들을 위하여 기도를 더 많이 해야겠어. 그 백이십여 문도가 각 나라마다 나타나게 해 달라고 기도해야겠어. 그렇지?"

"그럼. 정말이야. 유럽의 교회들은 아주 많은 기도가 필요해. 그리고 문제는 신학이야. 유럽의 신학자들은 말만 목사지 저들 대부분은 성경을 하나님의 말씀으로 믿지 않아. 이스라엘 백성들이 자기들의 생존을 위해 창작한 저들의 문학작품으로 생각하고 있어. 그러므로 성경 전체가 말하고 있는 하나님의 아들이자 구세주이신 예수님을 부인하는 거야. 참으로 두려운 일이고 한심한 현실이야. 백이십여 문도들은 예수님의 부활을 확실하게 믿으면서 모인 제자들이잖아. 그런데 대학에서 가르치는 선생들이 예수님의 부활을 안 믿으니 소망이 없는 거야. 유럽은 신학의 문제가 가장 큰 문제야. 여기서부터 개혁이 시작되지 않으면 사실 교회는 새로워질 수 없잖아. 예수님과 사도들, 사도 바울로 이어지는 하나의 분명한 메시지는 그거잖아. 교회는 가르침의 역사라는 거. 누군가 바른 가르침으로 성삼위 하나님을 인생들의 심령에 심어 주어야만 참된 제자들이 배출될 텐데 유럽은 지금 그 기능을 잃은 것 같애. 그리고 기도하는 제자들이 없이는 교회가 세워지지 않을 텐데 뜨겁게 기도하는 지도자들이 거의 없다는 거야. 참으로 슬픈 일이야."

"그래. 네 말이 맞아. 그런데 우리나라의 신학대학과 신학교에도 이미 오래 전에 유럽의 그러한 잘못된 신학이 침투했어. 그리하여 이젠 저들이 노골적으로 활동하고 있어. 우리 교단도 몇몇 교수들은 사탄의 신학을 강의하고 있거든. 아주 교묘하게 자신을 숨기고 있는 교수들도 여러 명 된다고 하더군. 정말 두렵고 떨리는 일이야. 전에는 성경을 하나님의 말씀으로 믿지 않는 교수들을 교단에서 추방시켰는데 지금은 교단이 그러한 자정능력을 잃었어. 교권투쟁을 하고 있는 지가 벌써 수년째니 할 말 다한 거지. 자네 같은 사람이 학교에 들어가서 일을 하면 아무래도 분위기가 좀 바뀔 거야. 난 그걸 믿어."

"기도 좀 많이 해 줘. 내가 이번에 학교에 꼭 들어가서 일할 수 있도록 말이야."

"많이 해야지. 자네 같은 인재가 들어가서 일을 하지 않으면 누가 일을 하겠어. 이번에 꼭 들어가야지. 하나님도 그걸 원하실 거야."

오목사는 이 목사의 이 말에 사뭇 신중한 표정으로 물었다.

"이목사 자네 총회장을 지낸 하늘교회의 목사님 잘 알아?"

"하늘교회라면 진충희 목사님 말이야?"

"맞아. 바로 그 목사님이야. 그런데 이 분에게도 아들이 있나 보던데. 아프리카의 모 대학에서 공부를 하고 있나 봐. 나처럼 교회사를 전공하고 있대. 그 분도 이번에 논문이 통과되었다고 하더라구. 그런데 그 목사님이 벌써부터 자기 아들을 우리 학교에 교수로 앉히려고 운동을 하고 있나 봐. 누가 나에게 그런 이야기를 해 주더라구. 이 분이 원래 정치꾼으로 유명하다면서?"

"유명하지. 하긴 지금 이 시점에서는 웬만한 교세를 가진 목사들은 대부분 정치꾼들이야. 지금 두 패로 갈려서 싸우는 걸 보라구. 죽기살기로 싸우잖아. 하나같이 제정신을 잃은 거야. 마귀의 종들이 되었어. 그런데 그 분에게 그런 아들이 있었나?"

"있대. 일반 대학을 공부하고 우리 교단의 신학원에서 Mdvi 과정을 했나 봐. 내가 알기로는 그가 공부한 아프리카의 대학은 돈만 주면 학위를 주는 대학으로 소문이 나 있거든. 하나님께서 잘 인도하시리라 믿지만 이 일로 신경이 좀 쓰여."

"그 말을 들으니까 나도 신경이 좀 쓰이는데 너무 염려하지 마. 하나님이 어떤 분이야. 정확무오하신 분이잖아. 우리 사역자들의 앞날을 정확하게 인도하고 계시잖아. 난 그걸 분명히 믿어. 자네도 믿으리라 확신해. 하나님은 당신의 종들을 친히 부르시고, 훈련시키시고, 당신이 원하시는 길로 인도하시지. 안 그런가 오목사!"

"할렐루야!"

오목사가 밝은 표정을 지으며 소리쳤다. 이 때 주문한 음식이 나왔다. 이 목사가 감사 기도를 하였다. 밥을 먹다가 오목사가 입을 열었다.

"송기창 목사는 잘 나가는 모양이야?"

"잘 나가지. 교회가 많이 부흥되었어. 우리 동기들 중에서는 제일 잘 나가는 친구야. 요즘 송목사만큼 바쁜 사람 많지 않을 거야. 부흥사로, 교수로, 교새모라는 단체의 총무로 동분서주하는 것 같애."

"그 친구 공부할 때는 좀 그랬는데 목회는 잘하는가 보지? 히브리어 시간에 읽어 오라는 본문 읽지 못해서 복도로 늘 쫓겨나곤 했었잖아."

"그랬지. 하지만 목회는 잘해서 저렇게 잘 나가고 있으니… 우리 하나님의 속마음은 아무도 모르는 것 같애."

오목사는 재미 있다는 듯이 웃었다.

"자네는 일등, 나는 이등… 그런데 우린 여기서 뭐 하고 있는 거야?"

"그러게."

그들은 웃었다. 그러다가 이목사는 쓸쓸하게 웃으며 말했다.

"오목사, 어려운 시대야. 우리가 하나님의 뜻을 다 알 순 없지만 개혁이 필요한 것은 사실이야. 우린 저 초대교회로 돌아가야 해. 성경으로 돌아가야 해. 루터처럼 다시 깃발을 들고 나아가야 해. 어떻게 해야 할지는 모르겠지만 하나님은 그것을 진정으로 요구하시는 것 같애."

"나도 동감해. 또 한 번의 기독교 개혁이 필요하다는 것을 사역 현장을 보면서 실감하고 있어. 교회고, 신학교고, 총회고 엉망진창이야. 너무 혼란해. 교회와 교회의 기관 안에 머리되시는 우리 예수님은 계시지 않고 온통 탐욕 투성이의 인간들이 득실거리고 있는 것 같단 말이야."

"그런 모습은 교회와 관련된 기관들도 마찬가지야. 학교, 언론사, 출판계, 복지시설 등 하나같이 심각한 문제를 지니고 있는 게 현실이야. 기관을 운영하려다 보면 돈이 필요해서 그러겠지만 이건 아니다 싶어. 이미 넘지 말아야 할 선들을 넘어버렸어. 거기엔 예수님의 마음이 없거든. 세상과 똑같은 이기심과 치열한 내 몫 챙기기가 있을 뿐이야. 오목사, 난 지금의 내

117

사역에 아무런 불평 없어. 예수님이 열두 명을 부르셨으니 나 같은 인간이야 지금의 숫자로도 벅찰 수 있거든. 난 그냥 주어진 사명 감사하면서 최선을 다하는 거야. 다른 욕심 없어."

"알지. 이목사 마음 내가 잘 알지. 나도 같은 마음이야. 학교에 들어가는 것도 최선을 다할 뿐이지 거기에 목줄을 매지는 않을 계획이야. 모든 결과는 하나님께 맡기겠어."

"그래. 그래도 꿈은 가져. 미리 낙심 말고."

그들이 저녁 식사를 마치고 나왔을 때에도 밖은 여전히 환했다. 그리고 아주 더웠다. 그들은 곧 정금교회의 예배당으로 왔다. 그런데 놀랍게도 최은미가 와 있었다. 그녀는 열한 시 예배에 입고 왔던 옷을 입지 않고 이번엔 옅은 보라색의 원피스를 입고 있었다. 그 모습은 아주 고상해 보였고 마치 금방이라도 날 것처럼 가뿐해 보였다. 또 그녀의 옷에서 풍겨나는 은은한 향수 냄새가 예배당 안의 눅눅한 냄새들을 향기로운 냄새로 바꾸어 놓고 있었다. 그녀는 김미란 사모와 이야기를 하다가 일어서서 인사를 했다.

"안녕하세요 목사님. 저 저녁 예배 드리러 왔어요."

"그래요. 잘 왔어요. 두 시 예배까지 드리고 돌아간 성도님들 중에서 저녁 예배를 드리러 온 분은 우리 교회 개척 이래 은미씨가 처음 같아요. 그러고 보니 오늘은 굉장한 날이네요. 인사하세요. 제 친구 목사이신 오지훈 목사님이셔요."

최은미는 오목사에게 꾸벅 인사를 했다.

"처음 뵙겠습니다. 최은미예요."

"아, 네네. 저는 오지훈 목사입니다."

오목사는 최은미의 빼어난 미모에 잠시 놀라는 표정이었다. 그래서 무슨 말인가를 하려다가 그냥 입을 다물었다. 곧 예배를 드려야 했기 때문이다. 이목사는 그 어느 저녁 예배 때보다도 활기가 넘치는 모습으로 예배를 인도하였다. 말씀도 힘있게 전하여 모두에게 은혜를 끼쳤다. 최은미는 오늘 처음 교회에 나왔지만 설교 시간 내내 이목사의 능력 있는 설교에 깊이 빠져든 표정을 지었다. 그녀의 눈빛은 많은 것을 깨닫고 있는 눈빛이었다.

예배를 마친 후 이목사는 오목사를 버스 정류소까지 배웅했다. 오목사는 이목사와 정류장까지 걸으면서 물었다.

"이목사, 최은미라는 아가씨 말이야, 꼭 연예인 같던데 무슨 일을 하는 아가씨야?"

"대학에 사무원으로 들어가려고 준비하면서 지금은 그냥 집에 있는 아가씨야. 사실 나도 그녀에 관해서 잘 몰라. 오늘 처음으로 우리 교회에 나왔거든."

"그래. 하나님의 깊은 섭리가 있는 것 같아. 그 아가씨 지하 개척교회에 나올 스타일은 아니잖아. 안 그래?"

"맞아. 어떤 섭리가 있는 것 같아. 그래서 기도 중이야. 하나님은 이미 모든 것을 아시니 아름답게 역사하시겠지."

"그럼그럼. 하나님은 항상 그렇게 역사하시지. 그런데 말이야, 내 솔직한 느낌은 그녀의 얼굴이 너무 예뻐서 언뜻 이상한 마음이 들기도 했었어."

"어떤 마음이 들었는데?"

"남자들은 예쁜 여자들한테 약하잖아. 목사도 예외는 아니지. 하나님이 창조하신 본능은 목사의 그것도 똑같거든. 그런 아가씨가 옆에서 자꾸 눈짓을 하면 어느 누구라도 넘어가지 않을까 하는 그런 느낌이 드는 거야. 이거 너무 망측한 건가?"

이목사는 웃었다.

"망측하긴. 당연한 말이지. 자네나 나나 아직 젊잖아. 건강한 느낌이야. 기도 좀 많이 해. 우리 은미 자매의 헛된 유혹에 넘어가지 않도록."

"알았어. 내 기도도 많이 해 줘. 이번 임용 시험에 꼭 붙게 해 달라고 말이야."

이목사는 오목사를 버스에 태워서 보냈다. 그는 버스가 떠난 뒤에도 한참 동안이나 그 자리에 서 있었다.

이목사는 공원을 향하여 발걸음을 옮기기 시작하였다. 마음이 답답할 때엔 가끔 가는 곳이었다. 주일 저녁의 공원엔 벌써 많은 사람들이 나와 있었다. 온 종일 날씨가 무더웠던 만큼 조금 선선해진 저녁시간이 되자 기다리기라도 했다는 듯 집에서 나온 것 같았다. 그는 사람들이 잘 앉지 않는 좀 으슥한 장소의 벤치를 찾아 거기에 앉았다. 그리고는 이 생각 저 생각을 하기 시작하였다. 오늘 교회 안에서 있었던 일들도 생각하였다. 당연히 최은미에 관해서도 생각했다.

이목사는 최은미를 생각하는 순간 본능적으로 밀려오는 미묘한 느낌에 두 눈을 크게 떴다. 그녀의 늘씬한 몸매와 둥근 두 눈, 가지런한 치아, 매혹적인 눈웃음, 풍만한 유방 등은 이목사의 고개를 갸웃거리게 만들었다. 이목사는 두 눈에 삼삼한 그녀의 모습을 생각하다가 하늘을 보면서 말했다.

'주님, 그녀는 누구입니까?'

이목사는 말 없는 하늘을 한 동안 쳐다보았다. 그리고 오래 전 깊은 기도 중에 들었던 주님의 음성을 생각했다.

"내가 너에게 보내는 사람은 모두 다 너에게 유익을 주는 사람들이다. 그러나 네가 그들로부터 참된 유익을 얻으려면 다섯 가지를 분명히 하여야 한다. 첫째는 그를 위하여 기도하라. 두 번째는 그에게서 배우라. 세 번째는 그에게 가르치라. 네 번째는 그를 사랑하라. 다섯 번째는 그와 합력하여 내 이름으로 선을 이루라."

이목사는 벤치에서 몸을 일으켰다. 그리고 다시 걷기 시작했다. 그는 두 주먹을 꼭 쥐었다.

'그래. 더 깊이 기도하자. 더욱 치열하게 기도하자. 지금의 이 상황에서 내가 살 수 있는 유일한 한 길은 오직 기도하는 길이다. 기도 외에는 마귀와 귀신들의 공격을 물리칠 방법이 없다. 야곱이 가졌던 저 추악한 사람의 욕망을 꺾어버릴 방법이 없어. 다시 불퇴전의 기도에 돌입하자. 밤을 새워서, 금식함으로써 간절히 부르짖자. 오직 기도함으로 이 모든 어둠이 걷힐 것이다. 마귀가 득세하는 이 캄캄한 세상에 우리 주 예수 그리스도의 영광이 찬란히 빛날 것이다. 주님이 십자가 위에서 흘린 그 붉은 피의 권세가 이 세상을 온전히 변화시킬 것이다. 마귀는 오직 시험하는 존재일 뿐이야. 하나님의 허락 없이는 우리를 털끝 하나 건드리지 못해. 하나님의 교회를 감히 넘보지 못해. 나는 이 처절한 영들의 전쟁터에서 예수 그리스도의 이름으로 꼭 승리하고 말거야.'

　　이목사의 두 눈에서 평소에 볼 수 없었던 안광이 번쩍거렸다. 그 빛은 하늘을 향하여 뻗쳐올랐다. 그는 입을 꼭 다문 채 하늘을 보았다. 못 박힌 듯 한참 동안을 그 자리에 그렇게 서있었다.

05.
생명의 주인

공중제국의 참모 회의실은 그 어느 때보다도 우중충한 분위기였다. 마왕이 오늘은 이 회의실의 분위기 빛깔을 청동빛과 회색빛으로 사용하도록 명령했기 때문이다. 푸르스름하면서도 어스름한 실내분위기는 금방이라도 괴물이 튀어나올 것 같았다. 그러나 한 사람씩 자리에 와서 앉는 마귀 제국의 참모들은 이 분위기에 감동된 듯 표정들이 좋았다. 마왕은 언제나 그런 것처럼 거드름을 한껏 피우며 좌중을 둘러보았다. 그리고는 물었다.

"어떠냐? 오늘의 이 분위기가?"

"최고입니다. 대왕 각하!"

참모들은 질문을 기다리기라도 했다는 듯 분명한 목소리로 대답했다.

"그럴 거야. 우리의 제국은 언제나 검고, 우울한, 삭막한, 죽음의 빛깔로 충만하다. 오늘 이 분위기를 살려보려고 장식하는 졸개에게 신경을 좀 쓰라고 하였다. 그런데 상당히 잘 꾸몄구나. 앞으로 제이 제삼 제사 제오 회의실 등 모든 회의실을 좀더 우리의 제국다운 색채로 꾸며볼 것이다. 요즘 너희들의 활약이 대단한 만큼 나도 너희들에게 좀더 신경을 쓰겠다는 말이

다. 그러니 지금 해오고 있는 것처럼 더욱 분발하여 충성하기 바란다. 알겠
나!"

"예 대왕 각하!"

마왕은 기분이 좋은 얼굴로 앞에 놓여진 잔을 들었다. 물론 이 잔에 담긴
것은 순교자들의 피였다. 사탄은 예수 그리스도를 믿는 크리스천들에 대한
증오심과 적개심을 키워 주기 위하여 자기의 심복들에게 늘 순교자들이 흘
린 피를 마시게 하였다.

"자, 한 잔씩 쭉 들이켜라!"

공중제국의 참모들은 모두 다 잔을 들어 안에 담긴 순교자들의 피를 마
셨다. 마왕은 먼저 잔을 놓고 좌중을 한 번 둘러보았다. 마왕의 기분이 좋
은 것은 사실이었지만 그의 눈빛은 오늘도 살인과 거짓을 집요하게 추구하
는 음흉하고 잔인한 빛이었다. 그 눈빛이 참모들의 면전을 한 번 훑고 지나
가자 그들의 간담은 서늘해졌다. 참모들은 늘 그런 것처럼 오늘도 잔뜩 긴
장하고 있었다. 마왕은 큰 소리로 마국자(마귀 제국의 자살을 주관하는 장관)
를 불러 세웠다. 그리고는 말했다.

"마국자, 요즘 너의 활약이 아주 좋은 열매를 맺고 있는 것에 대하여 나
는 칭찬을 아끼고 싶지 않다. 하지만 아직은 우리의 목적에 미치지 못하는
저조한 실적임을 네가 잘 알 것이다. 오늘은 여기에 관하여 좀더 구체적인
묘안을 도출해야겠다. 우선 참모들에게 너의 임무와 실적, 앞으로의 계획
에 대하여 한 번 더 말해 주어라."

마국자는 황소뿔이 박혀 있는, 마치 코뿔소의 머리 같은 모자를 쓰고 있
었다. 그는 그 어떤 귀신들보다도 간교한 눈을 가지고 있었다. 그의 눈은
가늘고 길었으며 꼬리 부분이 위로 올라가 있었다. 그리고 뱀의 그것처럼
그의 눈동자는 쉬지않고 깜박거렸다. 눈에 비하여 그의 체격은 무시무시하
게 컸다. 그리고 팔목에는 짐승들처럼 털이 수북하게 나있었다. 그는 마왕

과 참모들을 한 번 빙 둘러보고는 입을 열었다.

"여러분들도 알다시피 제 임무는 사람을 자살시키는 것입니다. 특별히 우리 제국에 도전하여 감히 깝죽거리며 날뛰는, 기독교의 세력이 확장되는 곳에서 이 임무를 적극적으로 수행하는 것이 우리의 주된 임무입니다. 우리들은 이 일을 통하여 예수 나라의 확장을 간접적으로 저지하는 목적을 가지고 있습니다. 여러분들도 잘 아시지만 예수를 믿는 개인이나 나라는 복을 받습니다. 우리들을 예수의 피로 인하여 접근하지 못하게 함으로 기독교도들은 질병으로부터 해방되고, 우리의 공격을 피하게 됨으로 영혼의 자유를 얻습니다. 그런 마음으로 매사에 임함으로 직장과 사업이 잘 되는 복을 받습니다. 그리고 천국으로 가게 되는 특권도 얻게 됩니다. 기독교인들이 이런 모습을 보이면 교회들은 계속 부흥됩니다. 우리들은 바로 이러한 기독교 사회의 평화와 축복의 흐름을 차단하는 방법으로 사람들을 자살시키는 일을 합니다. 우리들이 공작하여 그 사회에 자살자가 계속 늘어나면 평화와 축복, 영생으로 고무되던 사회 분위기가 허무나 절망, 죽음과 지옥으로 바뀝니다. 인간들은 언제나 눈앞의 것에 관심이 있습니다. 몸에 부딪치는 사건에 마음이 흔들립니다. 우리들은 바로 이러한 인간의 약점을 최대한 이용하는 것입니다. 우리의 모사를 총동원하여 사람들을 계속 자살시켜 나갈 때 이제까지 지속되던 기독교의 긍정적이고 고무적인 분위기는 자연스럽게 균열을 가져옵니다. 이것은 틀림없는 것으로 우리들은 이미 실제적인 실험을 통해 큰 성과를 거두었습니다. 저 초대교회와 로마교회, 유럽교회, 미국교회들이 자체의 부패로 흔들거릴 때 우리들은 이 자살을 통하여 저들의 측면을 공격해 성공했습니다. 그 사회에 자살자가 많아지면 그 사회의 구성원들은 기독교의 작은 실수에도 민감한 반응을 보입니다. 이를테면, 너희들이 평안한 인생, 행복한 인생을 전한다고 까부는데 이 사회는 왜 이렇게 어둡고, 춥고, 가치가 없고 허망한 것인지 어디 해명을 좀 해보라는 강력한 반발심을 불신자들에게 심어주는 것입니다. 이렇게 되면 인간들은 작은 실패에도 어두움을 느끼고 절망하게 되는 것입니다. 한마디로 인생이라는 것을 하찮은 것으로, 아주 보잘 것 없는 것으로 인식시키는 사회 분위기를 만드는 것입니다. 그 사회 구성원들의 잦은 자살은 우리들이 추구하는 허무와 절망, 지옥의 검은 그림자를 인간들에게 더욱 짙게 느끼도록 해 주는 것입니다. 우린 지금 대한민국이라는 나라에서 이 일을 아주 효과적으로 수행하고 있습니다. 저 대한민국 땅에서, 아니 저 세상에서 기독교가 영원히 사라지도록 자살자들을 더 많이 만들어내야 할 것입니다. 우리들은 이 일을 위하여 밤낮을 가리지 않고 열심히 일하고 있습니다. 여러 참모님들의 더 큰 협조를 바랍니다."

마왕이 먼저 박수를 치자 다른 참모들도 박수를 쳤다. 마왕은 상당히 흡족한 표정을 지었으나 그는 다분히 차가운 어조로 마국자를 향하여 말했다.

"마국자, 너의 지략과 노력의 성과를 높이 사 주겠다. 하지만 대한민국의 하루 평균 자살자는 아직도 우리의 기준치에 이르지 못하고 있다. 지금의 배로 그 수치를 올리기 바란다. 그리고 저 유럽과 다른 나라들은 왜 이렇게 자살 비율이 낮아지고 있는가? 우리들은 계속해서 인간들을 자살시켜야 한다. 인간들이 인생을 큰 의미가 없는 불행한 몸부림으로 확고히 믿도록 철저히 인식시켜야 한단 말이다. 그리고 그들에게 두려움을 심어 주어야 한단 말이다. 그래야만 저들이 우리들이 만들어 놓은 각종 우상을 숭배할 것이고, 우리들은 더욱 안전하게 저들의 생명을 우리들의 것으로 확보하는 것이다. 그런데 지금 대한민국을 제외하곤 다른 나라들의 자살 비율이 높지 않아요. 이것은 저들에게 천국의 환상을 심어 줄 빌미가 될 수 있단 말이야. 인간들은 먹고 마시고 배부르면 음란과 쾌락을 추구하게 돼. 그러다가 실패하면 인생을 깊게 생각하고 최후엔 예수를 붙드는 경우가 많아.

그러므로 어떤 나라의 영혼들을 막론하고 자살을 많이 하도록 유도해야 하는 거야. 내가 이걸 너에게 이미 많이 교육시켰는데도 자꾸 망각하다니. 정신 차려야겠다. 마국자, 내 말 잘 알았는가?"

"잘 알겠습니다 대왕 각하!"

마국자는 다분히 두려운 어조로 대답했다.

"마국자, 더 많은 사람들을 자살시킬 수 있는 우리의 특수요원들을 훈련시키길 바란다. 지금의 숫자로는 전 세계를 대상으로 임무를 감당하기엔 역부족이야. 다른 군대의 장관들과 의논하여 앞으로 더 많은 요원들을 양성하라. 알겠나?"

"네 각하!"

"자살을 통하여 대한민국의 영혼들을 집중적으로 공격하는 일은 앞으로도 계속하기 바란다. 지금 사용하는 방법들이 아주 좋아. 그러나 좀더 기막힌 아이디어들을 만들어 내야 돼. 그래야만 지금보다도 훨씬 더 많은 자살자들을 만들어낼 수 있어. 그리고 경계할 게 있다. 그건 지금 이 문제를 놓고 기도하는 기독교도들이 늘어난다는 사실이다. 안 그러냐 마국지?"

마왕은 마국지를 향하여 물었다. 마국지는 자리에서 일어났다.

"맞습니다 각하. 지금 한국에는 점점 더 많은 종들이 자살시키는 우리 용사들을 묶는 기도를 하고 있습니다. 처음부터 우리의 정체를 알고 있는 이들도 있었지만 저들이 세미나와 설교 등 여러 경로를 통하여 우리 용사들의 활동 상황을 알아 기도를 하고 있습니다. 하지만 염려하지 마십시오 각하. 이 문제를 놓고 기도하는 이들은 아직은 소수에 불과합니다. 앞으로 크게 많아질 확률은 희박합니다. 특별한 이변이 없는 한 한국의 기독교도 우리에게 당한 이전의 나라들처럼 넘어지고 말 것입니다. 우리의 톱질이 한국의 기독교라는 저 쓸모없는 나무를 완전히 베어 넘어뜨릴 날도 멀지 않았습니다. 각하, 저는 그것을 분명히 믿고 있습니다."

"쿠하하하~"

마왕이 갑자기 입을 크게 벌리고 큰 소리로 웃었다. 마귀제국의 참모들은 깜짝 놀랐다. 마왕의 이 갑작스러운 웃음소리에 마귀제국의 참모들은 또 무슨 일이 일어나지는 않았나 하고 서로를 보면서 주위를 둘러보았다.

"쿠핫핫~ 역시 마국지는 내 마음을 후련하게 해 준단 말이야! 암암, 대한민국의 기독교라고 별수 있겠나. 저들도 이미 우리의 손안에 들어온 거야. 새벽기도가 있다고 해도 그거 역시 제 풀에 지쳐서 그쳐질 날이 멀지 않았지. 이미 대한민국의 교회 안에는 어린 아이들이 없어지고 있지 않나. 소년들이 없어지고 있지 않나. 저 큰 예배당들이 텅텅 비워질 날이 멀지 않았지. 세월이 약이야. 세월만 흐르면 되는 거야. 암암, 쿠하하하~ 쿠하하하~"

마왕은 이번엔 마국아수를 불렀다.

"마국아수!"

"네 각하!"

"넌 한국의 교회들이 다음 세대에 복음을 전하는 일을 지금처럼 계속 막아야 한다. 교회들이 어린이나 소년들, 청년 전도에 관심을 갖지 않고 헛된 것들에 관심을 갖도록 계속 유도해야 돼. 알았나?"

"네 각하!"

"네가 지금 그걸 아주 잘하고 있다. 그건 정말 칭찬해 줄 만한 일이야. 교세가 있는 목사들이 방송선교니, 문서선교니, 해외 선교니 하면서, 또 큰 예배당을 지으면서 계속 자기들의 이름을 알리고 쾌락을 쫓는 일에 헌금을 쏟아 붓도록 해야 돼. 물론 계속 여행도 하도록 부추겨야 해. 나는 목회에 성공했다는 자부심을 심어 주면서 세속의 즐거움에 푹 빠지도록 하란 말이야. 자기의 욕망이 끌리는 곳에 돈을 쓰고 정력을 허비하도록 유도하란 말이야. 절대로 어린 영혼과 소년소녀들, 청년들의 구원에 돈을 쓰게 하면 안 돼. 알겠나?"

127

"네 각하! 염려 마십시오. 제가 누구입니까. 그런 계교만 생각하면서 살아온 각하의 충신 아닙니까. 한국의 교세 있는 교회들이 어린 영혼이나 소년들, 청년들에게 돈을 투자하는 일을 제 생명을 걸고 막겠습니다. 솔직히 지상에 존재하였던 모든 교회들이 저의 그런 노력 때문에 대가 끊기고 문을 닫았지 않았겠습니까."

마국아수의 이 말에 다른 참모들이 다분히 '이건 뭐야' 하는 눈빛으로 서로를 보았다. 마왕도 마국아수를 노려보면서 말했다.

"마국아수, 넌 내가 좀 밀어주면 금방 넘쳐요. 그게 너의 큰 문제예요. 세상 교회들이 문을 닫은 건 너의 노력만을 통해서가 아니에요. 여기 있는 우리 공중제국 모든 용사들의 생명을 건 투혼 때문이야! 알겠나?"

"네 각하!"

"당장 다른 참모들에게 사과해라!"

"네 각하!"

마국아수는 순간적으로 아주 기분 나쁜 표정을 지었다. 마왕이 여러 참모들 앞에서 자신에게 모욕을 주었다는 사실이 견딜 수 없을 만큼 분노를 솟구치게 했다. 너무 기분이 나빠 일순간 어찌 할 줄을 몰랐다. 하지만 곧 얼굴 표정을 고쳤다. 그리고는 참모들을 보았다. 그는 떨떠름한 어조로 말했다.

"대단히 죄송합니다. 제가 우리 공중 대제국의 위대하신 참모님들 앞에서 큰 실수를 했습니다. 부디 넓은 마음으로 용서해 주시기 바랍니다."

마왕은 마국아수를 매서운 눈으로 노려보았다. 그리고 참모들을 둘러보면서 말했다.

"너희들도 잘 들어라. 우리 공중 대제국은 어떤 한 존재에 의하여 유지되는 게 아니다. 또 어느 한 존재를 위하여 있는 것도 아니다. 우리 모두에 의하여, 우리 모두를 위하여, 아니 저 세상에 내려가 제국을 위해 일하는 수많은 우리의 전사들을 위하여 존재하는 것이다. 그러므로 내 앞에서, 여러 참모들 앞에서 잘난 체하는 자들이나, 거드름을 피우는 자들은 용서하지 않는다. 알겠나?"

"네 각하!"

참모들은 바짝 기합이 들어서 대답했다. 하지만 마왕의 이 말을 진실이라고 믿는 귀신들은 하나도 없었다. 사실 이 마귀제국은 마왕 그 자신을 위하여 존재하는 제국이었기 때문이다. 마왕은 그 자신의 특권과 권세 이외에는 아무 것도 인정하지 않았다. 어떤 귀신도 마왕의 독단과 독재에 항거할 수 없었다. 마왕은 공중제국의 황제요 법이었다. 참모들은 그러한 마왕의 제국을 위해 그저 죽도록 충성하는 존재들에 불과하였다. 여기에 모인 참모들은 그것을 너무나 잘 알고 있었다. 하나님을 대적한 후 천국에서 쫓겨난 마왕은 언제나 처음처럼 무서운 독선과 아집으로, 거짓과 살인을 밥 먹듯 하면서 그 자신의 제국을 통치하고 있었다. 만약 누군가가 반역의 기미를 보이면 가차없이 제거해 버렸다. 참모들은 이제까지 그것을 보아왔다. 그러므로 마왕이 이 공중제국을 우리 모두의 것이라고 말할 때엔 속으로 콧방귀를 뀌었다. 하지만 겉으로는 전혀 그런 내색을 보이지 않고 모두다 충성을 맹세할 뿐이었다. 안에 있는 진짜 생각을 겉으로 보였다가 발각되는 날엔 영원히 사라지는 운명을 맞이할 것이기 때문이었다.

마왕은 금방이라도 먹이를 삼킬 것 같은 맹수의 눈빛으로 참모들의 면면을 훑었다. 그 시퍼런 안광이 귀신들의 눈빛과 마주치는 순간 그 귀신들은 간이 콩알만큼 작아졌다. 혹시 자기의 속마음이 들키지는 않았나 하는 생각 때문이었다. 마왕은 참모들의 얼굴을 한 번 쭉 훑어보고는 말했다.

"우리들에겐 그 어느 때보다도 단결이 필요하다. 마음이 하나가 되어야 해. 너희들도 알다시피 예수가 퍼뜨린 거짓말을 저 망할 사도들이라는 것들이 기록으로 남겨 놓았다. 지가 다시 이 땅에 와서 우리의 이 제국을 없애

버리고, 아니 세상을 몽땅 없애 버리고 새롭게 하는 그 날이 온다고 퍼뜨린 그 거짓말을 그의 추종자들이 기록하여 성경이라는 것을 만들어 놓았다. 그리고 이 성경이라는 것을 믿는 어리석은 자들이 교회라는 골칫 덩어리를 만들어 놓았다. 더욱 큰 문제는 예수가 했던 그 말들이 마치 진짜인 것처럼 이 세상 형편이 돌아가고 있다는 것이다. 자연이 지금 그런 모습을 보이고 있다는 것이야. 처처에 기근과 지진이 생기는 등 기상 이변으로 인한 자연의 재앙이 자주 나타나고 있어. 또 나라와 나라가 충돌하고, 인간들의 마음 속에서 사랑이 식어지고 있다. 이런 현상들은 모두 다 우리 전사들의 생명을 건 투쟁으로 인해 생기는 것들이야. 우리가 알거니와 예수의 말들은 믿을 만한 일고의 가치도 없는 말들이다. 그럼에도 불구하고 세상 형편이 이러하니 저 어리석은 인간들이 피부에 닿는 세상의 모습을 보고 마음이 흔들릴 거 아냐. 우린 지금 이런 어려운 시점에 직면해 있어. 우린 우리의 이 위대한 제국을 지키고, 번영시키고, 우리의 제국을 더욱 견고하게 하기 위하여 인간들의 마음을 우리의 의도대로 끌고 가야 돼. 예수의 말은 그 어느 것 하나 신빙성이 없는 허망한 낭설임을 인간들에게 주입시켜야 해. 만약 이 중요한 시점에서 우리들 안에서 분열이 있다면 어떻게 되겠나. 우리의 과업에는 큰 차질이 생기고, 말세 운운 하면서 떠드는 인간들에게 더 많은 인간들이 귀를 기울이게 되는 거 불 보듯 뻔하지 않나. 다시 말해서 교회의 전도에 빌미를 제공하지 않겠나 이 말이야. 안 그러나 마국지?"

"물론입니다 각하. 각하의 말씀은 언제나 진리이시며 명언입니다. 그 통찰력과 기막힌 판단력은 하늘과 땅에서 감히 따를 자가 없을 것입니다. 각하의 말씀처럼 지금 세상의 형편은 예수가 성경에 예언한 대로 흘러가고 있는 듯한 모습을 보이고 있습니다. 각하의 말씀처럼 우리들은 이것을 경계해야 합니다. 잘못하면 우리 제국은 세상의 이러한 풍조로 인하여 예기치 않은 공격을 받을 수 있습니다. 우리들이 심어놓은 두려움으로 인해 인간들은 세상 형편이 뒤숭숭하면 예수에게로 달려가는 경향이 있기 때문입니다. 지금이 바로 그 때입니다. 그러므로 우리 제국의 참모들은 각하를 중심으로 하나가 되어야 합니다. 작은 분열이라도 있어서는 안 됩니다."

마국지의 이 말에 마왕은 다시 한 번 참모 귀신들의 얼굴들을 훑고 지나갔다. 마치 내가 너희들의 속마음을 다 안다는 그런 표정을 지으면서 쓰윽 한 번씩 살피고 지나가는 것이었다. 참모들은 자신들의 마음이 들키기라도 한 듯 마왕의 눈길이 그들의 얼굴 위를 지나갈 때엔 소름이 돋았다. 마왕은 그러한 참모들을 보면서 희미하게 웃었다. 마왕은 다시 입을 열었다.

"너희들도 알다시피 우리 공중제국은 공명정대한 제국이다. 그 자신의 능력에 의하여 지위가 주어지는 제국이다. 너희들은 하나같이 너희의 분야에서 출중한 실력을 가진 자들이다. 그러나 분명히 알 것이 있다. 너희들의 자리를 차지하기 위하여 지금 쉬지 않고 실력을 연마하는 다른 대원들이 많이 있다. 실력이 없으면 밀려나는 것이 우리 제국의 법칙이다. 너희들이 다른 대원들을 밀어내고 여기 이 자리에 있는 것처럼 너희들도 밀려날 수 있다는 것이다. 내 말 알겠나?"

"네 각하!"

마귀라고도 하고 사탄, 옛 뱀, 혹은 공중 권세 잡은 자, 시험하는 자, 꾀는 자, 리워야단, 벨리알이라고도 하는 이 타락한 천사는 아래 귀신들을 휘어잡는 법을 잘 알고 있었다. 그래서 그는 가다가 한 번씩 이런 시간을 갖는 것이었다. 참모 귀신들을 꼼짝 못하게 옭아매어 맹종하도록 하는 시간을 갖는 것이었다. 참모를 오래 한 귀신들은 마왕의 이런 의도를 잘 알고 있었다. 하지만 마왕이 이런 시간을 가질 때엔 그들도 두려워 떨었다. 왜냐하면 마왕은 자기의 기분에 따라서 본보기로 참모 하나를 무참하게 제거하는 경우가 많았기 때문이다. 이번에도 참모들은 그것을 두려워하며 마왕의 눈치를 살피는 것이었다. 마왕은 다시 한 번 좌중을 둘러보고 말했다.

"자기의 생명은 자기가 지키는 것이다! 우리 공중제국의 법칙이 그것이다!"

참모들은 아무 말이 없었다. 어서 빨리 이 시간이 지나가기만을 바라고 있을 뿐이었다. 마왕이 계속 말했다.

"인간들을 자살시켜라! 할 수만 있으면 모두가 자기 혀를 깨물고 죽도록 만들어! 알겠나?"

"네 각하!"

이 무렵 이성웅 목사는 아내 김미란 사모와 함께 병원으로 향하고 있었다. 아침 이른 시간이었다. 김미란 사모는 혼자서는 걸을 수 없을 만큼 몸의 상태가 악화되어 있었다. 그녀는 택시 안에서도 자기 몸을 가누지 못했다.

"여보, 많이 아파요?"

이목사는 자기에게 기댄 김미란 사모에게 물었다.

"네. 너무 아파요. 머리도 빙빙 도는 것 같고… 병원에 간다고 이러는지 더더욱 통증이 심한 것 같아요."

"알았어요. 조금만 참아요. 다 와 가네요."

이목사는 김미란 사모의 손을 꼭 잡고 마음으로 기도하였다.

'하나님, 이 딸을 꼭 치료해 주세요. 내가 채찍에 맞음으로 너희는 나음을 입었다고 하신 예수님의 말씀을 믿습니다. 제 아내를 꼭 고쳐 주실 줄로 믿습니다. 물론 치료비도 주실 것이고요…'

병원에 닿은 이목사는 차에서 내리자 김미란 사모를 등에 업었다. 그녀가 몸을 가누지 못했기 때문이다.

예약 시간에 맞춰서 왔기 때문에 곧 진찰실로 들어갈 수 있었다. 의사는 이목사와 김미란 사모를 정중히 맞았다.

"어서들 오세요. 기다리고 있었습니다."

"안녕하세요 선생님."

이목사가 인사를 하자 의사는 고개를 끄덕이더니 김미란 사모의 얼굴을 유심히 보았다. 그리고는 곧 손목을 잡아 맥을 짚었다. 그리고 입을 벌리게 하여 구강 상태를 보았다. 또 눈도 살펴 보았다. 그는 고개를 끄덕이더니 이목사와 김미란 사모를 보면서 말했다.

"정밀검사 결과가 나왔습니다."

김미란 사모는 애써 몸을 가눈 채 의사의 입을 주시했다. 의사는 이목사와 김미란 사모의 얼굴을 유심히 보면서 말했다.

"두 분 모두 놀라지 마십시오. 병은 말기 자궁암으로 밝혀졌습니다. 좀 더 일찍 왔어야 했는데 너무 늦게 오셨어요."

의사의 말에 이성웅 목사는 망치로 머리를 한 대 맞은 듯 순간적으로 정신이 멍 했다. 김미란 사모는 두 눈만 꿈벅거리고 있었다.

"그렇다면, 이런 경우 어떻게 해야 하지요 선생님?"

"이런 경우엔 달리 방도를 강구할 대책이 없습니다. 수술을 해야 할 시기도 지나갔기 때문입니다. 간혹 수술도 해보지만 기적이 없는 한 소용이 없습니다."

"이 사람이 지금 그런 지경에 와 있습니까?"

어이가 없다는 표정을 지으며 묻는 이목사를 보고 의사는 고개를 끄덕거렸다. 이목사는 기가 막혔다. 이제 김미란 사모가 죽는 일만 남았다는데 이 마음과 이 기분을 어떻게 표현해야 할지 몰랐다. 무언가 가슴에 꽉 차서 멍멍한데 눈물도 나오지 않았다. 의사는 어찌 할 바를 모르고 잠시 공황 상태에 있는 이성웅 목사에게 말했다.

"일단 병원에 입원시켜서 환자가 통증을 덜 느끼도록 하는 게 최선의 방법입니다. 이 정도면 환자가 큰 고통을 당하고 있을 겁니다. 어떻게 할까요? 입원 조치를 취해 줄까요?"

이 때 김미란 사모가 입을 열었다.

"아니에요 선생님. 전 입원하지 않아요. 그냥 집으로 갈 거예요."

이목사가 놀란 눈으로 김미란 사모를 보았다.

"여보…"

"내가 전에 당신에게 말했잖아요. 이런 결과가 나오면 난 기도원으로 갈 거라구요. 여보, 어서 가요. 선생님 바쁘신데."

김미란 사모가 자리에서 벌떡 일어났다. 이목사도 엉겁결에 일어났다. 김미란 사모가 의사에게 말했다.

"선생님 감사합니다. 제가 앞으로 얼마나 살지는 모르지만 사는 동안만 이라도 열심히 살아보겠습니다. 그럼 안녕히 계세요."

의사는 김미란 사모의 이러한 예기치 않은 언행에 상당히 놀란 것 같았다. 이목사도 인사를 하고 진찰실을 나오자 의사는 고개만 끄덕 하고 아무 말 없이 의자에 앉아 있었다.

병원 마당에 나온 이목사는 김미란 사모에게 물었다.

"여보, 정말 기도원으로 갈 거예요?"

김미란 사모는 이성웅 목사를 보면서 빙긋이 웃었다.

"방법이 없잖아요. 나 사형 선고 받은 거예요. 이제 하나님이 살려 주시지 않으면 천국 가는 일만 남았어요. 나 하고 싶은 대로 해 주세요. 내일이라도 곧장 기도원에 갈 거예요. 오직 주님만을 붙들고 내 남은 인생이 어떤 것인지 알아볼 거예요. 나 당신 만나서 너무 행복했어요. 난 어려서부터 우리 아버지 같은 훌륭한 목사님을 만나서 함께 목회하는 게 소원이었거든요. 그런데 당신은 우리 아버지보다도 더 훌륭한 목회자였어요. 이 말 사실이에요."

이목사는 김미란 사모의 두 손을 덥썩 잡았다.

"여보, 당신 나 만나서 지금까지 고생만 했어요… 너무 미안해요 여보.

당신 하나님이 살려 주실 거야. 꼭 살려 주실 거야. 우리 그 때 다시 한 번 멋지게 목회해요. 알았지 여보…"

김미란 사모는 고개를 끄덕이며 눈물을 흘렸다. 이 눈물을 보는 순간 이 목사의 눈에서도 이제까지 참았던 더운 눈물이 솟구쳤다. 이목사는 사람들이 오고가는 것도 개의치 않은 채 김미란 사모의 목을 끌어안았다. 그리고는 마구 울었다.

그들은 병원 마당 귀퉁이에 있는 벤치에 가 앉았다. 그리고 꼭 끌어안고 또 울었다. 그치지 않고 흐느끼는 이목사의 등을 토닥거리며 김미란 사모가 말했다.

"여보, 이제 그만 울어요. 우리의 생명은 하나님의 손에 있잖아요. 하나님께 모든 걸 맡겨요. 이제까지 그래 온 것처럼요. 여보 나 어지러워요. 빨리 집에 가요."

이목사는 김미란 사모가 어지럽다는 말을 할 때에 울음을 그쳤다. 그리고는 김미란 사모에게 물었다.

"당신 정말 입원하지 않을 거예요?"

김미란 사모는 고개를 끄덕거렸다. 그녀의 얼굴은 너무 피곤해 보였다. 이목사는 자리에서 일어나 김미란 사모를 부축하고 택시 정류소로 향했다. 날씨는 여전히 더웠다.

06.
불의 계절

사택에 들어서자 김미란 사모는 맥 없이 쓰러졌다. 이성웅 목사는 덜컥 겁이 났다. 아무리 전능하신 하나님을 믿는다고 하지만 이것은 지혜로운 처사가 아닌 것 같았다. 그래서 이성웅 목사는 김미란 사모에게 말했다.

"여보, 업혀요! 일단 병원에서 이 상황을 넘기고 기도원으로 갑시다!"

그러나 김미란 사모는 눈을 감은 채 고개를 저었다. 그리고는 말했다.

"여보, 이러지 말아요. 내 소원대로 해 줘요. 나 지금 곧 기도원으로 가고 싶어요. 가서 금식하면서 마음껏 기도하고 싶어요. 병원으로는 가지 않을 거예요. 여보, 내 뜻대로 해 주세요."

이목사는 축 늘어져 있는 아내를 보면서 긴 한숨을 내쉬었다. 아무래도 어떤 조치를 취해야지 아내를 여기에 눕혀 놓으면 안 될 것 같았다. 그래서 김미란 사모에게 물었다.

"당신이 가고 싶은 기도원 있어요?"

"딱 정해 놓은 곳은 없어요. 그렇지만 뜨거운 집회가 있는 곳으로 가고 싶어요. 내 남은 마지막 힘을 다 쏟아서 기도하고 싶어요."

"그렇다면 오산리 금식기도원으로 가야겠구만. 알았어요. 내 당장 준비하겠소. 여기에 잠깐만 누워 있어요."

이 말을 듣고 김미란 사모가 말했다.

"그곳이 좋은 곳인 줄은 알아요. 하지만 그리로 가면 거리가 너무 멀어서 당신이 너무 힘들 것 같아요. 시온산 기도원은 어때요? 도시 변두리에 있지만 거기도 괜찮다고 그러던데? 그리로 가면 당신이 오고가는데 좀더 수월할 것 같아요. 이곳에서 가까우니까요."

"그 곳이 이곳에서 좀더 가까운 건 맞아요. 그럼 그리로 갈까요? 난 그곳엔 아직 가보지 못했어요. 하지만 소문은 좋게 들렸어요. 그럼 그리로 갈까요?"

"그렇게 해요."

"알았소. 내 준비하리다."

이 때 마침 아이들이 들어오고 있었다. 이목사가 병원을 나오면서 첫째인 상준에게 동생들을 데리고 잠깐 집으로 오라고 전화를 했었다. 이목사는 아이들 셋을 자리에 앉혔다. 그리고 어머니가 지금 몸이 아파서 기도원에 가야한다고 말했다. 아들 상준이 엄마의 얼굴을 찬찬히 내려다 보더니 물었다.

"그럼 엄마는 언제쯤 내려 오셔요?"

"언제쯤?"

이목사는 얼른 대답을 못했다. 이 때 애써 몸을 일으킨 김미란 사모가 아들 상준이의 손을 잡으면서 말했다.

"좀 시간이 걸릴 거야. 그러나 너희들이 하나님께 기도를 많이, 꾸준히 하면 예상보다 더 빨리 올 수도 있어. 그러니까 아빠와 함께 매일매일 예배드리고 기도 열심히 해. 아빠 말 잘 듣고. 학교도 잘 다니고. 니가 제일 위니까 두 여동생 잘 보살피고. 알았지?"

상준이는 고개를 끄덕였다. 이목사는 자리에서 일어섰다. 김미란 사모가 말했다.

"여보 나 올라가면 일단 일주일 금식할 테니까 물병도 준비해 줘요."

"알았어요."

이목사는 얇은 이불 하나와 요, 베개, 추리닝, 수건 몇 개와 손수건, 치약, 칫솔, 볼펜과 노트, 물병, 휴지 등을 준비하였다. 그리고 찬송가가 담긴 아내의 성경도 챙겼다. 속옷과 양말은 따로 작은 가방에 담았다. 짐을 다 꾸린 이목사가 김미란 사모에게 물었다.

"지금 곧 출발해도 되겠어요?"

"그래요. 지금 즉시 가는 게 좋을 것 같아요."

"내 나가서 택시 불러오겠소."

이목사는 밖으로 나왔다. 이제 장마가 아주 물러갔는지 날씨는 굉장히 더웠다. 조금만 움직여도 몸에서 땀이 나오는 게 느껴졌다. 이목사는 도로변에 서서 택시를 기다렸다. 그러면서 아내를 생각했다. 말기 자궁암이라는 말이 머리속에서 빙빙 돌았다. 아무 것도 실감나지 않았다. 아내가 죽을 병에 걸렸다는 것은 더더욱 믿어지지 않았다. 그러나 뭔가 분명한 것이 자신에게 다가왔음은 틀림없었다. "주여!" 그는 한숨을 내어뱉듯 주님을 불렀다. 이 때 빈 택시 한 대가 달려오고 있었다. 이목사는 택시를 세웠다. 기사에게 상황을 이야기했다. 기사는 기다리겠으니 환자를 빨리 데려오라고 했다. 이목사는 사택으로 달려가 김미란 사모를 업고 왔다. 그리고는 택시에 태우고 자기도 옆 좌석에 앉았다. 기사는 네비게이션에 주소를 찍더니 시온산 기도원을 향하여 곧 출발하였다. 시온산 기도원은 경기도의 한 도시에 속한 산 아래에 있었다. 네비게이션에 나타나는 거리로는 이목사가 사역하고 있는 서울의 변두리 동네에서 그곳까지 가는데 한 시간 정도가 소요되는 거리였다.

김미란 사모는 눈을 감은 채 이목사에게 기대어 가끔 *끄응-* 하는 소리를 냈다. 그것은 통증이 느껴질 때 토해내는 신음이었다. 이목사가 김미란 사모의 얼굴을 보니 김미란 사모의 이마에 식은 땀이 송송히 배어 있었다. 이목사는 김미란 사모의 손을 꼭 잡으면서 물었다.

"여보, 괜찮겠어요? 이대로 기도원으로 가도 되겠어요?"

"네. 괜찮아요. 기도원으로 가요. 나 견딜 수 있어요. 염려 말아요."

"알았소."

이목사는 입을 굳게 다물었다. 아무래도 이 상황에서는 이목사 자신에게 어떤 결단이 필요할 것 같았다. 주님께 모든 것을 맡기는, 생명까지도 온전히 드리는 그 결단이, 목회의 길을 결정할 때처럼 다시 한 번 필요한 것 같았다. 그래서 이목사는 지그시 눈을 감고 기도하였다. '전능하시고 자비로우신 아버지 하나님, 참으로 감사합니다. 김미란 사모에게 맡기암을 주심으로 이제 우리가 다시 한 번 헌신을 다짐하게 하심을 감사 드립니다. 우리의 인생, 우리의 사역을 다시 한번 성삼위 하나님께 드립니다. 주께서 김미란 사모의 생명을 친히 주관하시리라 믿습니다. 저희들은 어떠한 상황이 오더라도 순종하겠사오니 기왕이면 이 딸을 치료해 주옵소서. 살려 주옵소서…'

서울의 예배당에서 출발한 지 오십 분 정도가 지났을 때 택시는 시온산 기도원 마당으로 들어섰다. 소나무가 많은 야산 아래에 자리한 시온산 기도원은 아주 깨끗한 인상을 주었다. 집회하는 장소인 예배당을 중심으로 여기저기에 숙박 시설과 편의 시설이 지어져 있었다. 지금은 열 시에 시작된 예배가 진행 중이어서 밖엔 아무도 없었다. 이목사는 기사를 보내고 김미란 사모를 업었다. 그런데 짐을 들 수가 없어서 어떻게 해야 하나 생각했다. 바로 이 때였다. 주위에 아무도 없었던 것 같았는데, 언제 어느 쪽에서 곁으로 왔는지 나이가 좀 들어보이는 여인이 이목사에게 말했다.

"짐 때문에 그러시는 것 같은데 제가 들어다 드릴게요. 집회하는 본당으로 가실 거죠?"

"아! 네 그렇습니다. 이거 너무 감사합니다."

그 여인은 이목사와 이목사 등에 업힌 김미란 사모를 보더니 물었다.

"사모님이 많이 아프신가 봐요?"

"네. 몸이 많이 좋지 않습니다."

그녀는 고개를 끄덕였다. 그리고는 짐을 들더니 앞장서서 걷기 시작했다. 예배당 문을 열자 메스꺼운 땀 냄새가 훅 끼쳐왔다. 예배당 안은 수많은 사람들이 모여 있었다. 여기저기 누워 있는 사람들도 보였다. 강사가 목청을 높여서 말씀을 전하고 있었다. 마침 예배가 거의 끝나가는 시간이었다. 강사가 모인 무리들에게 모두 다 겸손히 무릎을 꿇으라고 말했다. 그리고 이제까지 자신들이 지은 죄를 솔직하게 회개하는 기도를 하라고 말했다. 그러면 하나님은 분명히 놀라운 치유의 기적을 보이실 것이라고 말했다. 사람들이 무릎을 꿇었다. 이 때 짐을 들어준 여인이 이목사를 보면서 물었다.

"아무래도 강대상 근처로 가야겠지요? 자리도 중요하거든요."

"그럼요. 그렇게 하도록 하겠습니다."

"알겠어요. 제가 사람들을 밀치고 자리 하나를 마련해 볼게요. 따라오세요."

이목사는 그녀를 따라서 강대상 근처로 갔다. 그녀는 강대상 정면에서 5미터 정도 떨어진 곳까지 비집고 가더니 마침 무릎을 꿇고 있는 사람들에게 말했다.

"여기 다 죽어가는 사람 한 분 옵니다. 조금씩만 양보합시다. 미안합니다. 조금씩만 양보해 주세요."

결국 김미란 사모는 강대상 정면에 누울 수 있었다. 길을 인도한 여인은 이목사에게 꾸벅 인사를 한 다음 급히 사람들 틈을 빠져나갔다. 이목사는 무릎을 끊었다. 김미란 사모가 자기도 일어나게 해 달라고 말했다. 그래서 이목사는 김미란 사모를 어렵게 앉혔다. 기도가 시작되었다. 뜨거운 기도가 예배당 안을 가득 메웠다. 피아노 반주와 기도소리가 하모니를 이루며 예배당 안은 뜨거운 불구덩이처럼 변하였다. 이목사도 두 손을 번쩍 들고 목청껏 주 하나님을 불렀다. 김미란 사모는 조용히 흐느껴 울기 시작했다. 피아노 반주가 그치자 잠시 기도 소리도 잦아들었다. 이 때 강사의 카랑카랑한 목소리가 예배당 안을 울렸다.

"이제, 보혜사 성령님이 본격적으로 역사하십니다. 우리 주 예수님이 흘리신 십자가의 보혈이 이 자리에 흐릅니다. 내가 채찍에 맞음으로 너희는 나음을 입었다고 하신 그 붉은 피의 권세가 강하게 역사하십니다. 내 영혼과 육신을 치료해 달라고 다시 한 번 부르짖어 기도합시다. 오늘 놀라운 치료의 역사가 나타날 줄 믿습니다. 기도합시다. 간절히 간절히 부르짖어 기도합시다…"

또 다시 뜨거운 기도의 불꽃들이 타오르기 시작하였다. 여기저기서 비명을 지르는 소리가 들렸다. 이목사 바로 옆자리에서도 한 여인이 악 소리를 내더니 방언이 터져서 주체를 하지 못했다. 그녀는 무릎을 끊은 채로 몸을 이리저리 비비고 다녔다. 제정신이 아니었다. 성령의 불을 받은 것이다. 기도는 계속 이어졌다. 강사는 여기저기로 다니면서 안수를 했다. 그의 목소리가 얼마나 큰지 아우성으로 가득 찬 예배당 안인데도 쩡쩡 울리며 분명히 들려오는 것이었다.

"나사렛 예수의 이름으로 명하노니 이 사악한 원수 마귀 더러운 귀신들아, 묶임을 받고 떠나갈지어다! 떠나갈지어다! 몸을 병들게 하고 인생을 파탄나게 하는 이 악한 원수 마귀야, 더러운 귀신들아, 나사렛 예수의 이름으로 명하노니 묶임을 받을지어다! 예수의 이름으로 명하노니 꽁꽁 묶임을 받을지어다!"

이목사도 두 손을 들고 땀을 뻘뻘 흘리며 기도하였다. 흐느껴 울던 김미란 사모도 목소리를 높여 기도를 시작하였다. 그녀의 기도는 참으로 처절한 것이었다. 이 목소리를 들었는지 강사가 그녀에게 왔다. 강사는 김미란 사모의 머리에 손을 얹더니 기도를 시작했다.

"이 악한 병마의 세력아, 잔인하고 사악한 마귀야, 더러운 귀신들아, 이 딸을 시험하는 추악한 영들아, 예수의 이름으로 명하노니 묶임을 받을지어다! 꽁꽁 묶임을 받을지어다! 오 우리 아버지 하나님, 이 딸의 생명을 연장시키시옵소서! 연장시키시옵소서! 믿습니다! 믿습니다! 할렐루야! 할렐루야!"

강사가 손을 거두고 지나가자 김미란 사모는 픽 쓰러져버렸다. 이목사는 기분이 이상하여 눈을 떴다. 김미란 사모가 축 늘어져서 숨을 헐떡이고 있었다. 이목사는 그녀의 몸을 흔들었다.

"여보, 여보, 정신 차려요!"

이목사가 몸을 흔들며 말하자 그녀가 어렵게 눈을 떴다. 그리고는 희미한 어조로 말했다.

"여보, 염려 마요. 내가 죽든지 살든지 염려 마요. 내 마음은 평안해요. 지금 너무 편해요. 나 가만 놔둬요. 여보…"

그녀는 다시 눈을 감았다. 이목사는 그녀의 손을 잡았다. 그녀의 체온이 느껴지자 뜨거운 눈물이 솟아올라 주르르 볼을 타고 내렸다. 기도는 계속 이어졌다. 강사는 여러 번 피아노 소리를 멈추게 하고 기도의 줄을 계속 당겼다. 모든 힘이 소진될 때까지 기도를 시켰다.

사방이 잠잠해질 무렵 시계를 보니 열두 시가 넘어 있었다. 강사는 한 시간을 설교하고 한 시간 이상을 계속 기도만 시킨 것이었다. 정말이지 기도가 무엇인 줄을 아는 능력 있는 부흥사였다. 아니 하나님의 마음을 움직이는 치료자였다. 이목사는 이 곳에 오자마자 이런 놀라운 영적 집회를 체험한 것이 아주 기뻤다. 그리고 이처럼 보혜사 성령님의 역사를 갈망하는 강사의 중심을 알게 되자 이 기도원이 마음에 들었다. 아내는 여전히 생명이 떠나버린 사람처럼 축 늘어져 있었다. 자세히 보니 그녀는 잠이 들어 있었다. 이목사는 이불을 싸맨 보자기의 매듭을 풀었다. 그리고는 요를 내어 깔았다. 그리고 아내의 몸을 조심히 안아서 요 위에 뉘었다. 그리고는 이불을 덮어 주었다. 주위를 돌아보니 예배당 여기저기에 사람들이 누워 있었다. 김미란 사모처럼 깊은 병이 들어서 고치러 온 사람들이 분명했다. 많지는 않았지만 여기저기 무릎을 꿇고 앉아서 기도하는 사람들도 있었다. 이목사는 자리에서 일어났다. 밖으로 나오니 산골의 맑은 바람이 폐부로 들어왔다. 상쾌한 느낌이 들었다. 그러나 여름 한낮의 무더위가 서서히 땅과 하늘의 공간을 데우고 있음도 느끼게 되었다. 이제 본격적으로 삼복더위가 시작되는 계절이었다.

이목사는 물병을 든 사람들이 오고가는 것을 보고 다시 예배당으로 들어왔다. 그리고는 가방에서 물통을 꺼냈다. 물통을 들고 다시 밖으로 나와 물통을 들고 가는 사람들의 뒤를 따라갔다. 집회 장소에서 백여 미터 떨어진 곳에 수도 꼭지가 수십 개 설치된 식수 공급 장소가 있었다. 입구에는 판자로 만든 팻말이 있었다. 그 팻말에는 '실로암'이라고 적혀 있었다. 많은 사람들이 와서 물통에 물을 받아서 가지고 갔다. 이목사도 물을 조금 받아 물통을 한 번 헹군 다음 그것을 버리고 다시 병에 물을 가득 받았다. 그리고는 자신도 몇 모금 마셨다. 물이 차고 맛이 싸한 게 속이 시원했다. 물을 받아 나오면서 보니 실로암이라고 쓴 팻말 뒷부분에 다음과 같은 말이 작은 글씨로 쓰여 있었다.

"이 물은 보혜사 성령님의 지시를 따라 암반을 뚫어서 솟아오르게 한 지하수입니다. 물을 낭비하지 맙시다. 금식하시는 분들은 가급적이면 꼭 이 물을 사용하시기 바랍니다. 이 곳에 와서 세수를 하거나 빨래를 하면 안 됩니다. 세수나 빨래는 아래 개울가에 설치된 세면장에서 하시기 바랍니다.”

이목사는 고개를 끄덕이고는 예배당으로 들어왔다. 아내 곁에 오니 김미란 사모가 눈을 뜨고 천정을 응시하고 있었다. 그녀는 이목사가 곁으로 오자 몸을 일으키려고 했다. 그러나 이목사가 말렸다.

“여보, 무리하지 마요. 그냥 누워 있어요.”

이 말에 김미란 사모는 다시 자리에 누웠다. 그리고는 물었다.

“물 떠온 거예요?”

“응. 물맛이 아주 시원하고 좋은데. 당신도 좀 마셔보지.”

“그래요. 한 컵 줘요.”

“그러지.”

이목사가 컵을 꺼내는 동안 김미란 사모는 다시 몸을 일으키고자 시도하였다. 컵을 꺼낸 이목사가 김미란 사모의 상체를 안고 일으켰다. 그녀는 앉게 되자 긴 숨을 토해냈다. 그리고는 이목사가 따라 준 물을 꿀꺽꿀꺽 마셨다. 그녀는 두 컵을 금방 마셨다.

“속이 시원해요. 지하수인가 봐요?”

“기도 중에 보혜사 성령님이 파라고 해서 판 우물인가 봐. 금식하는 분들은 꼭 이 물을 마시라고 하더군.”

“우물가까지 여기서 얼마나 돼요?”

“백 미터 정도. 앞으로 당신도 이 물을 마셔요.”

“네. 참, 나 일단 일주일 금식할 거예요. 견딜 만하면 다니엘 금식을 할 거예요.”

“이십 일일 동안이나 금식을 하겠다고? 이 몸으로?”

김미란 사모는 고개를 끄덕였다.

“너무 염려 말아요. 어차피 세상에서는 못 고치는 병이에요. 이사야서 오십팔 장을 붙들고 최선을 다하여 기도해볼 거예요. 그러니 너무 걱정 말고 기도나 많이 해 줘요. 그리고 내 염려는 말고 아이들과 교회 잘 돌보아요. 핸드폰 있으니까 문제 생기면 전화할게요."

"알겠소. 내 최선을 다하여 집과 아이들을 돌보고 교회도 잘 지킬 테니까 집과 교회에 관해서는 염려 말고 열심히 기도해요. 시간 나는 대로 자주 올라오겠지만 조금이라도 불편한 게 있으면 즉시 전화해요."

김미란 사모는 고개를 끄덕였다. 이 때였다. 이들 곁으로 누군가가 걸어왔다. 이목사가 그 사람을 올려다보니 여자였다. 자세히 보니 그녀는 이 곳에 도착했을 때 짐을 들어다 준 바로 그 여자였다. 그녀는 빙긋이 웃으면서 이들 곁에 앉았다. 이목사가 고개를 숙여 인사를 했다.

"안녕하세요. 아까는 정말 고마웠습니다. 짐도 들어다 주시고 이렇게 좋은 자리도 잡아 주시고. 집사님이세요?"

"저요? 권사예요. 엉터리 권사."

이목사가 웃으면서 이 말을 받았다.

"엉터리 권사님 같지는 않은데요. 전 이성웅 목사입니다. 이 사람은 제 아내 김미란 사모이고요. 여보, 인사해. 아까 우리들이 기도원에 도착했을 때 우리들의 짐을 들어다 주시고 이 자리를 잡아 주신 권사님이에요."

김미란 사모가 빙긋이 웃으면서 고개를 숙였다.

"목사님 부부인 줄 알았어요. 그런데, 사모님 몸이 너무 안 좋아 보이시네요. 무슨 병이에요?"

"말기 암이에요. 말기 자궁암."

이목사가 대답했다. 그러자 그녀는 고개를 끄덕이면서 말했다.

"기도 많이 하세요. 이 곳에서는 말기 암 같은 병은 금방 고치데요. 영혼의 병을 못 고쳐서 그렇지."

"암 환자들이 많이 고침 받아요?"

"네. 하지만 영혼의 병은 고치기 힘든가 봐요."

"영혼의 병이라면?"

이목사는 이 권사의 말을 얼른 이해할 수 없어서 그녀의 얼굴을 살피면서 물었다. 그러자 그녀는 다분히 자조적인 어조로 말했다.

"교만 같은 거 있잖아요. 이 병은 이 기도원에서도 잘 못 고치는 것 같아요."

"아, 교만이요! 그래서 영혼의 병이라 하셨군요. 여기에 같이 오신 분 중에 그런 분이 있습니까?"

"네. 제가 바로 그 장본인이에요. 제가 바로 그 몹쓸 교만병에 걸린 인간이에요. 한참 있으셔야겠네요. 말기 암이니까."

"아마 그럴 것 같습니다. 권사님은 여기에 오신 지 얼마나 되셨습니까?"

"몇 주일 되었어요. 그런데 아직 은혜를 받지 못했어요. 너무 병자 위주로 설교를 해서 저 같이 건강한 사람은 앉아 있기가 그래요. 그래서 아까도 혼자 기도 굴에 있다가 나온 거예요."

"그러셨군요. 여하튼 아까는 너무 고마웠습니다. 은혜를 뭘로 갚아야 할지…"

"은혜는요. 그런 게 은혜면 세상에 은혜 아닌 게 없겠네요. 목사님 교회는 서울에 있나요?"

"네. 서울 변두리에 있습니다. 작은 개척교회예요."

이 말에 이 권사는 이목사의 얼굴을 한 번 뚫어지게 들여다보더니 또 물었다.

"개척하신 지 얼마나 되셨는데요?"

"꽤 됐어요. 그런데도 개척교회를 벗어나지 못하고 있습니다. 하나님 앞에서 부끄러울 뿐입니다. 아내는 이렇게 병들고…"

"오 년 넘었어요?"

"네."

권사는 무엇을 생각하는지 고개를 끄덕이면서 김미란 사모를 보았다. 그리고는 말했다.

　"저는 나연희 권사예요. 목사님은 금방 내려가셔야겠네요. 개척교회이면 교회며 집안이며 돌보아 줄 사람이 없을 테니까요."

　"네. 그렇습니다. 애들도 아직 어려서 제가 가서 치다꺼리를 해 주어야 하거든요. 성도님들이 몇 분 안 되지만 그 분들도 돌보아야 하고요."

　"그러실 거예요. 제가 여기에 얼마 동안 있을지는 모르지만 왔다갔다 하면서 사모님도 좀 보살필게요. 큰 도움이 될지 안 될지는 모르지만 말예요."

　"그렇게 해 주신다면 정말 고맙겠습니다. 괜히 귀찮게 해 드리게 된 것 같아 너무 죄송합니다."

　"저는 기도 굴에 들어가서 기도를 해요. 올라 올 때는 하루 네 번 있는 집회에 꼭꼭 참석하리라 생각했는데, 와서 보니 아까 말씀 드린 대로 대부분의 목사님들이 병자들 위주로 설교를 해요. 그래서 그냥 기도 굴 하나 정해 놓고 거기 들어가서 온 종일 기도만 해요. 가끔 바람 쐬러 나오고 식사 때가 되면 식사하러 나와요."

　"권사님도 병이 있다고 하셨잖아요."

　이목사의 말에 나권사는 이해할 수 없다는 표정을 지으며 말했다.

　"제 몸엔 아무 병도 없어요. 전 건강해요. 모든 게 정상이에요."

　"아까 영혼의 병이 있다고 하셨잖아요. 교만병 말예요."

　"그건 육체의 질병이 아니잖아요?"

　"영혼의 병이나 육체의 병이나 병은 똑같아요. 아니 영혼의 병이 더 치명적이죠. 제 생각엔 권사님도 예배에 참석하는 게 좋을 것 같아요. 영혼의 병이야말로 하나님의 말씀으로만 치료할 수 있으니까요. 권사님, 제 아내 곁에서 함께 예배를 드려 주세요. 제 마음에 지금 막 꼭 그랬으면 하는 영감

147

06. 불의 계절

이 스치네요."

이 말에 나권사는 이목사의 얼굴을 아까와 같이 또 한 번 주시했다. 그러더니 묻지도 않은 말을 했다.

"아까 열 시 예배가 시작되자 저는 전처럼 다시 기도 굴에 가서 기도를 하는데, 깜박 잠이 들었어요. 그런데 누군가가 제 등허리를 툭툭 치면서 '깨어나라 나권사야! 깨어나라 나권사야! 깨어나라 나권사야!' 이렇게 세 번을 말하는 거예요. 그래서 깜짝 놀라 눈을 뜨고 뒤를 돌아보니 아무도 없는 거예요. 분명히 누군가가 들어와 제 등을 툭툭 쳤는데 아무도 없는 거예요. 너무나 이상하고 좀 두려운 마음이 드는 거예요. 그래서 기도 굴을 나와 예배당 근처로 왔는데 마침 목사님을 태우고 온 택시가 멈추더라고요. 그리고 목사님이 사모님을 부축하고 차에서 내렸어요. 그래서 제가 달려갔던 거예요. 오늘 참 이상한 날이에요. 제 마음이 전 같지 않거든요."

이목사가 빙그레 웃으면서 말했다.

"권사님, 오늘 그 기도 굴에서 주님의 음성을 똑똑히 들으셨네요."

"그 분이 주님이셨을까요? 제 등을 친 그 분이?"

나권사는 크게 놀란 듯 아주 궁금한 표정을 지으며 진지하게 묻는 것이었다.

"주님이 아니시면 권사님이 기도하시는 그 굴에 누가 그렇게 오셨겠어요. 깨어나라 하시면서 권사님 등을 누가 그렇게 세 번이나 툭툭 치셨겠어요. 예수님이 오신 거예요."

"저도 그렇게 생각했지만 지금까지 긴가민가 했어요. 그런데 목사님의 말씀을 들으니 확신이 오네요. 나 같은 것을 아직도 주님은 사랑하시나 봐요?"

"직접 찾아와 등을 두드리시고 깨우시며 음성을 주시는 걸로 보아 특별한 사랑을 부어 주시고 계시네요."

이 말을 듣자 갑자기 나권사의 두 눈에 눈물 방울이 맺혔다. 그러더니 눈물이 솟아나기 시작했다. 그녀는 손수건을 꺼내 치솟는 더운 눈물을 마구 닦았다. 그러더니 "목사님, 저 잠깐 실례할게요." 하고는 자리에서 일어나 입구 쪽으로 달리듯이 걸어갔다. 이 목사는 나권사의 달려가는 뒷 모습을 보고 있다가 김미란 사모에게 말했다.

"하나님께서 당신을 도울 사람을 붙이신 것 같애."

"그런 것 같아요. 그러니 당신은 이제 내려가세요. 여기 생각은 잊어버리고 아이들과 교회를 위하여 최선을 다하세요."

"두 시 예배는 드리고 갈까 하는데?"

"가서 아이들 저녁 밥 챙겨 주어야 하잖아요."

"그럼 나 이만 내려가도 되겠소?"

"네."

김미란 사모는 고개를 끄덕였다. 이 목사는 다시 한 번 요와 이불을 살폈다. 그리고 가방 안을 살펴보았다. 기도원에서 필요한 것은 잘 준비해온 것 같았다. 이목사는 김미란 사모를 보면서 말했다.

"저 나권사라는 분 말이오, 내가 보기엔 이상한 사람 같지는 않아요. 어쩌면 당신을 많이 도와 줄 것도 같아요. 교제가 없었던 사람을 온전히 믿어서는 안 되겠지만."

이 말에 김미란 사모가 고개를 갸웃거리며 말했다.

"나연희 권사라는 말 들어본 것 같지 않아요? 서울 사랑교회 전도왕으로 기독교 방송에 나와 간증을 했던 분 같아요. 하긴 동명이인이 많지만 말예요."

"참 그렇지. 혼자서 천 명 이상을 전도한 나연희 권사라는 분이 있었지. 설마 저 분이 그 분이겠어요. 여하튼 이상한 사람 같지는 않아요. 한 번 기대해 봅시다."

"알았어요. 어서 그만 내려가요. 지금 내려가면 애들 학교에서 돌아올 시간이에요."

김미란 사모는 말기 암 환자 같은 표정은 전혀 내보이지 않았다. 늘 보이던 일상적인 얼굴과 어조로 이목사에게 말했다. 그래서 이목사도 이 상황이 병원에서처럼 심각하게 여겨지지는 않는 것이었다. 이목사는 자리에서 일어섰다.

"그럼 나 내려갈 테니까 무슨 일 있으면 즉시 전화해요."

"네. 그렇게 할게요. 조심히 내려가요."

이목사는 가방을 들었다. 그리고는 예배당을 나왔다. 점심 시간인지라 사람들이 이리저리 오고갔다. 이목사는 지나가는 남자 한 사람에게 서울로 가는 차편을 물었다. 그러자 사십 대 중반으로 보이는 남자는 친절하게 대답해 주었다. 그의 말에 의하면 입구 쪽에 시간마다 서울역까지 데려다 주는 기도원 버스가 대기해 있다고 말했다. 핸드폰을 꺼내 시간을 보니 한 시가 가까워오고 있었다. 이목사는 빠른 걸음으로 기도원 입구를 향해 걸었다. 버스가 서 있었고 열을 지어서 서 있는 사람들의 모습이 보였다. 이목사는 달려가서 줄을 섰는데 이목사 앞에는 키가 큰 흑인이 서 있었다. 그 앞에는 그의 부인으로 보이는 역시 키가 크고 몸집이 큰 흑인 여인이 서 있었다. 그런데 자세히 보니 그 여인 앞에도 체격이 좀 작았지만 외국인들이 몇 명 서 있었다. 그들은 자기들 끼리 영어로 이야기를 하고 있었다. 이목사가 가만히 들어보니 자기들이 이 기도원에 와서 받은 은혜들에 관하여 말하고 있었다. 이목사는 그들의 이야기를 듣고 있다가 앞의 흑인에게 어디서 왔느냐고 물었다. 그러자 흑인은 이목사의 위아래를 살펴더니 자기들은 경기도 안산시에 있는 원곡동이라는 곳에서 왔다고 했다. 그러면서 이목사에게 당신은 혹시 목사(페스터)가 아니냐고 물었다. 이목사는 그렇다고 말했다. 그러자 그는 아주 반가운 표정을 지으면서 자기도 목사라고 말했다. 그는 곧 지갑을 꺼내더니 그 안에서 명함 한 장을 꺼내 이목사에게 주었다. 명함에는 페스터 로버트 E 웨버라는 이름이 적혀 있었다. 그는 또 자기 아내를 소개하였다. 다음에는 자기 아내 앞에 있는 키가 좀 작은 외국인도 이목사에게 소개하였다. 그러자 그가 인사를 하였다. 그도 역시 목사였다. 그는 방글라데시 목사였다. 그도 역시 이목사에게 명함을 주었다. 그의 이름은 영어 이름으로 존 풀톤이었다. 이들은 모두 경기도 안산시의 원곡동이라는 곳에서 자기 나라 사람들을 데리고 목회하고 있는 현직 목회자들이었다. 그런데 모두 다 몸의 상태가 좋지 않아서 삼 일 전에 이 곳에 와서 예배에 참석해 기도를 받고 가는 중이었다. 이목사는 그들이 준 명함을 자기의 지갑 안에 조심히 담았다.

　사람들이 모두 버스에 오르자 차가 움직이기 시작했다. 이목사는 외국인들 내외가 앉은 의자 뒤에 자리를 잡고 곧 눈을 감았다. 병원에서부터 너무 놀라고 긴장을 했던 탓인지 무척 피곤했다. 아무런 생각 없이 한숨 푹 자고 싶었다. 그러나 그럴 수가 없었다. 앞에 자기의 아내와 함께 앉았던 로버트 목사가 이목사 옆으로 자리를 옮겨 왔기 때문이다. 그는 이목사 옆에 앉으면서, 영어를 매우 잘 하던데 외국에 가서 신학 공부를 했느냐고 물었다. 이목사는 웃으면서 아니라고 대답했다. 자긴 목사가 되기 전에 일반 학교에서 영어 교사를 했었다고 말했다. 그러자 그는 웃으면서 그러냐고 말했다. 로버트 목사는 이목사가 묻지도 않았는데 자신과 자기의 사역에 관하여 말하기 시작했다. 자기는 남아프리카 공화국 사람인데, 몇 년 전에 한국에 와서 자기 나라 노동자들을 위해 교회를 개척했고, 지금은 상당수의 자기 나라 노동자들을 돌본다고 말했다. 그는 또 자긴 정식으로 선교사 파송을 받아서 이 곳에 왔다고 말했다. 하지만 아프리카에 있는 자기 교단에서는 단돈 일 원도 선교비를 보내 주지 않는다고 했다. 한국의 여러 교회들이 자기의 사역을 지원해 주고 있다고 말했다. 그러면서 시간이 있으면 이목사도 자기의 사역지에 꼭 한 번 와 달라고 말했다. 그는 또 말하기를 원곡동에는 외국인들의 예배를 돕는 M센터라는 곳이 있다고 말했다. 지금은 세상을 떠났지만 하용조 목사라는 분이 서울 온누리교회에서 사역할 때 세운 센터로 지금은 이십 여 개국의 사람들이 지원을 받으며 그 곳에서 예배를 드린다고 말했다. 그러나 자기는 따로 건물을 빌려서 예배를 드린다고 말했다. 이목사가 왜 그러냐고 물었더니 로버트 목사는 웃으면서 여러 가지 이유가 있다고 말했다. 이유들 중의 한 가지를 굳이 말하자면 자기들의 예배는 좀 요란해서 아무래도 자기들만의 장소가 필요하다고 했다. 그는 자기 이야기를 한참 하더니 이목사에게 당신의 사역은 어떠하냐고 물었다. 이 말에 이목사는 빙긋 웃으면서 난 작은 개척교회에서 일한다고 말했다. 그러자 로버트 목사는 그러면 사정이 자기와 비슷하겠다면서 이목사에게 흥미 있는 눈길을 보냈다. 그는 또 자기의 가족들이 모두 다 한국에 와 있다는 말도 했다. 그리고 아들이 지금 고등학교에 다니는데 한국 말을 제대로 하지 못해 애를 먹고 있다는 말도 했다. 로버트 목사는 이 외에도 여러 가지의 자기 목회 체험들을 이야기했다. 그는 유머가 있는 사람이어서 시간이 흐르자 이목사가 버스에 오를 때 가졌던 피곤함을 말끔히 날아가게 해 주었다. 한참 이야기를 나누다 보니 언제 온지 모르게 서울역에 닿았다. 그들은 버스에서 내렸다. 그들은 함께 서울역 지하도로 내려갔다. 저들은 4호선을 타야 했고 이목사는 1호선을 타야 했다. 로버트 목사와 존 목사는, 시간을 내어서 안산시의 원곡동에 있는 자기들의 사역지를 꼭 한 번 방문해 달라고 이목사에게 말했다.

그들과 헤어진 이목사는 경기도 안산시의 원곡동에 관하여 잠시 생각하였다. 신문을 통하여 가끔 그 곳에 관한 기사를 읽었었다. 그 곳은 육십칠 개 이상의 나라에서 온 외국인들이 사만 오천 명 이상이나 살고 있는 곳으로 한국 제이의 이태원이라 불리우는 곳이었다. 이목사는 그곳에 꼭 한번 가보고 싶었다.

집에 오니 아이들이 학교에서 돌아와 있었다. 그들은, 근래에는 계속 누워 있었던 엄마였지만 방에 엄마가 없는 것이 이상한 모양이었다. 이목사는 아이들을 둘러보면서 말했다.

"엄마 꼭 나아서 내려올 거야. 그러니 너무 염려하지 말고 그 때까지 잘 참고 견디자. 빨리 나아서 내려오도록 기도 많이 하고 말이야."

이목사가 웃음을 지으며 이렇게 말하자 첫째인 상준이 근심이 어린 얼굴로 말했다.

"아빠가 고생 많이 할 거잖아요."

"그런 건 염려하지 마. 너희들 밥 먹이고 학교 보내는 거 이 아빠도 잘 할 수 있어. 우린 예수님이 도우시는 가정이잖아. 보혜사 성령님이 매일 매 순간 돕고 있잖아. 그건 너희들이 더 잘 알 텐데."

"전 그거 믿어요 아빠."

사학년인 둘째 은희가 말했다.

"그래. 알아 네 마음. 오빠 상준이도, 동생 승희도 모두 다 네 마음과 같을 거야. 우리 엄마 없는 동안 한 번 잘 해보자. 알겠지?"

"네!"

그들은 합창하듯이 대답했다. 이목사는 분위기도 그렇고 해서 아이들에게 과자나 과일 같은 것을 사다가 먹이고 싶었다. 그러나 주머니에는 돈이 없었다. 이목사는 카드에서 만 원 정도를 뽑아 그것들을 사리라 생각했다. 그는 아이들을 둘러보면서 말했다.

"아빠 잠깐 마트에 좀 다녀 올 테니 공부하고 있어라."

이목사가 방문을 열고 나왔을 때였다. "목사님!"하고 누군가가 예배당으로 들어오고 있었다. 이목사가 입구 쪽으로 걸어가니 어느새 계단을 다 내려온 최은미가 무엇을 한 꾸러미 사들고 안으로 들어왔다. 그녀는 하얀

바탕에 보라색 점 무늬가 있는 원피스를 입고 있었다. 웃음이 가득한 얼굴로 이목사에게 꾸벅 인사를 했다.

"안녕하세요 목사님!"

"안녕하세요 은미 자매! 이 시간에 갑자기 교회를 오다니!"

"목사님과 사모님에게 기쁜 소식을 전해 주려고 달려 왔어요!"

"기쁜 일 있어요?"

이목사의 물음에 그녀는 가지런한 치아를 모두 내놓고 활짝 웃었다. 그리고는 말했다.

"저, 다음 주 월요일부터 대학교로 출근해요. 목사님이 세례 주시고 세례 증서 주셨잖아요. 대학교에서 절 직원으로 뽑았어요. 모두 다 목사님 덕분이에요. 너무 감사 드려요."

"아 그래요. 축하 드려요. 그건 내 덕이 아니라 하나님 덕이에요. 예수님의 은혜예요. 예수님께 감사 드려야 해요."

"그게 그거잖아요. 목사님은 하나님과 예수님의 대변자잖아요. 안 그래요?"

"그건, 그건 그렇죠. 우린 다 하나님의 종들이고 예수님의 제자들이니까."

"그럼 됐어요. 사모님은 어떠셔요? 제가 이것저것 좀 사 왔는데."

"아. 사실 사모님은 오늘 기도원에 가셨어요. 기도원에 좀 있어야 할 것 같아요."

최은미는 갑자기 얼굴 표정이 바뀌면서 물었다.

"사모님의 몸이 그 정도로 안 좋으신 거예요?"

"그래요. 좀 좋지 않아요. 하지만 기도하면 하나님이 치료하실 거예요."

최은미는 고개를 끄덕이며 말했다.

"그러실 거예요. 하나님이 금방 고쳐 주실 거예요. 하지만 목사님이 좀 힘드시겠네요. 아이들 학교 보내고 교회 돌보시려면 힘드실 것 같아요. 하지만 목사님, 그런 건 너무 염려하지 마세요. 우리 성도들이 힘껏 도울 테니까요. 목사님, 우선 방에 들어가서 이것 좀 아이들과 드세요. 제가 맛있는 것 좀 사 왔거든요."

최은미는 이 목사를 방쪽으로 밀었다. 이목사는 떠밀리다시피 하여 방으로 들어왔다. 최은미는 아이들을 불렀다.

"얘들아, 이리 와! 맛있는 거 먹자!"

그녀는 통닭 몇 마리와, 죽, 과자, 과일, 음료수 등 사온 것들을 방안에 내어 놓았다. 아이들이 와서 빙 둘러앉았다. 최은미는 아이들에게 말했다.

"나한테 오늘 좋은 일 있었다. 하나님이 축복 내려 주셨어. 그래서 감사한 마음으로 사온 거야. 맛있게 먹어. 엄마가 없어서 마음 아프겠지만 하나님이 고쳐 주실 테니까 염려 말고. 알았지?"

아이들은 이 목사의 눈치를 보았다. 이목사는 웃으면서 "우리 기도하자." 고 말한 다음 간절히 감사 기도를 드렸다. 그리고는 "먹자."고 말했다. 아이들은 그 동안 먹지 못했던 통닭 한 마리를 순식간에 먹어버렸다. 이목사는 아이들이 음식을 좀 게걸스럽게 먹는 것 같아 최은미를 데리고 방을 나왔다. 그리고 예배당으로 들어갔다. 최은미는 예배당 좌석에 앉자 경건한 자세를 취하며 잠시 묵상 기도를 했다. 그리고는 이목사를 보면서 말했다.

"전 여기에 앉기만 하면 왠지 떨려요. 제가 앉아서는 안 될 자리에 앉아 있는 기분이 들거든요."

"그래요. 그건 은미 자매가 하나님을 경외한다는 증거예요. 인간은 누구나 하나님 앞에 서면 늘 떨리는 거예요. 하지만 죄의식은 갖지 말아요. 하나님은 우리들이 예수님을 믿기 전에 지었던 모든 죄들을 우리가 예수님을 구세주로 영접하는 순간 모두 용서하셨거든요. 예수님이 흘리신 십자가의 피로 깨끗하게 씻으신 거예요."

"목사님, 정말 그럴까요?"

최은미는 아주 진지한 표정으로 이목사를 보면서 물었다. 이목사는 그녀의 그런 얼굴을 유심히 보았다. 그녀의 아름다운 눈망울은 영롱하게 빛나는 아침 이슬처럼 반짝거렸다. 그녀의 둥근 눈은 언제 보아도 빼어난 아름다움을 지녔다고 이목사는 생각했다. 비단 눈만이 아니었다. 그녀의 오뚝한 콧날이라든가 그림을 그려놓은 것 같은 사과 빛깔의 입술은 어느 여배우 못지 않을 만큼 예뻤다. 이목사는 그녀의 몸에서 풍겨오는 은은한 향수 냄새를 느끼며 대답했다.

"그럼요. 틀림없어요. 우리의 신앙 고백이 진실한 것이었다면 우리가 예수님을 구세주로 영접하는 순간 우리의 모든 죄는 그대로 씻겨지는 거지요. 예수님이 흘리신 십자가의 보혈이, 그 순결한 피가 모든 죄를 씻는 거예요. 사탄의 결박이 꺾어지고 우린 자유를 얻게 되는 거예요. 이제 우리는 사탄의 법 안에서 나와 생명의 성령의 법 안에 들어온 거예요. 천지와 만물을 창조하신 하나님께서 아들이신 예수님의 핏값을 통해 우리의 모든 죄들을 깨끗이 용서하신 거예요. 이제 우리들은 죄인이 아니고 의인이 된 거예요. 은미 양은 하나님께서 인정하시는 진정한 의인이 된 거예요."

"제가 정말 의로운 사람이 된 거예요? 전 믿어지지 않아요."

최은미는 믿을 수 없다는 표정으로 말했다.

"은미 양이 아무리 그래도 하나님은 이미 은미 양을 의인으로 인정하신 거예요. 하나님의 자녀로 부르신 거예요. 우린 그걸 믿어야 해요."

"믿어 볼게요. 그런데 신앙 고백이 진실하지 않은 경우도 있나요?"

"있을 수 있죠. 교회 안에는 항상 여러 종류의 사람들이 있거든요. 그들 중엔 거짓 고백을 하는 이들도 있어요. 성경은 그들을 가라지나 쭉정이로 표현하고 있어요. 예수님의 제자 중에 가룟 유다라는 자가 있었어요. 혹시 은미 자매도 알고 있나요?"

"아, 그 예수님을 팔았다는 사람 말이죠? 저도 그 정도는 알아요. 가룟 유다라는 사람 알아요. 그 사람은 너무 한 것 같아요. 자기 선생님을 은 삼십 냥에 팔았다는 것은 너무 이상하잖아요. 팔려면 좀 비싸게 팔지."

이목사가 최은미의 얼굴을 보자 최은미는 좀 당황한 빛을 감추지 못하고 말했다.

"제 말은요… 아무리 그래도 그렇지 메시아신데 은전 삼십 냥에 거래를 했다는 것은 가룟 유다라는 사람이 너무 상(商) 개념이 없다는 거예요. 말이 안 되잖아요. 몸값으로 친다면 이 세상에서 가장 비싼 분이잖아요. 안 그래요?"

이목사는 최은미의 말에 빙그레 웃었다.

"맞아요. 예수님이야말로 이 세상에서 몸값이 가장 비싼 분이지요. 아니 돈으로 그 값을 헤아릴 수는 없지요. 한데, 은미 자매는 어떤 부서에서 일하게 되는 거예요?"

"자세한 것은 출근해봐야 하는데요, 기획처라고 들었어요."

"그래요. 혹시 그 대학교에 아는 분 계세요?"

"아는 분요? 네… 아니 그냥 조금 아는 분이 있거든요. 많이는 몰라요."

이목사는 고개를 끄덕였다.

"대학은 안정된 곳이니까 거기 들어가서 성실히 일하면 좋은 일 많이 생길 거예요. 좋은 사람 만나 결혼도 해야죠."

"전 아직 결혼 같은 건 생각해보지 않았어요. 결혼은 나이가 좀 들면 생각해볼 거예요."

"왜요? 은미 자매는 지금 시집 가도 손색이 없을 것 같은데…"

"아니에요. 전 결혼 전에 할 일이 많이 있거든요. 참, 민수 삼촌에게서 아직 저의 취직에 대한 전화 안 왔어요?"

"네. 아직 연락 없네요. 곧 전화하겠죠."

최은미는 고개를 끄덕거렸다. 그런 그녀에게 이목사가 물었다.

"민수네와는 가까운 친척인가요?"

이목사의 물음에 그녀는 고개를 크게 흔들었다.

"아니에요. 어느 날 우연히 만난 분이에요. 만나고 보니까 성이 같았어요. 촌수를 따져보니까 이십 촌뻘 되는 먼 친척이었고요. 하지만 우리 가족과 그 삼촌 가족들은 서로 몰라요. 그냥 저만 그 삼촌과 아는 관계예요. 목사님 고향에는 저희와 종파가 같은 최씨들이 꽤 산다고 들었어요."

"맞아요. 우리 마을에는 최씨들이 꽤 있었어요. 그러니까 민수와는 전부터 친척으로 알던 사이가 아니었네요?"

"네. 하지만 지금은 그 어떤 친척보다도 제게 가까운 삼촌이에요."

"그럴 거예요. 그 친구 사람이 너무 좋거든. 인정 많고 이해심 많고. 참 좋은 친구예요. 교회만 다시 나오면 하나님이 넘치게 축복하실 텐데 돌아오기가 아주 힘드네요."

"그 삼촌 어린 시절에는 진짜 교회에 잘 나갔더랬어요?"

"그럼요. 그 친구가 나를 전도했어요. 선생님이 장래 희망을 물으면 자긴 목사가 되겠다던 친구예요. 그런데 성직자가 뭔지도 몰랐던 나는 이렇게 목사가 되어 있고, 그 친구는 교회도 안 다니고 있으니 원… 사람의 내일 일이란 정말 알 수 없어요."

"그 삼촌처럼 그렇게 목사되겠다고 큰 소리치던 사람들이 교회도 안 다니고 엉뚱한 일 하고 있으면 어떻게 되는 거예요? 하나님께서 벼락 내리지 않아요?"

이목사는 웃었다.

"벼락은요. 돌아오길 기다리시지. 하나님은 세상길로 나간 자녀들이 돌아오기를 기다리시는 분이에요. 그 친구도 곧 교회로 돌아올 거예요."

"제발 그러길 바라겠어요. 그 삼촌도 엉뚱한 데가 있거든요. 술도 잘 마시고.”

“알아요. 부동산 사업 하려면 때로는 엉뚱한 행동도 해야 할 거예요.”

최은미는 무엇이 생각난 듯 자리에서 일어서면서 말했다.

“목사님, 저녁 때가 돼 가잖아요. 제가 저녁 밥 할게요. 저 이래봬도 밥 잘 하거든요.”

“밥은 당연히 내가 해야지요. 나 이래봬도 밥 잘 해요. 내가 할 테니까 염려 말아요.”

“아니에요. 오늘은 제가 저녁밥까지 해 드리고 갈게요.”

그녀는 주방 쪽으로 급히 걸어갔다. 이목사도 그녀를 뒤따라갔다. 그녀는 주방에 오자 여기저기를 살펴보았다. 그리고 구석에 있는 냉장고를 열어보았다. 이 순간 그녀는 크게 놀라는 표정을 지었다. 그러나 그녀는 옆으로 다가온 이목사를 보고는 빙그레 웃을 뿐 아무 말도 하지 않았다. 이목사가 그런 최은미를 보고는 물었다.

“왜요? 냉장고에 무슨 문제라도 있어요?”

그녀는 고개를 흔들었다.

“아니에요. 하지만 청소를 좀 해야 할 것 같아요. 그리고 필요한 것들을 좀 사와서 채워 놓아야 할 것 같아요. 식구가 네 명이나 되는데 먹을 것이 아무 것도 없어요. 제가 청소할 테니까 목사님은 좀 기다리세요. 그리고 청소 다 마치면 저와 함께 마트에 가요. 제가 아이들 먹을 간식이랑 몇 가지 필요한 것들을 살 테니까요.”

“은미 자매가 무슨 돈이 있다고 그런 걸 삽니까. 일단 청소는 해야겠습니다. 우리 사모가 아파서 냉장고 안을 제대로 치우지 못했네요. 그 사람 지나치다 할 만큼 청결한 사람인데 몸이 아프니까 제대로 치우지를 못했네요. 하긴 내가 해야 하는데 냉장고 안엔 아직 신경을 쓰지 못했네요. 자 은미 자매 이 쪽으로 비켜 있어요. 내가 청소를 할 테니까.”

"아니에요 목사님. 그럼 같이 하도록 해요. 제가 내 주는 물건들을 우선 저 쪽에다 좀 놔 두세요."

최은미는 냉장고 안에 있는 반찬 그릇들을 하나씩 이목사에게 주었다. 이목사는 그것을 받아 바닥 한쪽에 조심히 놓았다. 그릇들을 다 내어놓자 최은미는 이목사에게 걸레를 좀 빨아달라고 했다. 이목사가 곧 걸레를 빨아주자 최은미는 걸레에 세척제를 묻히고는 냉장고 안을 문지르기 시작했다. 시커먼 구정물이 거품과 함께 일어났다. 최은미는 땀을 흘리면서 냉장고 안을 청소하였다. 그녀는 가끔 흐르는 땀을 팔소매로 훔치며 이목사를 보았다. 이목사는 아무래도 최은미가 무리하는 것 같아 말했다.

"은미 자매, 아무래도 내가 좀 해야 되겠어. 너무 힘든 것 같은데…"

그러나 최은미는 세차게 고개를 흔들며 말했다.

"아니에요 목사님. 이제 거의 끝났어요. 참 목사님은 꺼내놓은 그릇들을 좀 씻으세요. 그것들도 좀 지저분한 것 같거든요."

"알았어요."

이목사는 행주에 물을 묻혀서 반찬 그릇들을 하나씩 씻기 시작했다. 사십여 분이 지나자 최은미는 냉장고 안을 깨끗이 닦아 놓았다. 너무 깨끗하게 닦아 반들반들 빛이 나는 것 같았다. 그녀는 이목사가 주는 그릇들을 다시 제자리에 놓았다. 일을 다 마친 최은미는 이목사를 보고 웃으면서 물었다.

"개운하시죠?"

"그래요. 정말 개운하네요. 수고했어요. 너무 고맙고요."

"목사님, 그럼 이제 우리 마트에 가요. 필요한 것들 좀 사오게요."

"마트에요? 필요한 것들은 나중에 내가 살게요."

"아니에요 목사님. 제가 대학교에 취직한 것은 순전히 우리 교회 덕분이잖아요. 제가 보답할 기회를 주세요. 큰 돈 들지도 않아요. 목사님, 함께 가요. 저 아래 상당히 큰 마트가 있던데."

이목사는 최은미의 표정으로 보아 호의를 거절할 수 없을 것 같았다. 그리고 성도가 가난한 담임 목사를 대접하면 하나님께서 기뻐하시리라는 마음도 들었다. 그래서 그럼 가자고 말했다. 그리하여 이목사는 최은미와 함께 마트에 갔다. 최은미는 소금과 간장, 고추장, 된장, 참기름, 깨소금 같은 양념 유의 물건들과 양파, 무, 배추, 당근, 호박, 오이 등의 채소들을 샀다. 또 김과 멸치, 미역, 다시마 등의 바다에서 나는 해산물들도 많이 샀다. 소고기와 돼지고기도 한 근씩 샀다. 그녀는 또 땅콩과 과자와 같은 간식거리와 음료수도 샀다. 이목사가 생각할 때 십만 원 이상의 물건들을 산 것 같았다. 그녀는 그 물건들을 배달해 달라고 하였다.

마트에서 나오니 오후 늦은 시간이었다. 하지만 더위는 여전히 기승을 부리고 있었다. 삼십 도는 족히 될 법한 불볕더위가 온 몸을 데웠다. 최은미는 기분이 좋은 모양이었다. 그녀는 웃음이 가득한 표정으로 이목사 옆에서 발걸음을 사뿐사뿐 내딛었다. 이목사는 그녀를 보면서 말했다.

"아무래도 은미 자매가 오늘 무리한 것 같아요. 아직 월급을 받지도 않았는데 너무 큰 지출을 했어요."

이 말에 최은미는 싱글싱글 웃으면서 말했다.

"목사님, 전 지금 너무 기뻐요. 태어나서 처음으로 돈을 돈답게 써본 느낌이거든요. 정말이에요. 그러니 돈 걱정일랑 마세요. 그리고 언뜻 들었는데 대학에서 주는 봉급 꽤 많대요. 대우가 괜찮은 것 같았어요."

"그건 그럴 거예요. 대학에서 일하는 거 괜찮을 것 같아요. 대학 다닐 때 보면 직원들의 표정이 안정되고 보람돼 보였어요. 참, 은미 자매는 전엔 무슨 일을 했었죠?"

"전에요?"

최은미는 이목사의 이 물음에 순간적으로 표정이 바뀌었다. 그녀는 좀 당황하는 얼굴이었다. 그러나 그녀는 곧 이전의 표정을 되찾고 말했다.

"특별한 직업이 없었어요. 그냥 닥치는 대로 여러 가지 일을 했었어요. 방송국에도 좀 들락거렸고, 백화점에서 점원도 했고, 그리고… 여하튼 여러 가지 일들을 했었어요."

"그랬군요. 그러고 보면 대학에서의 안정된 직장 생활은 상당한 의미가 있겠네요."

"모르긴 몰라도 그럴 것 같아요."

그들이 사택에 도착하여 얼마 있지 않자 마트 직원이 물건을 가지고 왔다. 최은미는 그 물건들을 분리하여 냉장고에 넣을 것들은 모두 넣었다. 또 찬장에 넣을 것들도 조심히 모두 넣었다. 이제 그녀는 밥을 짓기 시작하였다. 된장국을 끓이고, 멸치 볶음도 만들었다. 그녀는 콧노래만 부르지 않았지 이 일들이 너무나 흥겹다는 듯, 아주 즐거운 얼굴로 이 일들을 하였다. 그리하여 모처럼 풍성한 저녁상이 차려졌다. 아이들은 오랜만에 반찬이 많은 상을 대하자 기뻐서 어쩔 줄을 몰랐다.

함께 저녁 식사를 마친 최은미는 설거지까지 마친 다음 사택을 나섰다. 이목사도 최은미를 정류소까지 배웅하기 위에서 함께 사택을 나왔다.

"은미 자매 오늘 너무 수고 많았어요. 너무 고맙고요. 우리 사모 기도원에 데려다 주고 마음이 좀 그랬는데 은미 자매가 와서 이렇게 도와주니 큰 위로가 되었어요."

이목사의 이 말에 최은미는 손사래를 치면서 말했다.

"아니에요 오히려 제가 오늘 너무 기뻤어요. 태어나서 이런 기쁨 처음 느끼는 것 같아요. 저 앞으로 종종 들러도 되죠? 사모님 기도원에서 내려오실 때까지 와서 돕고 싶거든요. 금요일이면 직장 근무가 끝날 테니까 토요일엔 꼭 와서 봉사하고 싶어요. 참, 금요일 밤에도 예배 드려요? 주보에 보니까 철야예배라는 게 있던데 그 예배도 매주일 드리는 거예요?"

"드리죠. 한데, 은미 자매도 이 예배에 나오고 싶어요?"

"토요일엔 근무가 없으니까 금요일 밤에 나와도 괜찮을 것 같아요. 워낙 믿음이 없으니까 가급적이면 모든 예배에 참석하여 빨리 믿음을 키우고 싶어요."

"그래요. 생각은 좋긴 한데…"

이목사는 김미란 사모도 없는 상황에서 최은미만을 데리고 한 밤중에 예배를 드려도 되는가 생각했다. 성경적으로 볼 때엔 큰 문제가 없을 것이었다. 예수님이라면 당연히 한 여인이라 하여도 그녀를 데리고 예배를 드렸을 것이다. 그런데도 왠지 마음이 좀 그랬다. 그러나 이목사는 곧 자신이 지금 성직자의 자리에서 비켜나 있는 것을 반성했다. 최은미를 자신에게 맡겨진 한 영혼으로 생각하지 않고 한 사람의 이성으로 생각하는 자신을 발견한 것이었다. 이목사는 곧 마음으로 회개의 기도를 하고 최은미에게 말했다.

"직장 생활을 하면 금요 철야 예배를 드리기가 쉽지 않을 거예요. 하지만 꼭 이 예배를 드리고 싶다면 교회에 나오세요. 집에 돌아갈 성도들을 위하여 일부 예배는 열 시에 드리고 있으니 이 예배만 드리고 가도 괜찮을 거예요."

"그렇군요. 그럼 제가 한 번 시도해볼게요. 전 정말 제 믿음이 빨리 자랐으면 좋겠어요. 전 믿음이 너무 어리잖아요."

이목사는 빙긋이 웃다가 입을 열었다.

"그런 마음만 가지고 있으면 하나님께서 금방 큰 믿음 주실 거예요. 한 번 기대해 봐요."

"그럴게요. 기대해 볼래요."

이야기하는 중에 정류소에 이르렀다. 마침 최은미가 타야 할 버스가 다가오고 있었다. 그녀는 이목사에게 인사했다.

"목사님, 차 왔어요. 금요일이나 주일에 봬요."

"그래요 은미 자매. 조심히 가요."

최은미는 버스에 탄 후에도 인사를 하고 손을 흔들었다. 이목사도 손을 흔들었다. 이목사는 버스가 시야에서 사라질 때까지 그 자리에 서 있었다. 최은미를 보낸 이목사는 미묘한 감정을 느껴야만 하였다. 그것은 최은미의 빼어난 외모와 그녀가 보이는 그 친절함이 가져오는 어떤 감동 같은 것이었다. 이목사는 여지껏 살아오면서 최은미 같은 미인과 오늘처럼 오랜 시간 동안 대화를 나눠 본 적이 없었다. 당연히 그녀가 보인 호의를 받아 본 적도 없었다. 그래서인지 최은미의 아름다운 얼굴은 최은미를 실은 버스가 사라진 후에도 계속 이목사의 뇌리를 서성이고 있었다.

07.
가롯 유다의 후예들

이목사는 일주일에 두 번 정도 기도원에 올라갔다. 김미란 사모는 금식을 시작해서인지 온 몸이 바짝 말라 있었다. 얼굴도 뼈만 남아 광대뼈가 튀어나왔다. 입술은 하얗게 타서 핏기가 하나도 없었다. 오직 두 눈의 눈동자만 그 어느 때보다도 까맣게 빛나고 있었다. 최은미는 새로 시작한 일을 익히는 게 힘이 드는지 금요일과 토요일에 오지 않았다. 주일 열한 시에만 나와 예배를 드리고 일찍 가곤 했다. 그래서 이목사는 세 아이들을 치다꺼리하고 예배를 준비하느라, 기도하느라 하루하루가 어떻게 지나고 있는지 모를 정도였다. 그런데, 교단에서는 자꾸만 괴문서가 날아왔다. 교권을 놓고 싸우는 양 쪽에서 상대방의 허물을 들추어내어 그 내용들을 계속 보내는 것이었다. 그리고 쌍방의 재판 결과도 상세하게 챙겨서 보내는 것이었다. 그런데 이번에는 신학대학의 비리를 발견했다면서 성목회라는 모임을 갖고 있는 목회자들이 서명한 괴문서가 날아왔다. 이들에 의하면 현재의 총장과 이사장이 학교 기념관을 건축하면서 업자로부터 큰돈을 받아 챙겼다는 것이었다. 그것만이 아니었다. 교수를 채용하면서도 돈거래를 하였고,

학교의 부대시설을 임대하면서도 업자들로부터 돈을 받았다는 것이었다. 그러므로 이들 목사들은 총장과 이사장을 그 자리에서 끌어내리고 성직을 박탈해야 한다고 말하고 있었다. 만약 이들이 자신들의 비리를 인정하지 않고 계속 그 자리에 버티고 있으면 교단 차원의 법적 대응이 필요하다고 말하고 있었다. 이목사는 이러한 문서들을 접할 때마다 분노가 치솟았다. 그리고 그 분노는 금방 슬픔으로 변하였다. 교단 꼴이 말이 아니었기 때문이다. 이게 세상 정치 집단에서 보이는 행태들인지 교회들이 구성한 신성한 교회 공동체에서 보이는 모습들인지 종잡을 수 없기 때문이었다. 교단에서 날아오는 신문이나 초교파 교계신문을 보면 한국 교회는 말 그대로 난장판이었다. 웬만한 대형교회들은 자체 내의 문제로 재판을 하는 곳이 많았고, 세습 문제로 싸우는 교회들도 부지기수였다.

오늘도 이성웅 목사는 새벽에 일어나 기도를 시작하여 아침 아홉 시까지 엎드려 있었다. 이 세상의 교회들과 이 나라의 교회들을 위하여 기도하면 뜨거운 눈물이 치솟았다. 그리고 두려움이 밀려왔다. 이러다가 하나님께서 촛대를 옮기시지는 않을까 하는 무서운 마음이 엄습하는 것이었다. 그러면 더더욱 간절히 기도하였다. 이렇게 간절히 기도하고 나면 틀림없이 보혜사 성령님의 위로하심이 있었다. 주님의 음성이 역력하게 들려왔다.

"이성웅 목사야, 어려운 시대이다. 내 종들이 이성을 잃고 흔들리는 시대이다. 허망한 것들을 바라보면서 사탄의 미혹에 빠져들고 있다. 육신의 정욕과 안목의 정욕과 이생의 자랑을 위하여 제정신을 잃고 싸우고 있다. 내가 그들에게 큰 은혜를 주었건만 이제 그들은 은혜를 악으로 갚고 있다. 자기를 부인하며 제 십자가를 지려고 하는 자가 많지 않다. 세상 것들을 더 많이 취하려고 혈안이 되어 있다. 그러므로 내 마음이 아프다. 하지만 너는 쉬지 말고 기도하여라. 기도하지 않으면 너도 넘어진다. 간교한 사탄의 꼬임에 넘어간다. 마귀가 너를 삼키려고 우는 사자와 같이 입을 벌리고 네 주위를 어슬렁거리고 있음을 일분일초도 잊어서는 안 된다. 기도하지 않으면 넘어진다. 누구도 예외가 없다. 성경을 붙들고 기도하지 않으면 그는 마귀의 밥이 되고 만다. 내 말을 결코 잊지 말아라. 결코 잊지 말아라…"

요즘 이성웅 목사는 교회 안에 영어 프로그램을 만들어 운영해보면 어떨까 하고 생각하면서 기도를 시작하였다. 전부터 이런 생각을 했었지만 실행에 옮기지를 못했었다. 그러나 전도를 염두하고 무료로 영어를 가르쳐주는 프로그램을 만들어 운영하면 학생들이 모일 것도 같았다. 이 나라에 영어 열풍이 워낙 거세게 불고 있기 때문이었다. 그런데, 교회 안에 이러한 프로그램이 있다는 것을 어떻게 광고할지가 문제였다. 전단지를 뿌리는 방법이 있겠지만 그러자면 전단지를 제작하는 데 돈이 필요할 것이었다. 이목사는 일단 좀더 기도를 해볼 계획이었다.

교새모의 총무로 있는 대학원 동기생인 송기창 목사가 전화를 걸어온 것은 점심 시간이 조금 지나서였다. 송목사는 오늘 저녁 자기가 서울, 경기권에 있는 동기들에게 저녁을 대접할 계획이라고 말했다. 그러니 이목사도 꼭 참석을 해 달라고 말했다. 장소는 종로에 있는 P일식집이었다. 송목사는 이목사에게 꼭 참석하라고 몇 번이고 당부하였다. 이목사는 송목사가 간청하는 것이어서 그럼 그렇게 하겠다고 말했다. 하지만 대답을 해 놓고도 자기가 꼭 그곳에 가야 하는가를 다시 한 번 생각했다. 요즘 E교단은 너무 혼탁한 모습을 보이고 있었기 때문이다. 고소고발이 계속되고, 교계 신문에는 성명서가 계속 발표되고, 목사들은 모일 때마다 자기 편의 정당성을 소리 높여서 말하곤 했다. 하긴 이러한 모습은 E교단만의 모습이 아니었다. 한국 대부분의 교단들이 보이고 있는 추악한 작태들이었다. 어느 교단에서는 그 교단의 총무가 총회 자리에 총을 들고 들어가 그 문제로 지금도 싸우고 있었다. 대형교회들은 하나 같이 재산 문제의 재판과 세습 문제로 시끄러웠다. 이러한 상황에서 목사들이 만나면 오고가는 대화란 뻔할 것이었다. 아무리 동기 모임이라 하여도 함께 공부하던 시절의 순수함과 목회의 감격만을 말하지 않을 것이었다. 틀림없이 교단의 이 지루하고 두려운, 밥맛이 떨어지는 교권 분쟁을 성토할 것이었다. 대책도 없는 공허한 소리들이 한바탕 식당 안을 메울 것이었다. 이런 것을 생각하자 이목사는 그 모임에 가기가 싫었다. 그러나 가겠다고 대답을 해 놓았으니 가지 않을 수도 없고 상당히 고민스러웠다.

날씨는 오늘도 무척 더웠다. 뉴스에 의하면 올 여름은 한반도의 역사상 유례를 찾을 수 없을 정도로 더울 것이라고 했다. 아니 앞으로는 매년 이럴 것이라고 했다. 환경 오염으로 인해 남극과 북극의 빙산들이 녹아내리는 등 지구는 이미 창조 당시의 기상체계를 상실했기 때문이라는 것이다. 밖이 이렇게 더울 때는 지하가 좋은 점도 있었다. 항상 습기에 젖어 있는 지하는 여름에도 온도에 큰 변화가 없었던 것이다. 그래서 지하 예배당은 사계절 중 여름에 한 몫을 했다. 매캐한 냄새와 이십사 시간 형광등 불을 켜는 것을 제외하면 여름엔 견딜 만한 곳이 지하 예배당이고 사택이었다.

이목사는 아이들이 학교에서 모두 돌아오자 가정 예배를 드렸다. 그리고 저녁에 먹을 반찬을 만든 뒤 큰 애한테 저녁을 잘 챙겨 먹으라는 부탁을 하고 사택을 나왔다. 오후 다섯 시가 넘었는데도 몸에서 땀이 배어 나왔다. 약속 장소에 도착하니 몇몇 동기생들이 벌써 와 있었다. 그들은 이목사를 보자 웬일이냐는 듯 놀라면서 기뻐했다. 이목사는 동기 모임에 참석을 하지 않는 사람으로 되어 있는데 이렇게 불쑥 나타나니 그들이 놀란 것이다.

"야 이목사! 너무 오래 만이다!"

서울 인근의 도시에서 청소년을 대상으로 목회하고 있는 구영한 목사가 이목사의 손을 잡고 흔들며 기뻐하였다. 그는 신대원 시절 이목사와 종종 식사를 함께 하였던 동기생이었다. 구목사도 이러한 모임에 잘 참석하지 않아서 둘은 상당히 오랜만에 얼굴을 마주하게 되었다.

"아 구목사, 잘 지냈어? 너무 반가와!"

이목사도 구목사의 손을 흔들며 말했다. 이목사는 차례로 동기들과 악수를 하면서 인사를 나누었다. 조금 있자 오지훈 목사도 이 자리에 나타났다. 그가 들어오자 동기들은 "오박사님 어서 오세요."하면서 자리에서 일어나 손들을 내밀었다. 오목사는 이목사를 보자 너무 반가와 했다. 그는 이목사 곁에 자리를 잡았다. 오랜만에 서로 만나자 동기들은 제각기 하고 싶은 말들을 털어 놓았다. 이들이 강단에서 생명의 말씀을 선포하는 거룩한 성직자들일까 할 정도로 이들이 앉은 자리는 소란스러웠다. 웃고, 때로는 큰 소리로 말하고, 박수를 치기도 하였던 것이다. 송기창 목사가 방을 따로 잡아 놓았기 망정이지 일반인들 틈에 섞여서 이런 모습을 보였다면 일반 사람들이 눈살을 찌푸렸을 것이다. 이들은 너무 오랜 만에 만나서 그 동안 쌓아놓았던 이야기들을 절제 없이 마구 풀어 놓았던 것이다. 목회라는 게 원래 할 말이 많은 업일 것이었다. 하지만 목회자야말로 할 말을 못하고 사는 사람들일 것이다. 이목사도 오랜만에 동기들과 기탄없이 대화하는 자리에 있는 것이 좋았다. 이 자리를 만든 송기창 목사는 만남의 분위기가 고조될 대로 고조된 시점에 나타났다. 그가 나타나자 동기들은 박수를 쳤다. 누군가가 "마침내 물주가 나타나셨다."고 장난스러운 말을 하기도 했다. 그는 한 손을 반쯤 들어 그 박수에 화답했다. 그리고는 말했다.

"사랑하는 동기들, 오랜만이다! 생각했던 것보다 많이 온 것 같아서 너무 기뻐! 오늘 저녁 마음껏 먹고, 마음껏 이야기하고, 마음껏 쉬다가 가길 바라겠어!"

다시 박수가 터져나왔다. 박수 소리가 작아질 무렵 누군가가 "이차는 없어?" 하고 물었다. 그러자 웃음이 터져나왔다. 송목사는 자리에 앉으려다 말고 말했다.

"만약 이차를 원하는 사람이 있다면 이 자리에 남아. 한번 가보자고. 그

곳이 어디이든."

"좋지. 좋고 말고. 난 이차 갈 거야."

이렇게 말하는 이는 "이차는 없어?"하고 물은 친구 같았다.

음식이 나오기 시작했다. 싱싱한 야채들과 회가 가득 담긴 접시를 들고 가운을 입은 아가씨들이 분주히 오고 갔다. 이 음식점은 서울에서도 중앙에 있는 음식점이어서 음식값이 비쌌다. 그런데도 동기 모임에 이런 장소를 잡은 것은 송목사가 단단히 준비하고 대접하는 게 분명했다. 이목사는 음식을 먹으면서 그렇게 생각했다. 이목사는 송목사의 의도가 무척 궁금했다. 송목사가 교회를 일찍 부흥시켰고, 돈 씀씀이도 크다는 것을 이목사는 알고 있었다. 그는 학교 다닐 때부터 마치 사업가라도 된 듯 종종 여유 있는 모습을 보였었다. 이를테면 급우들에게 한 턱 크게 내는 것이었다.

동기들은 이야기를 나누면서 부지런히 음식을 먹기 시작했다. 분위기가 무르익을 무렵 송목사는 오목사와 이목사 곁으로 왔다. 그는 두 사람에게 흡족한 웃음을 보이며 물었다.

"음식 맛 괜찮니?"

"맛 좋은데. 회도 아주 싱싱해. 살아 있는 생선을 이제 막 잡은 것 같애."

오목사의 말에 송목사는 기분이 좋은 얼굴로 말했다.

"그럴 거야. 이 음식 내가 특별히 주문한 거야. 우리 한국 땅에서 가장 중요한 사람들이 모이니까 최고의 것들로 준비하라고 했거든. 이 식당 관리부장이 우리 교회의 집사야. 저기 봐. 카운터에 앉아 있는 저 여자 보이지. 저 분이 우리 교회 집사님이야. 그러니까 마음껏 먹어. 참, 이목사 너 요즘 어떻게 살고 있니? 사모님 몸이 많이 안 좋다고 했잖아."

"집 사람 기도원에 있어. 좀 있어야 할 것 같애."

"그래?"

송목사는 크게 놀란 표정을 지었다. 오목사도 마찬가지였다. 놀란 눈으로 이목사의 표정을 주시했다. 이목사는 그들의 표정을 보면서 입을 열었다.

"좀 일찍 병원에 갔어야 했는데 시기를 좀 놓쳤나 봐. 하나님의 처분만 기다리고 있는 상황이야."

"그 정도였어. 그럼 전화라도 좀 하지. 그래야 기도를 할 것 아니야. 중보기도의 중요성을 너만큼 잘 아는 사람이 없는 줄 알았는데… 이건 또 무슨 청천벽력 같은 소식이야. 어쩐지 내가 이 모임을 갖고 싶더라구. 오늘 우리 동기들에게 광고할 거야. 기도 부탁할 거라구. 괜찮지?"

"대신 집 사람이 있는 기도원은 알려 주지 않을 거야."

"그래. 그건 맘대로 해. 일단 광고는 할 거야. 이따 차 마시는 시간에 내가 광고할 테니까 그렇게 알아. 이목사 너 고생하는 구나. 애들 치다꺼리 하랴, 사모님 보살피랴 정신 없겠어. 내 나중에 한 번 들를게. 참 오목사 너는 어때? 다음 학기부터는 강의를 좀 해야 할 텐데. 그리고 내년부터는 정식 교수로 일을 해야 할 텐데…"

"응. 알아보고 있어. 이번 여름 방학 기간에 교수를 채용할 계획인가 봐. 김일권 교수님이 올 말에 정년 퇴임을 하지만 한 학기 먼저 교수를 채용할 것 같애. 그런데, 들리는 소문에 의하면 진충희 목사님이 자기 아들을 심기 위하여 운동을 하고 다닌다는 소문이 있어. 그게 좀 마음에 걸려."

"그래. 진충희 목사님 아들이라면 진순범 목사 아냐. 그 친구도 학위를 해 왔나?"

송목사는 금시초문인 듯 고개를 갸웃거리며 오목사를 보았다.

"들리기로는 아프리카의 모 대학에서 학위를 했다는군. 내가 알기로는 그 학교는 돈만 주면 학위를 주는 곳으로 알려져 있거든. 송목사는 그 진순범 목사에 대하여 잘 알아?"

"몰라. 그냥 진충희 목사님에게 아들이 있다는 말은 들었어. 여하튼, 내

171

가 한 번 자세한 내용을 알아볼게. 만약 그 말이 사실이라면 보통 문제가 아닌데. 진충희 선배 보통 사람 아니거든. 가만 있자… 그래서 전번에 이사들에게 밥을 산 건가?"

송목사는 고개를 갸웃거리면서 무엇인가를 생각했다. 이목사가 그런 송목사에게 물었다.

"왜, 진목사님이 무슨 이상한 행동하는 거 보기라도 했어?"

"얼마 전에 그 분이 대학 이사들을 한번 대접한다고 하더라고. 이사로 있는 한요한 선배하고 나하고 자주 만나거든. 우리 교새모의 고문이잖아."

"그럼 그 분이 자기 아들을 교수로 박으려고 진짜 운동하는 거 아냐?"

이목사가 심각한 표정을 지으면서 송목사의 얼굴을 보자 송목사도 역시 심각한 표정을 지으면서 고개를 갸웃거렸다. 그리고는 말했다.

"내가 한 번 자세히 알아볼게. 그런 것쯤이야 금방 알 수 있어. 만약 그 분이 움직이고 있다면 일이 상당히 어려워질 거야. 그 분 보통 사람 아니거든. 교단에서 자기가 하고 싶은 일 다 했잖아. 자기 마음에 들지 않으면 즉시 교단지에 독설 휘갈기는 사람이야. 요즘도 양다리 걸치고 상황을 예의 주시하고 있어. 정말이지 이 교단 큰 일이야. 하나님의 제단인지 더러운 욕망을 가진 인간들의 단체인지 알 수 없다니까. 여하튼, 알았으니까 너무 걱정 말고 좋은 답을 찾아 보자구. 대책을 세워보자구."

송목사는 일어났다. 그리고 다른 동기들에게로 갔다. 송목사의 말을 듣고 오목사와 이목사는 잠시 우울한 표정을 지었다. 그러나 이목사가 오목사의 손을 잡으며 말했다.

"너무 염려하지 마. 모든 일은 하나님이 하시잖아. 인간들이 별의별 짓을 다 해도 우리들은 하나님의 손 안에 있는 거야. 길이 아니면 가지 않게 하시고 길이면 가게 하시는 거야. 그건 오목사도 잘 알잖아. 모든 건 보혜사 성령님께 맡기고 기도 많이 하자구."

"그래. 그건 그래. 우리가 우리의 일들을 계획하여도 하나님이 우리의 길을 인도하시는 걸 나도 믿어. 자, 음식 먹자구. 나 염려 안 해."

"그래. 어서 먹자."

식사가 거의 끝나자 점원들이 와서 차를 주문 받기 시작했다. 몇 분이 지나자 차가 나오기 시작했다. 이 때 송목사가 일어나 좌중을 둘러보며 입을 열었다.

"급하게 연락했는데도 이렇게 많이 와 주어서 고마워 동기들. 그리고 음식 잘 먹어 준 것도 너무 고마워. 모처럼 만나서 그 동안 못다 한 대화들 많이 나누었으리라 믿어. 내가 쭉 돌아보면서 이야기를 들어보니까 미담도 많이 있었지만 아픈 이야기도 있었어. 우리 함께 기도하면서 잘 풀어가자구. 뭐니뭐니 해도 어려울 땐 동기밖에 없거든. 한 가지 잊지 말고 기도할 게 있어. 이성웅 목사 사모님이 지금 기도원에 있어. 상당히 어려운 상태야. 잊지 말고 기도해 줘. 꼭 기도해 주길 바래. 그리고 영국에서 박사 학위 받고 귀국한 오목사를 위해서도 기도해 주길 바래. 학교에서 이번 여름에 교수 채용을 할 계획인 것 같애. 그리고, 내가 오늘 꼭 해야 할 말이 있는데, 그것은 우리 동기들이 우리 교단의 미래를 위하여 무엇인가를 하자는 거야. 알다시피 우리 교단은 지금 수년째 이어지는 교권 투쟁으로 만신창이가 되어 있어. 아무도 이 문제를 책임지려고 하지 않는 지금의 모습 우리들이 지금도 보고 있잖아. 어른들이라고 하는 인간들은 오로지 자기들의 욕심에만 붙들려 있어서 누구의 조언도, 권면도 들으려고 하지 않아. 이 싸움은 하나님의 심판이 있기 전에는 끝나지 않을지도 몰라. 그래서 내가 생각해낸 것인데, 우리 동기들이 해결책을 제시해보자는 거야. 난 지금의 이 상황을 극복하려면 총회장 후보가 무흠해야 한다고 보아. 지금 싸우는 두 패거리들 중에서 나오는 어떤 인물도 적합하지 않다고 보아. 그래서 우리 동기들이 한길교회의 임마태 목사님을 추대하는 게 어떨까 생각하고 있어.

물론 난 아직 이 문제로 임목사님을 만난 적이 없어. 또 이 분을 교단의 대의원들이 어떻게 생각할지도 몰라. 그러나 한 번 찾아뵙고 일을 추진해보고 싶어. 여러분들 생각은 어떤지 알고 싶어. 오늘 모임은 이 문제를 비롯하여 겸사겸사 마련되었어."

"그것 참 좋은 의견이다. 하지만, 임마태 목사님은 지금의 이 난장판에 끼지 않으려고 하실 거야. 그 분은 지금까지 성자로 추앙 받고 있잖아. 그런 분이 목사들의 정치판에 나오려고 하겠어."

이렇게 말하는 이는 수원에서 목회하는 정영문 목사였다. 이 때 또 한 동기가 입을 열었다.

"그래도 일단은 한번 만나 본다는 것은 의미가 있을 것 같아. 교단이 이처럼 어려운데 임목사님도 홀로 고고하게 앉아 계셔서만은 안 되잖아. 안 그래? 난 그렇게 생각해. 지금 이 상황은 말 그대로 난리 속인데. 우리 모두가 나서서 이 난국을 수습해야 한다고 생각해. 임목사님도 예외는 아니라고 생각해."

동기의 이 말에 송목사는 힘을 얻은 듯 조금 전보다는 좀더 자신이 있는 어조로 말했다.

"내 생각이 바로 그거야. 임목사님이야말로 아수라장이 된 우리 교단을 보면서 가장 아파하실 거야. 후배들이 가서 목사님이 좀 전면에 나서서 문제를 해결하라고 하면 쾌히 승낙하시리라고 생각해. 일단 한 번 만나보는 게 어때? 우리 동기들이 이 일을 한 번 주선해보자는 거야. 이목사 생각은 어때?"

송목사가 갑자기 자기를 지적하는 바람에 이목사는 좀 놀랐다. 그러나 이 일이 크게 어려운 일은 아닌 것 같아서 쉽게 대답을 했다.

"괜찮은 생각인 것 같애. 임목사님이 어떤 대답을 하실진 모르지만 교단을 위해서 해보는 좋은 일인 만큼 일단 실행해도 큰 문제는 없을 것 같애.

하지만 우리 동기들이 움직이면 한 가지 문제는 있을 것 같애.”

“문제?”

송목사와 동기들의 눈이 이목사에게 집중되었다. 이목사는 그 눈길들을 한 번 둘러보고는 담담한 어조로 말했다.

“우리들이 움직이면, 임목사님을 총회장으로 추대하면, 지금 싸우고 있는 두 계파의 사람들이 우리 동기들을 큰 적으로 알고 달려들 거야. 난 그 문제가 마음에 걸려.”

이목사의 말에 송목사는 고개를 끄덕이더니 희미한 미소를 지은 다음 입을 열었다.

“그건 이목사 말이 맞아. 하지만 그런 걸 무서워할 필요는 없다고 생각해. 지금 우리 교단의 상황은 위아래도 없고 교단 법도 무용지물인 상태거든. 우리가 매일 싸움 광경을 보고 있잖아. 세상 법정으로 가서 판결을 받으면 다시 헌장을 들춰내어 고소를 하고, 그러나 헌장을 무시하고 다시 세상 법정으로 달려가고, 이 일이 계속 반복되고 있잖아. 법도 없고, 도덕도 없고, 선후배도 없는 게 우리 교단의 현 실정이야. 하긴 이게 어디 우리 교단의 실정만이겠어. 다른 교단도 똑같지. 여하튼 우린 한 번 해보는 거야. 교단을 살리기 위해서 우리 동기들이 한번 힘을 모아 보는 거야. 괜찮지?”

동기들은 고개를 끄덕였다. 송목사는 아주 만족한 표정을 지었다. 그는 동기들을 둘러보면서 물었다.

“혹시 이차 갈 사람 있어?”

“이차는 레파토리가 뭔데?”

누군가가 물었다.

“노래방이나 사우나.”

송목사의 대답에 누군가가 또 말했다.

“분위기가 분위기인 만큼 노래방은 자제하고 사우나나 가는 게 좋겠다.”

"그래. 그럼 그렇게 하지. 사우나 갈 사람은 여기에 남아. 그럼 이목사가 마무리 기도하고 오늘은 이만 헤어지도록 하지. 나중에 내가 또 전화할 테니까 그 때 다시 한 번 만나도록 해. 이목사 기도 한 번 해."

이성웅 목사는 일어나서 기도했다. 이목사와 오목사는 사우나에 가지 않기로 하고 밖으로 나왔다. 그들은 오랜 만에 종로의 저녁 거리를 함께 걸었다.

"야, 옛날 생각 나는데. 수업 끝나고 이 곳에 종종 왔었는데 말이야. 이목사 너랑도 이곳에 몇 번 왔었지?"

"응. 책 사러 왔었지. 종로는 여전히 붐비는 거리구나."

"대한민국이 존재하는 한 이 곳은 늘 붐비지 않겠어? 터가 그렇잖아. 수도 서울의 중심지. 사람이 많아지면 더 붐비겠지."

이목사는 오목사의 말에 고개를 끄덕였다. 그리고는 오목사를 보면서 물었다.

"너 대학에 들어가는 일 문제 없어야 할 텐데 신경이 좀 쓰여. 너도 그렇지?"

오목사는 고개를 끄덕이며 낮은 어조로 말했다.

"응. 솔직히 마음이 좀 무거워. 지금 한국 교계는 정상이 아닌 것 같애. 성직자라고 하는 이들이 오히려 우는 사자와 같이 입을 벌리고 활보하는 것 같애. 세상 것들을 먹으려고 포효하는 짐승들처럼 생각되거든. 만연된 세습제도 그렇고, 교권 싸움도 그렇고, 어느 자리 하나가 나오면 거기에 돈과 완력으로 자기 사람을 박아 넣는 것도 그렇고 말이야."

"맞아. 이 시대는 참으로 두려운 시대야. 성직자라고 하는 이들이 제정신을 잃은 거야. 헛된 것들을 잡으려고 혈안이 되어 있어. 장로들은 이런 성직자들 틈에서 넘어지고 있어. 마귀는 저들의 마음에 교만의 영을 심어 버리거든. 교회를 떠받치고 있어야 할 목사와 장로들이 넘어진 교회의 모습은 뻔한 거잖아. 세상의 이권 단체보다도 더 추악한 거야. 차라리 예수님과 결별을 하고 자기들의 욕심을 추구하면 좋을 텐데 십자가 아래서 치고받으니 교회가 난장판이 되는 거야."

"우리 한국 교회도 저 유럽의 교회들처럼 변할지 모르겠어."

"아직 절망하기는 이르지만, 또 절망을 해서는 안 되지만 세속화의 속도가 너무 빨라. 온전한 사람 찾기가 힘든 것 같애."

"정말 그런 것 같아. 이목사, 내가 만약 우리 교단의 신학대학에 들어가지 못한다면, 만약에 그런 사태가 도래한다면 난 어떻게 해야 하지?"

오목사는 진지한 어조로 이목사에게 물었다.

"글쎄. 길은 두 가지 아니겠어? 계속 이 교단에 있으려면 목회를 해야 할 거야. 그러나 꼭 교수가 되어야 한다면 다른 교단의 대학을 노크해야지. 난 그렇게 생각하는데?"

이목사의 말에 오목사는 고개를 끄덕거렸다.

"그래. 길은 그 두 가지일 거야. 학위를 받을 때엔 희망에 부풀었었는데 막상 귀국해보니 실망이 커. 이런 마음을 극복해야 하는데 그게 잘 되지 않아. 나와 내 가족들 위하여 기도 좀 많이 해 줘."

"계속 기도하고 있어. 너무 염려 마. 인간들이 아무리 타락해도 하나님은 살아계시고 당신의 일을 정확하게 하시는 분이잖아. 뜻대로 살려고 하는 이들에겐 그 길로 인도하셔. 그건 너도 잘 알잖아."

"잘 알지. 암 잘 알고말고."

오목사는 하늘을 쳐다보고 있었다. 이목사는 그런 오목사의 얼굴을 보았다. 그러다가 오목사의 손을 잡았다. 그리고는 말했다.

"힘 내! 힘 내자구!"

"알았어. 한데, 나도 사모님 한번 만나보아야 할 텐데. 어느 기도원이야?"

"다음에 말할게. 너무 염려하지 마. 하나님께서 치료하실 거야."

오목사는 고개를 끄덕였다. 입을 다문 채 계속 고개를 끄덕였다. 밤인데도 낮의 무더위는 그대로였다. 바람 한 점 없는 도심의 더운 기온은 가슴을 턱턱 막히게 하였다. 헝클어진 한국의 교계만큼이나 무더운 것이었다.

오목사와 헤어진 이목사는 곧 버스에 올랐다. 시계를 보니 열 시가 가까워오고 있었다. 기도원에 있는 아내와 아이들을 생각하니 일순간 마음이 착잡해졌다. 그러나 자신 앞에 놓인 이 태산 같은 모든 문제들이 그 자신의 힘에 의해서는 하나도 해결될 수 없을 것이다. 오직 하나님의 힘에 의해서만 해결될 것이다. 이것을 생각하자 이목사의 마음은 금방 평온해졌다. '그래. 내가 할 일은 기도밖에 없다. 기도 외에 내가 무슨 일을 더 할 수 있겠는가…' 이목사는 차창 밖으로 스쳐가는 빌딩들과 오색빛들을 발산하는 간판들과 그 아래의 상점들을 쳐다보았다.

예배당 문을 열고 지하로 내려와 문을 여니 예배당에 불이 켜져 있었다. 그리고 저 앞 좌석에 누구인가가 앉아 있었다. 이목사는 고개를 갸웃거리며 일단 사택으로 들어갔다. 아이들은 어느새 자고 있었다. 이목사는 옷을 갈아입고 예배당으로 나왔다. 이목사가 안으로 걸어가자 발소리를 듣고 의자에 앉아 있던 이가 일어났다. 그리고는 말했다.

"안녕하세요 목사님! 이제 오시네요!" 이렇게 말하는 이는 최은미였다.

"오 은미 자매! 이 밤에 교회를 다 오고, 어쩐 일이에요?"

이목사가 가까이 가면서 묻자 그녀는 활짝 웃으면서 대답했다.

"기도하러 오고 싶었어요. 제가 자주 온다고 말해놓고 오지 못해서 미안하기도 했고요. 퇴근하고 곧장 이리로 왔어요. 목사님은 모임에 가셨다고 하더라고요. 아이들은 제가 밥해서 먹였어요. 생각보다 일찍 오셨네요. 더 늦게 오실 줄 알았는데."

"네. 모임 끝나고 친구와 이야기 좀 하다가 곧 왔어요. 한데 애들 밥까지

해서 먹였어요. 이거 너무 고마워서 어쩌죠? 정말 고마워요 은미 자매."

"고맙긴요. 그냥 간단히 해 먹였어요. 오면서 빵도 좀 사 왔는데 애들이 너무 잘 먹었어요. 그래서 기뻤어요."

최은미는 너무 기뻤다는 표정을 지으며 말했다. 그녀는 늘 그러는 것처럼 아주 명랑한 얼굴에 미소를 지으며 이목사를 보았다. 가볍게 화장한 그녀의 얼굴은 그 어느 때보다도 아름다웠다. 그녀의 몸에서는 은은한 향수 냄새가 계속 풍겨났다. 이목사는 밤이 깊어가는 시간에 최은미의 그런 얼굴을 보자 자신도 모르게 야릇한 감정이 싹트는 것을 의식하였다. 그녀는 활짝 피어 있는 한 송이 꽃처럼 너무 아름다웠기 때문이다. 하지만 이목사는 자신의 내면에서 고개를 드는 이 감정을 한 인간의 감정이라고 생각했다. 아름다운 여인을 보면 아름답다고 느끼는 지극히 당연한 남자의 그런 감정이라고 생각한 것이다. 더 이상의 상상이나 다른 생각들은 하지 말기로 스스로에게 다짐시켰다.

"새로 들어간 그 직장은 어때요?"

"좋아요. 하지만 지난 보름 동안은 상당히 바빴어요. 제가 전에 있던 분에게서 일을 인수 받았거든요. 하고 있던 사업이랑, 지금 추진하는 일이랑, 또 앞으로 해야 할 일들을 자세히 아는 시간이 필요했어요. 이젠 어느 정도 감을 잡았어요. 그래서 오늘 이렇게 교회에 온 거예요."

"그랬군요. 기획실이란 게 어떤 일을 하는 곳인지 자세히는 모르지만, 내 생각엔 학교 일 전반에 대하여 계획하고 집행하는, 일종의 학교 프로그램을 만드는 그런 곳 같은데, 그런 곳 아녜요?"

이목사의 말에 그녀는 바로 그렇다는 듯 고개를 끄덕였다.

"맞아요! 바로 그 일을 하는 곳이에요! 제가 그 일을 하는 부서의 직원이에요."

"직원이 많아요?"

"아니에요. 딱 두 명이에요."

"두 사람밖에 안 돼요?"

이목사가 좀 놀란 눈으로 묻자 그녀는 고개를 끄덕이면서 말했다.

"네. 저하고 기획실장님뿐이에요."

"그래요. 하긴 기획만 하는 곳이면 사람이 그렇게 많을 필요는 없을 거예요. 기획실장님의 인상은 좋았어요?"

이 질문에 최은미는 좀 당황하는 듯한 표정을 지었다. 그러나 곧 담담한 표정을 지으며 서 대답했다.

"젊은 분이에요. 아직은 어떤 분인지 잘 모르겠어요. 제게는 잘해 주려고 무척 노력해요."

"그렇군요. 여하튼 이렇게 교회에 왔으니 기도는 좀 하고 가세요. 새로운 직장에 잘 적응하기 위해서는 보혜사 성령님의 도우심이 꼭 필요하거든요."

"저도 그렇게 생각해요. 그래서 이렇게 기도하러 왔잖아요. 목사님, 제가 차 한 잔 만들어 와도 될까요?"

최은미가 웃음이 가득한 얼굴로 물었다.

"그러세요. 함께 차 한 잔 마시죠."

최은미는 주방 쪽으로 걸어갔다. 그런데 몇 발자국을 내어딛던 그녀는 꽈당 소리를 내면서 넘어졌다. 그녀는 "아- 아파요 목사님!" 하고 소리쳤다. 이목사는 깜짝 놀라 반사적으로 자리에서 벌떡 일어나 그녀에게로 갔다. 그녀는 몸이 엎어져 어쩔 줄을 모르고 있었다.

"은미 자매, 괜찮아요?"

이목사가 그녀의 어깨를 토닥거리며 걱정스러운 얼굴로 물었다. 그녀는 이목사의 말에 대답했다.

"무릎이 너무 아파요 목사님. 못 일어나겠어요."

"그래요. 잠깐 그대로 있어요. 내가 부축을 할 테니까."

이목사는 최은미의 윗몸을 뒤에서 양 손으로 안아 일으키고자 시도하였다. 그러나 그녀는 통증이 심한지 신음을 하면서 그대로 가만히 누워 있었다. 그러나 이목사가 "내 손 잡고 일어나 봐요." 하고 말하자 고개를 들더니 양 손을 바닥에 짚고 일어나고자 힘을 썼다. 하지만 다시 엎어지고 말았다. 이목사는 안 되겠다 싶어 그녀의 상체를 부둥켜 안았다. 그리고는 그녀의 몸을 일으키고자 했다. 그러자 그녀는 겨우 윗몸을 일으키고 양손으로 이목사의 목을 감았다. 그녀의 얼굴이 이목사의 얼굴과 닿았다. 이 순간 이목사는 뭉클 치솟는 야릇한 감정을 느꼈다. 그녀의 얼굴은 너무 부드러웠고 향긋한 냄새가 코로 밀려들었기 때문이다. 하지만 이목사는 그러한 감정을 내색하지 않았다. 팔에 힘을 주어 그녀를 일으켰다. 그리고는 옆의 의자에 앉혔다. 최은미는 너무 놀란 듯 멍한 표정으로 이목사의 얼굴을 보았다. 이목사가 살펴보니 그녀의 한 쪽 무릎이 벗겨져 피가 흐르고 있었다. 넘어질 때의 충격이 컸던 모양이다.

"은미 자매, 아프지만 좀 참아요. 집안에 약 있을 거예요."

이목사는 곧 방으로 들어가서 소독약과 피부 연고제를 가져왔다. 그리고는 최은미의 무릎을 소독하고 약을 발랐다. 최은미는 이제야 제정신이 좀 드는지 숨을 길게 내쉬고 말했다.

"목사님, 죄송하고 감사해요. 제가 너무 조심성이 없었나 봐요. 너무 놀랐어요."

"그랬을 거예요. 일단 약은 발랐으니까 상처는 곧 아물 거예요. 하지만 혹시 뼈에 이상이 있을지 모르니까 자고 나서도 아프면 병원에 가서 진찰을 받아 보아야 할 거예요."

"네. 그렇게 할게요."

최은미는 놀란 마음이 아직도 가시지 않은 듯 큰 눈을 껌벅거리며 낮은 어조로 대답했다. 이목사는 그런 최은미의 얼굴을 보면서 조금 전의 미묘했던 감정을 떠올렸다. 그녀의 얼굴이 자신의 얼굴에 닿았을 때 자신의 전신을 미묘한 느낌으로 흔들었던 그 순간을 생각한 것이다. 그 감정은 분명히 남자가 여자를 느끼는 감정이었다. 아내 김미란 사모가 병석에 누운 후 이목사는 아내와의 성적인 관계가 소홀해졌었다. 하지만 사십대의 그에겐 그 문제가 늘 부담으로 남아 있었다. 솔직히 그는 아내를 안고 싶은 욕망을 병든 아내의 상태 때문에 항상 참아야만 했었다. 그리고 간절히 기도하면 보혜사 성령님께서 그런 상황을 이기도록 힘을 주시곤 했었다. 그런데, 오늘 밤 최은미의 얼굴이 그의 얼굴에 닿은 순간 그의 안에 있는 남자의 욕망이 번쩍 잠에서 깨는 것 같았다. 이목사는 지금 최은미를 보면서, 그런 미묘한 감정을 다시 한 번 느끼면서 피식 웃었다. 그리고는 속으로 말했다. '여자 성도 앞에서 내가 지금 무슨 망측한 생각을 하는 거야. 주여, 용서해 주세요…'

"은미 자매, 내일 출근하려면 집에 가야 할 것 같은데… 이미 열 시 반이 넘었네요."

최은미는 자신의 무릎을 한 번 내려다 보더니 말했다.

"걸을지 모르겠어요. 저 그냥 교회에서 자고 가면 안 돼요 목사님?"

이목사는 최은미의 말에 정신이 번쩍 들었다.

"여기서 자고 간다고요?"

이목사가 놀란 표정으로 물었지만 최은미는 아무렇지도 않은 얼굴로 "네." 하고 대답했다. 이목사는 다시 최은미의 얼굴을 살폈다. 이 때 최은미가 말했다.

"덮을 이불 하나만 주시면 저 이 의자 위에서 그냥 잘게요. 아무래도 걷지 못할 것 같아요. 새벽 예배 드리고, 목사님이랑 애들 밥 해 드리고 가고 싶어요."

"안 돼요. 집에서 가족들이 기다릴 거예요. 내가 택시 잡아 줄 테니까 빨리 집에 가요. 그게 모두에게 걱정 끼쳐 드리지 않는 방법이에요. 그러니 어서 일어나요."

"전 그냥 여기서 자고 싶은데…"

최은미는 마치 어린 아이 같은 표정을 지으며 말했다. 그러나 이목사는 단호하게 말했다.

"은미 자매, 집에 가서 자요. 자, 내가 붙잡을 테니까 일어나요."

이목사가 최은미의 한쪽 팔을 붙잡고 일으키자 그녀는 입술을 꼭 다물고 자리에서 일어났다. 하지만 곧 무릎의 아픔을 느끼고 신음했다. 이목사는 걱정스러운 얼굴로 물었다.

"많아 아파요? 걷지 못할 것 같아요?"

"네. 많이 아파요 목사님. 아무래도 내일 병원에 가보아야 할 것 같아요."

그녀는 이목사에게 기대어 발걸음을 옮기기 시작했다. 그러나 몇 걸음 걷지 못하고 옆의 의자에 주저앉았다. 최은미의 표정을 보니 아무래도 더 이상 걷는 것은 무리일 것 같았다. 이목사는 난감했다. 최은미의 상태가 아무리 좋지 못해도 최은미를 예배당에서 재운다는 것은 아무래도 문제가 있을 것 같았기 때문이다. 이목사는 '주님 이 일을 어찌 하면 좋습니까? 저를 좀 도와 주세요…' 하고 마음 속으로 기도했다. 그리고는 최은미에게 다시 한 번 말했다.

"은미 자매, 아무래도 다리의 상태가 이렇게 방치되면 안 될 상태 같아요. 지금 당장 근처의 병원 응급실로 가서 응급 처치를 받아야 할 것 같아요. 상태가 너무 심각해 보여요. 내가 앰뷸런스를 부를 테니까 잠깐만 기다려요."

"앰뷸런스를 부른다고요?"

최은미는 놀란 눈으로 이목사를 보았다.

"네. 다리의 상태가 안 좋아요. 혹시 뼈에 금이라도 갔다면 어떻게 해요. 지금 여기에서 이러고 있을 때가 아니에요. 지금 곧 앰뷸런스를 부를게요."

최은미는 이목사의 말에 심각한 표정을 지었다. 그러다가 고개를 갸웃거리며 다시 몸을 일으키는 것이었다. 이목사는 그런 최은미를 도왔다. 그녀는 이목사에게 기대어 절뚝거렸다. 이목사가 그녀에게 말했다.

"은미 자매, 지금 병원으로 가야 해요. 나랑 같이 가요."

"아니에요 목사님. 일단 집에 가서 가족들과 의논할게요. 목사님에게 이런 일로 부담 드리고 싶지 않아요. 집 근처에 가족들이 다니는 병원이 있거든요. 그냥 저 택시만 잡아 주세요."

"그럼 일단 집으로 갈래요?"

"네."

이목사는 지하에서 계단을 오를 때엔 최은미를 업었다. 그녀가 이목사의 등에 몸을 바짝 대는 순간 이목사는 물큰 와닿는 그녀의 젖가슴을 느꼈다. 이목사는 이 느낌 때문에 또 한 번 당황했다. 밖에 나오니 후끈한 열기가 느껴졌다. 그러나 기온이 대낮보다는 많이 누그러져 있었다. 택시를 기다리면서 최은미가 미안한 표정을 지으면서 말했다.

"오늘 너무 죄송했어요. 목사님 놀라게 해 드려서요. 다리에 이상 없다면 금방 또 올게요."

"그렇게 해요. 하지만 미안한 건 오히려 나예요. 교회 와서 애들 밥 해 주고, 내가 할 일을 은미 자매가 다 했는데 이렇게 다리를 다쳤으니 내가 할 말이 없네요. 언제든지 시간 나면 와서 기도하고, 봉사하고 싶은 것 있으면 봉사하고, 그렇게 해요."

"네."

그녀는 행복한 표정을 지었다. 조금 있자 택시가 왔다. 이목사는 그녀를 택시에 태웠다. 그리고 손을 흔들었다. 그녀도 손을 흔들었다. 이목사는 그녀를 실은 택시가 시야에서 사라지자 사택으로 돌아왔다. 그런데, 그의 의식에 미묘한 감정이 남아서 서성이고 있었다. 그것은 최은미의 체취와, 그녀의 얼굴이 자신의 얼굴에 닿았던 그 순간 자기가 느꼈던 감정이었다. 그리고 그녀의 가슴이 물큰하게 느껴지던 그 순간의 그 놀람과 야릇함이 었다. 그것들은 지금 그대로 이목사의 코끝과 뇌리에 남아 있었다. 빼어난 미모를 지닌 이십 대 여성의 싱싱한 몸이 자신의 몸에 닿았을 때 주었던 그 강렬한 느낌은 쉬이 사라지지 않는 것이었다. 이목사는 이런 상태에 있는 자신이 좀 어처구니가 없었다. 그래서 그는 방에서 나와 예배당으로 들어 갔다. 늘 기도하는 자리로 가 무릎을 꿇었다. 그리고 기도를 시작하였다.

이 무렵 기도원에 있는 김미란 사모는 하체에 극심한 통증을 느끼고 있 었다. 이 통증은 기도원에 들어온 후 가끔씩 찾아오는 것이었는데, 한번 찾 아오면 너무 아파서 정신을 혼미하게 만들었다. 자궁에서 시작된 통증은 금방 온 몸으로 퍼져나가 나중에는 뇌를 바늘로 콕콕 찌르는 것 같았다. 그 러면 김미란 사모는 몸을 이리저리 뒹굴리며 신음하였다. 이것을 알아차린 나연희 권사는 잠자리를 일반 숙소의 방에서 김미란 사모 곁으로 옮겼다. 그녀는 금식도 하지 않고 기도원 집회에서 큰 은혜를 사모하지 않았기 때 문에 처음부터 방을 사용했다. 예배당 바닥에서 자지 않았던 것이다. 이 기 도원은 이런 사람들을 위하여 수십 개의 방을 준비하고 있었다. 나연희 권 사는 김미란 사모 옆에 자면서부터는 김미란 사모를 부축하여 함께 예배 에 참석하곤 했었다. 그러면서 은혜를 받기 시작했다. 그녀는 자신이 그 동 안 얼마나 교만했었는가를 뼈져리게 느끼고 그것들을 회개하였다. 그리고 이 시대의 한국 교회들이 얼마나 많은 문제를 가지고 있는지도 분명히 알 게 되었다. 목회자들은 목회자들대로 자기의 길을 잃고 헛된 곳으로 가는 이들이 많고, 평신도들은 대부분 자기 편리한 대로 생각하면서 교회에 출 석하고 있는 것을 알게 되었다. 자기 자신도 그런 사람들 중의 한 사람이었다. 이것은 두려운 일이었다. 이 모습은 저 예수님 시대에 성전을 장악하고 있던 사두개인들의 모습이요, 사회 지도층이었던 바리새인들과 서기관들의 모습이었다. 나연희 권사는 이 사실을 알게 된 후부터 더더욱 정성스럽게 김미란 사모를 돌보아 주었다. 왜냐하면 자기가 이 기도원에서 이런 큰 은혜를 받은 것은 이성웅 목사와 김미란 사모의 역할이 컸기 때문이다.

"사모님, 아파요? 또 통증이 오나요?"

나권사는 안타까운 표정으로 김미란 사모를 보면서 물었다. 김미란 사모는 땀을 뻘뻘 흘리며 고통스러운 얼굴로 그렇다는 뜻을 전했다. 나권사는 늘 하던 대로 김미란 사모의 가슴에 손을 대고 기도를 시작했다. 아주 간절하게 말기암에 시달리는 이 여인을 불쌍히 여겨 달라고 기도하였다. 그렇게 한참을 기도하고 나자 온 몸을 뒤틀며 고통을 호소하던 김미란 사모가 잠잠해졌다. 나권사는 눈을 뜨고, 축 늘어져 있는 김미란 사모의 손을 붙잡았다. 그녀의 손은 뼈만 앙상하게 남아 있었다. 계속 금식을 하고 있었기 때문에 몸은 마치 막대기처럼 말라 있었다. 이 때 김미란 사모가 눈을 떴다. 그녀는 긴 한숨을 몰아쉬었다. 그 모습을 보고 나권사가 물었다.

"이제 좀 나아요?"

"네. 통증이 가셨네요. 정말 굉장하네요. 누군가가 예리한 송곳을 들고 쉬지 않고 제 온 몸을 찌르는 것 같아요. 이 고통이 언제까지 계속될까요?"

"하나님께서 곧 멈추어 주실 거예요."

"어서 천국에 가고 싶어요. 이 고통이 점점 더 버거워져요."

김미란 사모는 눈물을 글썽이며 말했다. 나권사는 그런 그녀의 손을 꼭 잡으며 말했다.

"사모님, 약해지지 말아요. 고통이 올 때마다 예수님을 바라보세요. 양 손 양 발목에 대못을 받고 십자가에 매달려 피와 물을 쏟으셨던 우리 주님을 바라보세요. 우리 예수님이 채찍에 맞아 흘리신 피의 대가로 우리의 병은 이미 고침을 받았다고 하셨잖아요. 사모님, 힘 내요. 약해지지 말아요. 목사님과 애들을 생각하세요…"

"그래야겠죠? 정말 그래야겠죠 권사님…"

"그럼요. 사모님은 어떻게든 살아야 해요. 목사님도, 애들도, 교회도 사모님이 살아야 사는 거예요. 하나님은 사모님을 살려 주실 거예요. 그러니 소망을 가져요. 헛된 생각들은 멀리 하시고 치료하시는 예수님만 꼭 붙드세요. 우리 주님은 사모님을 틀림없이 고쳐주실 거예요."

이 말을 듣고 김미란 사모는 어렵게 몸을 일으켰다. 그리고는 말했다.

"권사님, 나 바람 좀 쐬고 싶어요. 좀 부축해 주세요."

"그럴까요. 그래요. 내 손 잡아요."

김미란 사모는 나권사를 의지하여 어렵게 일어섰다. 그들은 누워 있는 사람들 틈을 조심조심 피해서 겨우 밖으로 나왔다. 열시가 넘은 시각인지라 밖은 시원하였다. 사방이 산이어서 나무들이 뿜어내는 신선한 공기가 느껴졌다. 아주 작았지만 바람도 느껴졌다. 그들은 수도 시설이 있는 쪽으로 해서 식당과 방들이 있는 비스듬한 길로 내려갔다. 그러다가 세탁하는 개울 근처의 길로 들어섰다. 가끔 이름 모를 새들이 우는 소리가 들리고 개구리들의 울음 소리도 점점 크게 들렸다.

"밤 공기가 참 좋아요."

김미란 사모의 말에 나권사는 고개를 끄덕였다. 그리고는 말했다.

"저 하늘 좀 보세요. 우윳빛의 맑은 별들이 한바탕 웃음 잔치를 하고 있네요. 처음엔 몰랐는데 시간이 지날수록 이 곳이 꼭 천국 같아요."

김미란 사모도 하늘을 올려다 보았다. 오래 전에 늘 보았던 그 하늘이었다. 그녀는 평생을 시골에서 목회한 아버지와 고등학교를 졸업할 때까지 함께 살았었다. 그 때 늘 보았던 그 밤하늘은 언제나 깨끗한 별들로 가득했었다. 별들이 반짝이는 모습을 볼 때마다 그녀의 마음도 별들처럼 반짝거렸었다. 그 때 그녀는 나도 아버지처럼 목회하는 남자를 만나서 평생을 함께 살리라고 마음먹었었다. 김미란 사모는 그 날들을 생각하면서 혼자 싱긋이 웃었다. 지금 생각하면 꿈같은 날들이었다.

김미란 사모와 나권사는 빨래터인 개울가를 지나 오른쪽으로 걸었다. 그 곳에는 몇 개의 긴 나무 의자들이 있었기 때문이다. 그런데 그들은 그 곳에 가까이 가다가 잠시 발걸음을 멈추었다. 누군가가 의자에 앉아 흐느끼고 있었기 때문이다. 자세히 보니 그 사람은 여자였다. 그녀는 아주 서럽게 울고 있었다. 나권사가 김미란 사모를 보면서 물었다.

"한 번 가볼까요?"

"그래요. 위로할 수 있으면 위로해 주죠."

김미란 사모와 나권사는 상체를 비튼 채로 양 손으로 의자의 등받이를 잡고 있는 체격이 작은 한 여인을 볼 수 있었다. 그녀는 얼굴을 양 손 사이에 묻고 있었다. 그녀의 흐느낌으로 인해 그녀의 등은 계속 들썩거렸다. 그녀의 모습은, 누가 보아도 지금 극심한 슬픔 가운데 있다는 것을 알 수 있는 그런 모습이었다. 그들이 곁으로 가도 그녀는 울음을 그치지 않았다. 아니 어쩌면 그녀는 너무나 마음이 아파 김미란 사모와 나권사가 곁으로 온 것도 모르고 있는지 모를 일이었다. 나권사가 곁으로 가서 그녀의 등에 손을 얹을 때야 비로소 그녀는 울음을 그쳤다. 그녀는 눈물로 범벅이 된 얼굴로 나권사와 김미란 사모를 보았다. 나권사가 그녀에게 인사를 건넸다.

"안녕하세요. 그냥 지나치려다가 야심한 시간이어서 곁으로 왔습니다."

그녀는 고개를 끄덕 하고는 손수건으로 얼굴을 닦았다. 그리고는 말했다.

"갠찮습네다. 염려 마시라요."

말투가 한국 사람 같지 않았다. 나권사가 물었다.

"중국에서 오셨습니까? 아니면 북에서…"

"북에서 왔습네다."

"아, 그러세요… 무슨 슬픈 사연이 있으신 것 같은데…"

이 말에 그녀는 다시 울기 시작했다. 그녀는 아까 처럼 아주 슬프게 우는 것이었다. 나권사와 김미란 사모는 그녀가 다시 소리를 내어 서럽게 울자 당황했다. 그래서 말했다.

"죄송합니다. 상처를 다시 건드린 것 같은데 이거 너무 죄송합니다. 용서하세요…"

이 때 여성은 말했다.

"아니야요. 죄송할 거 없시요. 놀래키어서 되레 미안합네다."

이 말에 김미란 사모와 나권사는 그녀 옆에 조심히 앉았다. 그리고는 이 여인의 표정을 살피다가 나권사가 물었다.

"남한에는 언제 오셨어요?"

"올해 삼년쨉네다."

"가족들이 다 오신 거예요?"

나권사의 이 말에 그녀는 갑자가 입을 꼭 다물었다. 그러더니 가슴을 위로 드는 동작을 하면서 숨을 깊이 들이쉬었다. 속이 몹시 불편한 표정이었다. 그러나 자세히 보니 그녀의 몸은 벌벌 떨리고 있었다. 이 모습을 보고 나권사가 물었다.

"갑자기 왜 몸을 떠세요? 오한 같은 거라도 드는 거예요?"

그녀는 여전히 입을 꼭 다문 채 고개를 저었다. 김미란 사모와 나권사는 그녀의 그런 얼굴을 그냥 쳐다만 볼 뿐 아무 말도 할 수 없었다. 수분이 지나자 그녀가 입을 열었다.

"놀래키어서 미안합네다. 가슴이 벌벌 떨리어서 잠시 마음을 눌렀습네다. 사실은 며칠 전에 북으로 송환된 그 소년들 중 한 명이 제 막내아들입네다. 남조선에서 꼭 만날 줄 알았는데 일이 틀어지고 말았습네다… 그 어린

거이 얼마나 학대를 받을까 생각하니…"

그녀는 다시 눈물을 흘리기 시작했다. 이런 그녀를 보고 나권사가 위로의 어조로 말하며 그녀의 손을 잡았다.

"울지 말아요. 저도 그 애들에 대한 방송 보았어요. 견딜 수 없이 마음이 아프겠지만 이런다고 해서 아들의 운명이 당장 바뀌어지지는 않잖아요. 모든 것을 하나님께 맡겨요. 하나님께서 어떤 조치를 취하실 거예요."

나권사의 이 말에 그녀는 울음을 그치며, 진지한 표정을 지으면서 물었다.

"정말 그러겠디요? 하늘에 계신 하나님 아바지께서 갸들의 운명을 책임 지겠디요?"

"그럼요. 그러다마다요. 하나님은 전지전능하신 분이요 무소부재하신 분입니다. 우주와 만물을 창조하시고 다스리는 분이잖아요. 우리 여성도님의 아들도 잘 알아서 인도해 주실 거예요. 그러니 염려하지 말아요."

"그럼요. 우주만물을 창조하신 분이, 인간의 생사화복을 주장하시는 분이 당연히 책임지지요. 빌립보 감옥에 갇혔던 사도 바울과 실라를 보아요. 그 깊은 감옥에 갇혔지만 한밤중에 일어나 찬송을 하니 지진이 나서 옥터가 흔들리어 옥문이 열리고 몸에 채웠던 것들이 다 풀어졌잖아요. 그리고 간수와 그 가족들이 모두 다 예수님 믿고 구원을 받잖아요. 다니엘과 세 친구는 불구덩에서도 살아나잖아요."

김미란 사모의 이 말에 그녀는 두 눈을 크게 뜨면서 물었다.

"정말 그러겠디요?"

"글세 그렇다니까요. 그러니까 염려하지 말아요. 모든 일을 하나님께 맡겨요."

"알갔습네다. 사실은 나도 남한에 와서 예수님 믿고 온 삭신이 쑤시는 병에서 놓임 받았습네다. 첫 애기 낳고부터 가만히 있어도 온 몸이 쿡쿡 쑤시는 병이 와서 이십 년 가까이 고생했는데 예수님 믿고 고침 받았습네다. 주님이 살아계심을 나도 아는데 한 가지 문제가 있어서 두렵습네다."

"무슨 문제인데요?"

나권사와 김미란 사모는 이 탈북 여인의 얼굴을 주시했다. 그녀도 역시 두 사람의 얼굴을 살피더니 입을 열었다.

"옥에서 나온 요셉도 그렇고, 불에 타 죽지 않은 다니엘도 그렇고, 사도 바울과 실라도 그렇고, 나도 그렇고 우리네는 모두 다 예수님을 믿었습네다. 하지만 내 아들은 예수님을 모를 겝니다. 우린 북한에서 함께 살 때엔 예수님을 몰랐습네다. 이거이 걱정이 됩네다. 믿음이 없으니 하나님이 역사하시지 못할 거 아닙니까. 태국에서 선교사님 밑에 몇 개월 있었는가 본데 그때 구원 받았다고 어찌 알갔습네까. 예수님 이름으로 기도해야 저 지긋지긋한 북한 땅에서 나올 텐데 믿음이 없다면 어떡 하겠습네까. 이거이 걱정입네다. 큰 문제 아닙네까."

이 말을 듣고 나권사가 손뼉을 탁 쳤다.

"아이고, 난 또 뭐라고! 성도님, 하나님은 다른 이가 기도할 때도 기적을 행하시는 분입니다. 사도행전을 보면 베드로가 옥에 갇혀서 죽게 되었을 때 성도들이 기도하니까 옥문이 열렸잖아요. 좋아요. 베드로는 믿었으니까 본인이 기도했다고 생각합시다. 마태복음 팔 장 오 절 이하에 보니까 한 백부장이 와서 자기 하인의 중풍병을 고쳐 달라고 합니다. 예수님은 그러겠다고 하십니다. 이 때 백부장은 자기 집에 예수님이 오시는 것을 감당하지 못하겠으니 다만 말씀으로만 하시라고 말합니다. 그러자 예수님은 그 믿음에 놀라시며 가라. 네 믿는 대로 되라고 하셨습니다. 그 순간 백부장 하인의 병이 나아버렸습니다. 마가복음 칠 장 이십사 절부터 삼십 절에도 놀라운 말씀이 나옵니다. 헬라인이요 수로보니게 족속인 한 이방 여인이 귀신 들린 어린 딸을 고쳐 달라고 예수님께 나왔습니다. 그러자 예수님은 자녀로 먼저 배불리 먹게 할지니 자녀의 떡을 취하여 개들에게 던짐이 마땅치 아니하니라고 하셨습니다. 이 여인을 개로 취급하시면서 믿음을 떠보신 것입니다. 그러자 여인이 주여 옳소이다마는 상 아래 개들도 아이들이 먹던 부스러기를 먹나이다 이렇게 말합니다. 예수님은 이 여인의 믿음에 놀라시어 이 말을 하였으니 돌아가라, 귀신이 네 딸에게서 나갔느니라고 하셨습니다. 여자가 집에 가보니 정말 딸이 멀쩡해졌습니다. 문제는 우리의 믿음입니다. 우리가 믿고 기도하면 북한을 하나님이 통치하십니다. 우리는 이것을 굳게 믿어야 합니다. 성도님이 기도한 대로 아들의 앞날이 무사할 것이요 형통할 것입니다. 꼭 다시 만나게 될 거예요."

여인의 얼굴이 환하게 밝아졌다. 그녀는 기쁨이 충만한 얼굴로 나권사에게 물었다.

"잘 알갔습네다. 믿갔습네다. 그란데 아주마이는 전도사님입네까 목사님입네까?"

이번에는 나권사가 놀랐다.

"난 전도사도 아니고 목사도 아니에요. 평신도예요. 권사예요. 나연희 권사예요."

"아 그라십네까! 그란데도 어이 이렇게 성경을 잘 아십네까? 성경 공부 많이 하셨습네다. 참으로 부럽습네다. 우리 목사님이 환란이 올 때 기도와 말씀으로 이기라고 했는데 난 이거 무식해서 말씀을 몰라요. 말씀으로 이겨야 하는데 말씀을 모르니 문제만 생기면 헤매는 거라요."

나권사는 이 여인의 마음이 많이 펴진 것을 보고 기뻤다. 그래서 말했다.

"성도님 이름이 뭐예요? 우리 이제 친구가 되었는데 통성명은 해야지요."

"이름요? 통성명요? 아 네, 제 이름은 문정애입네다."

"남편하고 같이 남한에 오셨어요?"

"아닙네다. 딸 애 하고 같이 왔습네다. 원래는 아들하고 셋이서 함께 탈

북했는데 중간에서 아들을 잃었시요. 이야기하자면 한참 걸려요."

"그럼 지금 어디서 사세요?"

"경기도 시화요. 시화공단 있잖아요. 딸은 냉장고 부속 만드는 공장에서 사무 보고요. 저는 그 공장에서 일해요. 아들 때문에 삼 일 휴가 내서 기도원에 왔습네다."

"그럼 교회도 그 부근에서 다니겠네요?"

"네. 그같이 하고 있습네다."

"반갑네요. 정말 반가와요 문정애 성도님. 앞으로 우리 이 땅에서 저 악한 공산주의 귀신들을 쫓아내 달라고 기도 많이 합시다."

이 때였다. 김미란 사모가 배를 움켜쥐고 신음을 시작했다. 그녀는 갑자기 밀려오는 극심한 고통을 이기지 못하고 퍽 소리를 내면서 의자 앞으로 엎어지고 말았다.

"사모님!"

나권사는 놀라서 곧 김미란 사모를 일으켜 안았다. 문정애 성도는 이 갑작스러운 광경에 두려운 눈으로 김미란 사모를 보았다. 그리고는 나권사에게 물었다.

"사모님이신가본데 무슨 병인데 이리 급합네까?"

"자궁암이요. 말기 자궁암."

"네! 아니 그럼…"

"죽고 사는 것 하나님께 맡겼어요."

김미란 사모의 이 짧은 한 마디에 문정애 성도는 입을 꼭 다물며 고개를 끄덕였다. 그러더니 말했다.

"죽기 살기로 기도해야갔습네다."

"네."

나권사는 김미란 사모를 보면서 물었다.

"사모님, 견딜 수 있어요? 예배당으로 들어가요?"

그러나 김미란 사모는 고개를 저었다.

"거기 가면 뭐 해요. 여기서 기도해야죠. 지금… 기도해 주세요. 기도해 주세요. 저 지금 너무 아파서 숨이 끊길 것 같아요."

김미란 사모의 이 고통스러운 어조에 문정애 성도가 땅바닥에 철퍽 무릎을 꿇었다. 그녀는 두 눈을 감고 두 손을 번쩍 쳐들었다. 그리고는 창자가 뒤틀릴 정도의 큰 소리로 "하나님! 하나님! 하나님! 천지를 지으신 하나님! 나는 치료하는 여호와라 하신 하나님!"하고 부르짖었다. 그녀의 목소리가 어찌나 컸던지 어두운 밤 하늘 저편으로 그녀의 간절한 부르짖음의 소리가 마치 그릇이라도 깬 듯 굉음을 내면서 퍼져나갔다. 그녀는 계속해서 큰 소리로 기도를 이어나갔다. 나권사도 김미란 사모를 가슴에 안고 간절히 간절히 기도하였다. 세 여인의 처절한 기도 소리가 고요한 기도원의 밤 공기를 가르고 하늘로 하늘로 올라갔다. 시간이 지나면서 이슬의 양이 계속 쌓여가도 그들의 처절한 기도는 끊이지 않았다.

08.
꺼져가는 촛불들

"쿠하하하하– 쿠하하하– 쿠하하하–"

비디오를 보면서 마왕은 통쾌한 웃음을 그치지 않았다. 지금 그는 자기의 부하들이 전 세계에서 활동하고 있는 근황과 그 결과를 비디오를 통해 보고 있는 것이었다. 영국과 독일 등 소수의 나라에서 근근히 명맥을 있는 유럽 교회들이 그것들마저 하나 둘 사라지는 모습을 볼 때 마왕은 너무 통쾌하여서 견딜 수가 없는 것이었다. 그의 마음을 기쁨으로 가득 채워 주는 또 하나의 사건은 근래에 와서 미국의 교회들이 너무 쉽게 무너지는 모습이었다. 청교도 나라를 자부하면서 전 세계를 복음화하겠다던 신앙의 선진들이 모두 사라져버린 지금 미국의 교회들은 구심점을 잃고 흔들거렸다. 미국인 팔십 프로가 기독교를 믿는다고 말을 하지만 그 현실이란 속 빈 강정과 같다는 게 마왕의 생각이었다. 마왕이 판단할 때에 지금 미국의 교회들은 TV의 인기 프로보다 훨씬 더 힘이 없는 흐믈흐믈한 존재들이었다. 이번에도 자기의 계획대로 정통교단이라 자부하는 장로교단의 연합집회에 동성애자들과 무슬림들을 세워 대규모 행사를 하는 일에 성공하였다. 이런 추세로 밀고 나가면 수년 안에 미국의 교회도 유럽과 똑같이 만들 수 있다는 자신감이 생기는 것이었다. 사실 그는 미국이 거대한 땅덩어리와 풍부한 자원을 가지고 세계의 복음화를 선포하며 전 세계로 선교사들을 파송할 때 잔뜩 겁을 먹었었다. 이 세상을 소유하여 이 세상을 자기의 왕국으로 만들리라는 계획에 미국이라는 나라가 가장 큰 적이 될 줄 알았다. 그러나, 그런 걱정을 하면서 은근히 두려움을 가졌던 그 때로부터 백여 년 정도가 흐른 지금 그것이 얼마나 근거 없는 기우였는지 절실히 깨닫고 있는 그였다. 마왕은 그 어느 때보다도 이 세상을 자기의 손안에 완전히 들어오게 할 수 있다는 자신감에 차있었다.

이제 그의 적은 미국이 아니었다. 한국이었다. 사탄은 가난하기 짝이 없는 한국이라는 작은 나라가 일천구백삼 년 성령의 불을 받아 그 불길이 전국으로 번질 때에 깜짝 놀랐다. 전혀 예상하지 못한 나라에서 공중제국을 괴롭히는 불길이 치솟았기 때문이었다. 그리하여 일본 제국주의자들을 충동하여 한국을 그들의 압제 하에 두도록 했다. 일제를 통하여 대한민국에 붙은 성령의 불을 꺼버리고 이 나라를 마왕인 자기만을 섬기는 나라로 만들고자 계획한 것이다. 하지만 그러한 마왕의 계획은 빗나가고 말았다. 일제가 괴롭히자 선교사들과 한인들은 더욱 더 견고히 기독교 신앙으로 결집되었던 것이다. 거기에 지조와 절개를 가진 많은 한인들이 기독교를 받아들여 독립운동을 전개했다. 그런가 하면 기독교는 어려움 중에도 학교와 병원을 짓고, 자선기관들을 자꾸만 만들었다. 또 성경을 통하여 한글을 전 국민에게 보급하였다. 교회가 성경을 통하여 한국인들의 까막눈을 뜨게한 것이다. 이렇게 되자 한국의 국민들은 기독교를 더더욱 신뢰하게 되었다. 여기에 교회를 통한 예수 그리스도의 사랑과 자비, 정의와 공의의 실천을 통한 천국으로의 초대는 원래 희고 고운 것을 좋아 했던 한민족을 계속 교회로 향하게 만들었다. 이렇게 되자 사탄은 결국 전략을 바꾸었다. 기독교를 아편으로 몰아붙이며 기독교를 완전히 소탕해버리겠다는 공산주의를 동원하고자 결정한 것이다. 그리하여 육이오 동란을 일으켰다. 자기를 절대적으로 추종하는 공산주의자들이 기습 남침을 하게 만든 것이다. 마왕은 자신만만하게 이번에야말로 한국의 기독교를 박멸하리라 결심하고 남한을 침략했던 것이다. 그러나 마귀는 이번에도 실패하고 말았다. 오히려 더 큰 타격을 받고 말았다. 십육 개국에서 지원군들이 와 피 흘리며 싸워 주었다. 그리고 전 세계의 기독교 공동체들이 육이오로 폐허가 된 남한을 지원하였다. 이 때 마왕은 거의 돌아버릴 형국에 직면하였다. 작은 나라여서 가소롭게 생각했는데 오히려 역공을 당한 그의 마음은 한동안 갈피를 잡지 못했다. 마왕의 이러한 행동으로 공중제국의 참모들은 안절부절 하였다. 그러나 마왕 옆에는 마국지 같은 출중한 명장들이 여러 명 있었다. 그들은 마왕의 마음을 안정시켰다. 그리고 보다 차분하게 한국의 기독교 박멸을 위해 계교와 술수를 짜내기 시작하였다. 그로부터 삼십 년이 지난 후 상황은 서서히 역전되기 시작하였다. 교회들이 능력을 잃고 비틀거리기 시작한 것이다.

그리하여, 이천 년도에 이르러서는, 마왕의 표현에 의하면 한국의 교회들이 술에 취한 듯 비틀거리기 시작하였다. 한국 역시 교회들이 생각 외로 너무 쉽게 무너지는 것을 볼 때 그 통쾌함은 말로 표현하기 어려운 것이었다. 그는 불과 삼십 년 전까지만 해도 한국의 교회들 때문에 잠을 이루지 못했었다. 한국의 교회들이 그만큼 무섭게 성장을 했었기 때문이었다. 그 골치 아픈, 기도의 인간들이 마치 살인진드기와도 같이 산과 들, 교회, 골방 등에 자리를 잡고 기도의 불꽃을 쏘아 올렸기 때문이었다. 마왕과 귀신들은 기도의 불꽃에 가장 약했다. 기도는 동물로 친다면 그들의 천적이었다. 그처럼 잔인하고 교활한 마왕도 기도 앞에서는 맥을 추지 못했다. 그런데 한국의 교회들은 새벽기도회라는 것까지 두고 매일매일 기도의 불꽃을 쏘아 올리니 너무나 고통스러운 것이었다. 거기에 금요일 밤에는 철야기도를 하면서 잠도 자지 않고 기도를 하니 정말이지 정신을 차릴 수 없었다. 그것만이 아니었다. 부흥회를 한다며 교회 안에서 일주일 내내 부르짖는 기도와, 전국의 기도원에서 쏘아 올리는 기도의 열기란 참으로 견디기 어려운 뜨거움이었다. 이러한 열기는 마왕의 제국을 금방이라도 살라버릴 것 같았다. 그리하여 마왕은 하루라도 편하게 잠을 잔 적이 없었다. 그런데 어느 때부터인가 이 무서웠던 기도의 불꽃들이 점점 꺼지고 있는 것이었다. 그처럼 세차게 타오르던 기도의 불꽃들이 왜 그렇게 식어지는지 마왕은 정확한 이유를 알 수 없었다. 한 가지 확신하는 것은, 이러한 현상이 자기의 부하들이 자기의 교시를 따라 그만큼 열심히 노력한 댓가일 것이라는 점이었다. 오늘도 그는 자기의 부하들이 가지고 온 비디오를 하나 둘 감상하면서 솟아오르는 기쁨을 주체하지 못하고 있었다.

지금 그는 서울의 대형교회가 수백 억짜리 예배당을 짓는 중에 담임 목사를 강단에서 끌어내리는 과정을 보고 있었다. 자기의 부하들이 이 일을 위하여 배후에서 어떻게 활동하고 있는지를 보게 되자 그 기쁨을 감출 수 없었다. 그는 흡족한 표정을 지으며 몇 번이고 고개를 끄덕였다. 그러다가 이번엔 목사와 장로들이 교회를 중간에 두고 첨예하게 대립하여 싸우고, 지금은 재판 중에 있는 지방의 한 대형교회의 실상을 보았다. 그러다가 손뼉을 딱 치면서 말했다.

"좋았어! 바로 이거야! 한국의 교회들도 이제 다 끝난 거야! 쿠하하하-사랑하는 내 부하들이 너무 장하도다! 정말 대견해! 날 닮아서 하나같이 지혜가 뛰어나고, 술수가 탁월해! 그리고 잔인하단 말이야. 아하하하-"

이 모습을 보고 마국지가 말했다.

"대왕 각하, 이제 한국의 교회들도 종말을 고할 날이 얼마 남지 않았습니다. 비단 교회만이 아니고 예수사관학교라 말하는 저 신학대학들도 이미 재활이 불가능한 파멸의 수준에 들어갔습니다. 이제 그 곳에는 사명이라는 말이 존재하지 않습니다. 오직 돈과 명예를 쟁취하기 위한 탐욕만이 존재할 뿐입니다. 우리를 괴롭히는 기도의 사람들, 저 예수의 종들은 이제 신학 강단에 들어가지 못합니다. 오직 권모와 술수에 능한 우리의 사람들이 그 강단에 설 뿐입니다."

마왕은 마국지의 이 말에 흡족한 표정으로 고개를 끄덕였다. 이 때 옆에 있던 마국디가 입을 열었다.

"각하, 우리의 계획도 착착 진행되고 있습니다. 지금 전 세계의 방송국에 우리의 사람들이 모두 다 들어가 있습니다. 그리하여 모든 프로그램에 각하의 사상과 교시를 집어넣고 있습니다. 음란과 폭력, 오직 이 세상에서의 영광, 극단적인 마음, 분열, 시기와 질투, 황금의 위대성을 계속 광고하며 가르치고 있습니다. 이것뿐만이 아닙니다. 유명한 학자들, 예인이나 스포츠 스타들을 우리의 사람들로 만들고자 계속 포섭 중에 있습니다. 이미 많은 이들을 포섭했습니다. 그리하여 그들이 각하의 교시를 방송하고 연기하도록 계속 가르치고 있습니다. 스마트폰이나 컴퓨터 회사에도 우리의 사람들이 들어가 작업을 하고 있습니다. 머지 않아서 이 세상은 각하의 손에 들어올 것입니다. 우리 공중제국의 손 안에 완전히 들어올 것입니다. 각하가 주는 표를 받지 않고는 그 누구도 이 세상에 존재하지 못할 것입니다."

"알았다 마국디, 난 너를 믿는다. 내 머리를 꼭 빼어 닮은 네 비상한 머리를 믿어. 계속 작업해라. 저 영국의 도킨스 같은 용병들을 더 많이 포섭하란 말이다. 그리고 마국과 긴밀히 협조하는 것을 잊지 마라. 알겠나?"

"네 각하! 이 생명 다 바쳐 죽기까지 충성하겠습니다!"

"좋아. 그런데 말이야, 한국에 예수가 숨겨 놓았다는 그 소수의 특별한 의인들이란 작자들 말이야, 그들은 지금 어떻게 되어가고 있나? 하나 둘씩 제거하고 있나? 죽이고 있어?"

마왕은 주위를 돌아보면서 물었다. 마국아수가 입을 열었다.

"네 각하. 지금 계속 섬멸 중에 있습니다. 그렇지 않아도 비디오를 준비했습니다. 우선 이것을 보십시오. 샘플로 하나 가져왔습니다."

마왕은 비디오를 받아들고 마국아수의 표정을 한 번 살펴보았다. 그러다가 비디오를 기계에 넣고 보기 시작했다. 이 비디오의 내용은 지하 개척교회에서 십여 년 이상을 오직 기도함으로 목회하던 한 목사의 이야기를 담고 있었다. 이 목사는 죽으면 죽으리라는 각오로 개척교회를 붙들고 기도하였다. 하루에 반나절 이상을 매일매일 기도하였다. 그리하여 보혜사 성령님의 강권적인 돌보심을 받았다. 그러던 어느 날 돈이 많은 한 장로 가족이 이 교회에 등록하였다. 그러나 이 장로는 마국아수가 보낸, 이를테면 거짓 장로이며 사탄의 첩자인, 그 목사를 죽이기 위한 자객이었다. 이 목사는 돈 많은 장로 가족이 들어와 돈을 이용해 그 동안에 하지 못했던 모든 일을 하게 해 주자 갑자기 기도의 시간을 줄였다. 그리고 장로와 함께 세상의 좋은 것들을 취하는 생활로 접어들었다. 이제 이 목사는 더 이상 절박한 기도를 드려야 할 필요성을 느끼지 못했다. 이 상태가 되자 가짜 장로의 가정은 이 목사의 곁을 떠나버렸다. 충격을 받은 이 목사는 교회의 문을 닫았다는 이야기였다.

마왕은 이 비디오를 다 보고 나서 고개를 갸웃거렸다. 그러다가는 미국아수를 불렀다.

"이것 봐 마국아수! 이렇게 쉽게 우리의 술책에 넘어오는 인간을 예수가 숨겨놓은 특별한 종으로 볼 수 있나? 저들은 생명을 걸고 예수와의 의리를 지킨다고 했지 않나?"

"하지만 각하, 그가 반나절이 넘도록 매일매일 기도할 때에 우리들의 고통은 너무 컸었습니다. 그 고통은 각하가 더 잘 알지 않습니까."

마국아수가 좀 두려운 어조로 대답했다.

"그래. 그건 내가 알지. 좋아. 기도의 불을 하나 제거했다 이거지. 이것도 성과이지 암. 하지만 좀 약한 건 사실이야. 예수가 숨겨놓은 자들은 이런 시시한 자들보다는 좀더 강할 거야. 참 그 이성웅 목사라는 자는 어떻게 되었나? 그 놈에 대한 비디오는 준비 못했어?"

마국아수는 좀 떨리는 어조로 대답했다.

"각하, 아직 그 자에 대한 촬영은 불가능합니다. 천사들이 그와 그의 주변을 두르고 있습니다."

이 말을 듣는 순간 갑자기 마왕의 얼굴이 백 팔십 도로 변하였다. 그는 분노한 표정을 지음과 동시에 마국아수에게 조금 전에 받은 그 비디오를 마치 상대방을 해하려고 흉기를 던지듯 마국아수 쪽으로 세차게 던졌다. 그러면서 소리쳤다.

"알고 보니 예수가 숨겼다는 그 의인들이라는 자들은 아직 한 명도 제거를 못했구만! 이게 도대체 무엇하는 짓들이야! 한국교회를 박멸하기 위해서는 우리의 일차적인 목표가 그들을 제거하는 거라고 했잖나! 그런데 이따위 시시한 인간들을 포섭하는 데다 시간을 낭비해! 너 마국아수, 넌 날 언제까지 실망시킬 거야? 그리고 너희 다른 참모들은 도대체 무엇을 하고 있는 거야. 함께 머리를 맞대야 할 거 아니야! 지금 이 시대에 우리 공중제국의 카메라로 촬영을 못하는 인간들이 있다는 게 말이 되느냐 말이야! 이런 수치스러운 일이 있나! 마국디, 넌 이 상황을 어떻게 설명할 수 있어?"

마국디는 사시나무가 떨 듯이 온 몸을 부들부들 떨면서 입을 열었다.

"대왕 각하, 우리 제국의 촬영 기술은 이미 세상을 모두 볼 수 있는 수준에 와 있습니다… 그런데…"

이 때 마왕은 그의 탁자를 오른 손 주먹으로 힘껏 내리쳤다. 그는 한 번화가 나면 좀처럼 그 화를 식히지 못했다. 주변에 있는 물건들이 부서지고 자기의 몸에도 상처가 입혀질 때 비로소 그 화가 누그러졌다. 사실 분노함으로 제 정신을 잃고 설치는 이 세상의 모든 인간들은 사탄의 바로 이 기운을 받은 것이다.

"세상을 모두 볼 수 있는데 작은 교회를 관리하고 있는 극히 미미한 존재인 목사 하나를 못 찍어 와! 이 멍청이들! 우리 제국에서 추진하는 일들 중에 불가능한 게 뭐가 있느냐 말이야?"

이 때 마국지가 입을 열었다.

"각하, 바로 그들이 예수가 숨겨놓은 자들입니다. 숨겼다는 말이 그것입니다. 그들은 지금 전적으로 하늘의 도움을 받기 때문에 하늘왕국의 천사들이 몇 겹으로 두르고 있습니다. 각하도 그걸 잘 아시지 않습니까."

마왕은 마국지의 말을 듣고 음흉하고 잔인한 눈빛을 발산하며 자기의 참모들을 한 번 둘러보았다. 그리고는 말했다.

"그래. 내가 잘 알지. 그 예수가 숨겨놓은 소수의 특별한 의인들이라는 자들을 내가 너희들보다 훨씬 더 잘 알아. 내가 하는 말은 왜 그들을 타락시켜 죽이지 못하고 여전히 그들을 예수의 품에 있게 하느냐 말이다. 왜 그들을 꺾지 못하느냐 말이다."

이 때 마국아수가 입을 열었다.

"각하, 지금 저희들이 치열하게 작업 중에 있습니다. 그의 부인은 죽을 병이 들어 기도원에서 사경을 헤매고 있습니다. 그리고 그가 사역하는 교회 안에는 우리들이 보낸 한 아가씨가 그를 넘어뜨리기 위하여 계속 작업을 하고 있습니다. 문제는…"

"문제는 뭐야? 뭐가 문제란 말이야?"

"그와 그의 아내가 끊임없이 기도한다는 것입니다. 이것이 문제입니다. 이것 때문에 하늘의 군사와 돕는 영들이 그들 곁을 떠나지 않는 것입니다."

"그러니까 기도를 못하게 해야 할 것 아니야. 그것이 작전의 첫째 목적이 되어야 할 것 아니야. 안 그래?"

"맞습니다 각하. 그런데…"

"그런데 또 뭐야?"

"그들의 기도를 막을 방법이 아직은 묘연합니다."

마국아수의 이 말에 마왕은 기가 막히다는 표정을 지으며 마국아수의 얼굴을 한참이나 노려보았다. 그리고는 입을 열었다.

"모든 방법을 시도해 보았어? 아까 그 비디오를 보니까 기도의 줄을 돈을 가지고 잘라 그 목사를 죽였던데, 그 이성웅 목사라는 자에게도 그걸 시도해 보았어? 교세가 작으니까 이성웅 목사라는 자도 가난할 것 아니야. 항상 돈이 궁할 것 아니야. 그 궁한 돈을 갖다 주어 보았느냐구? 그에게 돈을 처발라 보았느냐 이 말이야!"

마왕은 참모들을 둘러보다가 다시 마국아수의 얼굴에 시선을 고정시켰다.

"마국아수, 넌 항상 아홉 가지를 알 뿐 열 가지를 모르는 위인이야. 가난뱅이들에게 가장 필요한 것은 돈이야. 황금, 황금 몰라? 그들에게 가장 취약한 것이 뭐야? 돈이 없다는 것 아니냔 말이야. 그들은 돈에 한이 맺힌 인간들이야. 그런데 그 가난뱅이 목사에게 왜 여태껏 돈을 주지 않았어? 왜 그 단순한 방법을 시도하지 않았느냐구? 이러면서도 네가 나의 장수라고 불릴 수 있어? 병으로, 음란으로만 치면 기도의 줄이 끊길 거라는 발상을 어떤 근거에서 한 거야? 내가 준 지혜는 아닌 것 같은데 어디 한 번 말해 봐!"

마국아수의 얼굴이 벌겋게 달아 있었다. 그리고 그의 두 눈은 빨갛게 충혈되어 있었다. 그의 이마에서는 땀이 스며나오고 있었다. 그는 마왕이 자기를 겨냥하고 몰아붙이는 이 상황을 어떻게 대처해야 할지 모르고 있었다. 일시적으로 강한 분노가 일어나기도 했지만, 그러나 그는 두려운 어조로 조심히 입을 열었다. 그는 이 상황이 자기에게 위험한 상황이라는 것을 너무나 잘 알고 있었던 것이다.

"각하, 제가 하나만 생각하고 둘은 생각을 못했습니다. 한 번만 더 기회를 주시면 그 놈을 기필코 죽이도록 하겠습니다. 아니 다른 놈들도 모두 찾아내어 죽이도록 하겠습니다."

"한 번 더 기회를 달라… 그러면 네가 진짜 그 목사를 죽일 수 있겠나? 그 소수의 의인들이라는 놈들을 모두 죽일 수 있겠어?"

"네 각하."

"좋아. 내 너에게 한 번 더 기회를 주지. 그러나 이번에도 실패하면 그 목사 대신 네가 죽게 된다는 사실을 명심해라."

공중 제국의 회의실은 일순간 무거운 적막이 내려앉았다. 두렵고 기괴한, 칠흑 같이 캄캄한 밤이 주는 음험하고 교활한, 위에서부터 내려와 모든 것을 뒤덮고 질식시켜버릴 것 같은 거대한 검은 장막 같은 것이 그 곳에 내려앉아 있었다. 참모들은 마왕의 얼굴을 감히 보지 못하고 모두 자기의 발등만 내려다보고 있었다. 이 때 마왕이 소리쳤다.

"왜들 이렇게 죽상들을 하고 있는 거야? 그 목사 하나를 당하지 못하겠다는 거야! 힘을 합쳐 계책을 짜보란 말이야! 더 강한 상대도 우리들은 다 자빠뜨렸어! 그들을 죽였단 말이야! 이봐 마국주, 가서 술통 꺼내오고 안주도 가져와! 모처럼 한 번 마셔야지! 요즘 마국주 너의 활동이 맘에 든다. 전 세계의 인간들이 점점 더 술을 많이 마시고 있으니 말이야! 특별히 한국은 세계에서 첫 번째 두 번째 가는 주당들의 나라가 되고 있으니 내 마음이 기쁘다! 그 예수가 숨겨놓았다는 자들에게는 술을 마시게 할 수 없나?"

"각하, 그건 좀… 하지만 시도는 해보겠습니다."

"알았다. 어서 술을 내 와라!"

"네 각하!"

마국주는 부하들을 시켜서 금방 술통들을 가져왔다. 그리고 졸개들을 시켜 참모들의 테이블들 위에 안주가 담긴 접시들을 놓았다. 이 때 마왕이 마국주에게 물었다.

"이 술들은 언제 만든 것이냐? 통을 보니 아주 오래 된 것 같은데?"

"각하의 눈은 대단하십니다. 사실 이 술은 로마시대의 것입니다. 로마의 경기장에서 짐승에게 잡아먹힌 기독교도들의 피입니다."

"그렇군. 오늘은 이 술보단 한국인들의 피로 제조한 것을 마시는 게 나을 것 같구나. 그 것도 있지?"

"네 각하. 저들이 일본인들에게, 공산당군들에게 저항하다가 흘린 피를 가지고 만든 술이 많이 있습니다. 그걸로 가져올까요?"

"그래. 그게 좋겠어. 지금 우리의 가장 큰 목표는 한국 교회를 파멸시키는 일이야. 가서 그걸 가져와."

마국주의 명령에 따라 잡역부 노릇을 하는 하층 귀신들이 일사분란하게 움직였다. 그리고 곧 새로운 술통들이 나왔다. 이 술통들은 온통 하얀 색이었다. 그리고 그 흰 바탕 위에 무궁화꽃들이 수놓아져 있었다. 마왕은 그러한 술통의 디자인이 신기하다는 표정을 지었다. 그래서 마국주에게 물었다.

"술통의 도안이 아주 특이하구나. 흰 바탕에 꽃들이라니?"

"각하, 각하도 아다시피 우리 공중제국의 술창고에는 수많은 종류의 술들이 있습니다. 저는 그 술들을 국가별로 구별하기 위하여 술통에 적합한 무늬들을 그려넣었습니다. 한국 민족은 고대로부터 흰색을 좋아합니다. 그래서 옷도 흰옷을 즐겨 입었습니다. 아주 특이한 민족입니다. 거기에 착안하여 바탕을 하얀색으로 하고 그 위에 그들의 꽃인 무궁화를 그려넣었습니다."

"그랬구나. 나도 한국 민족이 흰 것을 좋아한다는 것은 잘 알고 있다. 그것이 예수와 어떤 관계가 있을 것도 같은데, 너희들 중에 여기에 대한 대답을 할 수 있는 자가 있으면 해보아라."

마왕의 말에 참모들은 서로를 보았다. 그러다가 마국재가 입을 열었다.

"대왕 각하, 한국인들은 예로부터 가난한 족속입니다. 그리고 단순한 족속입니다. 그래서 목화를 재배해 거기에서 나온 재료를 가지고 자연스럽게 흰옷을 만들어 입었습니다. 색깔을 만들어 물을 들일 형편이 안 되었던 것입니다. 또 도량도 없어서 그런 컬러풀한 옷감을 만들 생각도 못 했고요. 그래서 저들이 오랜 동안 흰옷을 만들어 입었던 것입니다. 결코 마음이 희고 깨끗해서 흰 것을 좋아한 게 아닙니다."

"그럴 법하구나. 다른 의견들은 없는가? 흰 것이 예수와 어떤 관계는 없는가 말할 사람이 없느냐 말이다."

이 때 마국지가 입을 열었다.

"각하, 관계가 있습니다."

마왕과 공중제국의 참모들 시선이 마국지에게 모아졌다.

"각하, 제 연구에 의하면, 이 지구상에서 수천 년 동안 흰옷을 평상복으로 입었던 민족은 예수가 태어날 때 몸을 빌린 족속인 저 유대인들과 한국 민족밖에 없습니다. 이것이 우연의 일치는 아닐 것입니다. 각하도 잘 알다시피 예수는 일생 동안 흰옷을 입었습니다. 죽을 때도 흰옷을 남기고 죽었습니다. 결론을 내어 본다면 예수는 흰 것을 좋아했고 유대인들과 한국인들도 흰 것을 좋아한다는 것입니다."

"그건 왜 그러지?"

마왕은 흥미진진한 눈으로 마국지에게 물었다.

"저들의 이상이 높다는 것입니다."

마왕은 더더욱 흥미 있는 눈빛으로 마국지에게 또 물었다.

"이상이 높다니 그게 무슨 말이냐?"

"각하도 알다시피 예수는 하나님의 아들이 아닙니까. 유대인이나 한국인 모두 하늘에 오르고 싶은 것입니다."

"그게 무슨 뜻이냐?"

"저들은 우리가 통치하는 이 세상에 살고 있지만 저들의 마음은 저 예수의 나라인 하늘나라를 사모한다는 것입니다. 실제로 하늘나라의 천사들과 장로들은 모두 흰옷을 입고 있지 않습니까. 각하도 옛날에 그 옷을 입고 하나님 곁에 계셨고요."

이 말을 듣고 마왕은 입을 다문 채 웃었다. 그러다가는 낄낄거리며 점점 소리를 높여서 웃기 시작했다.

"맞다! 마국지 네 말이 맞아! 이 인간들은 이 세상에서 우리를 가장 크게 대적하는 인간들이야. 저들은 마지 못하여 우리가 마음대로 활동하는 이 세상에서 살고 있는 거야. 저들은 저 예수의 나라를 동경하고 있어. 오매불망 천국이라는 나라를 바라고 있단 말이야. 저것들은 근본적으로 내 백성들이 아니야. 하나님의 족속들이야. 안 그러냐 마국지?"

"맞습니다. 각하의 말씀이 맞습니다. 그래서 교회가 부흥되었던 것입니다. 하지만 염려 마십시오. 이제 저들은 무엇이 진짜며 무엇이 좋은 것인가를 깨닫고 각하에게로 돌아오고 있습니다. 우리 공중제국으로 돌아오고 있습니다."

"바로 그거야! 마국지 넌 참으로 이 공중제국에서는 없어서는 안 될 우리의 보배이다! 네 지혜를 나 말고 누가 따라잡을 수 있겠느냐! 마국주, 이리 술을 가져오너라!"

마국주가 술을 가져오자 마왕은 자기의 잔에 순교자들의 붉은 피를 가득 따랐다. 그리고는 마국지를 향하여 말했다.

"마국지, 내 잔을 받아라!"

"각하, 잔을 받기 전에 한 가지를 꼭 말씀 드리고 싶습니다."

"그래. 그게 무어야? 말해라."

"어떻게 해서든지 한국이 통일되는 것을 막아야 합니다."

"그건 무슨 말이냐?"

사탄은 두 눈에 빛을 모으며 마국지에게 물었다. 마국지는 그런 마왕을 보면서 차분한 어조로 대답했다.

"유대인들은 하나님의 백성으로 인정 받을 때 세상에서 가장 영향력이 있는 책 성경을 남겼습니다. 지금도 세상에서 가장 우수한 족속으로 활동합니다. 그러나 저들은 우리의 시험에 넘어져 성경을 버렸고 하나님께 버림 받았습니다. 하나님의 아들 예수를 십자기에 못박아 죽였습니다. 이제 저들은 우리의 가장 충실한 하수인들 중 하나가 되었습니다. 각하, 그러나 이제는 한국인들이 버림 받기 전의 유대인 역할을 하고 있습니다. 만약 저들이 통일을 한다면 분명히 세계를 움직이는 나라가 될 것입니다. 개인개인이 각 분야에서 뛰어난 활동을 할 것이며, 저들은 큰 영향력을 지닐 것입니다. 그와 동시에 예수를 온 세상에 효과적으로 전할 것입니다. 이렇게 되면 우리 제국이 큰 타격을 받을 것입니다. 그러므로 어떻게 해서든지 통일만은 막아야 합니다. 모든 수단을 동원하여 통일을 막아야 합니다. 저 소수의 특별한 의인이라는 자들의 기도를 막아야 합니다."

마국지의 말에 마왕은 입을 꼭 다문 채 무엇인가를 깊이 생각했다. 그리고는 입을 열었다.

"알았다 마국지. 넌 과연 우리 제국의 최고 가는 지장이다. 이제 잔을 받아라."

마국지는 고개를 숙인 채 조심히 잔을 받아 마시고 다시 잔을 마왕에게 주었다. 마왕은 이번에도 자기의 잔에 피를 가득 채웠다. 그리고는 마국아수를 불렀다.

"마국아수, 이리 오너라! 내 너에게도 한 잔 주겠다!"

참모들은 마왕이 이제까지 금방이라도 잡아 먹을 것 같이 호통을 치던 마국아수에게 잔을 주겠다고 말하자 이게 도대체 무슨 일인가 싶어서 놀라고 있었다. 마국아수는 아주 두려운 표정과 걸음걸이로 마왕 앞으로 나아갔다. 그런 마국아수에게 마왕은 잔을 건네며 말했다.

"자 받아라! 내 너에게 호통을 쳤지만 네가 잘한 일도 있다. 한국을 세계 제일의 자살국가로 만든 것은 전적으로 너의 공로이다. 앞으로도 계속해서 저들에게 절망감과 패배감을 심어주고, 허무를 심어 주고, 이 세상은, 특별히 한국은 살 가치가 없는 황폐한 곳이라 미혹하여 저들을 스스로 죽게 만들어라. 알겠나?"

"네 각하! 각하의 분부를 이 생명 다 바쳐 붙들겠습니다!"

"좋아! 그러나 아까 한 약속은 지켜야 돼!"

"잘 알겠습니다 각하!"

마국아수는 몸을 돌려 잔을 입에 대고 붉은 피를 죽 들이켰다. 이것을 흐뭇하게 바라본 마왕은 이번엔 마국종을 불렀다. 그리고는 그에게도 잔을 건네며 말했다.

"마국종, 너도 한 잔 받아라! 너도 요즘 내 마음을 기쁘게 하고 있다. 네가 자꾸 한국에 이슬람 사원을 증축하는 것을 보고 내 마음에 큰 희망이 생겼다. 그리고 네 동료들을 제 자리에 잘 배치하여 한국을 이단과 사설로 가득차게 하고 있으니 참으로 훌륭하다. 지금까지 통일교를 이끌던 장군을 그 영혼이 수명을 다함으로 즉각 다른 영혼으로 옮겨 신천지라는 이름으로 부흥을 꾀한 것은 너의 큰 공로이다. 넌 우리 장수들을 적재적소에 잘 배치하는 탁월한 능력이 있어. 넌 그 면에서는 나를 쏙 빼닮았어. 암 나를 꼭 닮았지. 마국종, 네가 지금도 잘 하고 있다만 이단자들을 더 많이 세워라. 우상의 제단들도 더 많이 만들어. 내 너에게 특별하게 명령하는데, 기독교에서 이단과 우상이라고 말하는 것들을 숭배해야만 복을 받는다는 것을 인간들에게 좀더 세밀하게 주입시켜. 재벌이나 유명 연예인들, 스포츠 스타들을 좀더 적극적으로 매수하란 말이야. 그들이 나의 종이 되었을 때 인간들을 설득하는 효과를 너는 잘 알고 있지 않느냐. 최선을 다해. 지금이 기회야. 한국인들에겐 지금 너희들의 노력으로 기독교인들을 미워하는 풍토가 조성되어 있어. 이 때를 놓치면 안 돼. 너도 잘 알 거야. 한국을 완전히 우리의 땅으로 만들려고 천 구백 오십 년 우리의 군대가 저들의 군대를 무력으로 밀어부칠 때 우리가 절호의 기회를 놓쳤다는 사실을 말이야. 우리가 처음부터 중공군을 투입했으면 상황은 끝났을 거야. 그 때 그렇게 했더라면 되었는데, 그 기회를 놓친 거야. 그런데 이제 새로운 기회가 왔어. 우리가 한국을 다른 방법으로 잡아먹을 기회가 온 거야. 기회라는 게 있어. 지금이 한국을 우리 제국의 소유로 완전히 바꾸어버릴 절호의 기회야. 한국인들에게 계속해서 기독교는 허망한 종교라는 것을 주입시켜. 기독교란 부흥하면 결국 지들끼리 싸우게 되는 종교이고, 나중에는 무서운 욕심쟁이가 되어 다른 종교를 가진 자들을 핍박하고, 죽이고, 추방한다고 좀더 적극적으로 가르치란 말이야. 한국을 세계에서 가장 잡신이 많고 이단과 사술이 가장 많은 나라로 만들란 말이야. 예수의 씨를 말려버리란 말이야. 한국인들이 저 천국의 존재를 완전히 망각하도록 만들란 말이야. 우리 귀신들의 제국으로 만들란 말이야. 한 가지 더 말하겠는데, 한국으로 돈을 벌려고 들어오는 외국인들을 최대한 활용해. 저들의 욕망을 이용하란 말이야. 그들을 이용하면 한국은 보다 더 쉽게, 보다 더 빨리 우리의 제국이 될 거야. 내 말 잘 알아들었나 마국종?"

"네 각하! 잘 알겠습니다! 각하를 위하여 이 한 몸 기꺼이 바쳐 충성하겠습니다!"

마국종의 큰 대답과, 시원하게 잔을 들이키는 모습을 보고 마귀는 흐뭇한 미소를 지었다. 그는 마국종의 등을 툭툭 두들기면서 말했다.

"이 지상에서 천국의 종교인 기독교를 없애버릴 때까지 최선을 다할 줄 믿는다."

"물론입니다 각하! 감사합니다!"

사탄은 다시 한 번 흡족한 표정을 지으면서 잔을 높이 들었다.

"자, 잔을 높이 들어라! 우리 제국의 승리와 번영을 위하여 축배하자!"

이 때야 비로소 공중제국의 참모실은 분위기가 바뀌었다. 마왕은 자기 참모들의 얼굴을 한번 살피고는 고개를 끄덕였다. 그는 그 자신만 알 수 있는 미소를 지으며 잔을 높이 든 채 다시 한 번 소리쳤다.

"자, 우리 공중제국의 번영을 위하여 모두 건배하자!"

저들은 모두 잔을 들었다. 그리고 소리쳤다.

"대왕 각하와 우리의 제국은 영원하리라! 영원하리라!"

이 무렵 이성웅 목사는 성경을 읽고 있다가 오지훈 목사의 전화를 받았다.

"오목사구나. 그래 그 동안 잘 지냈어? 애들은 모두 건강해? 사모님도 잘 있고?"

"응. 이목사 기도 덕분에 모두 다 잘 있어. 사실 나 학교에 갔다가 나오는 길이야. 지금 뭐 해? 시간 괜찮다면 한 번 만나고 싶은데?"

"시간 괜찮아. 나 지금 성경 읽으며 애들 기다리고 있어."

"알았어. 금방 갈게."

이목사는 요즘 아이들 때문에 신경을 많이 써야만 하였다. 아이들 셋을 제 때 밥 먹여서 매일매일 학교에 보낸다는 일이 이처럼 힘이 드는 줄 전에는 알지 못했었다. 학교에서 해오라는 과제물은 고사하고 제 때 밥 먹이고 깨끗한 옷을 입혀서 학교에 보내는 일도 결코 쉬운 일이 아니었다. 시간이 지날수록 아내 김미란 사모의 자리가 얼마나 크고 중요한가를 절실하게 느끼는 그였다. 이목사는 일주일에 두 번 정도는 꼭꼭 기도원에 올라가 아내의 상태를 보았다. 그러나 아직까지는 호전의 기미를 전혀 발견하지 못하였다. 오히려 병이 점점 깊어지는 것을 보아야만 했다. 피골이 상접하고, 최근에는 호흡하는 것조차 힘들어 하는 아내였다. 집에 내려와 그런 아내의 모습을 생각하면 눈물만 솟구쳤다. 그녀는 어려운 농촌 목회로 평생을 보낸 아버지 아래서 항상 힘들게 살아왔었다. 그런 그녀가 결혼 후에도 어려운 교회에서 사모로 고생하다가 이제는 몹쓸 병으로 죽어간다고 생각하니 가슴이 미어지는 것이었다. 그러나, 이 상황에서 이목사가 할 수 있는 일은 기도하는 일 외엔 아무 것도 없었다. 전에는 기도만 할 수 있으면 되었지 더 이상의 무엇이 우리의 인생 가운데 필요할까 생각했던 그였다. 그러나 지금은 아내를 위하여 기도 이외의 무엇인가를 더 해 주고 싶었다. 하지만 아무리 생각을 해보아도 기도 외엔 자기가 할 수 있는 일이 없었다. 이것이 가슴 아팠다. 하지만, 이 감당하기 힘든 슬픔을 안고 밤새 기도를 하고 나면 마음엔 다시 평화가 왔다. "아무것도 염려하지 말아라. 모든 것을 내게 맡겨라. 죽고 사는 것이 내게 있다. 나는 너의 하나님, 너의 주 예수 그리스도, 너의 주 보혜사 성령님이시다…" 이 음성이 너무나 뚜렷하게 들려왔기 때문이다.

그런데, 요즘 간헐적으로 이목사의 영혼에 어떤 그늘을 가져오는 요소가 하나 있었다. 그것은 성적인 것이었다. 요즘 최은미는 빠지지 않고 모든 예배에 참석하였다. 그녀는 교회에 올 때마다 빈손으로 오지 않았다. 어떤 때는 아이들을 위하여 피자와 통닭 등 많은 음식물을 사가지고 왔다. 그런가 하면 아이들과 이목사의 옷도 사오고, 반찬도 만들어 왔다. 김미란 사모가 기도원에 간 후 사실상 사택의 살림은 최은미가 하고 있는 것이었다. 이러는 가운데 이목사는 최은미를 이성적으로 느끼는 경우가 종종 있었다. 처음에는 자신의 그런 마음 때문에 회개의 기도를 많이 한 이목사였다. 그런데 시간이 흐르면서 최은미가 마치 김미란 사모의 대역처럼 행동하며 다가오자 경계의 감정이 자연스럽게 사라지는 것이었다. 이래서는 안되지 하면서도 막상 그녀를 만나면 그런 긴장감이 사라지는 것이었다.

계절이 무더운 여름인 탓도 있겠지만 최은미는 항상 노출이 심한 옷을 입고 있었다. 이를테면 유방이 거의 보이는 목과 가슴 부위가 푹 패인 셔츠를 입는다든가, 허벅지가 다 드러나는 짧은 치마를 입고 교회에 오는 것이었다. 물론 이러한 옷차림은 요즘 젊은 아가씨들에겐 지극히 평범한 패션이었다. 아니 중고생들의 교복도 보통은 이랬다. 문제는 이목사가 최은미의 그런 노출 패션을 통해 그녀의 깊은 신체 부위를 본의 아니게 보게 되는 경우가 자주 있다는 점이었다.

한 번은 이목사가 금요일에 외출을 하게 되었다. 그는 그 날 친구들과의 만남이 길어져 좀 늦게 사택으로 돌아왔었다. 그런데 예배를 드리러 온 최은미가 이목사를 기다리다가 그만 아이들과 함께 잠이 들었다. 이목사가 방문을 열고 들어왔지만 그녀와 아이들은 깊은 잠에 빠져있었다. 문제는 최은미의 몸 상태였다. 그녀는 노출이 심한 옷을 입은 채로 누워서 자고 있었다. 분홍빛 팬티로 아슬아슬하게 가려진 그녀의 깊은 부위와, 하얗게 드러난 그녀의 두 유방이 이목사의 눈에 그대로 들어왔다. 이 순간 이목사의 눈엔 그녀의 그런 모습이 추하게 보이지 않았다. 오히려 아내가 몸이 아픈 이후 어렵게 절제되고 있는 남성이 불끈 일어서는 것이었다. 솔직히 이목사는 그 순간 그녀를 안고 싶었다. 아름다운 그녀와 그 동안 나누지 못한 육적인 사랑을 마음껏 나누고 싶었다. 이목사는 자신이 그 자리에 조금 더 서 있으면 그녀의 몸을 덮칠 것 같아 재빨리 방을 나왔다. 그리고는 강단에 가 무릎을 꿇었다. 그는 숨을 가쁘게 몰아쉬면서 기도하였다. "하나님, 저를 좀 살려 주세요. 저를 좀 살려 주세요…" 한참 동안 땀을 흘리며 기도하고 있는데 잠에서 깨어난 그녀가 잠이 아직 덜 깬 어조로 강단 쪽을 향하여 말했다.

"목사님 오셨어요. 식사는 하셨나요? 너무 늦으셨네요."

이목사는 그 때야 자리에서 일어나 그녀 쪽으로 갔다. 그리고는 태연한 어조로 말했다.

"내가 좀 늦었어요. 미안해요. 많이 기다린 것 같은데…"

"제가 지난 금요일보다는 일찍 왔어요. 애들하고 간식 좀 먹으며 이야기 하다가 그만 잠이 든 것 같아요. 오늘 학교에서 일을 꽤 많이 했거든요. 그래서 다른 날에 비해 더 피곤했었나 봐요. 차 한 잔 끓여 드려요?"

"우리 함께 마시죠."

그녀는 곧 주방으로 가 차를 만들어 왔다. 이목사는 최은미의 짧은 치마를 보는 순간 아까 보았던 그녀의 분홍빛 팬티와 하체가 생각 나 머리를 흔들었다. 그러나 한편으로는 최은미가 남 같지 않게 생각되는 것이었다.

"오늘 일을 많이 했다고 했죠?"

"네. 다른 날보다 일이 많았어요. 하지만 이제는 피로가 다 풀렸어요. 교회에 오면 피로가 금방 풀리는 게 참 신기해요. 예수님이 제게 이런 은혜를 주시는 거겠죠?"

그녀는 어린아이 같은 표정으로 이목사를 보면서 물었다.

"그럼요. 예수님이 은미 자매를 얼마나 사랑하시는지를 그런 식으로 알게 하시는 거예요. 교회에 오면 마음이 편해지고, 피로가 모두 풀리고, 다시 소망이 생기고, 기뻐지고, 모든 것이 새롭게 정리되는 것은 예수님이 우리들을 사랑하신다는 증거예요. 교회는 예수님이 머리이시고 하나님이 주인이셔요. 보혜사 성령님이 쉬지 않고 자녀들을 어루만지시는 이 세상의 천국이에요."

이목사의 말에 그녀는 이목사의 얼굴을 보지 않은 채로 물었다.

"저 오늘 밤 여기서 자고 가면 안 되죠? 이불 하나만 있으면 의자 위에서 잘 수 있는데…"

이목사는 안 된다고 말하려다가 입을 다물었다. 성도가 금요일 밤에 기도하다가 예배당에서 자는 일이란 특별한 문제가 되지 않을 것이다. 실제로 우리들은 기도하다가 예배당에서 밤을 새우곤 했지 않았던가. 그러므로 안 된다고 가라고 말하면 은혜를 갈망하는 성도의 마음을 가로막는 일이 될 수도 있지 않겠는가. 이목사는 재빨리 이런 생각들을 하였다. 그리고는 마음으로 기도했다. '오 주님, 이런 경우 어떻게 해야 하나요? 뭐라고 대답해야 하나요?' 이목사는 최은미의 얼굴을 보았다. 이 순간 그녀도 이목사를 보았다. 그녀의 아름다운 눈빛이 이목사의 눈빛과 맞닿았다. 그러자 이목사는 말했다.

"은미 자매, 아무래도 집으로 돌아가는 게 좋겠어요. 교회에 나온 지도 얼마 되지 않았는데 교회에서 자고 오면 부모님이 얼마나 놀라시겠어요. 지금쯤 은미 자매를 많이 기다리고 있을 거예요."

최은미는 아쉽다는 표정을 지었지만 몸을 일으켰다. 집으로 돌아가고 싶은 마음이 전혀 없다는 그런 표정을 지었다. 하지만 이목사의 표정을 살피면서 자리에서 일어나 출구로 나아갔다. 이목사도 그녀를 따라나섰다. 그녀는 버스를 탈 때까지 아무 말도 하지 않았다. 그러나 버스에 오른 후에는 웃으면서 손을 흔들었다.

이런 사건들이 계속 겹치면서 이목사는 가끔 성적인 갈등에 시달렸다. 어떨 땐 최은미의 몸을 범하고 싶은 강렬한 욕망이 솟구쳤기 때문이다. 기도를 깊이 하고 나면 자신의 내면 속에 도사리고 있는 그러한 성적인 본능들이 봄의 산야에서 사라진 눈들처럼 말끔하게 사라졌다. 하지만 그녀를 보면 또 다시 그녀를 안고 싶은 욕망이 솟구치는 것이었다. 그러나 이목사는 분명하게 알고 있었다. 만약 자신이 최은미와 성관계를 갖게 된다면 지금까지 자신이 쌓아올린 신앙의 탑이 모두 다 허물어진다는 것을 알고 있었다. 그리고 최은미의 영혼을 파괴하여 그녀를 영영 지옥으로 보낸다는 것도 알고 있었다. 이목사는 자기의 생명을 희생하더라도 자기의 죄로 인하여 다른 영혼을 지옥으로 보내지는 않으리라는 굳은 각오를 그 때마다 하는 것이었다. 다윗이 우리아의 아내 밧세바를 범하였던 음란한 죄를 범하지 않으리라 기도하면서 몸부림치는 것이었다. 그러나 최은미를 대하면 그의 마음은 흔들거렸다. 이목사는 이 일로 인하여 가끔 자신의 영혼에 와 있는 그늘 같은 것을 느끼는 것이었다. 기도하고 나면 사라지지만 최은미와 함께 다시 나타나는 미묘한 그늘을 이목사는 느끼고 있는 것이었다.

이목사가 마가복음 전부를 또 한 번 읽었을 때 오지훈 목사가 사택 안으로 들어왔다. 오목사의 얼굴은 전보다 더 햇볕에 탄 것 같았다. 영국에서 막 귀국했을 때엔 얼굴이 하얗더니 이제는 얼굴 전체가 갈색으로 변해 있었다. 목 부위는 검게 그을린 부분도 있었다. 그런 오목사의 얼굴을 보고 이목사가 물었다.

"요즘 밖으로 많이 나다니나 보지? 얼굴이 볕에 많이 탄 것 같애."

"응. 요즘 좀 바빴어. 사실 나 오늘 학교에 서류 넣었어. 서류 준비하느라고 여기저기 좀 뛰어다녔지."

"서류를 벌써 넣었어?"

"학교 일정을 좀 당겨서 사람들을 뽑나봐. 일반 대학 교수들은 열 명 정도를 뽑고 직원들도 다섯 명 정도를 뽑으니까 인선이 마무리되면 워크샵 같은 게 있지 않겠어? 들은 바에 의하면 애들 성적 처리가 모두 끝나면 본격적으로 작업을 해 한 달 안에 사람들을 모두 뽑을 거라는군."

"신학부는 역사신학 교수 한 사람만 뽑는 거야?"

"아냐. 비정년 트랙의 교수와 겸임 교수도 뽑나 봐. 확실한 것은 잘 모르겠어. 그런데, 아무래도 우리 파트 쪽에 문제가 있는 것 같애. 진충희 목사가 자기 아들을 그 자리에 박으려고 오래 전부터 작업을 했다는 거야. 증경총회장 출신에다가 현재도 큰 교회에서 목회하고, 워낙 권모술수에 능한 사람이라 그 아들이 교수로 들어가는 것은 이미 정해진 것이라는 말도 들었어."

"누가 그런 말을 해? 그렇게 말하는 사람을 확실히 만났어?"

오목사는 고개를 끄덕였다.

"서류를 준비하면서 여러 선배들의 말을 들었어. 모르긴 몰라도 내가 하는 일이 헛수고가 될 거라는 거야. 기분 나빴지만 그들의 말이 빈 말 같지는 않았어. 사실 수년 동안 분쟁 상태에 있는 우리 교단은 어떤 원칙이라는 게 없잖아. 힘 있다는 자들이 자기들 마음대로 교단 정치를 휘두르고 있잖아. 돈이 생길 만한 교단의 모든 요직엔 자기들의 자녀와 친척들을 데려다 박는다는데, 그건 사실이야?"

이목사는 씁쓸히 웃으면서 고개를 끄덕였다.

"자세히는 모르겠는데, 괴문서에 의하면 지금의 우리 교단 형편이 그래. 썩을 대로 썩은 건 사실이야. 총회나 대학들은 이미 하나님의 제단과는 먼 기관들이야. 교권을 잡은 자들이 지들 욕망껏 가지고 노는 것 같애. 그래서 분쟁이 생긴 거고. 그건 그렇고 네 문제가 탈이구나. 그 자리는 꼭 네가 들어가서 후배들을 가르쳐야 하는 그런 자리인데 말이야. 하지만 하나님의 뜻이 어떨지 모르니까 일단은 최선을 다하여 시험에 응시해."

"그래야지. 최선을 다해볼 거야. 하나님이 잘 인도하시리라 믿어. 지금까지 내가 걸어온 길은 모두 다 하나님의 인도하심에 있었어. 난 목회의 길이 있으면 목회의 길도 가려고 해. 꼭 교수만이 아니라 교회에서 새벽예배를 꾸준히 드리면서 소박한 목회를 하고 싶거든."

이목사는 어린아이처럼 착해 보이는 오목사의 얼굴을 보면서 빙그레 웃었다.

"오목사, 아무 염려 마. 하나님은 너를 귀하게 사용하시려고 아무나 할 수 없는 박사 공부를 시킨 거야. 그것도 외국에서 말이야. 난 하나님께서 너를 귀하게 사용하시리라 믿어. 너에겐 아주 귀중한 사명이 있을 거야. 이 시대가 너무 어둡잖니."

오목사도 고개를 끄덕이며 말했다.

"그래. 우리 나라의 영적인 상태가 생각보다 심각한 것을 보고 놀랐어. 영국의 교회들은 이제 문을 닫은 거나 마찬가지여서 한국의 교회들과는 근본적으로 다르리라 생각했어. 그런데 한국에 와보니 그게 아냐. 영국이나 한국이나 기독교가 엉망인 것은 비슷한 것 같아. 외형적으로는 큰 차이가 없는 것 같아서 너무 놀라고 있는 지금이야. 어떻게 하지? 이렇게 계속 나가면 유럽의 교회들처럼 될 텐데 말이야."

"어떻게 하긴. 방법은 한 가지야."

"방법? 그게 뭔데?"

"개혁하는 거야. 저 루터가 했던 것처럼 교회들을 새롭게 하는 길밖엔 다른 방법이 없어."

"그건 너무 거창하잖니."

"거창하긴. 우리들이 지금부터 새롭게 하면 되는 거야. 우리들 삶의 현장에서, 우리들이 섬기는 교회에서 성경대로 하면 되는 거야. 예수님처럼 하면 되는 거야. 루터도 처음부터 거창하게 한 건 아니잖니. 이게 아니다 싶으니 자기의 의견을 솔직하게 말한 것이 개혁의 출발이 되었잖니. 계란으로 바위 치기처럼 보일지 모르지만 우리의 방법이 예수님의 지지를 받는다면 우린 결국 이 세상을 변화시킬 거야."

"한국엔 이미 개혁을 하자는 외침들이 많이 있는 것으로 알고 있어."

"많이 있지. 라디오 방송을 통해, TV 토론을 통해, 신문이나 잡지를 통해 자기의 입장들을 말하는 사람들이 많아. 그런데, 내가 가만히 보니까 그들은 그것을 가지고 또 다른 자기의 유익을 얻고자 하는 거야. 이를테면 이 부패한 교계에서 자기는 개혁자라는 거지. 자기들 자신이 가장 먼저 개혁을 해야 할 대상임을 그들은 모르고 있는 거야. 헛된 명예를 추구하는 거지. 중요한 사실은 그렇기 때문에 한국의 교계는 아무런 변화도 없이 계속 무너지고 있다는 거야. 내가 보니 어느 때부터인가 한국의 교계에서 지도자라 칭함 받았던 이들은 그들의 말년에 말이 많아. 자기의 기득권을 온전히 내려놓고 새로운 길로 가려고 하는 이들이 점점 적어지고 있어. 챙길 것 다 챙기고, 퇴임 후에도 계속 자기의 주권을 행사하면서 돈과 명예를 가지려고 하는 거야. 다른 사람들 볼 필요가 없어. 우리의 교단을 보면 알잖아. 교권을 놓고 몇 년째 피가 터지도록 싸우는 것을 보라구. 지금도 전혀 해결의 기미가 보이지 않잖아. 어떻게 하든지 자기의 패당이 교권을 장악해야겠다는 거잖아. 마귀에게 꽉 붙들린 사람들이야.”

“지금까지 누릴 것 다 누리고 해볼 것 다 해본 사람들이 왜들 그러지?”

오목사는 도저히 이해가 되지 않는다는 표정을 지으면서 이목사를 보았다. 그런 오목사를 보고 이목사는 씁쓸히 웃으면서 말했다.

“중들이 고기맛을 보면 법당에 파리가 한 마리도 없다는 속담이 있잖니. 그거 아니겠어. 좋은 자리에 앉아서 좋은 것들을 다 맛보았으니 그것을 남에게 주고 싶지 않은 거야. 예수님은 자기들을 위하여 죽으셨는데 자기들은 예수님의 이름으로 기름진 것과 돈을 삼키려고만 해. 이제 저들은 저 숭고한 십자가의 은혜를 망각한 거야. 저들의 언행은 저 왕정시대의 유대인들과 똑같아. 너무 똑같아. 문제는 저들을 바라보는 우리들이야. 저들의 행동이 예수님의 몸에 또 한 번 못을 박는다고 인식하는 우리들이야. 우리는 어떻게 할 것인가가 중요해. 당연히 우리들은 새로워져야 해. 순교의 믿음을 가지고 이 거대한 세속의 물결을 거슬러 올라가야 해. 우리 자신을 볼 때엔 지극히 미미한 존재들이지만 그러나 보혜사 성령님이 함께 하시면 우리들은 변화의 주체가 될 수 있어. 아니 변화의 주체보다는 변화를 위한 생명의 씨라고 하는 게 낫겠군.”

“우리 한국의 교계가 그만큼 타락했을까?”

오목사는 여전히 믿을 수 없다는 표정을 지었다. 이목사는 그런 오목사를 보면서 이번에는 빙긋이 웃었다.

"서류 다 넣었으니 일단 시험에 충실히 임해. 인간들이 아무리 장난을 친다 하여도 하나님의 뜻이라면 합격할 거야. 그러나 이것만은 알아 두어. 교수란 아주 중요한 자리야. 하나님의 종들을 양육하는 자리잖아. 그러므로 마귀도 그런 자리를 맨 먼저 노린다고 보면 틀림없어. 교회의 역사를 보면 교회가 타락할 때 신학교가 맨 먼저 문제를 일으켰거든. 믿음이 없는 사람들을 학위만 보고 교수로 채용한 데서부터 문제가 생겼던 거야. 엄격히 보면 그것이 교회가 변질되는 첫 발걸음이야. 교회들이 변질되면 신학교 교수직은 믿음이나 실력으로 들어가는 게 아닌 것을 기독교의 역사가 증명하고 있어. 하나같이 줄과 돈으로 그 자리에 들어갔거든. 말로는 공개채용이라고 하지만 사실은 내정자들을 뽑는 거지. 지금 우리 교단의 상황은 네가 보다시피 치열하게 싸우는 상황이야. 그런 상황에서 교수 자리가 난 거야. 그러니 모든 걸 감안하고 편안한 마음으로 응시해. 내가 볼 때엔 정치꾼으로 소문난 진목사의 아들이 될 것 같아. 그러나 기도하고, 하나님께 맡기고 최선을 다해서 시험을 치루어 봐. 되면 좋고 안 되어도 어쩔 수 없잖아. 둘 모두 하나님의 뜻이니 어떤 경우이든 순종하면 되는 거야. 내 말 알겠어?"

"그래. 잘 알았어. 그런데 말이야, 다른 교단의 학교에 자리가 생기면 어쩌지? 그럴 가능성은 아주 희박하지만 혹시 자리가 날 수도 있잖아."

"당연히 우리 교단 밖의 학교에 자리가 생길 수도 있지. 그 땐 그리로 가야지. 인간들이 교단을 나누고 갈랐지 예수님은 아니잖아."

"그러겠지? 요즘 많은 생각들을 하고 있어. 우리 나라의 교계 상황이 영국에서 생각했던 것과는 달라도 너무 달라서 무척 당황하고 있어. 아내는 크게 놀라고 있는 상태이고 말이야. 어떨 땐 다시 영국으로 들어갈까 하는 생각도 들 정도야."

"그럴 거야. 니 맘 충분히 이해해. 하지만 기왕에 고국에 온 거니까 최선을 다해서 사역지를 찾아봐. 나도 한 번 알아볼 테니까."

"알았어. 최선을 다할게. 그런데, 사모님은 어떤 상태야? 기도원에 가서 좀 나아졌어?"

이목사는 힘 없이 고개를 저었다.

"아직은 차도가 보이자 않아. 점점 더 악화되는 것만 같아."

"그렇구나. 어떻게 해야지? 나도 문제이지만 너야말로 정말 큰 문제구나. 아이들은 셋이나 있는데 사모님은 저런 상태이니 말이야."

"하나님께 모두 맡기기로 했어. 아니 지금의 난 맡기고 안 맡기고 할 그런 선택의 여지가 있는 상태가 아니야. 하나님께서 살려 주시느냐 데려 가시느냐 하는 이 두 길뿐이야."

"하나님의 하시는 일은 참 이해할 수가 없어. 이목사가 우리 기수에서 일등했는데 형편은 제일 어려우니 참 이상해. 하나님은 왜 이목사가 담임하는 교회를 부흥시키시지 않지? 보란 듯이 부흥시켜야 헛소리하는 인간들의 입이 닫혀질 텐데 말이야."

오목사의 말에 이목사는 오목사의 얼굴을 주시하면서 물었다.

"왜? 누가 나에 관하여 무슨 말 했어?"

"응. 내 귀에 이목사에 관한 말들이 좀 들리더라구. 똑똑하고, 기도는 많이 하는 것 같은데 목회는 엉망이라는 거야. 이목사에게 뭔가 문제가 있다는 식으로 말하는데 갑자기 내 비위가 확 틀어지더라구. 녀석들이 교회 좀 부흥되었다고 사람을 무시하는 것 같아 마음이 영 좋지 않았어."

이목사는 빙긋이 웃었다. 솔직히, 이목사는 오목사의 말에 기분이 나빴다. 그래서 순간적으로 울컥 치밀어오르는 어떤 역겨운 감정을 느꼈다. 그래서는 안 되는데 순간적으로 자기를 도마 위에 올려놓고 업신여기는 말을 하는 사람들이 미워지는 것이었다. 그러나 오목사 앞에서 그런 모습을 보이고 싶지 않았다. 현실은 그들의 말과 똑같은 그런 모습이기 때문이었다. 그래서 그냥 빙긋 웃은 것이다. 이목사는 평안한 어조로 물었다.

"누가 나를 도마 위에 올려놓고 칼질했는데?"

"누구겠어. 동기라는 작자들이지. 동기라는 것들이 친구의 진짜 모습을 보지 못하고 겉만 보고 입방아 찧는 걸 보니까 속이 뒤집히드라구. 나 한국에 나온 지 얼마 안 되었는데, 오히려 여기서 이상한 사람되는 것 같애."

"그럴 거야. 한국은 시끄럽고 말이 많은 곳이야. 보혜사 성령님이 강하게 역사하시니까 마귀도 가만히 있지 않거든. 염려 마. 내 마음은 평안해. 때로는 내 목회가 왜 이러나? 하나님은 왜 내게 이렇게 하시나 하면서 답답함을 느끼기도 하지만 기도하고 나면 평안해져. 남의 얘기를 하지 않으면 좋겠지만 인간이 어디 그러니. 오죽하면 예수님께서 남을 비방하지 말라고 하셨겠어. 난 염려 마. 이 모양을 보고 나를 비방하는 동기들의 마음도 이해할 수 있어."

오목사는 고개를 끄덕였다.

"그래. 잘 인내해. 넌 언젠가는 정금 같이 나와서 한국교회를 새롭게 할 거야. 하지만 사모님 일은 참 마음 아프다. 내가 어떻게 도와 줄 수 있는 일도 아니고…"

"염려 마. 죽든 살든 하나님이 알아서 하실 테니까."

"애들 치다꺼리하기 힘들지?"

"애들? 응. 좀 힘들어. 하지만 도와주는 분이 있어서 네 생각만큼 힘들지는 않아."

"도와주는 분이 있어?"

"응. 성도 중에 한 분이 가끔 와서 애들을 보아 주고 있어."

이목사는 이 순간 최은미를 떠올렸다. 오목사는 다행이라는 표정을 지으면서 고개를 끄덕였다. 그리고는 팔목을 들어 시간을 보더니 말했다.

"이목사, 시간 어때? 함께 짜장면이라도 한 그릇 먹고 싶은데."

"괜찮아. 그렇게 하지."

그들은 예배당을 나왔다. 밖은 여전히 불볕 더위가 기승을 부리고 있었다. 올 여름은 유난히 더운 것 같았다. 벌써 보름이 넘는 기간 동안 삼십 도 이상의 맹렬한 무더위가 이어지고 있었다. 더운 기운을 느끼자 오목사가 말했다.

"알고 보니 지하 예배당은 무척 시원한 곳이구나."

"냄새가 좀 나긴 해도 여름엔 에어컨을 사용하지 않아도 항상 시원해. 어쩌면 그것이 지하 예배당이 가지고 있는 가장 큰 장점인지도 모르겠어."

이목사가 웃으면서 대답하자. 오목사도 고개를 끄덕이면서 웃었다. 그들은 근처의 중국집으로 갔다. 구석에 자리를 잡았다. 오목사가, 오랜만에 짜장면을 곱빼기로 먹고 싶다고 했다. 이목사도 오목사처럼 짜장면이 먹고 싶었다. 그래서 자신도 곱빼기를 시켰다. 시간이 점심 시간이 한참이나 지난 어중간한 시간이어서 그런지 식당 안에는 사람들이 별로 없었다. 오목사는 식당 내부를 한 번 둘러보고는 티 없는 미소를 보였다. 그러면서 입을 열었다.

"대학 다닐 때 짜장면 먹으러 중국집에 자주 드나들었는데 말이야… 영국에서 공부하는데 가끔 짜장면 생각이 났어. 그래서 한 번은 가족들과 함께 런던에 있는 중국 음식점에 들어갔거든. 그리고는 짜장면을 달라고 했어. 그랬더니 그 중국집 아저씨는 고개를 갸웃거리며 자기들은 그런 음식을 모른다고 말했어. 내가 아무리 설명을 해도 자기들은 그런 음식을 모른다는 거야. 중국 음식엔 짜장면이라는 게 없다는 거야. 결국 그 곳을 나왔어. 나중에 누군가가 그러는데 짜장면은 우리 음식이라고 하더군. 한국 사람들이 만들어낸 중국식 음식이라는 거야. 그리고 보면 한국 사람들 대단하지? 창작 능력이 뛰어난 민족이야. 영국에서도 한국 사람들은 아주 유명해. 독특한 분야에서 두각을 나타내는 똑똑한 사람들이 아주 많거든. 학생들도 그렇고."

"맞아. 우리 민족은 아주 우수한 민족이야. 어떤 면에서는 압도적으로 세계 제일의 민족이야. 기독교가 허망한 종교로 전락해버린 근대에 들어와서 기독교가 이처럼 흥왕한 민족은 이 나라밖에 없잖니. 지난 백여 년의 시간들은 인간들이 실존과 과학에 생명을 걸었던 시간들이거든. 그런데 이 한민족만이 유일하게 저 천국과 지옥에 목숨을 걸었어. 보이지 않는 영계에 관심을 집중시킨 거야. 그러면서 식민통치와 전쟁의 폐해 둘 모두를 거뜬히 극복해버렸어. 놀라운 사람들이야. 나는 이 민족이 내 민족이라는 게 자랑스러워. 우리 대한민국은 장래에 인류를 인간답게 지탱시켜 줄 큰 역할을 할 거야. 난 그것을 확신하고 있어."

이목사의 말에 오목사는 활짝 웃으면서 말했다.

"그래 맞아! 알고 보니 이목사 너 철저한 한민족 찬양주의자인데! 진정한 코리안 맨이야! 나는 사실 아직 이목사만큼은 이 민족에 대하여 확신을 갖지 못하고 있어. 현명한 사람들 못지않게 이상한 사람들도 너무 많거든. 영국에 가 봐. 교회끼리 찌그렁째그렁 계속 싸우고 있어. 성도들은 오늘은 이 교회로, 내일은 저 교회로 왔다갔다 하고 말이야. 거기 있으면 냄비 족속이라는 말이 진짜 실감나거든. 그래서 난 항상 우리 민족에 대하여 반신반의했는데 이목사는 그게 아니군."

이번에는 이목사가 활짝 웃었다.

"결함 없는 인간이 어디 있겠어. 그런 인간들이 몇 프로 있느냐가 중요하지. 우리 민족은 깨끗한 사람들이 팔십 프로야. 이십 프로가 간신도 해먹고, 매국노로 해먹고, 이단자도 되고, 자기 욕심 따라 사는 거야. 자세히 한번 살펴봐. 나머지는 모두 다 부지런하고 생활력이 강해. 창의력이 뛰어나고 나누는 마음도 강해. 그래서 이 나라에 처음 복음을 들고 온 선교사들이 놀랐다고 하잖아. 가난뱅이들이었지만 항상 하얀 옷을 깨끗하게 차려입었고, 교회로 뭘 가지고 왔다잖아. 찢어지게 가난했지만 자기들이 먹는 것을 나누어 먹으려고, 선교사들이 기거하는 집으로 쌀이며, 보리며, 된장이며, 간장이며, 콩이며, 팥이며, 고구마며, 감자며, 오이며, 가지며, 된장국이며, 시레기 국이며 자꾸 가져왔다잖아. 이 때 그들은 이 민족이 필경 하나님께 복을 받을 거라고 말했다잖아. 우리 민족은 나누기를 좋아하고, 의와 절개를 가진 민족이야. 두고 봐. 이 혼탁한 시대에 인류를 위하여 아주 귀중한 역할을 꾸준히 해낼 거야. 난 그걸 믿어."

오목사는 확신을 가지고 말하는 이목사의 표정을 흥미로운 눈길로 바라보면서 말했다.

"이목사가 그렇게 믿으면 나도 그렇게 믿어야지. 사실, 우리 민족이 우수한 민족인 것은 확실해. 어느 영국인이 그러더라구. 한국 사람이 저 유대인들을 가장 많이 닮았다는 거야. 어떤 면에서는 한국인들이 유대인들보다 훨씬 더 우수하다는 거야. 영국인들은 유대인들을 아주 우수한 사람들로 보거든. 국가별로는 자기들이 가장 많은 노벨상 수상자를 냈는데 민족별로는 유대인들이 가장 많이 노벨상을 받았기 때문이지. 여하튼, 우리 민족은 유별난 민족이야. 뭘 붙들면 아주 끝장을 보잖아. 저 북한을 봐. 저 사람들은 지상에서 사라져버린 자기들 식의 공산주의를 붙들고 자기들의 생존을 위해 끈질기게 버티잖아. 악하고 잔인한 정권이지만 유별난 것은 사실이야. 여하튼, 하나님은 말세에 이 민족을 귀하게 사용하실 거야. 틀림없이 그러실 거야."

그들은 웃으면서 잔을 들어 냉장고에서 이제 막 꺼내 가져온 시원한 물을 마셨다. 이들은 모처럼 아무런 그늘도 없이 서로의 진심을 토하며 말할 수 있는 아주 즐거운 시간을 보내고 있었다. 오목사는 영국의 신학 현실에 관하여 말하기 시작했다. 지금 영국은 종합대학의 신학부가 하나 둘 없어지는 추세라고 했다. 또 존재한다 하여도 교수의 숫자가 줄고 있다고 했다. 그만큼 영향력이 없는 학과이고, 지원자도 없기 때문이라고 하였다. 중요한 사실은 교수라는 이들이 믿음이 없고, 학문을 한다며 하나님의 말씀인 성경을 이스라엘의 역사서 내지는 문학서로 접근한다는 것이었다. 그러므로 저들에게는 기도나 성령의 역사란 전혀 관심 밖의 일이라고 했다. 저들에게 있어서 교회 부흥이란 말은 전혀 실감되지 않는 먼 나라의 이야기에 불과하다고 했다. 이러다 보니 저들 밑에서 수년 동안 공부를 하게 되면 가졌던 믿음도 모두 잃어버리게 되는 어처구니 없는 결과를 가져온다는 것이다. 영국만이 아니고 유럽의 대다수 신학대학들이 이런 식이라고 오목사는 말했다. 이런 교수들 밑에서 오 년 이상씩이나 공부한 학생들을 오직 학위만을 보고 신학대학이나 대형교회들이 저들을 강단에 세우고자 노력한다는 것은 아주 두려운 일이라고 오목사는 말했다. 참으로 신학의 부활이 없으면 영국과 유럽의 기독교는 재생이 불가능하다는 것을 오목사는 참담한 어조로 말했다. 이목사도 저들 유명하다는 학자들의 글을 통하여 그것을 잘 알고 있었다. 그런데 그 현장에서 오랜 동안 공부하고 온 오목사의 말을 듣고 나니 저들의 캄캄한 현실에 더더욱 마음이 아픈 것이었다. 특별히 영국의 경우는 이 땅에 최초로 순교자 토마스 선교사를 파송한 나라일 것이었다. 그런데 그들이 지금 사탄의 포로들이 되어 음란과 방종을 일삼고 있다는 것은 너무나 가슴 아픈 일이었다. 기도가 없고, 성령의 역사가 없이 어찌 교회가 부흥되겠는가. 성경을 하나님의 말씀으로 믿고 선포하지 않으면 영혼이 어찌 구원을 받겠는가.

이야기를 다 듣고 이목사가 말했다.

"오목사, 우린 유럽으로 선교사들을 파송할 더더욱 구체적인 기도와 비전, 계획들이 필요해. 안 그래?"

오목사의 눈이 반짝 빛났다.

"그럴까? 난 그 생각은 아직 깊이 해보지 못했는데."

"당연하잖아. 이젠 우리가 저들에게 진 빚을 갚아야지. 오목사가 저들의 실상을 보고 왔잖아. 이젠 우리들이 복음을 들고 그곳으로 가야한단 말이야. 내 말 이해하겠어?"

"맞아. 나도 종종 그런 생각을 하긴 했어. 비록 깊이는 생각하지 않았지만 우리가 이곳에 와서 이들을 변화시켜야 할 것 같다는 생각은 종종 했었어. 결국 우리들이 저들에게 받았던 선물을 우리들도 저들에게 주는 격이네. 그렇지?"

"그래 맞아. 우리가 저들을 통해 받은 복음을 이젠 우리들이 저들에게 전해주는 거지. 이 귀한 선물을 이제 우리가 저들에게 주는 거야. 이 얼마나 감격적인 일이야. 오목사, 우린 참 할 일도 많지. 정말 할 일이 많아! 일이 많은 것도 큰 복이야! 우리들은 복 받은 사람들이야! 이 민족은 참으로 복 받은 민족이야! 행복한 민족이야."

그들은 흡족한 표정으로 서로를 보면서 웃었다. 그러다가 오목사가 말했다.

"문제는 이 나라의 교회들이 새로워져야 하는데, 이게 관건이겠지?"

"바로 그거야. 우리들이 새로워져야 해. 이 꺼져가는 기도의 불꽃들을 살려내야 해. 이 꺼져가는 신앙의 열정들을 살려내야 해. 교회들을 저 초대교회와 같이 생명이 넘치는 예수 그리스도의 참다운 공동체로 만들어야 해."

이 목사는 내면에서 솟구쳐 오르는 뜨거운 마음을 그의 목소리에 담아 말했다. 오목사는 이목사의 말에 입을 꼭 다문 채 고개를 끄덕였다.

09.
대 결단

이목사는 오목사와 헤어져 사택으로 돌아왔다. 문을 열고 지하실을 내려오는데 이목사가 좋아하는 된장국 냄새가 구수하게 풍겨왔다. 최은미가 온 모양이었다. 그녀는 이목사가 된장국을 좋아하는 걸 알고 퇴근을 하고 교회로 오는 날에는 꼭 된장국을 끓였다. 사택으로 오니 생각한 대로 그녀가 저녁을 준비하고 있었다. 아이들도 모두 학교에서 와 있었다. 그녀는 이목사를 보자 가지런한 치아를 활짝 내보이며 웃었다.

"안녕하세요 목사님!"

"은미 자매가 왔군! 오늘도 집으로 가지 않고 또 사택으로 왔군. 뭘, 이렇게 많은 걸 사 오고… 아무튼 고마워요 은미 자매."

"고맙긴요 목사님, 목사님의 가정이 어려운 상황에 있는데 성도가 이렇게 돕는 것은 당연한 일이지요. 제가 맛있는 된장국이랑 생선구이, 김치, 멸치젓갈 등을 준비해서 저녁상 차릴 테니까 목사님은 씻고 안에 계세요. 알았죠?"

최은미는 이제 이목사의 가족이 다 된 것 같았다. 방에 들어오니 아이들은 최은미가 사온 과자를 먹고 있었다. 이목사도 비스켓 하나를 집어들며 아이들에게 말했다.

"누나에게 고맙다고 인사했니?"

"네."

아이들은 즐거운 표정을 지으며 대답했다. 아내가 중병으로 기도원에 있는 이 어려운 때에 아이들의 얼굴에 그래도 미소가 남아 있는 것은 순전히 최은미 때문일 것이었다. 이목사는 이것이 너무나 고마웠다. 이목사는 옷을 갈아입고 최은미를 돕기 위하여 방을 나왔다. 최은미는 얼굴에 땀을 뻘뻘 흘리고 있었다. 그녀는 곁으로 오는 이목사에 물었다.

"목사님 너무 더워서 그러는데 저 윗도리 좀 벗어도 돼요?"

"윗도리라면…"

이목사가 최은미의 얼굴과 그녀의 윗도리를 보면서 우물쭈물 하고 있자 그녀는 웃으면서 말했다.

"제가 출근 때문에 이렇게 정장을 했잖아요. 그런데 지금 더우니까 요 위의 옷을 좀 벗어도 되느냐고 묻는 거예요."

"아, 난 또 무슨 말이라고. 그래요. 더운데 벗지."

"알았어요."

그녀는 곧 방으로 들어가더니 윗도리를 벗은 상태에서 주방으로 나왔다. 그녀는 어깨 부위가 깊에 파인 흰 러닝(셔츠)을 입고 있었다. 그녀의 하얀 피부와 불룩한 가슴이 이목사의 눈에 환히 들어왔다. 최은미는 늘씬한 체격에 피부도 아주 고왔다. 이목사는 최은미의 이런 모습을 대하자 일순간 불끈 일어서는 남성을 느꼈다. 그러나 곧 속으로 "주여" 이렇게 외치고는 고개를 저었다. 최은미는 아주 신이 난 모습으로 음식을 만들었다. 그렇게 한참 음식을 만들고 있는데 그녀의 핸드폰 벨이 울렸다. 그녀는 곧 핸드폰을 들어 전화한 사람을 확인했다. 그녀는 옆에 서있는 이목사와 생선이

들어 있는 프라이팬을 번갈아 보면서 말했다.

"목사님, 저 잠깐 전화 좀 받을게요. 이 생선 곧 뒤집어야 해요."

"알았어요."

이목사가 말하자 그녀는 장의자들이 있는 예배실 안으로 들어갔다. 그녀는 한참을 통화했다. 가끔 언성을 높이기도 했다. 그녀는 다시 예배실에서 나왔다. 그리고는 웃는 얼굴로 이목사와 프라이팬을 살펴보았다.

"오, 목사님이 생선을 아주 잘 구우셨네요. 이제 우리 밥을 먹기로 해요."

이목사가 그녀에게 물었다.

"언성을 좀 높이는 것 같던데 안 좋은 전화예요?"

이목사의 이 물음에 그녀는 고개를 세차게 흔들었지만 좀 당황한 어조로 말했다.

"아, 아니에요 목사님! 친구 전화인데요. 말 같지 않은 말을 자꾸 해서요. 목사님이 신경 쓰시지 않아도 돼요. 진짜예요."

"그렇다면 다행이고. 항상 몸 조심해요."

이목사의 말에 최은미는 자신감이 넘치는 표정으로 이목사를 보면서 말했다.

"목사님, 염려 마세요. 이래 봬도 저 제 몸 관리 하나는 바로 하는 여자예요. 그러니까 제 염려하지 않으셔도 돼요. 그럼 이제 우리 빨리 저녁 먹도록 해요."

이 때였다. 이번에는 이목사의 핸드폰 벨이 울렸다. 고향 친구 최민수였다.

"오 민수구나. 오랜만이구나. 잘 지내고 있니?"

민수라는 말에 최은미의 두 눈이 이목사에게 집중되었다. 이목사가 그런 최은미에게 말했다.

"먼저 애들하고 식사해요. 나 잠깐 전화 좀 받을 테니까."

이번에는 이목사가 예배당 안으로 들어갔다.

"난 잘 지내고 있지. 넌 어때? 예수님 사업은 잘 되고 있어?"

최민수의 농이 담긴 어조는 변함없었다.

"예수님 사업은 항상 잘 되는 거야. 항상 기뻐하고 범사에 감사하라고 하셨잖아. 그런데 너 참 오랜 만이다. 그 동안 왜 그렇게 소식이 없었어?"

"좀 바빴지. 돈 좀 벌려고 동남아 좀 갔다 왔어. 오고 가는 절차에다가 그 일 때문에 많이 바빴어."

"그랬구나. 그런데 이제 그 일은 끝났니?"

"거의 마무리됐어. 딴 게 아니고 한국 사람이 동남아에 투자하는데 그 절차를 좀 도와 준 거야."

"그랬구나. 가정도 평안하고?"

"그럼그럼. 한데 애들 엄마는 어때? 지금도 기도원에 있어?"

최민수는 진심으로 이목사를 염려하는 어조로 물었다.

"그래. 아직도 기도원에 있어. 염려해 주어서 고맙다."

"야, 네가 늘 염려가 되는데 내가 도울 형편이 못 돼서 항상 미안한 마음 뿐이야."

"그 마음이면 되지 더 이상 뭘 하려고 그래. 니 맘 항상 고맙게 생각하고 있으니까 다른 염려는 마. 정말 고맙다 친구야."

"조만간 점심 한 번 살게. 그런데 말이야, 혹시 걔 지금 교회에 와 있니?"

"최은미 자매 말하는 거야?"

"그래. 은미 말이야. 걔 지금 거기에 있어?"

"응. 은미 자매 지금 여기에 있어."

"그래!"

최민수는 놀랍다는 어조로 말하고는 잠시 침묵을 지켰다. 그러다가 다시 물었다.

"걔 퇴근하면 항상 교회로 가니?"

"아니. 그렇지는 않아. 가끔 오고 있어. 지금 애들 엄마가 없잖니. 그래서 종종 와서 돕는 거야."

"그래. 야, 은미 걔 사람 다 됐다. 천지가 개벽할 일이야. 예수님의 능력이 무섭긴 무섭구나. 정말이야. 신앙의 신 자도 모르던 애가 그 정도로 변했다니 난 정말 이해가 안 된다. 여하튼 기쁜 소식이다. 정말이야. 너무 기쁜 소식이야. 야, 정말 놀랍다…"

최민수는 어떻게 이런 일이 있을 수 있는가 하는 놀라움을 그의 말에 그대로 담아 이목사에게 전해 주고 있었다.

"야, 네가 그렇게 말하는 걸 보니까 은미 자매가 옛날엔 좀 막 살았다는 느낌을 갖게 되잖아. 안 그래. 은미 자매는 전에도 착했던 것 같은데 말이야."

"마음이야 착했지. 하지만 성질은 더러웠어. 그래서 방황도 했고. 하여튼 걔 어디 다른 데 안 가고 거기 교회에 있다고 하니까 내 마음이 놓인다. 알았다 성웅아. 내 조만간 전화할게. 내가 한 번 교회로 찾아가든지, 아니면 시내에서 만나든지 하자. 그럼 오늘은 이만 끊는다."

"그래. 고맙다 민수야."

이목사가 방으로 들어오자 최은미는 이목사가 들어오길 기다렸다는 듯 아주 궁금한 얼굴로 물었다.

"그 삼촌이 왜 목사님에게 전화했어요? 뭐라고 했어요?"

"은미 자매가 여기에 있느냐고 묻더군. 그래서 여기에 있다고 했어요."

"다른 말은 안 했어요?"

"다른 말, 다른 말은 은미 자매가 교회에 나간 후 너무나 변했다고 놀라는 말이었어요."

"그 말만 했어요? 다른 말은 하지 않고?"

"네. 다른 말은 하지 않고 조만간 점심을 한 번 사겠다고 했어요."

최은미는 고개를 끄덕이면서 이목사의 얼굴을 한 번 살폈다. 이목사는 그런 최은미의 모습이 아주 이쁘게 보였다. 그래서 빙긋이 웃으면서 말했다.

"은미 자매는 앞으로 하나님의 사랑을 많이 받을 거예요."

"제가요? 제가 하나님의 사랑을 많이 받아요? 왜요? 제가 하나님의 큰 사랑을 받을 만한 특별한 자질이라도 있어요?"

"있지요. 이렇게 봉사하는 것, 이것이 바로 사랑 받을 자질이지요."

"에이 목사님도. 이런 것 누가 못 해요. 마음만 있으면 다 하지."

"그 마음을 가지는 게 중요해요. 그 마음을 아무나 갖는 게 아녜요."

"그런가. 참, 목사님 빨리 식사하세요. 된장국 다 식었네요. 제가 다시 데워올까요?"

"아녜요. 됐어요. 자 어서 식사합시다."

최은미는 그 어느 때보다도 기분이 좋은 얼굴이었다. 아마도 하나님의 사랑을 많이 받을 것이라는 이목사의 칭찬 때문에 그런 것 같았다. 그녀의 기분 좋은 얼굴은 선천적인 미모인 그녀의 얼굴을 더욱 예쁘게 만들었다. 반짝반짝 빛나는 검은 머리칼들과 알맞게 넓은 깨끗한 이마, 둥근 눈과 눈웃음, 알맞게 높은 콧날, 그리고 모든 남자가 포개고 싶어 할 매혹적인 입술, 다분히 길게 보이는 고상한 목, 하얀 피부, 풍만해 보이는 두 유방… 그녀의 육체는 모든 부위가 조화를 이루어 아름다움을 발산했다. 그런 그녀가 이목사 자기 옆에서 마치 아내라도 되는 것처럼 자신과 아이들을 치다꺼리하고 있다고 생각할 때 이게 꿈이 아닌가 싶기도 했다. 문제는 그녀가 자꾸 여자로 느껴진다는 점이었다. 성적으로 갈급함이 있는 이목사에게 그녀의 출중한 미모가 자꾸만 이성으로 다가온다는 것이었다. 아직 그러한 상황을 만나지는 않았지만, 그녀는 어쩌면 이목사가 잠자리를 같이 하자고 말만 하면 쾌히 승낙할 것도 같았다. 이목사는 이러한 생각이 머릿속을 스칠 때는 무서운 죄를 지은 사람처럼 고개를 흔들며 마음을 새롭게 하곤 하였다. 그러나 그녀를 보고 있는 순간엔 그녀가 힘껏 끌어안고 싶은 이성으로 다가오는 것을 거부할 수 없었다. 이러한 마음을 버리게 해 달라고 기도를 많이 하지만 막상 그녀를 대하고 나면 여전히 그 생각이 그를 사로잡는 것이었다. 이러다 보니 이목사는 최은미의 봉사가 너무 고마웠지만 한편으로는 늘 부담도 되었다. 아차 하면 자기가 사탄의 덫에 걸릴 것만 같았기 때문이다. 만약 그렇게 되는 날에는 지금 한없이 아름답게만 보이는 최은미의 인생과 자기의 인생에 큰 변화가 올 것이었다. 그것은 천국으로의 변화가 아니고 지옥으로의 변화일 것이었다.

저녁 식사 후 최은미는 설거지를 했다. 콧노래를 부르며 설거지를 끝낸 그녀는 이목사에게 차를 마시지 않겠느냐고 물었다. 그래서 이목사는 마시겠다고 했다. 그녀는 또 무슨 차를 마시겠느냐고 물어서 이목사는 녹차를 달라고 했다. 잠시 후 그녀는 이목사에게 차를 다 끓였는데 차를 어디서 마실 거냐고 물었다. 그러면서 예배실로 가는 게 어떻겠느냐고 물었다. 이목사는 그렇게 하자고 말했다. 그들은 곧 찻잔을 들고 예배실로 들어섰다. 그녀는 이목사 옆에 조심히 앉으면서 말했다.

"조용해서 좋아요 목사님. 저는 이런 시간을 좋아해요. 누군가와 조용히 차 한 잔 마시는 시간이 좋아요."

"아 그래요. 사실은 나도 조용히 차 한 잔 마시는 시간을 좋아해요. 그래서 애들 엄마가 아프지 않았을 때엔 종종 이런 시간을 가졌드랬어요."

"참, 사모님은 지금 어때요?"

"아직 큰 진전이 없는 것 같아요. 하긴, 기적을 바라는 상황이니까 결과를 쉽게 기다릴 수는 없는 상황이에요."

"자궁암 말기라고 했죠?"

"그래요. 그 병이에요."

그녀는 찻잔을 든 채 입을 꼭 다물고 고개를 끄덕였다. 그녀는 또 물었다.

"연애 결혼하셨어요?"

"반반이에요. 친구 소개로 만나 연애했어요. 그건 그렇고, 은미 자매는 연애 안 해요? 좋은 신랑감들이 줄을 설 것 같은데?"

이목사의 말에 최은미는 어떤 느낌을 받았는지 혼자서 싱긋 웃었다. 그러다가 말했다.

"저 같은 애들이 연애에는 실속이 없어요. 전 아직 애인이 없거든요. 그리고 제 생각인데 전 결혼을 빨리 하지는 않을 것 같아요."

"좋은 사람 만나면 곧 해야지. 왜 그런 생각을 해요?"

"좋은 사람을 금방 만나진 못할 것 같아요."

그녀는 차를 조금씩 홀짝홀짝 마시며 말했다. 그러더니 물었다.

"기독교인들은 기독교인들 끼리 결혼해야죠? 전에 누군가가 그렇게 말하는 걸 들었어요."

"그렇게 만나야 정상이에요. 예수님을 구세주로 영접한 사람은 이제 거듭난 하나님의 자녀이기 때문이에요. 하나님의 자녀가 다른 자녀와 만나면 그만큼 어려움이 따르지 않겠어요. 사고방식도 다르고, 삶의 모습도 다르고, 지향하는 목표도 다를 테니까요."

"정말 그럴 것 같아요. 저도 역시 예수님 안 믿는 사람과는 결혼을 못할 것 같아요. 전 교회 나온 후에 술을, 네 솔직히 말씀 드려서 술을 끊었어요. 전에는 술을 좀 마셨거든요. 스트레스가 쌓이고 화가 나면 술을 마시곤 했었어요."

"그랬군요. 잘 했어요. 술을 끊는다는 게 쉽지 않은 일인데 은미 자매가 큰 결단을 했네요. 정말 잘 했어요. 부모님이 많이 기뻐할 것 같아요. 그렇죠? 엄마와 아빠가 가장 기뻐하시죠?"

이목사는 아직 최은미의 집에 가보지 않았다. 그녀가 자기 집에 관한 이야기는 단 한 마디도 하지 않았기 때문이다. 아니나 다를까 최은미는 이목사의 말을 살짝 비켜갔다. 그녀는 이목사의 질문에 고개만 몇 번 끄덕거리고 나서 물었다.

"목사님, 천주교하고 일반교회는 어떻게 달라요? 제 친구의 오빠가 신부님인데요, 술도 잘 마시고 담배도 잘 피워요. 전에 그 집에 놀러가면 그 오빠가 가끔 와 있었어요. 그런데 혼자서 술을 따라 마시고 담배도 계속 피웠어요. 목사님은 그런 거 전혀 하시지 않는 것 같은데 말예요."

"많이 달라요. 가장 큰 차이점은 천주교는 예수님을 믿지 않아도 천국에 갈 수 있다고 믿는 거예요. 예수님을 믿지 않았어도 이 세상에서 착하게 살다가 죽으면 연옥이라는 곳에 가서 훈련을 받고 거기에서 천국으로 올라간다고 믿어요. 그러나 우리 교회에서는 예수님을 믿지 않으면 천국에 갈 수 없다고 믿어요. 하나님의 말씀인 성경에는 이 세상에 예수님 외의 어떤 이름도 구원을 줄 수 있는 이름이 없다고 했어요(행 사장 십이 절). 예수님은 길이요 진리요 생명이기 때문에 오직 예수님을 통해서만 천국에 계신 하나님 아버지에게로 올 수 있다고 말씀하셨어요(요 십사 장 육 절). 이 세상에서 예수님을 믿지 않고 천국에 갈 사람은 아무도 없어요."

최은미는 고개를 끄덕였다. 그녀는 이목사에게 또 물었다.

"신부님이 술 마시고 담배 피워도 괜찮아요? 전 안 좋아 보이던데…"

"영혼을 혼미케 하는 요소가 들어있는 음식을 먹거나, 그런 성분이 있는 음료를 마시면 몸에 좋을 리 없겠죠. 경건한 목사님들은 한 사람도 담배를 피우지 않아요. 술은 더더욱 마시지 않고요. 그런 것들은 우리의 맑은 영을 흐리게 하기 때문이에요. 하나님은 영이시고, 영이신 하나님은 우리 몸을 성전 삼고 우리 안에 계셔요."

"네. 정말 그러겠어요. 저는 교회가 좋아요. 맑고 깨끗한 게 좋아요."

이렇게 말하고 나서 그녀는 갑자기 하품을 했다. 그리고는 말했다.

"죄송해요 목사님. 제가 좀 피곤해서요."

"그래요. 그럼 빨리 집에 가서 쉬어야겠네요. 내일 출근도 해야 할 테니까."

"목사님, 저 이 의자 위에서 잠깐 쉬었다 가면 안 돼요? 갑자기 졸음이 밀려와서요."

"그래요. 가만 있자… 그, 그렇다면… 그래요. 그럼 여기 좀 누워요. 내가 이불과 베개를 가져올 테니까."

이목사가 이불과 베개를 가지고 오자 그녀는 어느새 자기의 백을 베고 의자에 누워 눈을 감고 있었다. 피곤한 모양이었다. 이목사는 그녀의 몸에 이불을 덮어 주었다. 그녀는 눈을 감은 채로 말했다.

"고마워요 목사님. 저 한 숨 잘게요."

"그래요. 그럼…"

이목사가 몸을 돌려 방으로 올려고 하는데 그녀가 물었다.

"목사님, 저 여기서 떨어지진 않겠죠?"

이 말을 들은 이목사는 최은미를 방에서 재우고 싶었다. 그러나 다음 순간 생각을 바꾸어 말했다.

"떨어지지 않을 거예요. 나도 가끔 의자 위에서 자는데 괜찮았어요."

"알았어요…"

그녀는 피곤한 어조로 말했다. 이목사는 최은미의 표정을 한 번 살피고는 방으로 돌아왔다. 책상 앞에 앉았는데 왜 그런지 마음이 뒤숭숭하였다. 마음이 안정되지 않는 것이었다. 이목사는 기도를 하고 싶었다. 그러나 최은미가 예배실에서 자고 있으니 강단에 엎드려 무릎을 꿇고 기도하기가 좀 그랬다. 이목사는 그 자리에 무릎을 꿇었다. 그냥 방안에서 기도를 하고자 마음먹은 것이다. 바로 이 때였다. 쿵- 하는 소리가 났다. 다음 순간 아- 하는 비명소리도 들렸다. 이목사는 자리에서 벌떡 일어났다. 최은미가 의자에서 떨어진 게 분명했기 때문이었다. 이목사가 달려나가니 아니나 다를까 최은미가 의자에서 떨어져 얼른 일어나지를 못하고 있었다. 이목사가 달려가자 그녀는 그제야 두 팔에 힘을 주면서 윗몸을 일으킬려고 했다.

"은미 자매, 괜찮아요?"

"목사님 저 좀… 온 몸이 너무 아파요…"

이목사는 한 팔로 최은미의 팔을 잡고 한 팔로 최은미의 등을 안고 그녀를 일으키고자 시도했다. 그러나 그녀는 너무 팔이 아프다며 소리를 질렀다. 그래서 이목사는 최은미의 상체를 안고 그녀를 일으켰다. 이 순간 이목사는 최은미의 몸에서 풍기는 은은한 향수 내음을 느꼈다. 그와 동시에 절제하기 어려운 성적인 감정이 솟구치는 것이었다. '신성한 예배당 안에서 내가 지금 왜 이러는 거야…' 이렇게 생각하면서도 이목사는 본능적으로 치솟는 욕망 때문에 어쩔 줄을 몰랐다. 그래서 그녀의 몸을 불끈 들어서 얼른 의자에 앉혔다. 그녀는 많이 놀랐는지 가만히 앉아 있었다. 그녀는 발을 조금 움직여 보이면서 말했다.

"목사님, 왼쪽 무릎이 좀 이상해요."

"그래요?"

이목사는 최은미의 왼쪽 무릎을 조심히 만졌다. 그러자 그녀가 아 소리를 내면서 아픔을 호소했다. 이목사는 그녀의 다리를 들고 이쪽저쪽으로 흔들어보았다. 그녀는 계속해서 아프다고 소리쳤다.

"많이 아파요?"

이목사가 묻자 그녀는 고개를 끄덕였다.

"혹시 골절상을 입었을지 모르니까 병원에 가보는 게 어때요?"

"병원이요?"

"의자가 높은 건 아니지만 그래도 몸이 떨어지는 충격에 관절에 문제가 생겼을 수도 있어요. 빨리 가서 엑스레이를 찍어보고 조치를 취해야 할 것 같아요."

최은미는 병원에 가는 일이 내키지 않는 듯 심각한 표정을 지으며 조심히 몸을 일으켜 보았다. 그러다가는 아야 소리를 내면서 다시 자리에 털썩 주저앉아 버렸다.

"아무래도 문제가 생긴 것 같으니까 병원에 가도록 해요. 자, 내 등에 업혀요."

이목사가 말하자 그녀는 다분히 괴로운 표정을 지으면서 말했다.

"목사님이 그냥 마사지를 해 주시면 안 돼요? 전 병원에 가는 게 죽기보다 싫어요."

"마사지를 해 주라니 그게 무슨 말이에요? 뼈에 이상이 생겼다면 빨리 응급조치를 취하고 깁스를 해야 해요."

"제 생각엔 잠시 충격으로 그런 같으니까 그냥 좀 놀란 근육을 풀어주면 될 것 같아서요… 죄송해요 목사님…"

"죄송하긴요. 아니에요. 그런 맘은 먹지 말아요. 은미 자매의 생각도 일리는 있어요. 그럼 내가 잠깐 마사지를 할 테니까 이대로 앉아 있어요."

"제가 좀 누우면 안 돼요?"

"그럼 그래요. 그게 더 낫겠어요. 가만 있자 나도 의자를 가져와서 앉아서 마사지를 하는 게 낫겠네요."

이목사는 최은미를 다시 의자에 눕혔다. 그리고 옆의 장의자를 밀었다. 또 방에서 의자를 가져와 최은미 옆에 앉았다. 그런데 이 순간에도 짧은 스커트를 입은 최은미의 하체가 훤히 눈에 들어와 이목사의 마음을 아주 혼란스럽게 만들었다. 그러나 이목사는 그런 감정들을 꾹 누르며 최은미의 다리를 마사지하기 시작했다. 발목에서부터 허벅지 바로 아래까지 반복해서 주물러 주었다. 한참을 그렇게 하다가 최은미를 보니 그녀는 다시 잠들

239

09. 대 결단

어 있었다. 이목사는 좀 어이가 없어서 웃었다. 이목사는 최은미를 깨워서 다시 한 번 그녀의 발을 점검해보고, 병원으로 데리고 가든지 아니면 집으로 보내든지 하려고 마음먹었다. 그러나 그녀는 아주 곤하게 잠이 들어 있는 것 같았다. 깨우고 싶은 마음이 사라졌다. 그녀가 몸을 한 번 뒤척이자 그녀의 스커트는 위로 올려졌다. 그러자 팬티가 훤히 보였다. 이것을 보자 이목사는 일순간 정신이 몽롱해지는 것이었다. 정말이었다. 바로 지금 그녀를 안고 싶었다. 순간적으로 강력한 성충동이 일어났다. 이목사는 자신의 호흡이 가빠지는 것을 느꼈다. 그러나 이목사는 이 순간 저 다윗을 생각했다. 충성스러운 부하 우리아의 아내 밧세바를 범했던 다윗을 생각한 것이다. 순간의 실수는 영원한 상처를 만든다. 다윗에 관하여 생각할 때마다 그가 되새기며 머리에 심었던 교훈이었다. 이목사는 얼른 옆에 있는 이불을 들어 그녀의 몸을 덮었다. 그리고 자신이 앉았던 의자를 그녀가 누운 의자와 옆의 장의자로 고정시켰다. 또 방에 들어가 아이들이 사용하는 의자 하나를 더 가져와 그 의자도 중간에 고정시켰다. 이제 최은미가 몸을 움직여도 그녀가 바닥으로 떨어질 염려는 없을 것이었다. 이목사는 최은미의 머리를 반듯하게 해 주고 방으로 들어왔다.

　이목사의 가슴은 여전히 쿵쿵 뛰고 있었다. 말씀을 통하여 자칫 최은미를 안을 뻔했던 위기를 넘겼지만 여전히 그녀의 하체가 두 눈에 선명히 보이고 있었기 때문이었다. 이목사는 입을 꼭 다물고 어처구니가 없다는 듯 웃었다. 그러나 그녀를 안고 싶은 그 감정은 아주 집요하게 그를 물고 늘어졌다. 그래서 이목사는 갑자기 몸을 일으켰다. 하지만 그는 다시 털썩 자리에 주저앉았다. 그리고 무릎을 꿇었다. 그는 머리를 방바닥에 박고는 "하나님, 하나님…" 이렇게 계속 하나님의 이름을 불렀다. 그러다가 이목사도 잠이 들었다.

　이목사는 시골에서 공부하던 소년 시절로 돌아갔다. 이목사가 다니던 중학교는 면소재지에 있었다. 그런데 그 곳에는 오일 만에 한 번씩 서는 장도 있었다. 이목사는 가끔 그 장터에 갔다. 소나 돼지, 개나 염소, 닭 등을 파는 곳을 돌아서 신발을 파는 곳으로 가면 하얗고 긴 끈에 매어달린 운동화들이 많이 있었다. 그런가 하면 옷과 옷감을 파는 곳으로 가면 시장 특유의 옷감 냄새가 이목사의 코안으로 밀려들었다. 그 곳을 지나 시장 입구 쪽으로 가면 거기에는 참게며 낙지, 고등어 등을 파는 해물전이 있었다. 이목사는 방과 후에 가끔 시장에 들러 그런 풍경들을 구경하곤 했었다. 시장을 한 번 빙 둘러보고 나오면 두꺼운 책 한 권을 읽은 것처럼 기분이 뿌듯하곤 했었다.

그런데, 오늘은 장날이 아닌데 이목사가 거기에 갔다. 소년인 이목사는 텅 빈 장터를 보면서 이상한 마음이 들었다. 그러나 이목사는 텅 빈 장터에서 사람과 물건들로 가득찬 장터에서 느낄 수 없는 무엇을 느꼈다. 쓸쓸함, 한적함, 그리고 어떤 그리움들, 그리고 어떤 기다림들, 그리고 어떤 향수 같은 것들도 느꼈다. 이 때였다. 둘째 막내 여동생 또래의 작은 여자 애 하나가 텅 빈 장바닥을 둘러보면서 이목사 쪽으로 왔다. 가까이서 보니 얼굴이 아주 예쁜 소녀였다. 그런데 며칠 동안 세수를 안 했는지 얼굴 여기저기에 숯검정 같은 때가 묻어 있었다. 이목사는 가까이 온 그 소녀에게 물었다.

"너 어디서 사니? 집을 나왔어? 부모를 잃은 거야?"

그러나 그녀는 아무 말도 하지 않았다. 이목사를 보더니 뭐가 신기하기라도 한 듯 둥근 두 눈을 꿈벅거릴 뿐이었다.

"왜? 내 얼굴에 뭐가 묻었어? 왜 그렇게 찬찬히 보는 거야? 네 집이 어디냐니까?"

이 때였다. 저 쪽에서 키가 크고 체격이 좋은 사내들 서너 명이 나타났다. 가까이서 보니 얼굴이 험상궂게 생긴 자들이었다. 그들은 소녀에게 오더니 그녀의 양 팔을 우악스럽게 붙잡았다. 그러더니 소녀를 끌고 갔다. 소녀는 끌려가면서 고개를 돌려 이목사를 몇 번 보았다. 그러나 이목사는 너무 무섭고, 또 무엇을 어떻게 해야 할지를 몰라 그냥 그 자리에 못 박힌 듯 서있었다. 사내들과 소녀가 시야에서 사라진 후에야 이목사는 지서로 가서 신고를 해야겠다고 생각했다. 그런데 바로 이 때였다. 그 소녀가 다시 나타났다. 소녀는 아까와는 전혀 다른 모습이었다. 얼굴도 깨끗했다. 아주 비싼 옷을 입고 있었다. 그녀는 이목사에게 오더니 싱긋 웃었다. 그리고 손을 내밀었다. 이목사는 갑자기 바뀐 이 소녀의 겉모습과 행동이 너무 이상해서 어쩔 줄을 몰랐다. 하지만 손을 벌리고 있었기 때문에 물었다.

"뭘 달라는 거야? 돈을 달라는 거야?"

소녀는 고개를 흔들었다.

"그럼 뭘 달라고?"

이목사가 묻자 그녀는 또 웃었다. 그런데 이 웃음이 소녀의 웃음이 아니었다. 이목사를 유혹하는 듯한 느낌을 주었기 때문이다. 이 때였다. 아까 나타났던 그 험상궂은 사내들이 또 나타났다. 그들이 나타나자 소녀는 이목사 뒤로 숨었다. 양 손으로 이목사의 허리를 꼭 붙들었다. 사내들은 소녀를 보고 온지라 험상궂은 얼굴로 이목사를 한 번 째려보더니 이목사 뒤에 있는 소녀에게로 가려고 했다. 이 때 이목사가 소리쳤다.

"당신들 유괴범이지? 경찰에 신고할 거야!"

이목사가 이렇게 소리치자 그들은 누런 이빨을 드러내며 가소롭다는 듯이 낄낄 웃었다. 그러나 곧 험상궂은 표정을 짓더니 이목사를 확 젖히고 소녀를 잡으려고 했다. 하지만 이목사는 그들의 그러한 손을 발로 차버렸다. 소녀는 이목사의 허리를 더욱 단단히 붙들었다. 사내들은 이목사를 노려보더니 그들 중 하나가 허리춤에서 예리한 단검 하나를 뽑아들었다. 그리고 곧 이목사를 찌르려고 했다. 이목사는 이 순간에야 비로소 지금의 모습으로 돌아왔다. 그리고는 소리쳤다.

"나사렛 예수의 이름으로 명하노니 이 악한 원수 마귀야 온전히 묶임을 받을지어다! 이 더러운 귀신들아 묶임을 받을지어다! 묶임을 받을지어다…"

이목사는 눈을 뜨고 사방을 둘러보았다. 벽 시계를 보니 이미 새벽 한 시를 가리키고 있었다. 자신은 방에서 무릎을 꿇은 채로 잠이 들었다 깨어난 상태였다. 몸을 일으키고 예배당에 나오니 최은미는 여전히 자고 있었다. 꿈을 꾸는지 가끔 이상한 소리를 내면서 쿨쿨 자고 있었다. 이목사는 예배당의 불을 끄고 다시 방으로 들어왔다. 자리에 누웠는데 조금 전에 꾸었던 꿈이 여전히 선명하게 남아 있었다. 이목사는 한 시간 남짓 천정을 응시하면서 그 꿈이 무슨 꿈인가 생각했다. 그리고는 다시 몸을 일으켜 기도를 시작했다.

"하나님, 아까 꾸게 하신 그 꿈이 도대체 무슨 꿈입니까? 의미를 알게 해 주세요."

이목사는 또 매일 새날이 열릴 때마다 하는 기도를 시작했다.

"하나님 오늘도 온 인류를 기억하소서. 아직도 예수님을 모르는 영혼들은 오늘 모두 다 예수님을 영접하여 하나님의 백성이 되게 하옵소서. 우리 모든 믿음의 식구들은 성령이 충만한 하루를 보내게 하소서. 빛과 소금의 역할을 감당하게 하소서. 전 세계의 모든 교회들을 부흥시키소서. 정금교회도 큰 부흥을 허락하소서. 오늘도 우주선과 비행기, 헬리콥터, 헹글라이더, 기차와 버스와 택시와 승용차와 자전거와 오토바이와 배와 경운기와 짐차와 불도저와 핸드 리프트와 휠체어와 전동 휠과 탱크와 지게차나 각종 기구를 타고 다니는 영혼들이 아무 사고 없는 하루가 되게 하소서. 손수레나 유모차를 끌 때도, 걸어다닐 때도 아무 사고가 없도록 하소서. 병원이

243
09. 대 결단

나 공장에서 일할 때에, 사무실에서, 논과 밭에서 일할 때에도 아무 사고가 없도록 지켜 주소서. 군대나 경찰서, 소방서에서 일할 때에도 사고가 없게 하소서. 어디서 무엇을 하든 주 안에서 안전하도록 지켜 주소서. 오늘 하루 승리하게 하소서. 어떠한 경우에도 악과 불법을 행하지 말게 하소서. 낙망하거나 좌절하거나 시기하거나 판단하거나 비방하거나 투기하거나 자랑하거나 자부하거나 화를 내지 말게 하소서. 살인하거나 방화하거나 도적질하거나 도박하지 말게 하소서. 납치하거나 낙태하거나 각종 폭력을 행하지 말게 하소서. 특별히 성폭력을 행하지 말게 하소서. 가정을 파괴하거나 이혼하지 말게 하소서. 이 세상의 모든 가정들을 지켜 주소서. 또 나라에 반역하거나 전쟁을 일으키지 못하게 하소서. 자살하지 않게 하소서. 인터넷이나 핸드폰을 통하여 악을 범하지 못하게 하소서. 해킹하지 말게 하시고, 악한 바이러스를 유포하지 말게 하소서. 해골 모양이나 뼈다귀 모양 등을 만들고 육육육육 같은 허망한 숫자를 만들어 컴퓨터를 더럽히지 말게 하소서. 각종 매스컴을 통하여 악을 행하는 영들을 강하게 결박하소서. 오 하나님, 아버지께서 이 세상을 통치하고 계심을 믿습니다. 이 세상의 모든 영혼들이 예수님을 믿어 구세주로 영접하게 하소서. 그리하여 오늘도 온 인류가 사랑과 희락과 화평과 오래 참음과 자비와 양선과 충성과 온유와 절제의 열매를 맺는 복된 하루가 되게 하소서. 우리 모두에게 큰 믿음을 주옵소서. 믿음 위에 덕을 덕 위에 지식을 지식 위에 절제를 절제 위에 경건을 경건 위에 형제 우애를 형제 우애 위에 사랑을 더하소서. 오 하나님, 오늘 하루 은사도 충만히 부어 주소서. 지식의 말씀, 지혜의 말씀, 믿음을, 병 고침을, 능력 행함을, 영들 분별함을, 각종 방언 말함을, 방언들 통역함을 주시옵소서. 위로와 격려의 은사를 주시고, 가르침의 은사도 주소서. 성경을 깊이 연구하여 잘 가르치게 하소서. 전도하게 하소서. 헌금도 힘껏 하도록 도우소서. 오 하나님, 오늘도 이 세상에서 활동하는 모든 이단과 사술의 영들을 결박하소서. 마약을 주입하고 악한 게임을 하게 하며, 점치게 하며, 도박하게 하며, 문신하게 하며, 동성애로 몸을 더럽히게 하며, 우상을 숭배하게 하며, 음란과 폭력, 술취함과 방탕함과 온갖 악을 행하는 마귀와 귀신들을 단단히 결박하소서. VCC라는 이름으로 교계를 혼미케 하는 귀신들도 묶으소서. 나사렛 예수의 이름으로 명하노니 인생을 파괴하고자 역사하는 마귀와 더러운 귀신들아 묶임을 받을지어다… 온전히 묶임을 받을지어다… 인생들에서 떠나갈 지어다… 주 예수님, 어서 이 땅에 오소서…"

이목사는 새벽마다 기도의 첫머리에 드리는 이 기도를 하고 무릎을 꿇은 채로 아까의 그 꿈을 다시 떠올리며 곰곰이 생각해보는 것이었다. 이 꿈 가운데 하나님의 어떤 계시가 있는 것 같은데 그 의미가 얼른 깨달아지지 않았기 때문이다. 그래서 "오 하나님, 이 종이 깨닫게 하옵소서, 꿈의 의미를 밝히 깨닫게 하옵소서" 하고 기도하였다. 바로 이 순간이었다. "목사님!" 하고 최은미가 불렀다. 이목사는 곧 예배당으로 갔다. 이목사가 그녀 곁으로 달려가자 그녀는 한 손을 들고 말했다.

"목사님, 이 손 좀 잡아 주세요. 몸이 말을 안 들어요!"

"그래요! 알았어요!"

이목사가 그녀의 손을 잡으려고 곁으로 가는데 갑자기 그녀가 손을 내려버렸다. 알고 보니 그녀는 잠꼬대를 하고 있었다. 바로 이 순간 이목사의 뇌리로 섬광처럼 스쳐가는 깨달음이 있었다. 꿈에 보았던 그 소녀는 바로 최은미라는 것이었다. 이목사는 이것을 깨닫는 순간 기쁨과 두려움이 교차하는 마음을 감추지 못하고 강단으로 가 무릎을 꿇었다. 무릎을 꿇는 순간 하나님의 음성이 들려왔다. "이목사야, 갑절로 기도하여라. 갑절로 기도하여라. 갑절로 기도하여라." 이목사는 "알겠습니다 주님, 갑절로 기도하겠습니다. 쉬지 않고 더욱 치열하게, 더욱 뜨겁게 기도하겠습니다…" 이렇게 말하며 기도를 시작하였다.

새벽 네 시 삽십 분이 되자 이목사는 최은미를 깨웠다. 비록 꿈을 통해서 였지만 최은미가 누구인가를 알게 되자 이목사는 최은미를 대하기가 훨씬 수월해졌다. 그녀의 얼굴과 몸매는 여전히 탐스러울 만큼 곱고 예뻤지만 이제는 전과는 다른 감정이 그녀를 향하고 있었다. 그녀가 아주 사랑스러 운 것이었다. 또 가련한 생각이 들기도 하는 것이었다. 하나님께서 이 딸을 보호하라고 자기에게 보냈다고 생각하니 각별한 마음이 그녀에게로 향하 는 것이었다. 이목사는 자리를 정돈했다. 최은미에게도 몸을 좀 단장하라 고 말했다. 이목사는 새벽예배를 드리자며 단으로 올라갔다. 그리고 찬송 을 불렀다. 한 동안 찬송 소리를 듣지 못했던 아이들이 찬송 소리를 듣고 일 어나 예배당으로 나왔다. 그들은 최은미가 의자에 앉아 있는 것을 보고 놀 랐다. 그러나 곧 그녀 옆으로 가서 앉았다. 이목사는 예배를 드린 후 최은 미와 아이들에게 일일이 안수를 해 주었다.

"은미 자매, 다리는 어때요?"

이목사가 묻자 그녀는 다리를 움직여 보더니 웃으면서 말했다.

"다 나았나 봐요. 괜찮아요."

"다행이네요. 하나님께서 밤에 고쳐 주신 게 분명해요. 평안히 잤어요?"

"네. 아주 평안히 잤어요. 그런데요, 꿈에 괴한들이 나를 붙잡으려고 쫓 아왔어요. 잡히지는 않았지만요."

"그 때 날 부른 거예요? 손 잡아 달라고 부르던데."

"목사님도 들었어요? 제가 도망치면서 목사님을 큰 소리로 불렀거든 요."

"나도 들었어요. 이제 어떻게 할 거예요? 집으로 갈 거예요 아니면 식사 하고 출근할 거예요?"

"당연히 여기서 식사하고 가야죠."

"그래요. 옷 안 갈아입어도 괜찮겠어요?"

"괜찮아요. 이거 어제 갈아입은 옷이에요. 화장품은 백 안에 있고요."

"그래요. 그럼 좀 쉬었다가 아침 밥 같이 먹어요. 들어가서 아이들과 같이 쉬어요. 나는 기도를 좀 더 할 테니까."

최은미는 아이들과 함께 방으로 들어갔다. 무릎을 꿇고 앉았는데 이목사의 마음에 놀라운 평화가 임하였다. 마음은 늘 평안하였지만 지금의 평강엔 전의 평강엔 없던 또 하나의 기쁨이 더해져 있음이 분명했다. 이목사의 뇌리에 아른거리던 그늘이 사라진 것이었다. 이목사는 앞으로 갑절로 기도하리라는 대 결단을 하였다.

날씨는 여전히 무더웠다. 하늘에서 더운 화톳불을 계속 내려붓는 듯 조금만 움직여도 땀이 날 정도로 더웠다. 이목사는 점심을 먹고 난 후 한 시간 정도를 기도하고 전도지를 가지고 근처의 공원에 갔는데 사람들에게 말을 걸기엔 날씨가 너무 더웠다. 그래서 벤치에 앉아 잠시 숨을 고르고 있는데 전화가 왔다. 송기창 목사였다. 오늘 네 시에 임마태 목사님을 만나기로 했는데 이목사도 그 자리에 꼭 좀 참석하라는 것이었다. 그러면서 핸드폰에 그 장소를 찍어 주었다. 안양과 과천 사이에 있는 음식점이었다. 조금 있자 오지훈 목사가 전화를 했다. 자기도 송목사의 전화를 받았는데 어떻게 할 것인지 결정을 못해 전화를 했다고 하였다. 이목사가 임마태 목사를 개인적으로 만난 적은 한 번도 없었다. 그러나 그에 대한 소문은 사람을 통해서, 메스컴을 통해서 계속 듣고 있었다. 오랜 기간 동안 분쟁 가운데 있는 E교단에서는 단연 최고의 목사라고 칭찬이 자자한 분이었다. 임목사가 시무하는 한길교회는 교세도 크지만 하는 일도 그만큼 많았다. 세계 각지로 선교사들을 이십 여 명이나 파송하여 그들의 생활비를 모두 지원하고 있었다. 그런가 하면 어린이 전도와 청소년 전도, 청년 전도를 위하여 여러 프로그램을 꾸준히 운영하고 있었다. 얼마 전에는 은퇴했지만 노후 대책이 서 있지 않는 퇴임 목회자들을 위해 저들이 머무를 공간을 준비하는 사업을 시작한다고 교계 신문에 소개되고 있었다. 임목사는 교단 정치에는 한 번도 개입한 적이 없었다. 신학교 장학위원회 회장 같은 몇 가지의 직임은 갖고 있었지만 이권이 오고가는 교단 정치엔 단 한 번도 발을 들여놓은 적이 없는 분이었다. 이목사가 볼 때엔 이 시대엔 찾아보기 힘든 하나님의 사람이었다. 이목사는 이 분을 한 번 만나보고 싶었다. 그래서 오목사에게도 가능하면 그 자리에 나오라고 답변하였다.

이목사는 너무 더워 부채질하기도 귀찮은지 부채를 옆에 놓고 앉아 있는 몇 사람에게 전도했다. 그러다가 시간이 되자 집으로 돌아왔다. 핸드폰에 문자가 와 있었다. 최은미였다. 오늘 저녁에도 퇴근하고 오겠다는 문자였다. 이목사는 자긴 저녁 약속이 되어 있으니 아이들과 저녁을 먹으라고 답변을 했다. 그리고는 기도원에 있는 아내에게 전화를 했다. 아내 대신 나연희 권사가 전화를 받았다. 그녀는 그렇지 않아도 자기가 전화를 하려고 했었다며 말했다.

"목사님, 요 며칠 동안 사모님의 상태가 너무나 좋지 않아요. 기도를 더 많이 해야겠어요. 사모님은 지금도 주무시고 계세요."

"그렇군요. 제가 내일 올라갈게요. 권사님이 곁에서 너무 수고가 많으셔요."

"이까짓 걸 수고라고 할 수 있나요. 사모님만 살아나신다면 무슨 문제가 있겠어요. 참 애들은 어때요? 사모님은 아이들이 늘 걱정되나 봐요."

"그럴 거예요. 학교에 잘 다니고 있다고 전해 주세요."

"그래요. 다행이네요. 저도 목사님에게 한 가지 드릴 말씀이 있는데…"

"제게요?"

"네."

"무슨 말씀인데요? 편안하게 말씀하세요."

"목사님도 운전 면허증은 가지고 있죠?"

"네. 가지고 있어요."

"사실은 제가 삼 년 전에 소형차 한 대를 사서 타고 다녔어요. 그런데 기도원에 올라온 후로는 그 차를 못 타잖아요. 사실은 그 차를 수개월째 집 앞에 세워놓고 있어요. 그래서 그 차를 목사님에게 주었으면 하는 생각이 들어서요. 하나님의 종에게 타던 것을 준다는 게 뭐하지만 그래도 많이 탄 게 아니고 멀쩡하니까 한참 타시지 않을까 생각이 들어서…"

"그래요 권사님, 그런 마음을 가지신 게 너무 감사합니다. 저야 그런 차를 탄다면 너무 고맙겠지요. 하지만 권사님, 부끄러운 말이지만 저희는 지금 차를 굴릴 만한 여유가 없거든요."

"목사님, 목사님이 그 차를 타신다고만 하면 제가 보험료와 기름값은 선교 헌금으로 드릴게요. 타실 마음은 있어요? 사모님도 아프시고 하니까 차는 있어야 할 것 같거든요."

"권사님…"

이목사는 나권사의 마음이 너무 고마워서 뭐라고 감사의 말을 해야 할지 몰랐다.

"목사님, 제가 사모님에게 말씀 드리고 언제 내려가서 그 차 이전시켜 드릴게요."

"그러실래요. 그런데 그 차를 받아도 되는지 잘 모르겠어요…"

"목사님, 새 걸로 못 주어서 미안해요. 편안한 맘으로 받으세요. 요즘 그런 헌 차는 얼마 안 주면 살 수 있어요. 그럼 이만 끊을게요. 속히 한 번 올라오세요."

"네 권사님, 너무 감사합니다. 그럼…"

이목사는 이게 무슨 일인가 싶어서 고개를 갸웃거렸다. 사실 아이들 때문에도 차는 필요했다. 아이들이 숙제를 받아오면 여기저기 갈 곳이 많은데 그 때마다 버스나 지하철을 이용하니까 시간이 많이 소요되고 불편한

점들도 많았다. 꼭 승용차가 필요한 경우가 종종 생기는데, 그 때마다 대중 교통을 이용하니까 늘 힘이 들었었다. 하나님이 그걸 아시고 차를 한 대 주신다고 생각하니 이목사는 기분이 좋았다.

송기창 목사가 오라고 한 곳은 유명한 오리고기집이었다. 벌써 여러 명의 동기들이 그 곳에 와 있었다. 오목사는 이목사보다 십여 분 늦게 도착하였다. 임마태 목사는 약속 시간 오 분 전에 도착하였다. 보통 키에 곤색 양복을 입고 있는 아주 온유한 표정의 점잖은 신사였다. 송목사가 대표로 가장 먼저 인사를 하고 좌석 중앙으로 그를 인도하였다. 그리고 동기들에게 임목사를 소개하였다. 임목사는 반갑다는 말을 했다. 이번에는 송목사가 동기들 한 명 한 명을 임목사에게 소개하였다. 이목사 차례가 오자 이목사는 임목사에게 정중히 인사를 올렸다. 그러자 임목사도 이목사의 인사를 정중히 받았다. 이목사는 임목사가 자기에게 정중히 인사할 때 신선한 충격을 받았다. 대 교회를 담임하는 대 선배 목사가 작은 교회를 담임하는 새까만 후배 목사에게 이처럼 정중한 자세를 취한 경우는 아직 한 번도 본 적이 없었기 때문이다. 이목사는 자신이 이 자리에 온 것은 아주 잘한 일이라고 생각했다. 자리가 정리되자 송목사는 오늘 이 자리에 임목사를 초대하게 된 이유를 설명하였다. 송목사는 수년 동안 계속되고 있는 교단의 분쟁에 대한 해법을 찾아보자는 의도에서 임목사를 이 자리에 초대했다고 말했다. 임목사는 자리에서 일어나 자기처럼 미천한 사람을 이런 중요한 자리에 초대해 준 교새모의 임원들과 회원들에게 진정한 감사를 표하였다. 그러면서 교단 중진의 한 사람으로서 여러분들에게 심한 부끄러움을 느끼며, 아울러 두려움을 느낀다고 말했다. 송목사는 임목사에게 우리 교새모 회원들은 임목사님을 작금의 교단 분쟁을 종식시킬 유일한 분으로 생각한다고 말했다. 그리고 이러한 교새모 회원들의 열망은 교단 내 회원들 대부분의 의견을 반영한 것이라고 말했다. 그런 만큼 임목사님이 이 교단의 회장 후보로 전면에 나서 줄 것을 진심으로 권한다고 말했다. 임목사는 송목사의 이러한 말에 자신의 의견을 담담한 어조로 말하였다.

"부족한 저를 이 정도로 귀하게 여겨 주심을 진심으로 감사합니다. 하지만 저는 젊은 날 하나님에게 약속한 것이 있습니다. 그것은 제가 사역하는 교회가 아무리 커진다 하여도 교단 정치에는 일절 관여하지 않겠다는 것이었습니다. 여러분도 알다시피 교단의 정치란 누군가는 해야 하는 중요한 일입니다. 그러나 이 일은 교권과 관련된 것이어서 하려고 하는 이들이 많습니다. 이러다 보니 나중에는 세상의 정치판과 똑같이 변하는 것이 이천 년 교회사가 보여주는 실제의 기록입니다. 교회들이 세속화될수록 돈과 명예와 교권이 동시에 주어지는 이 자리를 탐내는 이들이 많아집니다. 결국은 이 자리를 차지하기 위하여 음모와 술수를 꾸며내고, 상대방을 음해하며, 때로는 무서운 해를 가하기도 합니다. 우리 교단은 지금 수년 동안 이러한 분쟁에 휘말려 있습니다. 세상 법정에 가서 싸우고, 거기서 판결이 나오면 이번엔 그 판결을 수용할 수 없다며 다시 교단 법으로 회귀하고, 그러나 이것도 무효라며 다시 세상 법정으로 이 문제를 가져가고⋯ 이것이 지금 우리들이 보고 있는 우리 교단 지도자들의 모습입니다. 얼마나 두려운 일입니까. 여러분, 저도 이러한 모습을 보면서 눈물을 흘리며 기도하고 있습니다. 하지만 저는 하나님과 약속한 것이 있는 만큼 제 일평생 교단의 정치에는 개입하지 않을 것입니다. 여러분의 기대에 부응하지 못했다면 용서해 주시기 바랍니다. 한 가지는 약속할 수 있습니다. 기도하겠습니다. 여러분들의 교단에 대한 이러한 열망과 사랑, 제게 보여 주신 이 귀한 신뢰를 잊지 않고 기도하겠습니다. 정말 감사합니다."

임마태 목사의 이 말이 끝나자 기대감으로 고무되었던 분위기가 가라앉았다. 교새모 회원들은 임마태 목사가 교새모의 입장을 대변해줄 줄 알았던 것이다. 교새모는, 아직 그 성과가 미미하긴 하지만, 교회를 새롭게 하자는 취지에서 시작된 모임이었다. 그러므로 임목사 같은 사람이 이들의 입장을 대변한다면 교단에서의 위상이 상당히 높아질 것이었다. 그래서 임마태 목사가 자기들의 입장에 동조하고 지도자로 나서 주길 바랐던 것이다. 하지만 임마태 목사가 자기는 교단 정치엔 일절 개입하지 않겠다고 말하자 이들은 상당한 실망감을 느끼게 되었다. 송목사는 이러한 회원들의 마음을 너무 잘 알고 있었다. 그는 곧 자리에서 일어났다. 부흥사답게 분위기를 바꾸고자 시도하였다. 회원들의 마음을 처음 모일 때처럼 달구고자 노력하였다.

"여러분, 오늘 우리들은 임마태 목사님을 우리가 원했던 자리로 모시지 못했습니다. 하지만 우리들은 임마태 목사님을 통하여 우리 교단의 가능성을 다시 한 번 확인했습니다. 임목사님 같은 선배님이 이 교단에 계시는 한 우리 교단은 결코 망하거나 쇠하지 않을 것입니다. 앞으로 임목사님의 고견을 계속 들으면서 우리 교단의 개혁을 위해 노력합시다."

"좋은 의견입니다! 그렇게 하도록 합시다!"

누군가가 이렇게 큰 소리로 말하고 박수를 쳤다. 그러자 이 자리에 모인 모든 목사들이 박수를 쳤다. 분위기가 금방 처음 모일 때처럼 변하였다. 그래서 회원들 모두가 옆 사람들과 허심탄회하게 이야기를 나누게 되었다. 분위기가 이렇게 되자 이들은 기분 좋은 저녁 식사를 하게 되었다.

모임이 끝났을 때 이목사와 오목사는 이전의 모임이 끝났을 때처럼 함께 음식점 주변의 거리를 걸었다. 도심이 아니어서 그런지 이 지역은 상당히 시원했다. 가끔씩 바람도 불어왔다. 서울과는 확연히 다른 느낌이었다. 기온이 내려가서인지 발걸음도 한결 가벼웠다. 이목사가 오목사에게 물었다.

"시험 준비는 잘 하고 있어?"

"시험이라야 특별한 게 없어. 서류로 일차 추리고, 이차에서 영어 강의가 있어. 그리고 삼차는 면접이야. 요즘 영어 강의 연습하고 있어."

"영어 강의쯤이야 잘 할 수 있잖아?"

"강의야 하지. 그런데 마음에 늘 껄끄러운 게 있어. 이야기를 들어보니까 진목사님이 아들을 위해서 오래 전부터 정치를 했다고 하더라구. 별의별 소문이 다 있더라니까. 그게 전부 다 사실은 아니겠지만 아니 땐 굴뚝에 연기 나올 리 없다고 마음에 걸리는 거야."

"그냥, 결과는 하나님께 맡기고 편안한 마음으로 시험에 응해. 교수가 하나님 사역의 전부는 아니잖아. 안 그래?"

"그건 그렇지. 하지만 이 시험에서 실패하면 아쉬움이 클 것 같거든. 난 모교의 교수가 되려고 열심히 공부했거든."

"그래. 나도 오목사 마음 알아. 하지만 순종보다 더 중요한 건 없잖아. 만약 우리 학교에 들어가지 못한다면 하나님은 분명히 더 좋은 길로 오목사를 인도하실 거야. 지금 한국의 신학대학들은 일차적인 개혁 대상의 기관들이야."

오목사는 고개를 끄덕였다. 그러나 아무 말도 하지 않았다. 그들은 몇 분을 그렇게 침묵으로 걷다가 서로를 보면서 웃었다.

이목사가 집에 돌아오니 아이들만 집에 있었다. 최은미가 있을 줄 알았는데 그녀의 모습이 보이지 않는 것이었다. 이목사는 큰 아들 상준에게 누나가 오지 않았었느냐고 물었다. 그러자 상준은 대답했다.

"왔었어요. 저녁 밥 해서 함께 먹고 설거지도 했어요. 우리들이랑 이야기하고 앉아 있는데 어떤 분이 전화를 해서 밖으로 나갔어요. 아빠 오시면 누나 다시 올 테니까 그렇게 말하라고 했어요."

"그랬구나. 잘 알았다."

이목사는 방에서 나와 최은미에게 고맙다는 문자를 보냈다. 그러자 최은미는 곧 답문을 보내왔다. 이야기 끝나는 대로 갈 테니까 예배당 문을 잠

253

그지 말라는 내용이었다. 바로 이 때였다. 전화가 걸려왔다. 나연희 권사였다. 그녀는 사모님이 위독한 상태이니 지금 올라와야만 하겠다고 말했다. 자기가 택시비는 준비해 놓을 테니 그냥 택시를 잡아타고 지금 즉시 오라는 것이었다. 이목사는 상준이에게 말했다.

"아빠 지금 곧 엄마한테 가보아야겠다. 이따 누나 올지 모르니까 누나 오면 니가 올라가서 문 열어 주어라. 누나가 안 오더라도 동생들 잘 데리고 있어. 내일 아침에도 제 시간에 일어나 학교 가고 말이야. 알았지?"

"네."

이목사는 다시 은미에게 문자를 보냈다. 아내가 위독해서 기도원에 올라가니 시간이 되면 사택에 와서 아이들을 좀 돌봐 달라는 내용이었다. 최은미도 곧 문자를 보냈다. 알았으니 잘 다녀오라고 했다. 이목사는 성경을 넣은 가방 하나를 들고 밖으로 나왔다. 그리고는 곧 택시를 잡았다. 이목사가 기도원에 도착했을 때엔 기도원은 마지막 집회도 이미 끝나 아주 고요한 상태였다. 이목사가 본당으로 들어가서 김미란 사모가 누워 있는 곳으로 가자 김미란 사모 옆에 앉아 있던 나권사와 문정애 성도가 자리에서 일어났다. 이목사와 그들은 서로 인사를 했다. 이목사는 곧 무릎을 꿇고 아내의 손을 잡았다. 김미란 사모는 가쁘게 숨을 몰아쉬고 있었다. 그러나 남편이 온 줄을 알고 눈을 떴다. 그녀의 눈은 초점을 잃고 있었다.

"여보…"

이목사가 부르자 그녀는 입만 벌린 채 아무 말도 못하고 있었다. 피골이 상접한 그녀의 얼굴을 보고 그녀의 거친 숨소리를 듣자 이목사는 아무 말도 없이 가만히 눈을 감았다. 그리고 마음 속으로 '이 딸을 살려 주세요, 이 딸을 살려 주세요…' 하고 기도만 했다. 눈을 뜨니 김미란 사모는 나권사에게 물을 달라고 했다. 나권사가 그녀의 상반신을 한 손으로 올리고 입에 물을 넣어주자 김미란 사모는 물을 마셨다. 한 컵은 족히 마신 것 같았다. 이 때야 김미란 사모의 눈빛이 정상으로 돌아왔다. 나권사가 이 모습을 보고 놀란 표정으로 말했다.

"목사님이 오시니까 사모님이 기운을 차리시네요! 얼마 전까지만 해도 곧 숨이 넘어갈 것 같았어요! 사모님이 다시 살아났어요!"

김미란 사모는 이목사를 올려다 보면서 아주 가는 어조로 물었다.

"우리 애들… 우리 애들 잘 있어요?"

"그래요. 애들은 모두 잘 있어요. 당신이 빨리 나아서 돌아오기만 기다리고 있어요. 밥 먹을 때도 기도하고, 자기 전에도 기도하고, 학교에서도 점심시간에 기도하나 봐요. 그러니 기운 차리고 빨리 나아요."

그녀의 눈에서 눈물이 솟아났다. 그녀가 또 떠듬거리며 물었다.

"나… 나… 나을 수… 있겠지요? 다시… 다시… 일어날 수… 있겠지요?"

"그럼 낫지. 예수님은 죽은 사람도 살리시는데 이깟 병 못 고치시겠어. 끝까지 소망을 잃지 말고 희망을 가져요. 하나님은 당신을 꼭 살려주실 거예요."

그녀는 이목사를 보면서 입을 꼭 다물었다. 그러다가 다시 눈을 감았다. 나권사가 이목사에게 잠시 밖으로 나가자고 했다. 그래서 이목사는 나권사를 따라 밖으로 나왔다. 나권사는 벤치로 가서 이목사에게 앉으라고 말한 다음 자기도 옆에 앉았다. 그녀는 차분한 어조로 이목사에게 말했다.

"요즘 사모님의 상태가 좀 안 좋아요. 자주 정신을 잃어요. 병의 상태도 최악인데 오직 물만 마시고 있으니 이제 한계인 것 같아요. 조만간 어떤 결정이 내려지지 않을까 생각해요. 이제는 수술도 받을 수 없겠죠?"

나권사의 안타까운 표정을 보면서 이목사는 고개를 끄덕였다.

"이젠 두 길밖에 없어요. 하나님이 저 사람을 데려가시든지 아니면 살려내시든지 이 두 길밖에 없어요. 제 집 사람의 상태는 권사님이 더 잘 아시잖아요."

이목사가 긴 숨을 몰아쉬면서 하늘을 쳐다보자 나권사는 이목사에게 말했다.

"사모님에게는 믿음이 있는 것 같아요. 솔직히 말씀 드리면 몇 번 사모님이 부름을 받은 줄 알았어요. 숨 소리도 나지 않고 미동도 없는 게 영락없이 숨이 끊긴 것 같았어요. 그런데 다시 살아나곤 하시더라고요. 요즘 와서는 그런 현상이 더욱 자주 일어나고 있어요."

"목회가 쉽지 않네요 권사님… 정말 쉽지 않아요… 저 사람 저 만나서 지금까지 고생만 했거든요. 습기 차고 냄새 나는 지하를 벗어나보지 못했어요. 파장에 가서 떨이 하는 야채며, 생선이며, 과일이며 그런 것만 사다 먹었어요…"

이목사의 두 뺨으로 눈물이 흘러내렸다. 그 눈물은 별빛을 받아서 반짝거렸다.

"목사님…"

나권사는 적절한 위로의 말을 찾지 못하고 눈물을 흘리고 있는 이목사의 이름만 불렀다. 이목사는 손수건을 꺼내 뺨을 닦으며 말했다.

"십자가 지신 예수님을 생각하면 이런 것이 뭐가 고생이고 아픔이냐 생각이 들지만 아내가 겪는 고통을 보면 마음이 아파요. 하나님이 이대로 아내를 데려가신다면… 만약 이대로 데려가신다면… 전 순종할 거예요. 당연히 순종해야지요. 하지만 이 아픔은 영원히 남을 것 같아요. 우리의 못다한 사랑, 제대로 해내지 못한 사역들은 두고두고 제 마음을 찌를 거예요. 정말 그럴 거예요…"

이목사의 다분히 흐느끼는 어조의 말에 나권사도 눈시울을 적셨다. 그녀는 자리에서 일어나 저쪽으로 가더니 손수건을 꺼내 탱탱 소리를 내며 코를 몇 번 풀더니 다시 돌아왔다.

"목사님, 소망을 가지셔요. 제 생각인데 사모님은 살아날 것 같아요. 하나님은 사모님을 꼭 살려주실 것 같아요. 어디를 보아도 지금 사모님이 천국으로 가시면 안 되는 상황이잖아요. 제가 인생을 살아보니까 하나님은 상당히 합리적인 분이셨어요. 사람들처럼 엉터리가 아니시더라구요. 있어야 할 곳에 있어야 할 사람은, 못난이 같아도 키우시고 그 곳에 세우셔서 일을 시키시더라구요. 저를 보니까 그랬어요. 그러니 너무 염려하지 마세요. 세상 사람들이 볼 때엔 사모님은 가망이 없는 상태예요. 그러나 참다운 신자가 볼 때엔 여전히 가망성이 있는 분이에요. 우리 주님은 처음부터 기적으로 오셨잖아요. 우린 그 기적을 믿어야 해요 목사님. 감히 저 같은 게 이런 말로 목사님을 위로하려고 하다니 부끄럽네요. 용서해 주세요."

"아닙니다 권사님, 권사님의 말씀은 큰 위로가 되었습니다. 그리고 기도원에 아내를 데리고 온 후 지금까지 권사님이 베푸시는 이 큰 은혜는 일평생 잊지 못할 것입니다."

"목사님, 제가 사모님을 좀 돕는 건 사실이지만 이런 것도 은혜라고 친다면 세상에 은혜 아닌 게 없겠네요. 과찬하지 마세요. 전 아직도 회개할 할 것들이 많은 여자예요. 참, 아까 사모님 옆에 있던 여자 보셨죠? 그 분은 북한에서 오신 분이에요. 문정애씨라는 분인데 사정이 딱했어요. 탈북했다가 이번에 다시 잡혀간 아이들 중 하나가 그녀의 아들이래요."

"그렇군요. 그 분의 마음도 편치가 않겠군요."

"북한에 살고 있는 우리 모든 성도들의 마음이 똑같지 않겠어요. 참, 제가 저 분을 만난 후 생각해본 것인데요, 이번 기회에 저희들이 북한의 동포들을 위해 기도회를 하나 만드는 게 어때요?"

"북한의 성도들을 위한 기도모임을 만들자고요?"

"네. 물론 지금 대한민국에는 북한을 위한 많은 단체들이 있는 줄 알아요. 기도 모임도 여럿 있을 거예요. 하지만 그들은 그들이고 우리들은 우리들 나름의 모임을 만들어 활동하는 거예요. 통일을 위해서 말예요. 우리 생전에 통일이 되면 우리 모임을 통하여 북한에 신학교도 세우고, 교회도 세우고, 학교, 양로원, 고아원, 병원 등도 세우고… 이런 꿈을 가지고 함께 뭉쳐서 기도를 하자는 거예요. 물론 문정애씨도 우리와 함께 하는 거지요. 또 저 분이 아는 북한 동포들을 우리의 모임에 들어오게 하여 저들을 위한 사역도 하는 거예요. 제 느낌인데, 목사님과 사모님은 특별한 사람들 같아요. 이래 봬도 제가 천 명 이상을 전도해서 교회에 정착시켰잖아요. 저도 사람을 좀 볼 줄 알거든요. 목사님과 사모님의 기도, 지금 이 세상과 이 민족은 그 기도가 필요한 것 같아요. 제가 너무 지나친 생각을 했을까요?"

"아닙니다. 아주 좋은 생각입니다. 그런데, 권사님이 그 유명한 사랑교회 전도왕이셨군요. 이렇게 뵙게 되어 반갑습니다. 영광이에요. 정말입니다."

"목사님, 그거 제가 한 게 아녜요. 제게 한 줄로 생각하면서 교만 떨다가 저 모든 기쁨을 잃어버렸어요. 그래서 여기에 온 거예요. 하지만 제가 감히 목사님 같은 분과 북한 동포들을 위해서 기도하고자 원하는 이 마음은 교만한 게 아니겠죠?"

이목사는 나권사의 얼굴을 유심히 보았다. 그녀의 두 눈이 반짝반짝 빛나고 있었다. 자기가 한 말이 결코 그냥 해본 그런 가벼운 말이 아니라는, 하지만 이러한 생각이 혹시 자신의 생각에서 나온 것은 아닐까 하는 약간의 두려움이 담긴 겸손한 눈빛이었다. 이목사는 낮은 어조로 말했다.

"교만한 마음이라니요. 아주 겸손한 마음에서 나온 생각이라고 봅니다. 권사님처럼 훌륭하신 분이 저희 부부를 그 정도로 귀하게 보아 주시니 참으로 감사합니다. 하지만 저희들은 권사님이 생각하는 것만큼 그렇게 훌륭한 목사와 사모가 되지 못합니다. 이 나라와 이 민족을 위한 기도회야 시작하는 게 어려운 일은 아닐 테지만 저희들이 권사님의 기대에 부응할지는 장담을 못하겠습니다."

"목사님이 그렇게 말씀하실 줄 알았어요. 어쨌든 우리 기도회를 만들어서 정기적으로 만나 함께 기도하는 걸로 해요. 북한의 성도들과 복음화, 남북통일을 위하여 전보다 더 집중적으로 기도하는 거예요. 목사님도 이미 북한을 위하여, 통일을 위하여 기도하고 계셨겠지만 이제부터는 전보다 더 집중하는 거예요. 무슨 일이든 집중이 중요하잖아요."

"그건 그렇죠. 그 계획은 아무래도 제 아내가 나은 다음에 추진되어야 하겠죠?"

"그럼요. 사모님이 다 나아 우리가 함께 목사님이 사역하시는 교회에서 모이고, 그 다음에 정식으로 창립예배를 드린 다음에 활동을 시작해야죠. 제 생각 괜찮죠?"

"네. 아주 좋은 생각입니다. 벌써 통일이 된 기분이에요."

"하나님은 우리 기도 모임을 통하여 틀림없이 놀라운 일을 행하실 거예요. 통일도 해 주실 것이고, 그 이후엔 저 북녘 땅을 통하여 지금 우리가 상상하지도 못한 일들을 이루실 거예요. 경제가 발전할 것은 말할 것도 없고, 세계 역사에 큰 공헌을 할 거예요. 이 세상에 다시 오시는 예수님 맞을 준비를 가장 잘하는 민족이 될 거예요."

나권사의 이 말에 이목사는 깜짝 놀랐다. 평소 자기가 가지고 있던 생각들을 나권사가 그대로 말하고 있었기 때문이다. 이목사는 나권사가 좀 특별한 사람이라는 생각은 했었다. 하지만 그녀의 신앙이 이 정도로 원대한 비전 가운데 있을 줄은 몰랐다. 특별히 우리 민족에 대한 가능성을 이처럼 신뢰하고 있을 줄 몰랐던 것이다. 이목사는 이 순간 나권사를 만난 일이 하나님의 크신 섭리 안에 있는 사건임을 분명히 깨닫게 되었다. 그런 확신이 왔다.

"나권사님은 이 나라와 이 민족을 위하여 기도를 많이 하고 있는 것 같아요. 권사님의 말씀 속에 이 민족을 위한 사랑이 가득 담겨 있어요."

이목사의 말에 나권사는 이목사의 얼굴을 한 번 보더니 말했다.

"제가 하나님의 은혜로 세계 일주를 하다시피 여행을 많이 다녔어요. 그런데, 우리 대한민국만큼 십자가가 많이 세워진 나라는 이 세상 어느 곳에도 없었어요. 저는 그 때 깨달았어요. 우리 대한민국만큼 창조주 하나님을 아는 민족은 이 지구상에 존재하지 않는구나. 자신의 순결한 피로 인간의 죄를 씻어주시고, 지옥으로 떨어질 인간을 천국으로 옮겨 주시는 예수님의 그 크신 은혜를 바로 아는 민족은 우리 민족밖에 없구나. 이걸 알게 된 거예요. 이것을 안다는 것은 머리가 가장 우수하다는 거잖아요. 생각이 가장 건전하고 순수하다는 거잖아요. 저는 그렇게 생각해요."

"맞아요. 눈에 보이는 것만을 쫓는 이 약삭빠른 시대에 우리 민족만이 이렇게 보이지 않는 성삼위 하나님을 믿고 있는 거예요. 참으로 위대한 민족이에요. 이미 복을 많이 받았지만 앞으로 더 많은 복을 받을 겁니다. 그러나 한 가지 문제가 있어요. 교회들이 흔들리고 있어요. 저 유럽과 미국처럼 교회들이 본래의 자리에서 이탈하고 있어요. 저들도 한 때는 우리들처럼 하나님을 찬양하면서 그 크신 은혜를 고마워했었는데 이젠 그 마음들을 버렸어요. 우리 한국 교회도 지금 저들을 뒤따르고 있는 거예요. 권사님도 우리 한국 교회들의 이러한 모습이 보이죠?"

"네. 훤히 보여요. 우선 저부터가 변질되었거든요. 이 곳에 와서 목사님 부부 만난 후 많이 회복되고 있지만 아직도 변하지 않는 제 마음이 있어서 속이 상해요. 이유야 어찌 되었든 누군가를 미워하면 죄 짓는 거잖아요. 예수님은 일흔 번씩 일곱 번이라도 용서하라고 했으니까 말예요."

"누구 용서 못하는 분이 있어요?"

"우리 목사님요. 저 그 분 때문에 시험 들어서 지난 삼 년 동안 전도도 못하고 여기까지 온 거예요."

"왜요? 사랑교회 목사님은 아주 훌륭한 분으로 알고 있는데요. 참 그 교회도 세습 파동이 있었지요. 혹시 그 일 때문에 상처 받으신 것 아녜요? 그 문제는 일 년 이상 교계 신문을 달구었었는데 혹시 권사님도 그 문제에 연루되셨었나요?"

"네. 저도 그 문제의 선봉에 섰던 사람이에요. 목사님에게 아들을 강단에 세우지 말라고 했던 한 사람이에요. 전 목사님이 정말 아드님을 돕고 싶다면 적당한 장소에 개척을 시키라고 했어요. 만약 그렇게만 한다면 내가 장로님들을 만나 충분한 개척 자금을 주게 하고, 개척 후에도 자립할 때까지 지원금을 넉넉히 보내도록 하겠다고 말했어요. 그러나 목사님은 그런 조언을 하는 저를 아주 가소롭다는 그런 눈으로 보았어요. 일개 권사인 네가 뭔데 우리 아들, 우리 가문의 일에 끼어드느냐는 식이었어요. 저에게 그런 말도 안 되는 소리 따윈 하지 말라며 제 말을 일언지하에 싹 거절했어요. 전 그 때 목사님의 변질된 모습을 분명히 보았드랬어요. 저를 책망하던 그 모습은 목회자의 모습이 아니었어요. 자기의 욕심에 결박된 그런 모습이었어요. 결국 목사님은 자기의 뜻대로 미국에 있는 자기 아들을 데려다가 자기의 후임자로 앉혔어요. 그 후 얼마 안 되어 교회는 둘로 갈라지고 말았어요. 목사님의 아들을 싫어하는 여러 중직들이 교회를 떠나 새로운 교회를 만들었어요. 이 파동 중에 다른 교회로 옮긴 사람들도 많고요. 목사님은 저도 반대파들을 따라 당연히 교회를 나갈 거라고 생각했을 거예요. 또 그러길 바랬는지도 몰라요. 그러나 전 교회를 나가지 않고 눌러앉았어요. 내가 전도해서 부흥시킨 교회를 내가 왜 나가느냐고 생각했었거든요. 그러나 어쩌면 그 때 교회를 떠났어야 하는 게 하나님의 뜻이었는지도 모르겠어요. 저는 지금까지도 그 교회에서 겉돌고 있거든요. 제가 교만하다는 것을 알면서도 그 당시 목사님이 보였던 언행들을 용서할 수 없는 거예요. 목사님과 목사님의 가족들, 목사님을 따르던 분들 또한 저를 탐탁하지 않게 여길 거예요. 이런 관계로 은혜로운 신앙생활을 한다는 건 불가능하잖아요."

나권사는 긴 한숨을 몰아쉬었다. 이런 나권사를 보면서 이목사는 고개를 끄덕였다. 그리고는 말했다.

"그 동안 권사님의 맘고생이 심했군요. 한국교회들이 세습 때문에 앓고 있는 그 속앓이를 오랫동안 하고 있으니 말이에요. 하지만 이젠 마음놓으세요. 그 모든 가슴 아픈 문제들의 해결은 하나님이 하실 테니까요. 권사님은 하나님이 주신 그 출중한 은사를 계속 활용하셔야 합니다. 지금 한국 교회는 그 위상이 크게 흔들린 만큼 전도가 되지 않는 상황입니다. 특히 젊은 층들의 교회에 대한 태도가 아주 싸늘합니다. 어떻게 해서든지 저들을 교회로 끌고와야 합니다. 만약 이 일을 못하면 우리 한국의 교회들도 유럽 교회나 미국 교회들의 뒤를 그대로 따르게 될 것입니다. 지금 이렇게 방황하고 있을 때가 아닙니다. 좀더 기도하시고 내려가셔서 열심히 전도하세요."

"목사님은 제가 그 교회에 그냥 머물러 있길 원하세요?"

"그건 아닙니다. 권사님의 입장으로 볼 때엔 오히려 그 교회를 나오는 게 더 좋을 것 같습니다. 하지만 이것은 우리 인간들의 생각입니다. 문제는 하나님의 뜻입니다. 그 갈등 중에도 권사님은 그 곳에 계셨습니다. 내 교회를 내가 왜 떠나느냐 하면서 그 곳에 계셨습니다. 그러한 마음도 하나님이 주신 마음이라고 생각합니다. 그러므로 기도를 깊이 해보세요. 우리 인간의 생각과 하나님의 생각은 많이 다르거든요. 저도 그 문제를 놓고 기도하겠습니다. 하나님은 권사님에게 꼭 응답해 주실 거예요. 틀림없이요."

"이미 응답을 하신 건 아닐까요?"

나권사의 이 말에 이목사는 나권사의 얼굴을 주시했다. 그녀도 이목사를 보더니 빙긋이 웃으면서 말했다.

"요 며칠 사이에 그런 생각을 해보았어요. 한국의 대형교회들이 너나 할 것 없이 문제를 일으키고 있는데, 내가 대형교회인 지금의 교회에 남아 있을 필요가 있을까? 이런 의문을 가진 거예요. 차라리 부흥사처럼 돌아다니면서 어려운 개척교회들을 부흥시켜 주는 것이 낫겠다 싶은 거예요. 우선 목사님 교회부터 먼저 가서 열심히 전도해 교회를 좀 안정시키고, 그 다음 엔 다른 개척교회로 가서 열심히 전도를 하고, 이런 식의 생각을 했더랬어 요. 제가 목사님 교회로 옮겨가면 어때요?”

“저희 교회로요?”

이목사는 진지한 표정을 짓고 있는 나권사를 보면서 물었다.

“네. 저 요 며칠 동안 목사님이 담임하시는 그 교회가 무척 궁금해졌어 요. 솔직히 말씀 드리면 그 교회로 갔으면 하는 마음도 생겼고요. 제 말 모 두 진실이에요.”

이목사는 전혀 생각해보지 않은 나권사의 제안에 일순간 어안이 벙벙해 졌다. 이 때 나권사가 말을 이었다.

“문정애씨를 만난 후엔 더더욱 목사님 교회로 가고 싶은 마음이 생겼어 요. 거기서 함께 저 삼팔선을 허물어버릴 기도를 하고 싶었기 때문이에요. 이상하게 그 일을 생각하면 가슴이 마구 뛰는 거예요. 지금 우리에게 필요 한 것은 하나님의 마음을 움직일 순결한 기도잖아요.”

나권사의 얼굴은 소망으로 가득 차있었다. 이목사는 이러한 나권사에게 다른 말을 하고 싶지 않았다. 모처럼 예전에 가졌던 소망의 마음이 다시 찾 아온 것 같은데 그 마음을 조금이라도 어둡게 하고 싶지는 않았기 때문이 다. 그래서 이목사는 말했다.

“알겠습니다. 권사님의 마음을 충분히 알았습니다. 저희로서는 너무 큰 영광이고 축복인데, 일단은 기도를 해보죠. 정말 감사합니다. 하나님께서 권사님을 우리 교회로 보내 주셨으면 정말 좋겠습니다.”

이목사의 말에 나권사는 가지런한 치아를 보이며 활짝 웃었다.

“목사님, 내일 아침에 같이 내려가도록 해요. 그 차 말예요. 목사님 앞으 로 명의를 이전시켜 줄께요. 이 어려운 때에 목사님이 그걸 이용하면 시간을 많이 절약할 수 있을 거예요."

"알았습니다. 권사님, 너무 감사합니다. 참 권사님, 목사님의 아들을 성도님들이 왜 그렇게 싫어하셨죠? 단순히 담임목사의 아들이라는 이유 때문이었나요?"

"아니에요. 그래서는 안되겠죠. 목사님의 아들이라도 성도들 모두가 원하면 모셔와야죠. 그게 성경적이 잖아요. 하지만 반대하는 분들이 너무 많았어요."

"그랬군요."

그들은 일어나 다시 예배당 안으로 들어왔다. 거무스름한 불빛 아래로 환자들과 환자 보호자들이 여기저기 누워 있었다. 문정애 성도는 김미란 사모 옆에서 무릎을 꿇고 기도를 하고 있다가 이목사와 나권사를 맞았다.

"안 자고 있었어요? 사모님은 어때요?"

나권사의 물음에 문정애 성도는 낮은 어조로 대답했다.

"그냥 조용히 잠만 자고 있어요."

나권사는 고개를 끄덕이면서 김미란 사모의 얼굴을 한 번 살펴보고는 이목사에게 말했다.

"목사님은 사모님의 오른 편에 누우세요. 우리들은 왼편에 누울 테니까요. 5시 새벽 예배 드리려면 한 숨 붙여야 해요."

"잘 알겠습니다."

이목사는 나권사가 주는 베개와 얇은 이불을 받은 다음 김미란 사모의 옆에 몸을 눕혔다. 나권사와 문정애 성도도 자리에 누웠다. 저들이 자리에 눕는 모습을 보고 이목사는 눈을 감았다. 그리고 김미란 사모의 손을 잡았다. 그는 눈을 감은 채 마음으로 기도를 시작했다.

새벽 네 시 반이 되자 예배당 안은 밝은 전등빛으로 환했다. 사람들은 잠자리에서 일어나 침구를 정리하기 시작했다. 부지런한 사람들은 네 시 경에 일어나서 벌써 세수까지 마치고 돌아와 자리에 앉아서 성경을 읽고 있었다. 놀라운 사실은 김미란 사모도 온 몸의 힘을 모두 동원해 몸을 일으켜 자리에 앉았다는 사실이다. 그녀의 몸은 뼈와 가죽만 앙상하게 남아 있어서 살아 있다고 보기 힘들었다. 온전하게 살아 있는 것은 까만 눈동자뿐이었다. 이목사는 그런 아내의 모습을 보자 마음이 너무 아파 어찌 할 줄을 몰랐다. 그래서 아무 말도 없이 그녀의 옆에 앉아 예배가 시작되기를 기다렸다. 준비 찬송을 몇 곡 부르고 마침내 예배가 시작되었다. 그런데, 김미란 사모가 예배 도중에 픽 쓰러지고 말았다. 놀란 이목사가 당황하여 그녀의 몸을 안았다. 그러나 나권사는 침착한 표정으로 김미란 사모의 얼굴을 살폈다. 그리고는 그녀를 조심히 눕혔다. 그리고 이목사에게 말했다.

"며칠 전부터 가끔 이래요. 원장님은 만성 환자들이 소천하기 전에 보이는 증상이라고 했어요. 그냥 두세요. 숨은 쉬고 있잖아요."

이목사는 처연한 심경으로 아내 김미란 사모의 눈을 감은 모습을 내려다보았다. 그리고 자세를 고쳐 잡은 다음 예배를 드리기 시작했다. 뜨겁게 통성으로 기도하는 시간에 이목사는 눈물을 흘리며 간절히 기도하였다. 예배가 끝난 후에도 김미란 사모는 정신을 차리지 못하고 있었다. 눈을 감은 채 겨우 숨만 내쉬며 미동도 없이 누워 있었다. 이목사는 그런 그녀를 보면서 말로 형용하기 힘든 아픔과 비감을 억누르기가 힘들었다. 그 어느 일 하나 악하게 행하지 않고 착하게 살아온 아내에게 하나님께서는 왜 이런 엄청난 고난을 주시는지 그것이 궁금했기 때문이다. 한 가지 분명한 것은 이목사와 아내 김미란 사모를 통해 하나님의 뜻을 이루시기 위함일 것이다. 이 일은 하나님의 사랑을 표현하고 계심일 것이다. 이것을 분명히 알지만 이 현실을 감내하기는 너무나 힘든 것이었다.

이목사는 잠시 마음을 안정시키고자 사람들이 없는 개울가로 내려갔다. 그리고는 벤치에 앉았다. 오늘도 날씨는 무척 더울 모양이었다. 하늘은 맑

앉지만 땡볕을 예고하는 듯한 붉은 기운이 하늘 아래로 깔려 있었다. 이목사는 마른 막대기처럼 변해버린 아내의 몸을 떠올리며 하늘을 쳐다보았다. 바로 이때였다. 흰 남방 차림을 한 남자가 이목사 곁에 앉았다. 이 남자는 성경을 들고 있었다. 그는 이목사에게 눈짓으로 인사를 했다. 이목사도 고개를 숙여 답례를 했다. 그러자 이 남자가 물었다.

"자궁암 말기 환자인 사모님의 남편되시는 목사님이시죠?"

"네. 그렇습니다. 제 아내를 아십니까?"

이목사가 묻자 이 남자는 빙긋이 웃으면서 말했다.

"네. 예배에 참석하면서 우연히 알게 되었습니다. 사실 저도 목사입니다. 공일석 목사라고 책도 여러 권 냈습니다. 몇 권은 좀 많이 팔리기도 했습니다. 저는 주로 부흥회 사역과 문서 사역을 하고 있습니다."

"아, 그러신가요. 이렇게 뵙게 되어서 반갑습니다."

"저도 목사님을 만나게 되어서 반갑습니다. 그런데, 제가 보니까 사모님을 저런 식으로 방치하면 생명이 위태로와질 수 있습니다. 진단을 바로 하셔야 합니다."

이목사는 공목사라는 사람의 말을 얼른 이해하지 못하여 그의 얼굴만 보았다. 그러자 그는 사뭇 심각한 표정으로 말했다.

"목사님, 사모님은 지금 마귀에게 결박 당하여 있습니다. 사모님 육신과 영혼 안에 자궁암 귀신들이 들어가 있습니다. 이것들을 예수님 이름으로 쫓아내야만 합니다. 그래야 사모님이 치료를 받습니다. 목사님도 아시겠지만 모든 악한 질병과 사고는 마귀가 그의 부하들인 귀신들을 시켜서 가져오는 저주입니다. 그러므로 그 안에 들어온 그 악한 영들을 축출해야만 고침을 받을 수 있습니다. 제 말 이해가 되십니까?"

이목사는 공목사라는 사람을 유심히 보면서 말했다.

"그 말씀은 성경 말씀과는 맞지 않는 말씀 같습니다. 성도의 몸은 보혜사 성령님의 전인데 어떻게 그 신령한 성전에 마귀가 들어오겠습니까. 그리고 성경은 진노를 내리시는 하나님을 여러 곳에서 말씀하고 있는데 어떻게 마귀가 인간에게 찾아오는 모든 불행의 원인이라고 말씀합니까. 미리암의 문둥병은 하나님이 주신 것이지 마귀가 준 게 아닙니다. 신명기 이십 팔 장을 보세요. 하나님은 택한 백성들이 곁길로 갈 때에 무서운 저주를 직접 내리신다고 말씀하셨습니다. 그리고 이스라엘의 역사는 그것을 증거합니다."

"하아, 목사님은 구약에 몰두하고 계시는군요. 신약을 보세요. 예수님은 귀신들을 쫓아내심으로 인간들을 치료하셨고 온전하게 하셨습니다. 아무리 거듭난 성도라 하여도 항상 깨어 있지 않으면 마귀가 그 안에 들어옵니다. 나는 현장에서 직접 그것들을 쫓아내는 사역을 하고 있습니다."

"아닙니다. 성경을 자세히 보세요. 마귀는 보혜사 성령님이 계시는 성도의 몸 안으로 들어오지 못합니다. 저 이스라엘의 초대 왕 사울처럼 보혜사 성령님이 떠나시면 그 때엔 들어옵니다. 아나니아와 삽비라도 보혜사 성령님을 속일 때 마귀가 들어왔습니다. 하지만 성령님이 계시는 신령한 처소에 마귀는 결코 들어오지 못합니다. 물론 깨어 있지 않은 성도에게 달라붙기는 하겠죠. 그리하여 나무를 흔들 듯이 흔들기도 할 겁니다. 하지만 하나님이신 보혜사 성령님이 계시는 성도의 몸에 마귀가 들어온다는 것은 있을 수 없는 일입니다."

이목사가 단호한 어조로 말하자 공목사라는 이는 가소롭다는 표정을 지으며 말했다.

"목사님, 성경을 다시 보세요. 목사님의 성경관은 성경과는 다른 것입니다. 사모님 몸 안에 있는 마귀를 내쫓지 않으면 사모님은 희망이 없습니다. 내 말 명심하세요. 제가 제 명함을 하나 드리겠습니다. 혹시라도 제 말이 생각나거든 즉시 전화 주세요. 사모님은 시간이 많지 않아요. 마귀가 전신을 장악하고 죽이는 중이에요."

공목사라는 이는 명함 한 장을 벤치 위에 놓고 이목사 곁을 떠났다. 이목사는 멍한 표정으로 공목사라는 이의 뒷모습을 바라보았다. 그리고 명함을 집었다. 명함에는 그를 설명하는 여러 내용들이 빼곡하게 기록되어 있었다. 이목사는 피식 웃고는 그 명함을 찢었다. 그리고 옆에 있는 쓰레기통에 그 조각들을 넣었다. 아내 김미란 사모의 몸 안에 마귀가 들어 있다고 말하다니 참으로 어이가 없었다. 이 시대에는 얼마나 많은 이단과 사설들이 성도들의 의식을 혼미하게 만들고 있는가. 마귀는 그것을 이용하여 온갖 쇼를 할 것이고 더욱 교묘한 방법으로 인간들을 미혹할 것이다.

　이목사가 벤치에서 일어나 몇 발자국 걸었을 때였다. 나연희 권사가 이목사 쪽으로 걸어오고 있었다. 그녀는 이목사 곁으로 오자 반가운 표정으로 말했다.

　"어디 가셨나 했는데 여기 있었군요. 할 얘기가 좀 있어서 목사님을 찾았드랬어요."

　"그러셨어요. 제게 무슨 하실 말씀이 있어요?"

　"네. 그런데 방금 올라간 저 남자 분 목사님과 만났나요?"

　"공일석 목사라는 사람 말입니까?"

　"네. 저와 얘기를 좀 나누었습니다."

　"그러셨어요. 한데 저 분 좀 이상한 사람 같지 않아요? 사실 저 분이 제게 몇 번 물었어요. 자기가 사모님에게 안수를 하고 싶은데 해도 괜찮겠느냐고요. 그러면서 제게 책도 한 권 주었어요. 자기가 쓴 거래요. 그러면서 하는 말이 사모님 몸속에 아주 악한 자궁암 귀신이 들어가 있다는 거예요. 자기는 척 보면 금방 알 수 있대요. 하지만 저는 안수 받는 걸 거절했어요. 잘 모르는 사람에게 안수를 받게 하면 안 되잖아요. 좀 이상해 보이기도 하고요. 한데 목사님에게는 뭐라고 했어요?"

　"같은 말을 했습니다. 집 사람 몸에 마귀가 들어 있으니 그것을 내쫓아야 한다고 했습니다. 저도 거절했습니다."

"그런데, 우리 성도의 몸에 귀신이 들어갈 수 있어요? 솔직히 저도 이걸 잘 모르겠어요."

이목사는 고개를 저었다.

"아닙니다. 권사님도 아다시피 그가 진정한 성도라면 그 안에는 하나님 이신 보혜사 성령님이 계십니다. 그런데 어떻게 그 곳에 귀신이 들어가겠 습니까. 성경은 보혜사 성령님이 떠났을 때엔 귀신이 들어온다고 말씀했 습니다. 사무엘 상 십육 장 십사 절을 보면 하나님의 영이 사울에게서 떠나 자 악령이 그를 번뇌케 합니다. 성도의 몸에는 보혜사 성령님이 떠나기 전 까지는 마귀의 세력이 일절 들어오지 못합니다. 그러나 마귀는 성도의 몸 에 달라붙어서 성도를 시험할 수 있습니다. 흔들 수 있습니다. 또 극단적 인 경우에는 들어올 수도 있습니다. 이런 경우는 아담과 하와, 사울처럼 말씀을 버릴 때입니다. 대부분의 학자들이 말하는 것처럼 마귀는 네 단계 를 거쳐서 인간의 몸에 들어옵니다. 첫째는 오브세션(obsession)의 단계 로 따라붙는 단계입니다. 예수님과 멀어질 때 자꾸 곁으로 와 붙는 것입니 다. 다음 단계는 압박하는 오프레션(oppression)단계입니다. 달라붙는 것 을 방치하면 마귀가 힘을 얻어서 이제는 누르고 흔드는 것입니다. 그 다 음 단계는 염려와 불안이 다가오는 정신 혼란 단계, 즉 우울증 단계로 디 프레션(depression) 상태입니다. 이 때는 정신적으로 문제가 온 단계입니 다. 이 단계를 그대로 놔두면 마침내 마귀에게 사로잡히는 단계인 퍼제션 (possession) 상태가 옵니다. 즉 귀신이 그 사람에게 들어가는 상태입니다. 성도들에게 문제가 오는 것은 대부분 퍼제션 상태 전입니다. 깨어 기도하 지 못하고, 말씀대로 살지 못하면 사탄이 와서 달라붙고, 누르고, 정신을 황폐시킵니다. 그래도 방치하면 그 땐 그 영혼에 들어가 장악하는 것입니 다. 아담과 하와, 사울은 전형적인 모습을 보여주고 있습니다. 예수님은 귀신이 들어와 영혼과 육체가 황폐해진 사람들을 귀신을 축출하시고 그들을 고치셨습니다. 거기 보면 귀신이 들어올 때 그 영과 육과 혼은 병이 들기도 하고 장애를 갖기도 합니다. 하지만 그들은 예수님을 알지 못하던 사람들이었습니다. 마귀가 성도의 몸에 들어간다고 말하는 사람들은 오직 마귀로 인하여 악한 질병이나 무서운 사고, 사망 같은 어려운 일들이 인간에게 닥쳐온다고 말합니다. 하지만 그것은 성경적인 이론이 아닙니다. 성경은 범죄한 인간들을 하나님께서 친히 징벌하시는 내용으로 가득 차있습니다. 하나님은 이사야서 사십 오장 칠 절에서 나는 빛도 짓고 어둠도 창조하며, 평안도 짓고 환난도 창조하나니, 나는 여호와라. 이 모든 일들을 행하는 자 나라고 하셨습니다. 그리고 신명기 이십 팔 장 이십 절 이하에 보면 불순종하는 자들에게 취할 하나님의 조치가 쭉 나열되어 있습니다. 거기에는 무서운 질병들과 끔찍한 저주들이 나타납니다. 하나님은 사랑의 하나님이시지만 인간들이 마귀를 따라가며 악한 죄를 계속 범할 때엔 무섭게 다스리는 것입니다. 물론 마귀가 가져오는 질병과 장애들이 있습니다. 하지만 마귀가 모든 질병과 사고를 다스린다고 말하면 그것은 마귀를 하나님 자리에 올려놓는 이론입니다. 하나님의 말씀인 성경이 그렇게 말한 곳은 어디에도 없습니다. 기독교 이천 년 역사 안에는 마귀론을 그릇되게 펼치다가 이단으로 정죄 받은 자들이 많았는데 지금도 많은 사람들이 자신들의 그릇된 이론으로 영적인 질서를 혼란케 하고 있습니다. 권사님께서 그 공일석이라는 사람에게 제 집 사람의 머리에 손을 얹지 못하게 하신 일은 아주 잘한 일입니다. 그런 사람에게 안수를 받으면 말 그대로 마귀의 포로가 될 수 있습니다."

나권사는 고개를 끄덕거렸다. 그러더니 물었다.

"그러니까 성도의 몸에 마귀는 들어올 수 없네요? 그렇죠?"

"성경을 보면, 사울이나 솔로몬, 가룟 유다, 아나니아 삽비라 등 여러 인물들과 같이 하나님을 버리면 마귀가 구원 받은 자에게도 들어올 수는 있습니다. 그러나 마귀가 들어오면 그는 이미 성도가 아닙니다. 그러므로 목사나 사모, 즉 성도에게 마귀가 들어갔다고 하는 말은 틀린 말입니다. 만약 사탄이 그 안에 들어갔으면 그는 이미 성도가 아닙니다. 사탄의 자녀입니다. 그러므로 목사와 사모, 성도라는 직함을 주면서도 사탄이 들어갔다고 하는 말은 성경과는 다른 말입니다. 이를테면 제 아내 김미란 사모에게 사탄이가 들어갔다는 말은 틀린 말입니다. 만약 사탄이 제 아내에게 들어갔다면 제 아내는 이미 사모가 아닙니다. 사탄의 자식입니다. 제 말 이해하시겠어요?"

"그럼요. 아주 선명하게 이해되네요. 귀신들이 달라붙어서 성도를 흔들 수는 있어도 보혜사 성령님이 안에 계시는 성도에게 사탄은 결코 들어갈 수 없다는 거잖아요."

"맞아요 권사님. 바로 그거예요. 마귀는 그가 비록 성도였다 하여도 하나님을 떠나는 순간 들어오는 것입니다. 그러므로 성도의 직함을 가지고 있고 교회에 출석하는 이에게 마귀가 들어갔다고 하는 것은 옳지 않은 말입니다. 그러나 이런 엉터리 이론으로 영적 질서를 혼란케 하는 사람들이 교계 안에 꽤 있는 것 같아요. 그런 분들이 책을 써내고요."

"그래요. 많이 있는 것 같아요. 누군가가 저에게도 사탄이 들어왔다고 말한 적이 있어요. 저는 분명히 권사인데 제 안에 마귀가 들어왔다는 거예요. 목사님 말씀을 들으니까 머릿속이 깨끗하게 정리가 되네요. 귀신들이 성도들의 거룩한 몸을 들락거릴 수 없는 게 당연한 일인데도 사람들은 그것을 확신하지 못한다니까요. 여하튼 그 사람 행동도 이상해요. 몸이 아픈 환자들 주위를 서성이면서 자기에게 안수를 받으라고 한다니까요. 그것부터가 뭔가 이상하잖아요."

"잘못된 마귀론자들의 특징이 그것입니다. 자기들이 안수를 해야만 귀신이 나간다며 안수를 받으라고 말한다는 것입니다. 그리고 대가를 바라는 것입니다. 안수는 중요한 것입니다. 예수님은 안수를 통하여 귀신을 축출하시고 병자들을 고치셨습니다. 우리 성도들은 은사를 가진 분들에게 안수를 받아야 합니다. 바울 사도도 신령한 제자였던 아나니아에게 안수를 받고 성령으로 충만해집니다. 그러나 성도에게 마귀가 들어가 있다고 말하는 이들에게 안수를 받으면 안 됩니다. 마귀는 성도에게 들어갈 수 없습니다. 마귀가 들어갔다면 저 가룟 유다처럼, 아나니아와 삽비라처럼 예수님을 떠난 존재들입니다. 예수님은 분명히 요한복음 십삼장 십절에서 허물 많은 제자들에게 온 몸이 깨끗하다고 말했습니다. 예수님이 흘린 십자가의 피로 죄를 씻음 받은 성도는 아무리 문제가 있어 보여도 영적으로는 온 몸이 깨끗한 것입니다. 만약 성도가 이상한 언행을 보인다면 그것은 그 성도에게 마귀가 달라붙었다거나, 흔들거나, 누르거나, 정신을 혼란스럽게 하는 경우입니다. 이런 경우 안수가 필요합니다. 예수 그리스도의 이름으로 악한 것이 묶임을 받고 떠나가야 하기 때문입니다. 이것을 분명하게 할 필요가 있습니다."

"정말 그래야 될 것 같아요. 지금 교계가 너무 혼란스럽잖아요. 이것은 곧 영적인 질서가 성경적으로 되어 있지 않다는 거잖아요."

"바로 그겁니다 권사님. 지금은 성도들의 영혼이 너무나 혼란스러운 상태에 있습니다. 수많은 이단 사상들이 교회 안에 들어와 있기 때문입니다. 종교다원주의를 주장하는 자들과 그것을 추종하는 자들이 한국의 대형 교회 안에서 목회를 하고 있잖아요."

"종교다원주의라면 WCC라는 단체를 말하는 거지요?"

"네. 바로 그겁니다. 모든 종교는 그 나름의 가치가 있고 한 분 하나님을 향한다고 주장하는 단체입니다. 그 사람이나, 그 민족의 문화나 관습 때문에 신의 명칭이나 예배의 방법이 다를 뿐 궁극적으로는 한 분 창조주 하나님을 향한다고 말하는 단체입니다. 그럴 듯한 이론이지만 거기엔 구세주 예수님과 예수님을 증거하는 보혜사 성령님이 안 계십니다. 말도 안 되는 엉터리 이론들을 주장하는 그 단체에 한국의 많은 목회자들이 가담하고 있습니다."

"정말 무서운 일이네요. 그 분들 천국 갈 수 있어요?"

"우리가 어찌 알 수 있겠습니까. 하나님만이 그들의 운명을 알 수 있지요. 여하튼 이 시대가 어려운 시대입니다. 사람들은 건물이 크고 사람들이 많이 모이는 곳을 올바른 곳, 은혜가 있는 곳, 자기들이 필요한 사람들이 있는 곳으로 여기는 세상이니까요. 지금 정작 필요한 분들은 생명을 걸고 외롭게 투쟁할 선지자들인데 말입니다. 기도를 많이 해야만 하는 시대입니다. 여하튼 권사님의 크신 은혜를 다시 한 번 감사 드립니다. 제가 어려움 중에도 제 목양지를 지킬 수 있는 것은 권사님의 도우심 때문입니다."

"제가 뭘 하나요. 그냥 은혜로 조금 돕는 거예요."

"권사님, 그게 진짜 큰 거죠."

이목사는 의식이 혼미한 아내를 두고 혼자 기도원을 내려오는 일이 내키지 않았다. 그러나 아이들과 교회 사역을 위해서 다시 하산을 해야만 하였다. 아내를 문정애 성도에게 맡기고 나권사와 함께 서울로 돌아왔다. 그리고 나연희 권사가 주는 하얀 색의 이쁜 모닝 승용차 한 대를 받았다. 차는 이제 막 차고에서 나온 차처럼 외장에 아무런 흠이 없었다. 차체가 크지도 않고 아담해 보이는 게 더욱 마음에 들었다. 나권사는 열쇠를 주면서 말했다.

"목사님, 우리 이 차로 꼭 다 나은 사모님과 함께 기도원에서 내려오도록 해요. 낙심하지 말고 소망을 가져요. 부활의 주님을 붙들자고요."

"고맙습니다 권사님. 결코 믿음을 잃지 않을게요."

나권사는 다시 기도원으로 올라갔다. 이목사는 차를 운전하면서 예배당 주위를 빙 돌았다. 무려 십여 년 만에 해보는 운전이지만 그래도 옛 감각이 남아 있었다. 차가 작아서 운전하는 일이 더 쉬운 것 같았다. 그는 교사 생활을 할 때 중형차를 탔었다. 그 차에 비하면 모닝은 훨씬 소형이었다. 차가 너무 마음에 들었다. 이목사는 운전석 바로 앞에 있는 네비게이션도 점검했다. 나권사는 이 네비게이션이 최신형이라고 말했다. 웬만한 장소에서는 TV 프로도 선명한 화면으로 시청할 수 있다고 말했다.

10.
공중제국의 긴급참모회의

이 무렵 공중제국에서는 또 다시 긴급 참모회의가 열렸다. 이 회의에는 전 세계에 파송되어 활동하는 책임자들이 모두 모였다. 이유를 불문하고 이 참모회의에 모두 집합하라는 마왕의 특별 명령이 하달되었기 때문이다. 마왕이 세계의 모든 요직에 있는 부하들을 참모회의에 집결시키는 경우는 아주 드물었다. 이런 경우는 공중제국에 아주 특별한 일이 있을 때 뿐이었다. 마왕이 아직 회의장에 나타나지 않았지만 회의장의 분위기는 무겁게 가라앉아 있었다. 이 세계의 영계를 휘젓고 다니는 귀신들이 심각한 표정들을 하고 서 있는 마귀제국의 참모실은 아주 기괴한 기운이 흐르고 있었다. 우선 그들의 외형이 하나같이 아주 해괴망측하였기 때문이다. 어떤 귀신은 드라큘라처럼 예리하고 긴 송곳니를 내놓고 있었고, 어떤 귀신은 흰색과 회색이 섞인 지저분한 수염을 허리 밑까지 기르고 있었다. 또 어떤 귀신은 세상에는 없는 해괴한 맹수의 형상을 하고 있었다. 아마도 인간들이 이들의 형상을 보았다면 견딜 수 없는 혐오감 때문에 대부분 기절을 했을 것이다. 또 하나 이 곳에 이상한 기운이 흐르고 있는 것은 평소에는 거짓과 살인으로 자신만만하게 세상을 활보하던 그들이 두려운 눈빛들을 하고 있었기 때문이다. 이러한 분위기는 마치 캄캄한 어둠 속에서 먹이를 노리는 맹수들이 내뿜는 청동색의 안광이 서로 교차하는 듯한, 그러면서도 행동은 없이 계속 침묵이 이어지는 듯한, 그런 어둠의 분위기였다. 다른 귀신들은 잔뜩 긴장을 하고 있어서 잘 몰랐지만 마국지는 하나의 현실을 직시하고 이 자리가 보통 자리가 아니라는 것을 직감하였다. 그 하나의 현실이란 꼭 있어야 할 한 참모가 보이지 않는다는 것이었다. 물론 그는 마국아수는 아니었다. 그는 마국메수였다. 마국메수는 미국이라는 나라가 탄생한 이후 아메리카 전 대륙을 다스리도록 임명 받은 마귀제국의 군대장관이었다. 작은 산이라 불리울 만큼 체격이 크고 큰 머리에는 황소 뿔 같은 두 뿔이 박혀 있는 귀신이었다. 이 시대에 미국이라는 나라가 중요한 만큼 마국메수의 위치도 그만큼 중요하였다. 그러므로 그는 중요한 모임에는 한 번도 빠진 적이 없었다. 그런데 오늘 그의 모습이 보이지 않는 것이었다. 여기에는 분명히 어떤 놀라운 이유가 있을 것이었다. 그리고 오늘의 이 모임이 아주 특별한 모임이라는 것을 알게 하는 현상이기도 했다. 물론 마국메수가 마왕과 함께 이 자리에 나올 수도 있었다. 그러나 그런 경우는 기대하기 힘들었다. 마왕은 참모들의 회의에 어떤 참모와 같이 나온 경우가 없었기 때문이었다. 공중제국의 역사를 훤히 알고 있는 마국지의 간교하고도 예리한 눈빛이 여러 가지의 생각들로 반짝이고 있을 때 마침내 마왕이 경호원들과 몇 명의 시종들을 데리고 모습을 드러냈다.

그는 평소에 즐겨 입는 엄격해 보이는 군대식의 복장을 하지 않고 있었다. 형형색색의 무늬가 수놓아진 헐렁한 바지를 입고 있었다. 긴 장화 스타일의 구두를 신지 않고 고무신 같은 가벼운 신을 신고 있었다. 그러나 윗도리는 멧돼지나 곰의 털로 누빈 것 같은 두툼한 외투를 걸치고 있었다. 그리고 그 위로 박쥐 날개 모양의 푸른 망토를 걸치고 있었다. 머리에는 번쩍거리는 황금관을 쓰고 있었는데 그 관 중앙에는 외눈이 박혀 있었다. 이 눈은 마왕의 눈이 아니었지만 사방을 두리번거리기도 하고 정면을 주시하기도 했다. 사탄의 참모들은 마왕의 이러한 복장을 보는 순간 자기들의 생각을 버리고 마왕에게 집중해야만 했다. 마왕이 무서운 안광을 발산하면서 자리에 앉자 참모들도 조심히 자리에 앉았다. 마왕은 아주 차가운 눈빛으로 자기를 중심으로 긴 직사각형을 이루고 앉아 있는 참모들을 둘러보았다. 그리고는 입을 열었다.

　"오늘 이렇게 너희들을 모이라고 한 것은 내가 지난 며칠 동안 골똘히 생각한 중대사안들을 알려주기 위함이다. 나는 언제부터인가 너희들의 능력을 의심하기 시작했다. 너희들은 나에게 이 세상이 머지않아서 우리 공중제국에 완전히 들어올 것이라고 말하곤 했었다. 그러나 오랜 세월이 지난 지금까지도 그 일은 이루어지지 않고 있다. 물론 많은 인간들이 나의 추종자들이 되어 나를 따르고 있는 건 사실이다. 또 지금 세상이 그렇게 변해가고 있는 것도 사실이다. 하지만 내가 너희들을 믿을 수 없는 사건들이 세계 도처에서 불쑥불쑥 일어나고 있다. 너희도 알 것이다. 마국메수는 일 년 전 이 자리에서 일 년 안에 미국의 교회들 삼 분의 이가 문을 닫도록 만들겠다고 장담했었다. 그는 그 일을 위해서 노력했다. 그리고 많은 교회들이 문을 닫게 만들었다. 또 목회자라는 이들 중 많은 이들이 동성연애자들이라는 것을 세상에 알림으로 평범한 사람들이 교회라는 곳을 이상한 집단으로 알도록 만들었다. 하지만 그는 지난 일 년간 내가 제거하라고 명령한 인간들을 제거하지 못하여 우리의 계획에 치명타를 안겨 주었다. 한 예를 들면, 세계 제일의 뇌의학 전문가를 죽이라고 했더니 그를 천국으로 보내 신나는 여행을 시켰다. 그는 돌아와 천국 여행기를 써서 세상에 내놓았다. 이 일로 인하여 교회 출석을 그만 두었던 인간들이 다시 교회를 출입하고 있다. 지금 너희들이 하는 일이 보통 이런 식이라는 것이다. 그래서 난 본보기로 마국메수를 제거하였다."

마왕의 이 말이 떨어지자 참모들은 크게 놀랐다. 그리고 이 순간에야 그의 자리가 비어 있음을 알았다. 마국지는 입을 꼭 다문 채 사탄의 얼굴을 주시하였다. 마왕은 공포에 떨고 있는 귀신들의 얼굴을 일일이 한 번씩 살펴보고는 다시 입을 열었다.

"나는 지금까지 너희들을 선대해 왔다. 실수를 하고, 성과를 내지 못해도 처벌을 하지 않았다. 그러나 이제부터는 그러한 나의 자비나 배려는 없을 것이다. 자기의 책임을 다하지 못하는 자들은 거기에 대한 응분의 대가를 치러야 한단 말이다. 마국메수가 그 첫 번째 희생자이다. 그러므로 너희들이 죽지 않기 위해서는 우리 공중제국의 적들을 죽여야 한다. 마국메수처럼 어리석은 행동을 하지 말란 말이다. 알았나!"

"네, 마왕각하!"

참모들은 부동자세를 취하면서 큰 소리도 대답하였다. 마왕은 옆의 시종에게 눈짓을 하였다. 그러자 시종은 마왕의 집무실로 가더니 근육형의 몸을 가진 키가 큰 귀신 하나를 데리고 왔다. 마왕은 그를 참모들에게 인사시켰다.

"자, 보아라. 이는 아메리카 영계를 책임질 새로운 마국메수이다. 이는 지금까지 이슬람 지역에서 정보부장으로 일했던 자이다. 이슬람 지역에 교회를 세우지 못하게 함에 있어서 이 자의 공로가 컸다. 이제 이 자는 아메리카 전 대륙을 내 권세를 가지고, 내 명예를 위하여 통치할 것이다. 자 마국메수, 동료들에게 인사하여라."

새로운 마국메수는 몸을 굽혀서 동료들에게 정중히 인사하였다. 그리고는 입을 열었다.

"제게 이 막중한 임무를 하달하신 마왕 각하에게 충성을 다할 것을 다시 한 번 맹세합니다. 그리고 동료 여러분들의 협조를 구합니다. 저 하늘의 군대, 예수의 군대는 우리가 생각하는 것보다 훨씬 끈덕지고 교활한 데가 있습니다. 마왕 각하의 교시를 망각하면 우리들이 당할 수도 있습니다. 그러므로 우리는 서로서로가 도와야 합니다. 정보를 교환하고 힘을 합쳐야 합니다. 저도 여러분들을 돕도록 하겠습니다. 이런 귀한 자리에서 함께 일하게 되어 감사합니다."

새롭게 마국메수가 된 귀신은 어투가 아주 부드러웠다. 이걸로 보아 현장에서의 산 경험이 풍부한 귀신임을 알 수 있었다. 그에게서는 어떤 감추인 지략, 즉 다른 귀신들이 갖지 못한 특별한 능력 같은 게 엿보였다. 마국지는 거대한 아메리카 대륙의 이 새로운 지배자를 유심히 살폈다. 그리고 그의 두 눈빛이 은밀하게 반짝이고 있는 것을 보았다. 외유내강이라는 말을 실천하는, 공중제국에서는 좀처럼 찾기 힘든 귀신이라는 것을 마국지는 금방 알 수 있었다. 이제 이 공중제국의 참모진들도 변화를 해야 할 시기가 온 것인지 모를 일이었다. 마왕은 의미 있는 미소를 지으면서 마국아수를 불러세웠다. 그리고는 추궁하는 듯한 어투로 물었다.

"지금 한국의 상황은 어떻게 되고 있느냐?"

"교회 박멸을 위한 모든 계획들이 차질 없이 잘 진행되고 있습니다."

"너의 말을 그대로 믿을 수 있겠느냐 마국아수?"

"네 각하. 제 말을 믿어도 될 것입니다. 각하도 아다시피 한국의 교회는 오래 전에 성장이 멈추었습니다. 교단들은 이권을 놓고 분열하고 있으며, 교회들은 세습과 목사와 장로들의 다툼, 지도자들의 나태와 사명감 상실로 점점 나약해지고 있습니다. 위대하신 마국지 참모님의 도움으로 신학대학들은 급속한 세속화로 나아가고 있습니다. 교수들은 많은 봉급을 받으며 가장 호화로운 자리에 앉아 있습니다. 저들의 영성을 가르침 받은 자들이 세상에 나와서 우리의 군대와 겨룬다는 것은 있을 수 없는 일입니다. 저들은 우리의 적이 되지 못합니다. 특별히 대교회의 지도자들은 말로만 예수의 교시를 설파할 뿐 세상에서의 모든 좋은 것들을 누리고 있습니다. 퇴임 후에도 전에 누렸던 것들을 결코 놓지 않고 있습니다. 그러므로 지금 한국에는 영계를 지도하면서 이끌어갈 진정한 지도자가 하나도 없는 상태입니다. 감히 우리와 대적할 자가 없는 상황입니다. 각하도 아시겠지만 상황이 이 정도이면 게임은 끝난 거나 다름이 없습니다."

마국아수의 이 말에 마왕은 두 눈을 가늘게 뜨고 마국아수의 안면을 살폈다. 그리고는 말했다.

"너의 보고는 이미 오래 전에 내게 하였던 내용과 똑같은 내용의 보고이다. 너의 말처럼 한국의 기독교는 예전의 역동성과 힘을 잃었다. 전도가 되지 않고 있다. 그것은 너와 모든 참모들의 노력으로 이루어진 결과이다. 하지만 한국의 교회는 아직도 그 무엇이 존재하고 있는 게 분명하다. 전 세계에서 우리가 집행하고 있는 일들이 전혀 예상하지 못한 타격을 이 곳에서만 받고 있단 말이다. 추락해야 할 비행기가 추락하지 않고 있어. 전복되어야 할 배들이 가라앉지 않고 있어. 전쟁을 해야 할 나라들이 전쟁을 하지 않는단 말이야. 바다 속에 잠겨야 할 도시들이 여전히 멀쩡한 모습이란 말이다. 이건 누군가가 하나님께 기도를 하고 있다는 증거야. 하나님께 우리의 계획을 미리 알리지 않고는 이러한 일들이 일어날 리 없단 말이다. 지금이 시대에 전 세계를 품에 안고 우리를 대적하여 기도하는 인간들이 누구라고 생각하나? 어느 나라의 인간들이 우리의 계획을 망칠 만큼 기도를 하겠느냐 말이다. 한국인들 말고 누가 그 짓을 하겠느냐 말이다. 그리고 지금 한국과 북한, 중국의 관계를 자세히 보도록 해. 예기치 않은 일들이 일어나고 있단 말이야. 왜 한국이 중국과 가까워지는 거야? 그리고 중국과 북한 안에 왜 기독교인들이 점점 늘어나는 거야? 그렇게 되면 통일이 되는 거 몰라? 한국이 통일이 되면 그 땐 무슨 일이 벌어지겠어? 그 땐 세계가 한국 앞에서 벌벌 떨지도 몰라. 하나님을 등에 업은 나라를 누가 감히 건드리겠느냐 말이야. 북한에까지 교회가 세워져서, 지금 지하에서 기도하는 저 북한의 예수 추종자들이 남한의 추종자들과 합세했다고 생각해봐. 그 땐 무슨 일이 일어나겠어. 문제는 지금 한국에서 우리를 괴롭히고 있는 그 의인들이란 놈들이야. 이들을 색출하여 죽여야 해. 이들을 죽이지 않는 한 우리의 제국은 탄탄대로를 달릴 수 없어. 저들의 기도는 곧 하나님의 능력이야. 예수가 십자가에서 흘린 피의 능력과 같단 말이다. 우리가 아무리 죽여도 계속 살아나는 예수 부활의 권세와 같단 말이다. 결코 만만하게 보아서는 안 된다. 내 말 알겠나?”

마왕은 집요한 눈으로 구릿빛 안광을 발산하면서 말했다. 마국아수는 사뭇 두려운 어조로 대답했다.

“잘 알겠습니다 각하.”

그런 마국아수의 얼굴을 보면서 사탄은 말했다.

“마국아수, 이전의 마국메수 꼴이 되지 않으려면 너의 직무에 좀더 충성하길 바란다. 놈들에게 자꾸 시간을 주어서는 안 된단 말이야. 놈들의 기도가 쌓이면 어떤 결과가 오는지 네가 잘 알고 있을 것 아냐. 유명 목사로부터 의인이란 놈들에 이르기까지, 전과는 다른 방법으로 접근하란 말이다. 모든 수단을 동원하여 기도하지 못하게 만들고 헛된 것들을 추구하도록 유도해. 장로들에게는 일곱 배나 더 교만한 마음을 심어 줘. 네가 안 죽으려면 네가 그들을 죽이란 말이다. 생명을 걸고 투철하게 싸우란 말이다. 유혹과 미혹의 도를 높여. 음란과 술취함, 각종 중독으로 정신을 병들게 해. 인생은 살 가치가 없는 허무한 것이라는 인식을 더 적극적으로 확산시켜. 이 세상은 캄캄한 밤이요 희망이 없는 곳이라는 것을 저들의 영혼에 깊숙이 뿌리 박아. 그리하여 절망의 생각들을 더욱 강하게 인간의 정신에 넣으란 말이야. 그렇게 더 많은 인간들을 자살시켜. 스스로 목숨을 끊는 것이 영웅들이 하는 모습처럼 보이게 하란 말이야. 그리고 돈이 이 세상에서 최고의 가치를 가진 거라고 가르쳐. 그걸 잡기 위해 도박하게 만들고, 비정하게 만들고, 싸우게 하고, 죽이게 하고, 가정을 파탄시키고, 실패자들은 더 많이 자살시키란 말이야. 대 교회의 모든 중직들을 고급화시키고, 신학대학의 교수들도 더욱 자만에 빠지게 하고 십일조, 새벽기도 등 영적인 활동을 하지 못하게 만들어. 지금보다 더더욱 강도를 높여서 그들을 철저히 세속화시켜. 예수사관학교라는 것을 아예 우리 공중제국의 사관학교로 만들란 말이야. 교수들은 헛된 교만에 빠지게 하고, 저들에게서 배우는 모든 영혼들은 자동적으로 나의 종이 되게 만들란 말이야. 저들이 결코 우리가 주는 이 세상의 쾌락에서 빠져나오지 못하게 해. 예수와는 동떨어진 고급스럽고, 교만하고, 탐욕스러운 헛된 지식들을 계속 주입하란 말이다. 성경을 가르치지 못하게 하고 인간들이 쓴 글들을 계속 가르치게 하란 말이다. 그 성경 말씀이라는 것을 가르치지 말고 목사라는 이름으로 고급스럽게 살았던 사람들의 이론을 가져다 가르치라고 하란 말이다. 말만 들어도 이가 갈리는 저 예수사관학교라고 말하는 신학교들과 종합대학의 신학과를 초토화시키란 말이다. 그 일이 중요해. 수원지에 독약을 뿌려야 그 물을 마시는 이들을 모두 죽일 수 있다는 거 너도 잘 알 거야. 그러므로 그것들을 파괴하기 위해 너의 생명을 담보하고 뛰란 말이야. 내 말 알겠어?"

"네 각하! 충성을 다하겠습니다!"

대왕 사탄의 가슴을 꽉꽉 찌르는 불총탄 같은 명령에 마국아수는 겁이 잔뜩 난 표정으로 대답했다. 마왕은 좌중을 한 번 둘러보고는 말했다.

"너희들은 지금부터 내가 하는 말을 잘 듣고 마음에 새겨야 한다. 지금은 아주 중요한 시기이다. 이 세상의 인간들이 대부분 우리의 제국 안에 들어왔기 때문이다. 우린 이러한 여세를 몰아 인간들을 더욱 강하게 밀어붙여야만 한다. 우리가 여기서 승리한다면 이 세상의 모든 인간들은 우리 공중제국의 종들이 될 것이다. 이 지상에서 기독교라는 것은 완전히 사라질 것이다. 설령 존재한다 하더라도 그것들은 모두 우리의 놀이도구에 불과할 것이다. 우리의 하수인들이 모조품을 만들어 마치 장난감을 가지고 놀듯 종교놀이를 할 것이다. 그 안에 진짜 예수가 존재하지 않는, 말로는 예수를 외치지만 십자가는 존재하지 않는 그런 변종의 기독교만 존재할 것이다. 이 모든 게 다 너희들을 위한 것이다. 내가 비록 너희들에게 저 천국은 주지 못했지만 이 세상은 확실하게 줄 것이다. 자기의 본분을 다하여 살아남은 자들은 나와 함께 이 공중제국에서 영원히 왕 같은 대접을 받으며 살 것이다. 그러니 우리의 적들을 무조건 죽여야 한다. 알겠나?"

"네 각하!"

사탄의 참모들은 큰 소리로 대답했다. 이 때 마국지가 마왕에게 말했다.

"각하, 제가 한 말씀 드려도 되겠습니까?"

마왕은 마국지의 위아래를 한 번 훑어보더니 말했다.

"말해라."

"각하, 각하도 알다시피 모든 생명체의 죽고 사는 것은 우리의 손에 있지 않습니다. 특별히 인간의 생명은 더더욱 하나님께서 꼭 붙들고 있지 않습니까. 만약 우리들이 죄를 가진 인간들을 하나님의 허락을 받아 마구 죽인다면 나중에 큰 문제를 만날 수 있습니다. 우리들이 그 인간의 영적인 상태를 잘못 판단할 수 있기 때문입니다. 각하도 알다시피 우리들은 그런 경험을 많이 가지고 있습니다. 예를 들면, 한 번은 미국에서 사냥을 좋아하는 목사 하나를 지명하여 죽이기로 했었습니다. 그는 아주 극단적인 성격을 지니고 있어서 만일 동물을 학대하고 죽이는 일만 멈추면 교회를 크게 부흥시킬 수 있다는 마국메수의 의견이 있었기 때문입니다. 그래서 각하는 그가 자신의 잘못된 사고방식을 깨닫고 악한 행동을 스스로 멈추기 전에 그를 제거하라고 마국메수에게 명령했습니다. 그래서 마국메수는 그를 죽이고자 시도했습니다. 어느 사냥터에서 인간이 동물로 보이는 환각상태를 그에게 만들었습니다. 그래서 그는 그 사람을 동물인 줄로 알고 총으로 쏘았습니다. 결국 그는 살인자가 되어 구속되었습니다. 그러나 그는 사형수가 되지 않았습니다. 미국의 경건한 크리스천들에 의하여 또 다시 목회할 수 있는 길이 열렸습니다. 놀라운 일은 그가 목회하였던 교회에서 그를 용서하였고 그를 다시 불렀습니다. 결국 그는 그 용서에 감동 받아 그 때부터 능력을 발휘했습니다. 이후 그는 수많은 교회들을 세웠고 미국의 기독교 역사에 한 획을 긋는 성자가 되었습니다. 각하, 우리들은 이것을 경계해야 합니다. 최선의 방법은 타락을 시켜서 스스로 죽게 하는 것입니다. 우리가 그 영혼을 잘못 판단하여 그를 죽음으로 몰아넣으면 그 이후의 후유증이 너무 크기 때문입니다."

마왕은 마국지의 말을 듣고 잠시 생각에 잠겼다. 그러나 그는 곧 자리에서 몸을 일으키고 말했다.

"그건 나도 잘 알고 있다. 하지만, 지금 우리에겐 시간이 없다. 우린 그들이 스스로 죽기만을 기다릴 시간이 없단 말이다. 우리의 제국은 이제야 비로소 지상의 모든 인간들을 우리의 포로로 만들 절호의 기회를 잡은 거야. 창세 후 지금처럼 인간들의 마음이 하나님과 멀어진 적은 없었다. 우린 이 때를 놓쳐서는 안 돼. 알겠나 마국지?"

"네 각하, 하지만 인간들은 앞으로 더더욱 하나님과 멀어질 것입니다. 우리의 프로젝트들은 모두 다 거기에 초점이 맞추어져 있기 때문입니다. 머지 않아서 각하는 하나님의 자리에 앉을 것입니다."

마왕은 머지 않아서 자기가 하나님의 자리에 오른다는 말을 듣고 갑자기 입을 벌리고, 무덤에서 발견된 고대의 동물 뼈 같은 이들을 드러내놓고 껄껄 웃었다. 그는 마국지의 말에 기분이 좋아졌던 것이다.

"쿠하하하- 마국지, 역시 너는 나를 알아보는 이 공중제국 최고의 명장이야. 암암, 머지 않아서 이 지상의 모든 생명체들은 나의 부속물이 될 거야. 틀림없이 그럴 거야. 그러니까 저 지상의 모든 교회들을 한 시라도 빨리 없애버려야 해. 우리의 앞을 가로막는 인간들은 무조건 죽여버려야 해. 스스로 타락하도록 다른 방법을 쓰면 시간이 너무 걸려. 난 조급한 영물이야. 이만큼 참은 것도 내가 많이 견딘 거야. 이제야말로 이 세상의 왕다운 왕이 되겠단 말이다. 알겠나 마국지?"

"각하, 그래도 조급하면 안 됩니다."

"쿠하하하- 마국지 너는 충신 중의 충신이구나. 끝까지 날 설득하는 참모가 공중제국에 너 말고 누가 있겠느냐. 하지만 이번에는 내가 양보를 할 수 없구나. 마국아수, 한국의 교회를 박멸함에 있어서 수단과 방법을 가리지 말아라. 죽일 수 있는 인간들은 지체 없이 죽여라. 모든 수단을 동원하여 한국에서 예수의 존재를 없애 버려라. 가짜 예수를 계속 만들어 거기에 영생이 있다고 선전하란 말이다. 그리고 그 이성웅 목사라는 자를 비롯하여 모든 숨겨진 자들을 극렬하게 시험하여 무참하게 죽여버려라. 알겠나?"

"네 각하!"

마국지는 자기의 의견을 좀더 말하려다가 입을 다물었다. 더 이상의 말을 했다간 마왕의 심기를 건드릴 수도 있다는 판단을 했기 때문이다. 마국지는 마왕이 예전과 같지 않다는 것을 발견했다. 전의 마국메수는 마왕이 크게 신뢰하였던 장수였다. 그래서 그를 가장 중요한 자리인 아메리카의 수장으로 앉혔던 것이다. 그런데 그를 쥐도 새도 모르게 제거해 버렸다. 그리고 적들을 무조건 죽이라는 명령을 하고 있는 것이다. 물론 그가 순교자들을 만들어내라고 말하는 것은 아닐 것이었다. 한 명의 순교자가 공중제국에 얼마나 큰 타격을 입히는지 그는 너무나 잘 알고 있을 것이기 때문이다. 마국지는 마왕의 태도에 변화가 온 만큼 공중제국에도 어떤 변화가 이미 왔다는 것을 알아차렸다. 이렇게 되면 이 세상에도 다분히 변화가 올 것이었다. 이 세상은 마왕의 손 안에 있고 대부분의 나라들이 그를 추종하고 있기 때문이었다. 마왕은 원래가 조급한 성격을 지닌 자였다. 그래서 세상을 빨리빨리의 문화를 만들어왔다. 그런데 마왕은 이보다 더 빠른 문화를 만들겠다는 것이다. 이젠 자기의 욕망에 거슬리는 것들은 무조건 죽이겠다는 것이다. 이게 도대체 무슨 의미인가? 이 세상에서 이해나 인내, 기다림을 완전히 뿌리뽑겠다는 것이 아닌가. 그렇게 되면 인간들은 어떤 식으로 변하게 될까? 마국지는 전에 한 번도 가지지 못했던 새로운 두려움을 느꼈다. 자기도 당장 그런 식으로 자기의 임무를 완수해야만 했기 때문이다.

마왕은 세계로부터 온 참모들에게서 보고를 받았다. 각 나라의 정치와 종교, 문화, 사회 전반의 현상들에 관하여 세밀한 보고를 받았다. 그는 그의 참모들을 통해 이 세상의 인간들이 대부분 자기의 손안에 들어온 것을 다시 한 번 확인하였다. 그리고 자기의 참모들이 의외로 선전하고 있음도 알게 되었다. 이 세상을 멸망으로 몰고 가기 위하여 혁혁한 공들을 세우고 있음도 알게 되었다. 다만 예수를 믿는 소수의 기독교도들만이 자기를 대적하고 있다는 것을 생각할 때 분통이 터지는 것이었다. 자기 육신이 추구하는 모든 좋은 것들, 음란과 방탕과 도박과 온갖 악한 말들과 살인과 전쟁과 음모와 술수와 교만과 비아냥과 제멋대로 사는 인생길을 열어 주겠다는데도 이것을 거부하고 예수의 십자가를 찬송하는 인간들을 와삭와삭 씹어먹고 싶었던 것이다. 이런 인간들이 지금 한국에 가장 많다는 것도 사탄의 속을 뒤집고 있었다. 마왕은 자기의 참모들에게 말했다.

"우리들은 앞으로 한 달에 한 번씩 이러함 모임을 가질 것이다. 그 때마다 이 세상의 상태를 점검하고, 미흡한 부분은 보완할 것이다. 아울러 엄격하게 상벌을 내릴 것이다. 맡은 바 위치에서 최선을 다하기 바란다. 특별히 한국을 담당하고 있는 마국아수는 각별히 신경을 써야 할 것이다. 하나님이 숨겼다는 그 의인이라는 작자들을 모두 찾아내 죽여야만 한다. 나는 또다시 한 달 동안 너희들의 활동을 눈여겨 볼 것이다. 그 누구도 예전의 마국메수 같은 불행한 용사가 되지 않기를 바란다. 알겠나?"

회의장을 나오는 마국아수의 얼굴엔 두려움이 짙게 깔려 있었다. 마왕은 오늘 마국아수에게도 너도 죽음을 각오하라는 의미의 선언을 했기 때문이다. 한 달 동안에 어떻게 하나님이 숨겨놓은 의인들을 모두 다 색출할 수 있다는 말인가. 이미 죽음 직전에 선 듯 힘없이 걷는 마국아수의 옆으로 마국지가 왔다. 마국지는 마국아수의 등을 툭툭 쳤다.

"장군, 너무 두려워하지 말아요. 길이 있을 거예요."

"정말 살 길이 있을까요? 각하는 날 죽이기로 작정한 것 같은데 말이오."

"장군이 지금까지 공중제국을 위하여 한 일들이 얼마나 많은데 마왕께서 장군을 죽이시겠소. 장군을 사랑하기 때문에 그런 식으로 밀어붙이는 거지요."

"아닙니다. 장관께서도 보셨지만 각하는 마국메수를 아무도 모르게 제거하셨습니다. 장관도 아시지만 마국메수는 한 때 마왕의 가장 큰 사랑을 받던 자입니다. 그런데 그를 죽였어요. 나 같은 존재는 마국메수의 목숨에 비하면 파리 목숨에 불과하지 않겠소."

"그럴 리가 있겠소 장군. 장군은 세계에서 예수 신앙이 가장 뜨거운 한국을 통치하는 우리 제국의 훌륭한 장군이요. 그 자리에는 아무나 앉을 수 없는 것이오. 그러니 전처럼 담대한 마음으로 일을 하세요."

"해보긴 해야죠. 그러나 각하가 변한 것은 사실입니다. 그리고 한 달이라는 기간은 내겐 너무 짧아요. 기도하는 모든 인간들을 한 달 안에 색출하여 모두 죽인다는 것은 불가능하지 않겠소 장관? 기도하는 자들을 잡는 일은 우리 귀신들에겐 정글에서 맨 손으로 코브라를 잡는 것보다 더 어려운 일인 것을 장관은 아시지 않소. 하나님이 보낸 천사들이 그들을 보호하고 있잖아요."

마국지는 콧숨을 짧게 내쉬며 마국아수의 등을 몇 번 또 다독였다. 그리고는 말했다.

"하지만 장군, 우리는 어떻게 하든지 살아남읍시다. 죽지 말잔 말이오. 우리들이 우리의 제국을 위해 바친 정열과 시간들이 헛되지 않게 하잔 말이오. 죽지 맙시다."

이 말에 마국아수는 마국지의 얼굴을 보았다. 마국지는 여러 의미가 희섞된 희미한 미소를 짓고 있었다. 마국아수는 그 미소를 보면서 자신도 역시 희미하게 웃었다. 그리고는 고개를 끄덕이며 마국지의 손을 잡았다. 그는 비장한 표정을 지으면서 말했다.

"알았소 장관. 우린 죽지 맙시다. 저 마국메수처럼 되지는 맙시다. 안녕히 가십시오 장관."

"안녕히 가십시오 장군!"

요즘엔 밤에도 잠을 이룰 수 없는 열대야가 계속되었다. 이러다 보니 일사병으로 세상을 떠나는 사람들과 물놀이를 하다가 세상을 떠나는 사람들이 많았다. 교통사고도 잦았다. 정부에서는 걸핏 하면 전력 소비를 자제시키는 특별경보를 발령하였다. 이목사는 지하에서 살고 있었기 때문에 일단 안에 들어오면 사람의 생명을 앗아가는 살인 더위를 실감하지 못했다. 워낙 깊은 지하인지라 지표면이 더운 만큼 이 곳은 그만큼 시원했던 것이다. 그래서 최은미는 이 지하 예배당을 냉장고라고 불렀다. 최은미는 변함없이 이 곳으로 퇴근을 하였다. 이목사가 나권사로부터 차 한 대를 선물 받은 후 그녀는 아주 신이 났다. 그녀는 운전하기를 무척 좋아했다. 그래서 아이들을 데리고 여기저기로 돌아다녔다. 이목사는 자신만 운전할 수 있도록 되어 있는 차를 최은미가 마음대로 끌고다니는 게 염려가 되어서 최은미에게 그 말을 했더니 그 점은 염려하지 말라고 했다. 자긴 운전에는 자신이 있기 때문에 사고를 낼 염려는 없다고 말했다. 또 멀리 가지 않고 집 근처만 왔다갔다 하기 때문에 큰 문제는 없을 것이라고 말했다. 이렇게 나오는 최은미에게 차 열쇠를 주지 않는다는 것은 힘든 일이었다. 그래서 이목사는 염려가 되긴 했어도 최은미가 원하면 차 열쇠를 주곤 하였다.

김미란 사모가 사경을 헤매고 있는 이 때에 만약 최은미가 없었다면 아이들과 이목사는 웃음을 모두 잃어버린 상태에서 하루하루를 살아갔을지도 모른다. 그런데 최은미가 저녁마다 와서 밥을 지어주고 아이들 치다꺼리를 잘해 주자 이목사와 아이들은 김미란 사모의 빈 자리를 점점 잊어가고 있었다. 아니 어쩌면 전보다 더 많이 웃고 즐거운 시간들도 더 많이 가지는지 모를 일이었다. 이러다 보니 이목사는 가끔 엉뚱한 생각을 하게 되었다. 만약 김미란 사모가 회생을 하지 못하고 영영 세상을 떠나버린다면 최은미와 함께 살 수도 있겠다는 생각을 하게 된 것이다. 이목사는 의식 불명 상태에 있는 김미란 사모를 뒤로 하고 기도원을 내려온 후 매일 한 끼씩 금식하면서 하루에 다섯 시간 이상은 기도하고 있었다. 성경도 십여 장 이상은 꼭꼭 읽으며 그 내용을 음미하였다. 그리하여 영적으로는 그 어느 때보다도 충만하였다. 하지만 최은미에 대한 자신의 태도는 늘 개운하지 못한 상태에 있었다. 이목사는 그녀에 대한 계시라고 생각한 그 꿈을 꾼 이후 그녀를 긍휼한 마음으로 대했다. 이성적인 마음으로 접근하는 것을 버렸다고 생각했다. 그러나 시간이 흐르면서 그녀 곁으로 점점 가까이 다가가는 자신이 느껴질 때가 있었다. 이러면 안 되지 하면서도 그녀를 만나면 지나칠 정도로 스스럼없이 대하는 자신을 제지할 수 없었다. 이제는 전처럼 이성적인 마음으로 경계를 하는 상태는 아니었다. 하지만 아주 자연스럽게 그녀의 손을 잡을 때가 있었고, 그녀 역시 때로는 가슴을 훤히 노출시킨 상태에서 집안일을 하였다. 이를테면 그녀는 마치 자기 집에서 생활하는 것처럼 그런 복장을 하고 이목사와 아이들을 도왔다. 이렇게 되자 이목사는 스스로가 두려워지는 상상을 하기도 했다. 어느 날 아주 자연스럽게 그녀와 잠자리를 같이 하게 될 것 같았던 것이다. 실제로 그는 최은미와 동침하는 상상을 하다가 철퍼덕 무릎을 꿇고 회개한 적이 여러 번 있었다. 이목사는 이 상황을 어떻게 하든지 극복하리라 계속 기도하였다. 그러나 막상 그녀를 대하면 그녀의 그 빼어난 아름다움 때문에 마음이 흔들렸다. 더구나 아무도 없는 지하 예배실에서 알몸이 다 된 상태로 누워 있는 그녀의 그 늘씬한 여체를 볼 때엔 그 유혹은 떨쳐버리기가 너무 힘든 것이었다. 정말 아슬아슬한 순간들이 매일매일 계속되고 있었다. 이목사는 아무래도 온 끼 금식을 일주일 정도 해야겠다는 생각을 했다. 어떤 특단의 조치가 없이는 죄은미와 몸을 섞을 것만 같았기 때문이다.

이목사는 마침내 일주일 온 끼 금식을 하리라는 결정을 내렸다. 그리고 주일을 맞았다. 그런데 이 날 새로운 두 가정이 교회에 등록을 하였다. 한 가정은 식구가 다섯이었고, 다른 가정은 식구가 넷이었다. 한 가정의 가장은 근처에 건축 중인 큰 건물의 건축 일체를 책임 맡고 있는 현장 감독이었다. 또 한 가정은 며칠 전 이 마을에 개업한 큰 식당의 주인과 그의 가족들이었다. 모두 다 생활의 여유가 있는 사람들이었다. 그들의 말에 의하면 이들은 이미 집사 직분을 받은 자들이기도 했다. 이들이 이렇게 같은 날 등록을 하자 교회가 갑자기 크게 부흥된 느낌이었다. 이목사는 그들에게 아내 김미란 사모의 상태를 이야기했다. 그러자 그들은 깊은 연민의 표정을 보이며 이목사를 위로했다. 그리고 너무 염려하지 말라고 했다. 앞으로 자기들이 이 교회를 잘 섬길 테니까 모든 염려는 내려놓으라고 말했다. 어려운 중에 이런 여유 있는 성도들이 들어와 위로를 해 주니 이목사는 너무 기뻤다. 그리고 다시금 주 예수를 향한 소망이 뜨겁게 솟아오르는 것이었다. 그들은 두 시 예배를 드린 다음 새벽 예배를 드리러 오겠다는 약속을 하고 돌아갔다.

이목사는 이 날 저녁 헌금을 점검하다가 깜짝 놀랐다. 이들 두 가정에서 등록 감사 헌금을 각각 백만 원씩을 했기 때문이다. 이 교회를 개척한 이래 이런 거액의 감사 헌금을 한 사람들은 이제껏 없었다. 그렇지 않아도 이목사는 애들 치다꺼리 때문에 카드에서 뽑아 쓴 돈을 어떻게 갚을까 고민하고 있었다. 그런데 이런 예기치 않은 헌금을 받고 보니 마음이 더욱 기쁜 것이었다. 이목사는 하나님께서 이제 이 교회에 새로운 일들을 행하시는 것으로 알고 기뻐하였다.

저녁 예배 후 최은미가 이목사에게 물었다.

"오늘 교회에 오신 두 가정 말예요. 그분들은 꽤 여유가 있어 보이던데요. 무엇 하시는 분들이에요?"

"한 분은 건축 현장의 감독이고 한 분은 큰 음식점을 운영하나 봐요."

최은미는 고개를 끄덕이면서 생각보단 별거 아니라는 식의 표정을 지으면서 계속 고개를 끄덕였다.

"은미 자매도 앞으로 그분들과 사이 좋게 지내세요. 이제 한 식구가 되었으니까요."

"글쎄요? 친하게 지낼지는 좀더 두고 보아야 알 것 같아요. 전 다른 사람에 비하여 비위가 좀 약하거든요."

"왜요? 그분들과 뭐 안 맞는 부분이 있을 것 같아요?"

"자세히는 모르겠지만 그분들과 저는 뭔가 다른 것 같았어요. 사람에게는 첫 느낌이라는 게 있잖아요. 좀 이상한 것도 같고…"

"그 분들이 좀 이상한 것 같았어요?"

이목사는 최은미의 얼굴을 주시하면서 물었다.

"많이 이상하잖아요. 그 정도 살고, 외모가 멀쩡한 사람들이 이런 냄새 나는 깊은 지하교회에 올 리 없잖아요. 저는 워낙 아무 것도 몰라서 이렇게 와서 지내고 있지만, 뭘 아는 사람 같으면 백이면 백 아무도 이런 교회에 오지 않을 것 같아요. 현대인들이 다 그렇잖아요. 어떤 목적이 없으면 이런 교회에 올 리 없잖아요."

최은미의 이 말에 이목사의 뇌리로 무엇이 빠르게 스쳐갔다. 최은미의 말 속에는 무엇인가가 담겨 있다고 생각했기 때문이다. 이렇게 생각하면서 저들의 모습을 떠올리자 아닌 게 아니라 무언가 이상한 게 있는 것 같았다. 최은미의 말처럼 이 시대에 저 정도의 생활을 하는 사람들이 냄새 나는 이런 깊은 지하의 교회에 올 리가 없을 것이기 때문이었다. 그러나 이목사는 고개를 흔들었다. 그리고는 생각했다. '아니야. 이런 교회에 오는 사람도 있을 수 있어. 이 시대의 모든 사람들이 하나같이 세속의 흐름을 따른다면, 더구나 교회에 다닌다는 성도들이라고 하는 사람들이 모두 다 그런다면, 이 세상에 교회는 무슨 필요가 있겠는가…' 이렇게 생각하면서도 이목사는 입을 꼭 다물고 고개를 끄덕거렸다. 최은미는 그런 이목사에게 물었다.

　　"그건 그렇고요 목사님, 오늘부터 일주일 동안 아무 것도 안 드시는 거예요?"

　　"그래요 은미 자매. 은미 자매도 알다시피 애들 엄마가 사경을 헤매고 있잖아요. 나도 금식기도를 해야 할 것 같아요. 그러니 그렇게 알고 이해를 좀 해 주세요. 물은 조금씩 마실 계획이에요."

　　"기독교인들은 문제가 생기면 이렇게 금식기도를 하는 거예요?"

　　"꼭 문제가 생긴다고 해서 금식기도를 하는 게 아녜요. 모세는 저 시내산에서 계명을 받기 위해 사십일 동안 금식기도를 했어요. 예수님은 공생애 삼년의 사역을 시작하시기 전에 광야에서 사십일 동안 금식기도를 하셨어요. 금식기도는 문제가 있을 때도 해야 하겠지만 중요한 일을 하기 전이나, 할 때에도 하는 거예요."

　　"왜 그래요?"

　　최은미는 아주 궁금한 표정으로 물었다.

　　"그건 우리의 기도가 하나님께 상달되라고 그러는 거예요."

　　"하나님은 우리의 모든 기도를 다 들으시잖아요. 식사할 때 하는 기도도 들으시고, 하루를 시작할 때 하는 기도도 들으시고, 저녁에 잠들기 전에 하는 기도도 들으시잖아요."

"그건 그래요. 그러나 때로는 하나님께 우리의 기도가 상달되지 못하도록 강하게 훼방하는 무리들이 나타나요. 아니 우리의 기도는 늘 훼방을 받아요. 어떤 경우엔 아주 강력한 방해를 받을 때도 있어요. 금식 기도는 이런 때에 하면 아주 효과적이에요. 금식기도는 아주 특별한 약속의 기도예요. 구약성경 이사야서 오십 팔 장에는 금식기도에 관하여 상세하게 기록되어 있어요. 육 절부터 구 절에는 다음과 같이 기록되어 있어요.

"내가 기뻐하는 금식은 흉악의 결박을 풀어 주며, 멍에의 줄을 끌러 주며, 압제 당하는 자를 자유하게 하며, 모든 멍에를 꺾는 것이 아니겠느냐. 또 주린 자에게 네 양식을 나누어 주며, 유리하는 빈민을 집에 들이며, 헐벗은 자를 보면 입히며, 또 네 골육을 피하여 스스로 숨지 아니하는 것이 아니겠느냐. 그리하면 네 빛이 새벽 같이 비칠 것이며, 네 치유가 급속할 것이며, 네 공의가 네 앞에 행하고 여호와의 영광이 네 뒤에 호위하리니, 네가 부를 때에는 나 여호와가 응답하겠고, 네가 부르짖을 때에는 내가 여기 있다 하리라."

이처럼 금식기도는 아주 강력한 힘을 지니고 있어요. 병기로 친다면 금식기도는 핵폭탄 같은 위력을 가지고 있어요. 어떤 세력이 와서 방해를 해도 그것을 능히 물리치는 기도예요. 그러므로 우리 그리스도인들은 때로는 금식기도를 해야만 해요."

이목사의 말에 최은미는 고개를 끄덕였다. 그리고는 물었다.

"기도가 병기라는 말이 신기하게 들려요. 그 병기는 누구와 싸우는 병기예요?"

"마귀와 싸우는 병기예요. 마귀란 놈은 그의 부하들인 귀신들을 데리고 우리 성도들을 죽이려고 우는 사자와 같이 우리를 넘보고 있어요. 그런데 그 사악한 마귀를 물리치는 길은 오직 기도밖에 없다고 마가복음 구 장 이십 구 절에서 예수님이 말씀하셨어요. 기도는 우리 성도들이 마귀의 유혹과 공격을 이기는 유일한 무기예요. 그러므로 우리들은 계속 기도해야만 해요. 때로는 작정기도를 하고, 때로는 철야기도를 하고, 매일 새벽기도를 하고, 무엇을 하든지 기도로 시작해서 기도로 끝내야 해요. 내 생각인데, 금식기도는 핵폭탄 같은 위력이 있어요. 주변을 초토화시키고 적에게 치명적인 타격을 입히는 무서운 힘이 있어요. 그런가 하면 작정기도는 마치 미사일 같은 위력이 있는 것 같아요. 미사일이 끈덕지게 목표물을 따라가 파괴하잖아요. 밤을 새워서 하는 기도는 대포의 위력이 있는 것 같아요. 저 멀리 산 너머에 있는 목표물을 맞추어 파괴시키잖아요. 새벽기도는 탱크의 위력이 있는 것 같아요. 앞에 있는 목표물을 그 때 그 때 명중시키면서 나아가잖아요. 그리고 매순간 하는 기도는 소총의 위력이 있는 것 같아요. 매순간 앞에 있는 적을 쏘는 거예요. 어때요? 내 비유가 그럴 듯해요?"

이목사의 말에 최은미는 가지런한 치아를 환히 보이면서 어린아이처럼 웃었다.

"목사님, 솔직히 전 목사님의 말을 제대로 이해하지 못하겠어요. 하지만 비유는 재미있어요. 기도를 그렇게 비유하니까 저도 기도를 해보고 싶어요. 기도가 악마를 물리치는 무기이고, 기도한다는 것이 무기를 가지고 악마를 물리치는 일인 줄 처음 알았어요. 재미있어요. 전 이번 주일에 목사님이랑 아이들이랑 수영장에 가고 싶었거든요. 그런데 목사님이 매일 아무것도 안 드신다니 그 계획은 버려야겠네요. 그렇죠?"

"아, 아니에요. 나는 그냥 따라만 갈게요. 목욕만 하지 않을게요. 상관없어요. 무더운 여름인데 좋은 생각이에요. 아이들도 무척 좋아하겠어요."

"정말 그래도 돼요?"

최은미의 얼굴이 갑자기 기쁨으로 가득찼다.

"그럼요. 금식기도는 티 내지 않고 하는 거예요. 예수님은 마태복음 육장 십칠 절에서 금식할 때엔 머리에 기름을 바르고 얼굴을 씻으라고 하셨어요. 밥 몇 끼 안 먹는다고 슬픈 기색을 내거나 얼굴을 흉하게 보이지 말라고 하셨어요. 나 아주 자연스럽게 일주일을 보낼 거예요. 마치 금식기도를 하지 않을 때처럼 그렇게 보낼 거예요."

"목사님, 그럼 제가 얼굴에 화장을 해 드릴게요. 계속 굶으면 얼굴이 까칠해질 거예요. 제가 매일 회장을 해 드릴게요. 괜찮죠?"

"화장을 해 준다고요?"

"네에~ 예수님께서 머리에 기름을 바르라고 하셨잖아요. 그 말이 화장하라는 말씀 아녜요?"

사뭇 진지하게 묻는 취은미의 얼굴을 보고 이목사는 그만 소리를 내어 웃고 말았다. 이목사는 최은미의 이러한 모습이 너무나 이쁘게 보였다. 어떤 때엔 바로 지금처럼 그녀의 마음이 너무나 순수하게 나타나는 것이어서 당황스럽기도 하고 한편으로는 그 얼굴에 자기의 얼굴을 부비고 싶은 충동도 일었다. 이목사는 금식을 시작한 지금도 최은미에 대한 자기의 감정이 순수하지 못함을 깨닫고 즉시 회개하였다. 그런 이목사를 최은미는 크고 둥근 눈망울을 굴리며 찬찬히 쳐다보았다. 그리고는 머뭇거리는 어조로 물었다.

"저, 그런데요 목사님… 만약에 말예요… 만약에요… 그런 일이 있어서는 안 되겠지만 만에 하나라도 말예요… 사모님이 영영 일어나시지 못하고 천국으로 가신다면 말예요… 그 땐 어떻게 하시겠어요?"

이 질문에 이목사는 좀 당황하였다. 사실 이목사는 여기까지 생각이 미칠 때면 이 생각을 더 이상 진행시키지 않았던 것이다. 하나님 앞에서 해서는 안 될 생각이라는 양심의 소리가 들려왔기 때문이었다. 어떤 면에서 보면 좀더 솔직하고 진지하게 이 문제를 생각해야만 하는 시점이기도 했다.

하지만 이목사는 이 문제를 마음 깊은 곳에 꾹 눌러놓고 있었던 것이다. 그런데 최은미가 이렇게 물으니 당황할 수밖에 없었다. 어쨌든 대답은 해 주어야 할 것 같았다.

"솔직히 말하면 아직 그 문제를 한 번도 생각해보지 않았어요. 난 애들 엄마가 죽을 거라고는 생각하지 않거든요. 그런데, 만약 하나님이 애 엄마를 데려가신다면, 그 땐 또 기도를 해보아야만 할 거예요."

"목사님들도 재혼이 가능한 거죠?"

"그럼요. 이 시대는 혼자서 목회하는 일이 쉽지 않아요."

"요즘 애들이랑 좀 놀아보니까 정말 그럴 것 같아요. 목사님 혼자서는 애들 키우고, 교회 돌보고 하는 일들이 쉽지 않을 것 같아요."

"그럼요. 쉽지 않아요. 은미 자매가 도와주지 않는다면 나도 이미 지쳤을 거예요. 정말 고마워요."

이렇게 말하는 이목사를 보면서 최은미는 또렷한 어조로 말했다.

"저도 앞으로 목사님 같은 남자와 결혼할 거예요."

"은미 자매 같은 젊은 미인이 나와 같은 사람과 결혼하겠다니 그건 무슨 말이에요?"

"미인박명이라는 말 있잖아요. 여자가 얼굴이 예뻐 보이면 달라붙는 게 많은 것 같아요. 그러면 자연히 더러워지고요. 전 목사님 같은 분 만나서 하나님의 보호를 받고 깨끗하게 살고 싶어요. 정말이에요. 이 말은 제 진심이에요."

이목사는 웃었다. 이 때 최은미의 스마트폰 벨이 울렸다. 최은미는 번호를 확인하더니 이목사의 표정을 살피고는 "목사님, 잠깐 전화 받고 올게요" 하고는 예배당 밖으로 나갔다. 바로 이 때 이목사에게도 한 통의 전화가 걸려왔다. 고향 친구 최민수였다.

"민수구나. 오랜 만이야. 무더위에 잘 지내고 있어?"

"잘 지내고 있지. 너야말로 어떻게 지내? 이 가마솥 더위에?"

"난 항상 냉장고 안에 있잖니. 지하 예배당이 요즘 같은 삼복더위엔 제 역할을 톡톡히 하거든."

"다행이다. 그런 덕이라도 봐야지. 하나님께서 너 같은 훌륭한 목사에게 시련과 병만 주시면 되겠니? 상준이 엄마는 어때?"

"그냥 그 상태야. 기도원에 있어."

"많이 힘들겠구나. 잘 견디어야겠어."

"그래야지. 이겨내야지. 너의 집안은 평안하지?"

"응. 항상 현상 유지지 뭐. 한데, 이제 예배 다 끝난 거야?"

"그래. 조금 전에 끝났어."

"은미도 저녁 예배 드렸니?"

"응. 예배 드렸어."

"야, 예수님이 정말 무서운 분이구나. 걔가 저녁 예배까지 드리는 사람으로 변할 줄 누가 알았겠니. 한데, 걔 지금 거기 있어?"

"옆에 있다가 누군가가 전화해서 밖으로 나가던데."

"그래. 성웅이 너 지금 이후로 시간 좀 낼 수 있겠니?"

"왜? 만나서 할 말이라도 있어?"

"응. 이제 내가 너를 만나서 할 말을 꼭 해야 할 것 같아. 어때? 내가 지금 그리로 가도 괜찮겠니?"

"그래. 어서 와. 차 한 잔 나누지 뭐."

"알았어. 내가 곧 그리로 갈게."

이 때 미스 최가 예배당 안으로 들어왔다. 그녀의 얼굴은 좀 굳어 있었다. 뺨도 빨갛게 달아오른 것 같았다. 이목사가 그녀의 표정을 살피며 물었다.

"미스 최, 표정이 좋지 않아 보여요. 언짢은 전화라도 받은 거예요."

"아녜요 목사님. 별일 아녜요. 저 오늘은 지금 좀 나가봐야겠어요. 만나야 할 사람이 있거든요."

그녀는 무엇을 단단히 벼르기라도 하듯 얼굴 표정과 목소리가 전 같지 않았다. 그녀는 백을 들고 아이들을 불렀다. 그리고 아이들에게 수요일에 보자고 말했다. 이목사는 최은미와 함께 예배당을 나와 버스 정류소를 향하여 걸었다. 이목사는 걷는 중에 말했다.

"답답한 문제 생기면 내게 이야기해요. 누군가에게 나의 문제를 말한다는 건 굉장히 중요한 거예요. 어떤 사람들은 그 일이 최소한 방안에 있는 쓰레기를 밖으로 배출하는 효과를 가져온다고 말해요. 쓰레기를 버리고 나면 방안이 깨끗하고 개운하잖아요. 은미 자매도 그 정도는 알고 있죠?"

"그럴 거라고 생각은 해요. 하지만 저는 아직 한 번도 제 문제를 남에게 말한 적이 없어요. 저는 아직 제 속마음을 보일 만한 사람을 만나보지 못했어요. 많이 속았거든요. 하지만 목사님은 여느 사람들관 다른 것 같아요. 어쩌면 목사님에겐 제 문제를 모두 말할 것 같아요. 저는 목사님이 좋거든요. 제 모든 것을 맡길 만큼 좋거든요. 목사님이 믿어져요. 사실이에요."

이목사는 최은미의 진지한 표정을 보면서 고개를 끄덕였다. 정류소에 다다르자 최은미는 이목사에게 정중히 인사를 했다.

"수요예배에 나올게요. 금요일이나 토요일 쯤에 애들이랑 수영장에 가는 거 생각해보세요. 목사님이 날짜만 결정하시면 제가 나머지는 준비할게요."

"그래요 은미 자매. 수요일에 만나요. 수영장 가는 것도 기도할게요. 혹시라도 예기치 않은 문제가 생기면 언제든지 전화해요."

"네. 그렇게 할게요."

최은미는 버스에 올라 손을 흔들었다. 이목사도 손을 흔들었다. 이목사는 최은미가 탄 버스가 시야에서 사라질 때까지 그 자리에 서있었다.

이목사는 마음 깊은 곳에 들어와 있는 최은미의 아름다운 얼굴을 생각하면서 발길을 돌렸다. 이 어려운 시기에 불쑥 나타나 큰 위안을 주며, 때로는 원초적인 본능까지도 강하게 자극하는 그녀가 누구인지, 주여 알게 하소서 하면서 천천히 걸었다. 그리고 지금쯤 생과 사의 경계를 힘들게 넘나들고 있을 아내 김미란 사모를 생각했다. 생각할수록 가엾은 마음만이 가슴을 가득 메웠다. 그리고 자신에게 주어진 이 힘든 시간들이 하늘에 드리워진 검은 구름들처럼 그저 하늘의 일임을 다시 한 번 깨달았다. 어느 것 하나 그 자신이 해결할 수 있는 일은 없었다. 이목사 자신이 할 일은 오직 기도, 기도밖엔 없을 것이었다.

이목사는 근처의 마트에 들러 수박 한 통과 참외를 좀 샀다. 그리고 비스킷도 몇 봉 샀다. 모르긴 몰라도 최민수는 수박이나 참외를 좋아할 것이었다. 그들이 소년이었던 당시 각 가정들은 이러한 과일들을 자급자족했었다. 또 시골 전방에서는 지금과는 포장과 맛이 다른 비스킷도 팔았었다.

예배당에 들어와 열을 식히고 있는데 누구인가가 계단으로 내려왔다. 이목사는 최민수임을 직감했다. 최민수는 무엇을 잔뜩 사들고 예배당 안으로 들어왔다.

"여, 이목사!"

"어서 와 민수야!"

그들은 악수를 나누다가 가볍게 몸을 끌어안았다.

"야, 정말 이 곳은 시원한데. 습하고 탁한 곳만은 아니네. 정말 시원해."

"그렇지. 예상보다 빨리 왔구나. 기다려. 내 수박하고 참외 좀 가져올게."

"알았어. 애들은 모두 방에 있지?"

"응. 얘들아, 삼촌 오셨다! 나와서 인사해라!"

이목사의 말을 듣고 애들이 나와서 인사하자 민수는 애들에게 아이스크림과 과자 봉지가 담긴 큰 꾸러미를 주었다.

"엄마 없다고 게으름 피우지 말고 공부 잘해. 알았어!"

최민수는 애들에게 만 원 권 지폐도 몇 장씩 나누어 주었다. 그들은 주방의 작은 식탁 의자에 마주보고 앉았다. 최민수는 언제나 그러는 것처럼, 돈이 될 만한 큰 동물을 꼭 잡겠다는 사냥꾼처럼 긴장감이 감도는 그런 표정을 짓고 있었다. 물론 이런 표정은 대화를 시작하면 금방 사라지곤 했다. 최민수가 다른 사람들과 이야기를 나누는 중에도 이런 표정이 사라지는지는 모를 일이었다. 이목사와 이야기를 시작하면 그는 아무런 격이 없는 옛 친구의 얼굴로 돌아갔다. 이목사는 최민수의 이런 얼굴이 좋았다.

"상준이 엄마 빨리 나아야 할 텐데 참 큰 일이다. 예수님은 뭘 하고 계시는 거야."

최민수는 예수님의 처사가 영 맘에 들지 않는다는 어조로 말했다.

"사업은 잘 된다고 했지?"

"부동산 경기가 불황인 것에 비하면 나는 그런 대로 괜찮은 편이야. 한 건 크게 터져야 너의 이 예배당 지상으로 올려 줄 텐데 말이야."

"말만 들어도 고맙다. 정말 고마워. 제수씨랑 애들은 잘 있는 거지?"

"잘 있어. 모두 건강해. 성웅아, 내가 오늘 너에게 온 건 한 번 오고 싶은 맘도 있었지만 꼭 해야 할 중요한 말도 있어서야."

최민수는 갑자기 정색을 하면서 말했다.

"그래. 꼭 해야 할 그 중요한 말이라는 게 뭔데? 이야기해."

"은미 말이야, 너 걔에 대해서 잘 모르지?"

"요즘 이것저것 조금씩 알아가고 있지만 많이 안다고는 할 수 없겠지. 아직 가정 심방도 안 해 보았고. 하지만 시간이 흐를수록 참 착한 아가씨라는 생각이 들어. 은미 자매가 나 많이 도와 주고 있거든."

최민수는 이목사를 보면서 고개를 끄덕거렸다. 그리고는 또 입을 열었다.

"사실은 나도 걔가 신앙생활하는 걸 보고 놀랐어. 난 걔가 이 정도로 변

300
하얀나라 공사장

할 줄 몰랐거든. 내가 걔를 처음 만났을 때엔 아주 사납고, 이기적이고, 제 멋대로였거든. 그런데 세례 증서 때문에 내가 걔를 너에게 소개해 준 그 날부터 걔의 태도가 변한 거야. 마치 순한 양처럼 변한 거야. 우리들이 백송 카페에서 차를 마시던 그 순간부터 걔가 변한 것 같애."

최민수는 도저히 믿을 수 없다는 표정을 지으면서 말했다.

"은미 자매 너와 가까운 친척은 아니라고 하던데, 어떻게 만나서 그렇게 가까운 친척 이상의 좋은 사이가 된 거야? 은미 자매를 언제부터 알게 된 거야?"

"지금 그 이야기를 하려고 너에게 온 거야. 아무래도 담임 목사인 너에게 걔에 관해서 이야기를 해야 될 것 같거든. 걔에 관해서 좀 실망스러운 말을 해도 놀라지 마라. 나 은미 걔 나이트클럽에서 만났어. 삼 년 전 이맘 때로 기억되는군. 가끔 만나는 이 업계의 친구 한 명과 그 나이트클럽에 간 거야. 날씨도 덥고 해서 시원한 맥주 좀 마시려고 간 거지. 그런데 그 친구가 그 곳에서 만나기로 한 또 한 명의 청년이 그 곳에 나왔더군. 조인성이라는 애였어. 그 친구는 그 젊은 친구를 집안 배경이 아주 좋은, 이름을 대면 다 알 수 있는 재벌 2세라고 소개했었어. 우린 함께 술을 마시는 중에 술을 나르는 여종업원을 잠깐 우리들 옆에 앉히게 되었어. 얼굴이 너무 예뻐서 그 젊은 친구가 자리에 앉힌 거야. 바로 그 여자애가 미스 최야. 우린 그 날 거나하게 취하도록 마셨지. 그리고 그 곳을 나왔어. 그런데, 며칠 후 그 젊은 친구에게서 내게 전화가 온 거야. 또 그 나이트 클럽에 가자는 거였어. 그 때 내 친구는 지방에 내려가서 자리에 없으니까 나에게 전화를 한 거야. 그래서 또 그 나이트클럽에 간 거야. 그 젊은 친구는 미스 최를 또 우리 옆 자리에 앉히더군. 팁을 두둑히 주면서 술도 좀 먹이더라구. 내가 보니까 이 젊은 친구가 미스 최의 미모에 반한 거야. 나도 미스 최에게 몇 마디 건넸는데 같은 성씨였어. 이후 그 젊은 친구와 나는 가끔씩 그 나이트클럽에 가서 미스 최를 만났어. 이러는 중에 두 사람이 가까워졌어. 이들은 밖에서도 만나게 된 모양이야. 어느 날 미스 최가 그 나이트클럽을 그만 두었어. 그 젊은 친구가 나오게 한 거야. 그 친구는 미스 최에게 방을 얻어 주고 계속 만나는 것 같았어. 동거를 한 거지. 그러나 몇 개월 후 두 사람은 헤어졌어. 내가 그 젊은 친구에게 이유를 물어보니까, 이 친구가 그녀와 결혼하겠다고 미스 최를 그의 부모에게 데리고 간 거야. 그러자 그의 부모들은 크게 화를 내면서 이들을 쫓아내버린 거야. 사람을 시켜서 뒤를 캐보니 이 아가씨가 학벌도 고졸인데다가 나이트클럽 등에서 일한 질이 좋지 않은 아가씨야. 그러니 그의 부모들은 화를 낼 만도 하지. 그래서 일단 동거를 끝내고 결혼을 위해 다른 작전을 세우는 중이라고 하더군. 미스 최의 말을 들으니까 그녀는 고등학교를 졸업하고 어느 백화점에서 점원으로 일했어. 대학을 졸업해 스튜어디스가 되고 싶었는데 집안 형편이 너무 어려워 대학 진학을 못한 거야. 그녀는 백화점에서 일하는 중에 드라마를 제작한다는 삼류 피디를 한 사람 만나게 되었어. 자기가 톱스타로 키워 주겠다며 그녀를 꼬신 거야. 그녀는 거기에 속아 그 삼류 피디에게 몸도 망치고, 정신도 망가진 거야. 방송가를 전전했지만 상처만 더 깊어졌다고 하더군. 결국 나이트클럽에 들어가 술과 안주를 나르는 일을 시작한 거야. 타락한 생활로 접어든 거지. 그러다가 커다란 부속병원까지 둔 종합대학의 운영자 아들인 바로 그 친구를 만나게 된 거지. 처음엔 신분의 차이를 아는지라 거절했지만 그 친구가 너무 적극적으로 달려드니까 동거를 시작한 거야. 하지만 예상했던 대로 미스 최는 그 젊은 친구의 부모에게 거절을 당했어. 그러나 그 친구는 낙심하지 않고 자기 아버지를 설득하기 시작한 거야. 이 아가씨와 결혼만 시켜 주면 맘을 잡고 아버지의 뜻을 따르겠다며 계속 부모를 조른 거야. 결국 그의 부모들은 대학 내에 기획실이라는 독특한 부서를 하나 만들었고, 아들을 기획실장으로 앉히고, 최은미를 그 아래서 일하는 직원으로 채용한 거야. 그 학교가 기독교 학교여서 직원이 되려면 세례 증서가 필요한 거야. 그래서 내가 너에게 그 세례 증서를 부탁했던 거야. 일이 잘 되어서 아직까지는 무난하게 잘 풀리고 있는 것 같애. 은미 걔가 그 정도로 변화된 것은 아무래도 너의 역할이 컸던 것 같애. 그런데 말이야, 최근에 그 친구가 자꾸 나에게 전화를 하는 거야. 은미가 퇴근 후 자기와의 데이트를 거부하고 퇴근만 하면 계속 교회로 간다는 거야. 처음엔 좋은 현상이라고 생각했는데 시간이 지나면서 너무 지나친 감이 있다는 거야. 그러면서 나에게 목사를 좀 만나 도움을 청하라고 하는 거야. 또 이단 같은 이상한 교회가 아닌지도 알아보라고 하더군.”

최민수는 컵을 들어서 차를 마셨다. 이목사는 최은미에 대하여 자세히 듣고 보니 기분이 좀 묘했다. 그녀의 그 빼어난 외모 뒤에 이러한 이야기들이 숨어 있었다니 신기하기도 하고, 안타깝기도 하고, 좀 허전하기도 했다. 무엇보다도 그녀가 여러 남자와 깊은 관계를 가졌다는 것이 더욱 더 안타까움을 느끼게 하였다. 하지만 얼마든지 그럴 수도 있는 게 우리네 인생이라고 생각하자 이목사의 마음은 편해졌다.

“은미 자매가 그런 과거를 가지고 있는 줄은 몰랐어. 남 모르는 시련이 참 많았군.”

“예쁜 꽃 가만 두는 거 보았니. 만져보고, 입 맞추고, 꺾어서 가지고 가고, 가지고 가 자기 집 꽃병에 꽂아놓기도 하고 그러지 않니. 여자는 꽃하고 똑같은 것 같애. 반반하면 그냥 놓아두지를 않거든. 그래도 그 친구는 의리는 있는 것 같았어. 아니 은미 걔를 진실로 사랑하는 것 같애. 기어이 결혼하겠다는 태도야. 처음보다 더 열렬하게 은미를 좋아하는 것 있지. 은미가 신앙생활을 잘 하니까 이젠 그의 부모들도 태도가 바뀔 거라고 하더군.”

“그러겠지. 진실한 신앙인들이라면 은미 자매를 더 이상 거절하진 않을 거야. 잘 되리라는 생각이 드는군.”

이목사는 최은미에게 가끔 전화하는 친구가 바로 그 친구인 것을 이제야 알게 되었다. 차를 마시고 나서 수박 한 조각을 먹던 최민수는 이목사를 보면서 물었다.

"넌 왜 아무 것도 안 먹니?"

"난 일주일 금식이야. 상준이 엄마 때문에 기도를 좀 많이 해야겠거든."

"그렇구나. 이래저래 고생이 많구나. 마누라 없는 것도 서러운데 일주일 내내 밥도 굶어야 하고. 난 한 끼만 안 먹으면 머리가 빙빙 도는데 일주일을 어떻게 견딜 거야?"

"사십 일 금식기도하는 분들도 있어. 이까짓 일주일이야 아무 것도 아니야."

"사십 일을 아무 것도 안 먹어? 그래도 안 죽어?"

최민수는 믿을 수 없다는 표정을 지었다.

"너 이제 성경 내용 다 잊었구나. 예수님과 모세도 사십 일씩 금식 기도한 거 몰라? 주일학교 다닐 때 성경 암송대회하면 니가 상을 제일 많이 탔었잖아. 민수야, 세월 더 흐르기 전에 돌아와라. 더 늦으면 너의 머릿속 헛된 것들로만 가득 차겠어."

이목사의 말에 최민수는 싱긍싱글 웃다가 말했다. 다시 정색을 하면서 말했다.

"성웅아, 니가 중간에서 힘 좀 써라. 은미 걔가 되도록 빨리 미스터 조와 결혼할 수 있도록 어떻게 좀 해봐. 미스터 조 말을 들으니까 요즘은 미스 최가 데이트를 노골적으로 피하고 있대. 자기는 교회를 가야만 하니까 퇴근 후에 만나는 게 불가능하다고 했다는 거야."

"그래. 잘 알았다. 내가 한 번 은미 자매의 의견을 들어볼게. 한데, 문제는 은미 자매가 아니고 미스터 조 부모님들일 것 같애. 웬만해서는 은미 자매를 며느리로 받아들이지 않을 것 같거든. 그렇게 생각하지 않니?"

"물론 그렇지. 하지만 누가 뭐라 하여도 당사자들이 끈질기게 고집하면 어떻게 해볼 수 없잖아. 결국 미스터 조 부모님들도 허락하고 말 거야. 너도 알다시피 은미는 몰라보게 변해버렸잖아. 걔 예전과는 완전히 다른 것 같애. 그러니 이목사 네가 좀 도와 줘. 알았지?"

"알았어. 하지만 열쇠는 은미 자매가 쥐고 있는 거니까 그녀의 의견을 존중해야만 될 것 같애. 내 말뜻 알았지?"

"그거야 당연한 일이지. 하지만 걔한테도 이런 기회는 쉽게 오지 않아. 생각해봐. 미스터 조네 부모들 준 재벌이야. 학교만 가지고 있는 게 아니야. 여기저기 투자해놓은 자산이 어마어마 해. 그런 집 며느리가 되는 거 결코 쉬운 게 아니야. 너도 알잖아. 이 세상 이치를. 우리가 한 번 뒤에서 은미를 잘 밀어보자구. 알아. 걔 때문에 이 교회도 크게 부흥할지. 내 말 무슨 말인지 알겠지?"

이목사는 고개를 끄덕였다. 이 때 민수가 하얀 봉투 하나를 내밀었다.

"이거 받아라. 전번에 외국 오고가면서 번 돈의 십일조야. 생활비에 보태 써."

"이거 받아도 되는지 모르겠다. 넌 교회도 안 나오는데…"

"받아. 내가 이 지하 예배당에서 너와 너의 가족을 탈출시킨다고 했지. 내 사업 위해서 기도 좀 빡세게 해. 그 땐 내가 이따위 푼 돈 주지 않을 거야. 분명히 큰 거 한 뭉치 줄 거야. 미스터 조와 미스 최 위해서도 기도 좀 많이 해. 지금 그 대학 지방에다 분교를 지으려고 땅을 찾나 봐. 그 일을 내가 맡게 되면 한 건 할 수 있는데 말이야. 미스 최와 미스터 조를 결혼시키면 그런 기회가 오지 않을까?"

최민수의 이 말에 이목사는 어처구니가 없다는 표정을 지으며 웃었다.

"너 그거 바라보고 브로커 노릇하는 거야? 내 생각엔 미스터 조와 은미 자매를 결혼시키면 넌 영원히 그 집안의 적이 될 것 같은데?"

"그럴 수도 있겠지. 하지만 그건 가장 부정적인 결과를 예측할 때 오는 결과야. 나는 좀 다른 희망을 가지고 있거든. 미스터 조가 맘을 잡았으니까 예기치 않은 행운이 올 수도 있다는 거야. 어쩐지 그런 느낌이 들거든. 미스터 조, 미스 최 알기 전까진 집안에서 내쳐놓은 문제아였대. 그런데 미스 최를 만난 후 저렇게 성실한 사람으로 변화되었다는 거야. 미스터 조를 소개한 그 친구가 그렇게 말하더라구. 미스터 조, 그 집안에 하나 있는 아들인데 엉망진창이었다는 거야. 개였대 개. 술만 마시면 길바닥에 드러눕고, 외국에 유학을 보냈는데 공부는 하지 않고 윤락가만 돌아다녀서 성병 때문에 돌아왔다는 거야. 지금은 그런 병도 다 나은 것 같애. 개망나니 같은 애가 미스 최 때문에 변한 거야. 내가 보니까 그런 망나니가 미스 최에겐 꼼짝 못해. 설설 기더라구. 미스 최는 예수님 때문에 변하고…"

최민수는 인간들이 만드는 요지경 속인 세상의 판도라 상자를 또 한 번 들여다보기라도 한 듯 기묘한 미소를 지었다.

"민수 네 맘은 잘 알겠다. 그래도 조심할 것은 은미 자매가 이제 막 신앙 생활로 접어들어 마음을 잡았다는 거야. 미스터 조와의 문제가 잘못되어서 다시 세상길로 빠지면 그 땐 돌아오기가 쉽지 않아. 너를 봐. 너 한 번 교회 밖으로 나가니까 돌아오기가 힘들잖아. 예수님을 처음 영접하기도 어렵지만 믿다가 실족하면 다시 믿기란 그보다 더 힘들다는 거 있지 마. 모든 일을 신중히 하라는 거야. 은미 자매 흔들리지 않도록. 내 말 알겠지?"

이목사의 말에 최민수는 고개를 끄덕였다.

"니 말 잘 알겠다. 조심할 게. 하지만 너도 좀 도와 줘. 내가 볼 때엔 지금 이런 상황에서는 너의 도움이 아주 필요한 것 같애. 은미 걔 니 말이라면 다 들을 것 같거든. 어떻게 좀 잘 해보자 친구야."

"알았어. 모두가 행복하도록 기도할게. 너 이 일 잘 되면 교회에 다시 나올 거야?"

이목사의 물음에 최민수는 좀 놀라는 표정을 지었다. 그는 입을 반쯤 벌리고 우물쭈물 하는 표정을 지었다. 그러다가 말했다.

"아직은 때가 안 된 거 아닐까?"

"때가 안 되긴 이 친구야, 때로 말하면 이미 돌아올 때가 지났지. 우리 나이가 몇 살이니. 이 일 잘 되면 제발 교회에 나와라. 더 이상 세상에서 방황하지 말고."

"알았어. 한 번 생각해볼게. 나도 교회에 나오긴 나와야지. 그런데 한 가지 걱정이 있단 말이야."

"무슨 걱정?"

"너도 알잖아. 내 초등학교 때의 꿈이 목사였다는 거. 넌 잘 모르겠지만 난 그 때 부흥사가 되겠다고 하나님께 약속을 하기도 했거든. 우리 교회에 부흥회 강사로 오신 목사님이 너무 멋지게 보이신 거야. 그래서 나도 저런 부흥사 목사님이 될래요 하고 기도한 적이 있어. 내가 교회에 다시 나오면 난 그 약속을 이행해야 되잖아. 안 그래?"

이목사는 최민수를 보고 빙그레 웃었다.

"철 모르던 시절에야 무슨 생각을 못 하고 무슨 말을 못 하니. 목사는 아무나 되는 거니. 하나님이 부르셔야지. 그런 걱정은 안 해도 될 것 같다. 나를 보면 알잖니. 내 꿈은 영문학과 교수였잖아. 그런데 이렇게 목사가 되어 있잖니."

최민수는 이를 드러내며 웃었다.

"하하하– 네 말이 맞아. 목사는 아무나 되겠니. 철 모르던 시절에야 무슨 생각을 못 하겠니. 한 치 앞도 못 보는 게 우리네 인생인네. 여하튼 이번 일이 내게는 너무 중요해. 네가 잘 좀 도와 줘."

"알았어 네 마음. 내가 할 일은 최선을 다 해서 해볼게."

"고맙다 친구야. 난 네가 밀어주면 안 될 일도 될 것 같거든."

그들은 자리에서 일어섰다. 이목사는 최민수를 데려다 주고 예배당으로 돌아왔다.

이제 겨우 세 끼를 먹지 않았는데도 몸에 힘이 쫙 빠졌다. 이목사는 아이들을 재우고 난 후 다시 예배당으로 나와 강대상 위의 의자 앞에 무릎을 꿇었다. 그리고 기도를 시작했다. 이 세상의 모든 영혼들에게 복음이 전파되고, 모든 인생들이 구원을 받도록 간절히 기도하였다. 어서 빨리 이 땅에 예수님이 다시 오시도록 기도하였다. 이어서 알고 있는 모든 나라들의 이름과 지도자들의 이름을 일일이 부르며 그 나라의 복음화와 발전을 위하여 기도하였다. 그 기도가 끝나자 이제는 이 나라와 이 민족을 위해서 기도하였다. 기도를 한 지 얼마 안 되어 뜨거운 눈물이 솟구쳐 올랐다. 하나님께 복을 많이 받은 이 민족의 현실을 볼 때 눈물이 앞을 가리는 것이었다. 교회 지도자들의 교권을 잡기 위한 분쟁과 교회들의 쉬지 않는 고소고발 사건들을 생각할 때에 더운 눈물은 하염없이 솟구쳐올랐다. 거기에 교회들이 예배당을 건축하느라 십 조 원이 넘는 은행 빚을 지고 매달 이백 억 원에 가까운 이자를 주고 있다는 생각을 할 때엔 가슴이 찢어지는 것 같았다. 그 엄청난 돈으로 선교를 하고 구제를 한다면, 매달 지불하는 저 엄청난 이자로 어린이들과 소년들, 청년들을 전도한다면, 가난한 영혼들에게 전도한다면, 오갈 데 없는 퇴임한 종들이 머물 처소를 만들어 준다면 하나님은 얼마나 기뻐하실까 생각하니 더운 눈물이 솟구쳤다. 참으로 가슴 아픈 현실이었다. 거꾸로 가는 교회의 이런 그릇된 모습을 보면서 이 나라의 불신자들은 하나님을 모욕하고 예수님을 십자가에 못박는 언행을 노골적으로 보이고 있으니 이 또한 두려운 일이었다. 하나님이 세워 주시고, 하나님이 구원해 주시고, 하나님이 이만한 복을 주셨는데, 그릇된 교회들의 나쁜 모습만을 보면서 이 민족이 성삼위 하나님을 모독하고 있으니 참으로 무서운 일이었다. 이 민족이 이대로 나아가다가 앞으로 어떤 일을 만날지 두려운 것이었다. 이목사는 북한을 위해 기도하면서도 많이 울었다. 지상에 존재하는 유일한 세습독재의 나라, 말이 공산주의이지 한 명이 모든 것을 가지고 제멋대로 행동하는 조직폭력배 같은 나라, 백성들은 굶어 죽어가고, 그 배고픔을 이기지 못한 백성들이 국경을 넘어 도망가도 오로지 핵폭탄과 미사일에 희망을 두고 있는 캄캄한 빈곤의 나라를 위해 기도할 때, 저들이 우리와 똑같은 피를 나눈 동족임을 생각할 때 뜨거운 눈물이 하염없이 솟구쳤다. 오랜 세월 동안 독재자의 통치 도구로 전락하여 말라 찢긴 낙엽들처럼 이리 뒹굴 저리 뒹굴 시달리며 고통 받는 저들 북한의 동포들을 생각할 때에 가슴이 찢어지는 것 같았다.

"주여 은혜를 악으로 갚는 이 백성들을 용서하소서. 바라옵건대 촛대만은 옮기지 마옵소서. 의로운 종들을 많이많이 일으켜 주시어 기도하게 하소서. 하나님 아버지, 한국의 성도들을 흠도 없고 점도 없고 티도 없는 무흠한 성도들도 만들어 주옵소서. 주님이 원하시는 것은 마음이 떠나버린 형식적인 예배 의식이 아니라 회개와 사랑과 공의와 진실임을 알게 하소서. 진정으로 주님이 원하시는 마음은 제사가 아니고 상한 심령임을 이 나라의 믿는 자들이 알게 하소서…"

이목사는 기도하다가 의자에 머리를 눕히고 잠이 들었다. 얼마나 잤을까? 이목사는 눈을 뜨고 자리에서 몸을 일으켰다. 불을 다 꺼놓고 기도를 시작했기 때문에 예배당 안은 칠흑처럼 캄캄했다. 이목사는 그 어둠을 주시하다가 다시 무릎을 꿇었다. 그리고 옆에 있는 핸드폰을 집어 시간을 확인하였다. 새벽 한 시가 조금 넘은 시간이었다. 이목사는 오늘 하루도 인류가 무사하기를 위하여 기도하였다. 그리고 기도원에 있는 아내를 위해 기도하기 시작하였다. 아내를 생각하자 또 눈물이 솟구쳤다. 시골에서 평생을 목회한 아버지 밑에서 힘들게 살아온 그녀가, 자기를 만나서 고생을 하다가 이제는 암이라는 병으로 극심한 고통을 받는다고 생각하니 더운 눈물이 쉬지 않고 솟구쳤다. 이목사는 또 자기의 무능함을 고백하면서도 한없이 울었다. 왜 이렇게 교회가 부흥이 안 되는지, 기도하고 또 기도해도, 나가서 전도해도 왜 이 교회는 이렇게 제자리걸음만 하고 있는지… 모두 다 자신의 무능함 때문이라 생각하면서 회개의 기도를 드렸다.

이목사는 이제 최은미를 위하여 기도하기 시작했다. 그는 먼저, 그녀를 보는 순간 본능적인 감정을 이기지 못하고 음란한 상상을 해보았던 자신의 죄를 회개하였다. 간절히 간절히 회개하였다. 최민수의 구원을 위해서도 기도하였다. 또 어제 입교한 새로운 두 가정을 위해서도 이름을 대면서 기도하였다. 그들이 올바른 신자가 되어 이 교회를 섬기도록 보혜사 성령님께 부탁하였다. 이목사는 또 잠이 들었다. 꿈속에서 아내 김미란 사모가 보였다. 하얀 옷을 입고 있었다. 그녀는 이목사를 보더니 웃으면서 손을 흔들었다. 그리고 몸이 둥둥 뜨더니 하늘로 올라갔다. 이목사가 깜짝 놀라 '여보' 하면서 공중을 보니 역시 빛나는 흰옷을 입으신 예수님이 천사들과 공중에 서 계셨다. 예수님은 이목사의 아내에게 두 손을 내밀고 있었다. 이목사는 예수님에게 소리쳤다. '주님, 아직은 아니잖아요! 아직은 아니잖아요! 제발…' 이목사는 눈을 떴다. 사방은 온통 캄캄한 어둠이어서 아무 것도 안 보였다. 이목사는 너무 놀라서 어쩔 줄을 몰랐다. '하나님께서 아내를 데려가시려는 건가?' 이목사는 다시 무릎을 꿇었다. 그리고 아내를 살려달라고 기도하기 시작했다. 이목사는 새벽 다섯 시가 되었을 때야 자리에서 일어났다. 불을 켜고 방으로 들어갔다. 그런데 아이들이 일어나 불을 켜고 앉아 있었다. 이목사는 놀란 어조로 물었다.

"너희들 언제 일어났니? 왜들 이렇게 일어나 있어?"

"그냥요. 새벽이 되니까 잠이 안 와요."

상준이 말했다.

"왜 잠이 안와? 엄마 때문에 그래?"

이목사가 아이들을 둘러보면서 물었다. 그러나 아이들은 아무 말도 없었다. 이목사는 웃으면서 말했다.

"엄마, 아무 문제 없을 거야. 하나님이 꼭 살려 주실 거야. 그러니 아무 염려 말고 자도록 해. 정 잠이 안 오면 아빠랑 새벽 예배 드리고. 어떻게 할 거야? 새벽예배 드릴 거야?"

"네."

애들은 합창하듯이 대답했다. 이목사는 아이들을 데리고 예배당으로 나왔다. 그리고 아이들과 함께 찬양을 시작했다.

"내 주를 가까이 하게 함은 십자가 짐 같은 고생이나

내 일생 소원은 늘 찬송하면서 주께 더 가까이 나갑니다…"

찬송을 하는데 자꾸만 목이 메였다. 그리고 눈물이 나왔다. 아이들에게 눈물을 보이려고 하지 않는데도 그게 쉽지 않았다. 아이들이 그 눈물을 보았는지 갑자기 훌쩍거리기 시작했다. 그러더니 엄마- 엄마- 하면서 울기 시작했다. 이목사도 아이들에게 가 그들을 끌어안고 소리내어 울었다.

이 때였다. 어제 등록한 두 가족들 중 어른들 넷이서 예배당 안으로 들어왔다. 그들은 이목사와 아이들이 부둥켜안고 울고 있는 모습을 보고는 놀라는 표정을 짓고 있었다. 음식점을 개업했다는 전호영이 이목사에게 물었다.

"목사님, 무슨 일 있습니까? 기도원에 계신다는 사모님에게 무슨 일이라도 생겼습니까?"

"안녕들 하세요. 어서 오십시오. 그건 아닙니다. 아이들이 자지 않고 울길래 저도 마음이 안 좋아서 함께 울었습니다. 죄송합니다. 자 어서 앉으시지요. 예배 드립시다."

이목사는 그들이 자리에 앉자 다시 찬송을 부르고 예배를 인도하였다. 그런데 공사장 감독이라는 정공채라는 이가 감사 헌금이라며 봉투 하나를 강대상에 올려놓았다. 이목사는 오늘 새벽부터 마태복음과 창세기를 돌아가면서 계속 강해하기로 계획하였다. 그래서 오늘은 마태복음에 나오는 예수님의 족보에 관하여 설교하였다. 예배를 마친 후 뒤 천장의 형광등불 하나만 남겨 놓고 모두 소등을 한 상태에서 함께 기도하고 있는데 누구인가가 이목사를 불렀다. 헌금을 강대상에 올려놓은 정공채라는 이였다.

"무슨 일이십니까?"

이목사가 정중히 묻자 그는 이목사가 강해하였던 그 부분의 성경을 펼치며 말했다.

"목사님은 아까 예수님의 족보에 나온 여인들에 관해 말씀하시면서 거기에 저자 마태의 관점이 반영되었다고 하였는데, 저는 그 말을 이해할 수 없었어요. 그게 무슨 말이죠?"

정공채가 이렇게 질문하자 나머지 세 사람도 기도하다가 이목사 주변으로 모여들었다. 그들도 그 부분을 이해할 수 없다고 말했다. 그래서 이목사는 예수님 족보에 등장하는 다말과 라합과 룻과 밧세바에 관하여 다시 한 번 설명을 했다. 세리 마태는 자신들을 선민이라고 외치며 이방인들과 신분이 낮은 동족들에게 침을 뱉는 유대인들에게 그들의 선조들이 어떤 사람들인가를 분명하게 보여주기 위하여 이 족보를 기록했다고 말했다. 이를테면 다말은 시아버지의 약속을 안 지키는 행동에 앙심을 품고 창녀로 변장하여 시아버지 유다를 유혹하여 임신한 여인이었다. 라합은 하나님이 모두 다 죽이라고 명령했던 가나안 땅의 한 기생이었다. 룻도 나중에 멸망을 선고 받은 이방 나라 모압의 여인이었다. 밧세바는 다윗의 충성스러운 부하인 우리아의 아내였는데 다윗이 우리아를 죽이고 자기의 소유로 만든 여인이었다. 이스라엘 민족은 이 여인들의 배를 통하여 번성하였다. 특별히 왕조가 이 여인들에 의하여 계승되었다. 예수님의 육신적인 혈통도 바로 이 여인들에 의하여 이어진 것이었다. 그럼에도 불구하고 유대인들은 자기들은 흠도 없고 티도 없는 선택된 거룩한 민족이라고 말하면서 이방인들을 개로 취급했다. 또 같은 민족이지만 마태처럼 세리의 신분을 가진 자들과 그와 같은 하급의 위치에 있는 자들에겐 침을 뱉었다. 마태는 이러한 유대인들에게 메시아이신 예수님의 족보를 통하여 그들이 자랑하는 아브라함과 다윗의 계보를 적나라하게 보여 준 것이었다.

이목사가 이렇게 다시 한 번 족보에 대한 설명을 하자 정공채와 세 사람은 서로 얼굴을 보면서 고개를 끄덕였다. 그러더니 정공채가 사뭇 감탄했다는 표정을 지으며 이목사에게 말했다.

"목사님의 성경 해석법은 다른 곳에서 듣지 못했던 것 같습니다. 정말이지 성경을 깊이 보십니다. 예수님 당시 타락했던 유대인들에게 세리 마태가 족보를 통하여 이러한 메시지를 주었다는 게 통쾌합니다. 오늘 이 시대도 그 때와 똑같다고 봅니다. 말만 기독교고 교회이지 성경과는 다른 교회들이 너무 많잖습니까. 앞으로 목사님의 성경 강해에 큰 기대가 생깁니다. 정말입니다. 앞으로 이 세상 교회에서 배우지 못한 많은 것들을 배울 것 같습니다. 그러잖아요 여러분?"

정공채가 다른 세 사람의 얼굴을 보면서 말하자 그들은 고개를 끄덕이면서 한 목소리로 대답했다.

"정말 그런 것 같아요. 말씀이 재미 있어요."

이목사는 이들의 말에 기분이 좋았다. 그래서 이들을 보면서 말했다.

"감사합니다. 앞으로 더 많이 연구하여 설교하도록 하겠습니다."

그들은 이목사의 이 말에 기쁜 표정을 지었다. 정공채가 또 말했다.

"지금 이 시대의 교회들은 겉만 보고는 평가할 수 없어요. 사람이 많이 모인다고 해서 진짜가 아니라니까요. 우리 목사님은 진짜 목사님이 틀림없어요. 와서 보니 우리가 교회를 제대로 찾았네요."

이 말에 세 사람이 한 목소리로 말했다.

"정말이에요. 제대로 찾아왔어요."

이들의 이런 말에 이목사는 고개를 저으며 말했다.

"아닙니다. 과찬이십니다. 최선을 다하겠습니다."

정공채는 이들 세 사람에게 눈짓을 보내고 말했다.

"목사님, 어서 기도하세요. 저희들은 출근을 위해서 이만 가보아야겠습니다."

"네. 그럼 안녕히들 가세요. 저는 좀더 기도하겠습니다."

이목사는 이들을 보내고 다시 무릎을 꿇었다. 그런데, 무릎을 꿇고 눈을 감는 순간 어두운 무엇이 이목사의 머리 위로 덮였다. 그러면서 이제 막 예배당을 나간 정공채와 세 사람의 얼굴이 뚜렷하게 이목사의 면전에 나타나는 것이었다. 너무 선명하게 그들의 얼굴이 나타나 이목사는 흠칫 놀랐다. 이목사는 반사적으로 외쳤다. "오 보혜사 성령님, 저들은 누구입니까?" 이목사가 이렇게 보혜사 성령님을 부르며 가만히 엎드려 있자 보혜사 성령님의 음성이 들려왔다. "저들을 위하여 쉬지 말고 기도하여라. 누구인지 저들 스스로 보여 줄 것이니라…" 이목사는 "아멘. 성령님 잘 알겠습니다. 잘 감당케 하옵소서…" 이렇게 대답하고는 기도를 시작하였다. 간절히 간절히 부르짖으며 기도하기 시작하였다. 오 년 이상을 패당을 지어 싸우고 있는 자기 교단을 위하여 기도할 때엔 뜨거운 눈물이 하염없이 솟구쳤다. 최은미를 위하여 기도할 때도 눈물은 그치지 않았다. 아내 김미란 사모를 위하여 기도할 때엔 전신을 뒤흔드는 통회의 눈물이 뜨겁게 뜨겁게 솟구쳐 올랐다. 이목사는 전 세계의 복음화를 위하여, 이 나라와 이 민족을 위하여, 이 도시를 위하여 나라들과 지도자들의 이름을 대면서 계속 기도하였다. 틈틈이 방언을 통하여 기도하고, 다시 부르짖어 기도하고, 이렇게 이어지는 기도는 아이들이 학교에 갈 시간이 되어서야 끝이 났다.

이목사는 정공채가 강대상에 올려놓은 헌금봉투를 살펴 보았다. 백만

원 권 수표 한 장이 들어 있었다. 이목사는 예상치 않은 큰 액수의 헌금에 놀랐다. 잠시 봉투를 들고 감사 기도를 하였다. 그리고 정공채와 전호영의 가정을 위해 다시 한 번 간절히 기도하였다.

이목사는 종일 예배당 안에 있었다. 성경을 읽고, 천천히 세세하게 읽고 있는 세계교회사도 계속 읽었다. 그러면서도 기도원에 있는 아내 김미란 사모 때문에 그 쪽으로 마음이 쓰였다. 혹시 무슨 불길한 소식이 오지는 않을까 하는 마음도 있었다. 이러는 가운데 금방 저녁 시간이 되었다. 아이들이 학교에서 돌아왔다. 그런데 퇴근 무렵이 되자 최은미가 예배당 안으로 들어왔다. 그녀는 이목사를 보자마자 반가운 얼굴로 활짝 웃었다. 아주 쾌활한 목소리로 인사를 했다.

"안녕하세요 목사님, 몸은 좀 어떠세요? 힘이 없죠?"

"그래요 은미 자매. 오늘 웬일이에요? 수요일에나 올 줄 알았는데?"

"목사님 금식 중이시잖아요. 애들도 그렇고 여러 가지로 걱정되어서 왔어요. 제가 애들 밥해서 먹일 거예요. 저랑 같이 시장에 갈래요?"

"고맙긴 한데, 집으로 가지 않고…"

"저희 엄마는 저보다 훨씬 더 밥을 잘 해요. 제가 들어오고 나가는 것에도 별로 관심 없고요. 목사님, 어서 저랑 시장에 가요. 애들한테 맛있는 저녁 만들어 주고 싶어요."

"정말 그래도 괜찮겠어요?"

"괜찮아요 목사님. 제 말 믿어 주세요. 어서 시장에 가요."

최은미는 두 손으로 이목사의 한쪽 팔을 안고 끌었다.

"알았어요. 그럼 그렇게 하죠."

그들은 시장 바구니를 들고 예배당을 나왔다. 하늘이 캄캄했다. 후텁지근한 게 소나기가 쏟아질 것만 같았다. 이목사는 물건을 사는 중에 비가 오면 어쩌나 싶어 최은미에게 우산을 가지고 가는 게 어떻냐고 물었다. 그러나 최은미는 괜찮다고 했다. 날씨도 더운데 차라리 비를 흠뻑 맞았으면 더 좋겠다고 말했다.

그들은 근처의 재래시장에 가서 채소랑, 과일이랑, 약간의 생선과 고기를 샀다. 또 아이들을 위해 과자와 아이스크림도 샀다. 물건을 사는 중에 최은미에게 자주 전화가 걸려왔다. 하지만 최은미는 그 때마다 번호를 확인하고는 받지 않고 끊어버렸다. 이목사가 전화를 받지 왜 그러느냐고 말하자 받아봐야 별 유익이 없는 전화라고 말했다. 물건을 다 사고 돌아오는데 사방이 캄캄해지더니 결국 소나기가 쏟아지기 시작했다. 우르르 쾅쾅 소리를 내면서 번갯불이 번쩍번쩍 하더니 앞이 안 보일 만큼 거센 장대비가 더운 땅바닥을 마구 두드렸다. 그러자 더운 불판에서 콩알들이 튀듯 물방울들이 세차게 튀어올랐다. 그들은 예배당을 향하여 뛰었다. 하지만 예배당에 닿기 전에 그들의 몸은 이미 흠뻑 젖어버렸다. 예배당 안에 들어왔을 때 최은미의 머리카락과 옷은 그녀의 머리와 몸에 찰싹 붙어 있었다. 이목사는 그런 최은미의 모습을 보면서 걱정스러운 어조로 말했다.

"직장에 입고 가는 정장을 이렇게 망쳤으니 어떻게 하죠? 우산을 가지고 갔어야 했는데."

그러나 최은미는 웃으면서 말했다.

"괜찮아요 목사님. 세탁소에 맡기면 금방 알아서 해 줘요. 저 사모님이 입던 옷 좀 주세요. 샤워하고 갈아입을게요. 참 샤워는 어디서 하죠? 여기서 하는 거예요?"

그녀는 개수대 바로 옆의 시멘트 바닥을 보면서 물었다. 이목사가 난처한 표정을 지으며 그렇다고 고개를 끄덕였다. 최은미는 재미있다는 표정을 지으면서 말했다.

"목사님, 그러면 빨리 들어가셔서 제게 옷 좀 내 주시고 잠깐 문 닫고 계세요. 제가 먼저 샤워할게요."

"그럴래요. 알았어요."

이목사는 방으로 들어와 김미란 사모의 속옷과 운동복을 옷장에서 내어 최은미에게 주었다. 최은미는 옷을 받은 다음 곧 샤워를 시작했다. 이목사는 방안에서 최은미의 샤워하는 소리를 들으며 희미하게 웃었다. 김미란 사모가 샤워하던 날들이 생각났기 때문이다. 샤워 소리가 그친 후 최은미가 말했다.

"목사님, 한 가지 덜 준 게 있어요."

"그래요. 뭔데요?"

"여자들 가슴에 하는 거 말예요."

"아 그거요…"

이목사는 이 순간에야 최은미에게 브래지어를 주지 않은 것을 알게 되었다. 그는 곧 옷장에서 브래지어 하나를 꺼내 문을 열었다. 그러나 이 순간 이목사는 깜짝 놀랐다. 최은미가 그녀의 풍만한 상체를 내놓고 있었기 때문이다. 최은미는 얼른 브래지어를 받았다. 이목사는 아무 것도 못 본 듯 다시 문을 닫았다. 이목사는 괜히 가슴이 쿵쿵거렸다. 마치 보지 못할 것을 본 것처럼 마음이 이상했다. 최은미의 크고 둥근 두 유방이 너무나 선명하게 그의 눈앞에 나타나는 것이었다. 이 때 최은미가 문을 열면서 말했다.

"목사님, 이제 나오셔서 샤워하세요. 사모님 옷들이 제게 잘 맞는 것 같아요. 사모님과 저는 체격이 서로 비슷한가 봐요."

그녀는 아무렇지도 않은 듯이 말했다. 이목사는 다시 한 번 최은미의 상체를 얼른 스쳐보고는 밖으로 나와 샤워를 했다. 이목사가 샤워를 다 하고 들어가자 최은미는 아이들과 과자를 먹고 있다가 이목사를 보고 빙긋이 웃으며 말했다.

"교회에서 샤워를 해서 그런지 몸이 너무 개운해요. 교회에서 하는 샤워는 좀 다른가 봐요. 맞아요?"

"다를 수도 있죠. 교회잖아요. 예수님이 머리이신 교회. 예수님의 품안에서 목욕을 했으니 느낌이 다를 수 있죠."

이목사의 말에 최은미는 고른 치아를 모두 내놓고 활짝 웃었다.

"맞아요 목사님, 정말 그런 것 같애요. 예수님 품에서 하는 목욕이라 다른 것 같아요. 저 지금까지 살아오면서 샤워 후에 이런 상쾌한 느낌 가져본 거 처음이에요. 정말이에요. 말로는 표현할 수 없는 어떤 상쾌함, 정갈함, 포근함, 이런 게 느껴져요."

이목사는 최은미의 순수한 얼굴빛과 그녀의 고운 눈망울이 너무 아름답다고 느꼈다. 그리고 이 순간 그가 보았던 그녀의 그 희고 불룩했던 두 유방이 눈앞에 떠오르는 것이었다. 이 순간 이목사는 본능적으로 일어나는 남성을 느꼈다. 최은미를 힘껏 안아 마음껏 성을 발산하고 싶은 강렬한 충동이 그의 영혼을 휘감았다. 금식 중이지만 아주 힘있게 남성이 일어서는 것이었다. 그리하여 그는 지그시 두 눈을 감았다. 이건 아니다라는 마음이 곧 뒤따랐기 때문이다. 최은미는 이목사가 두 눈을 감자 몸에 이상이 생긴 줄 알고 곧 일어나 이목사의 몸을 부축했다.

"목사님, 어디 안 좋으셔요? 식사도 안 하시는데 비를 맞아서 어디에 탈이 났으면 어떡하지요?"

"괜찮아요. 나 아무 일 없어요."

이목사는 자리에 앉았다. 이목사가 눈을 뜨자 최은미는 이목사를 걱정스러운 눈으로 바라보았다. 이목사는 바로 이 순간 그녀를 꼭 끌어안고 싶은, 당장 손을 내뻗을 것 같은, 조금 전보다 더욱 강한 욕망에 사로잡혔다. 그녀의 몸을 안기 위해 금방이라도 두 손이 앞으로 나갈 것 같았다. 그러자 이목사는 반사적으로 자기의 두 손을 허리 뒤로 감추었다. 이 모습을 보고 최은미는 이목사 곁으로 바싹 다가와 말했다.

"목사님, 허리 쪽이 안 좋아요?"하고 물으며 한쪽 손으로 이목사의 허리

쪽을 만졌다. 이목사는 이것을 피하려다가 뒤로 넘어졌다. 이와 동시에 이목사의 허리춤에 손을 내밀었던 최은미도 이목사 몸 위로 엎어졌다. 일순간 그들은 한 몸이 되었다. 이목사는 최은미의 내음과 그녀의 체온을 느꼈다. 이 순간 이목사는 반사적으로 뜨겁게 달아오르는 욕망을 느꼈다. 최은미를 그대로 꼭 끌어안고 싶은 것이었다. 그러나 그의 손은 그녀의 몸을 안지 않았다. 이것은 하나님이 원하시는 행동이 아니라는 내면 깊은 곳의 음성이 이목사의 강렬한 욕망을 겨우 제지했던 것이다. 이목사는 이 상황을 어떻게 수습할지 몰라 가만히 누워 있는데 최은미가 먼저 몸을 일으켰다. 그녀는 좀 놀란 표정을 지었지만 곧 이목사를 일으켜 앉혔다. 그리고 이목사의 등과 허리를 주물러 주었다. 그리고 아이들에게도 아빠를 좀 주물러주라고 말했다. 아이들이 달려들어 이목사의 몸을 주무르기도 하도 두드리기도 하였다. 이렇게 되자 이목사의 최은미를 향해 일어났던 성적인 충동도 가라앉았다. 그러나 이목사는 마음이 편치 않았다. 금식 기도를 하고 있는데도 자신이 이처럼 성적인 면에서 흔들리고 있다는 게 한심해보이기만 한 것이었다. 이목사는 최은미를 보았다. 그녀는 여전히 아름다웠다. 빼어난 그녀의 외모는 그 아름다운 빛을 이 저녁에 더욱 찬란히 내어쏘는 것이었다. 이 목사는 그런 최은미의 모습을 보는 게 행복했다. 이목사는 그녀를 보면서 생각했다. 아름다운 것을 아름답게 보는 것이 어찌 죄가 되겠는가. 문제는 이 아름다움을 나의 욕망 안에 가두려는 것이다. 내가 이 아름다움을 탐하는 것이다. 그렇다. 은미 자매의 이 아름다움을 꽃을 보듯이 즐기자. 그러나 결코 탐하지는 말자. 이 아가씨의 몸을 안아주고 일평생 사랑해 줄 한 남자가 있을 것이다. 은미 자매가 그에게 무사히 안길 때까지 나는 은미 자매를 주 안에서 보호하고 도와주자. 하나님, 제게 그 능력을 주옵소서. 마치 아내의 몸을 대하듯 이 아름다운 자매의 몸을 탐하지 말게 하소서. 조금 전처럼 그러한 남성의 욕망이 저를 사로잡지 못하게 하소서. 저는 그런 죄를 짓고 일평생 고통 당하길 원하지 않습니다. 이 아가씨를 주님의 마음으로 대할 수 있는 그 능력을 부어 주옵소서… 이 때 최은미가 무엇이 생각난 듯 이목사에게 물었다.

"목사님, 비도 맞았고 그랬으니 저녁 밥 먹기 전에 따끈한 차 한 잔 어때요? 아이들은 아이스크림 주고요."

최은미의 말에 이목사는 웃었다. 그러자 최은미는 무릎을 탁 치면서 말했다.

"어머 내 정신 좀 봐! 목사님 금식이지! 죄송해요 목사님. 제가 그 사실을 깜박 잊었네요."

이 말을 하고 그녀는 자리에서 일어섰다. 그리고는 곧 부엌으로 나갔다. 그녀가 두고 간 스마트폰 벨이 다시 울렸다. 최은미는 이내 방으로 돌아와 스마트폰을 들어 송신자의 이름을 확인하더니 이내 폰에서 밧데리를 분리해 버렸다. 그리고는 이목사를 보면서 말했다.

"쓸데 없는 전화가 자꾸 걸려와서요."

그녀는 다시 부엌으로 나갔다. 최은미는 시장에서 사온 반찬거리를 가지고 국도 끓이고 나물도 만들었다. 생선도 구웠다. 삼사십 분 정도가 지난 후 그녀는 아주 만족한 얼굴로 자신이 차린 상을 방으로 들였다. 이목사는 그녀에게 말했다.

"은미 자매, 이제 시집 가도 되겠어요. 반찬 만드는 솜씨가 여느 주부 못지않은 것 같아요. 이렇게 풍성하게 상을 차리다니 정말 놀랐어요."

이목사의 말에 최은미는 어린 아이처럼 웃으며 말했다.

"정말 그래요? 하지만 맛이 좋아야죠. 만들기만 하면 뭐 해요. 목사님이 직접 오늘의 이 음식 맛을 보아야 하는데 금식을 하셔서 아쉬워요. 하지만 애들이 평가해 줄 테니까 괜찮아요. 애들이야말로 느낌을 그대로 말하잖아요."

"애들이 말하지 않아도 내가 이미 맛보아서 은미 자매 솜씨 잘 알아요. 이 정도면 시집 가서 아내와 엄마가 될 자격 충분히 있어요."

"그래요. 저 오늘 기분이 너무 좋아지는데요. 시집을 가긴 가야겠어요. 맘에 맞는 신랑만 있다면요."

"은미 자매가 찾으려고만 하면 신랑감은 얼마든지 있을 거예요. 은미 자매는 누가 보든지 아름다운 아가씨거든."

"이제 그만 태우세요 목사님. 저 비행기 너무 타면 정신을 잃을 수도 있어요. 얘들아 밥 먹자."

최은미는 아이들과 맛있게 저녁을 먹었다. 이목사는 이들의 모습을 보다가 방을 나왔다. 그는 예배당에 들어가 의자에 앉아 있다가 최은미에게 그 청년에 관하여 묻고 나름대로 조언을 해 주어야겠다고 생각했다.

11.
부활의 새싹들

설거지를 마친 최은미는 이목사 곁에 와서 앉았다. 이목사는 그녀에게 고맙다는 말을 했다. 그리고 차분한 어조로 말을 꺼냈다.

"나 은미 자매에 대한 이야기 민수에게 좀 들었어요."

최은미는 좀 놀란 표정으로 물었다.

"그 분이 뭐라고 했어요? 제 말 많이 했어요?"

"그렇지는 않고, 은미 자매와 결혼하고 싶어하는 그 남자 친구에 관하여 말해 주었어요. 그 남자 친구는 은미 자매를 아주 좋아한다고 말했어요."

이목사의 말에 최은미는 잠시 입을 다물고 가만히 앉아 있었다. 그러다 가 입을 열었다.

"사실은 그 얘기 언제인가는 목사님에게 하려고 했어요. 그 말은 맞아요. 그 사람은 제게 결혼을 하자고 자꾸 졸라요. 종일 같이 있었는데도 퇴근 후에도 같이 있길 원해요. 그래서 요즘은 그 직장을 그만 둘까 생각 중이에요."

"왜요? 그 친구가 맘에 안 들어요? 집안이 좋다고 하던데. 가족들도 모두 기독교인들이고. 내가 생각할 때엔 그만하면 조건이 괜찮은데 왜 그런 생각을 해요?"

"돈만 많으면 뭐 해요. 그리고 교회 다닌다고 모두 다 진실한 사람들은 아니잖아요. 그 사람 부모들 저 좋아하지 않아요. 그 사람 혼자서만 저한테 그러는 거예요. 전엔 그 사람과의 결혼도 생각해 보았어요. 저를 너무 좋아하는 것 같아서 그랬거든요. 그러나 요즘 와서는 그 사람이 별로라는 생각이 들어요. 집안 배경도 좋고 저를 끔찍하게 위해 주지만 그 사람이 저를 평생 그렇게 좋아해 줄 수 있을까 의심이 되거든요. 부모들의 반대를 무릅쓰고 우리들만의 결혼식을 올린 후 살 수는 있을 거예요. 하지만 그 사람의 마음이 결혼 후에도 지금처럼 변함없는 한 마음일 거라는 확신이 들지 않아요. 그 사람 방황을 많이 했었는가 봐요. 자기 말로는 부모들이 자길 너무 가두고자 해서 그렇게 되었다고 하지만 아무리 그래도 근본적인 책임은 본인에게 있는 거잖아요. 결혼 후에 저를 만나기 전의 성격들이 또 나타나면 어떻게 해요. 그래서 지금 여러 생각들을 하는 중이에요. 목사님께서 기도해 주세요. 저는 그냥 조용히 살고 싶어요. 이렇게 교회 다니면서요."

이목사는 고개를 끄덕였다. 최은미가 이목사에게 또 물었다.

"그 분 제 과거나 제 가정 이야기는 안 했어요?"

"조금 했어요."

"그럼 목사님 저한테 실망 많이 하셨겠네요?"

최은미의 볼이 빨갛게 달아올라 있었다.

"실망하다니 왜 실망을 해요? 난 감동을 받았는데."

"감동을 받았다고요? 제 과거의 생활을 알고 난 후 감동을 받았다고요? 그건 무슨 말씀이세요?"

최은미는 믿을 수 없다는 표정으로 이목사를 보았다.

"그처럼 방황하던 은미 자매가 오늘 이러한 천사로 변했다는 거, 이거

기적이잖아요. 은미 자매는 이제야 자신을 찾은 거예요. 이 일을 하신 예수님의 은혜를 생각할 때에 우리 예수님의 크신 은혜에 다시 한 번 감동을 한거예요. 얼마나 놀라운 일이에요. 이제 은매 자매는 마음이 평안하잖아요."

최은미는 입을 다문 채 다소곳이 이목사의 말을 듣고 있었다. 그녀는 낮은 어조로 입을 열었다.

"저 한 때는 자살할 마음도 가졌었어요. 방송가에서 큰 상처를 받은 후 실제로 자살을 하려고 지방의 깊은 산으로 간 적도 있었어요."

"은미 자매 정도라면 당연히 그랬을 거예요. 그러나 마음대로 죽을 수 없었죠?"

"네. 이름 모를 야산에 올라가 한 바위 밑에서 싸가지고 간 수면제를 먹으려고 하는데 자꾸 이상한 생각이 드는 거예요. 멧돼지 같은 산짐승이 와서 죽기도 전에 제 몸을 찢으면 어떻게 하나 하는 생각에서부터 온갖 생각들이 밀려드는 거예요. 그 때 이런 생각이 들었어요. 기왕에 죽으려면 이 세상을 한 번 실컷 즐기고나 죽자. 이런 생각이 들었어요. 제 인생이, 죽어버리기에는 너무 억울한 거예요. 그래서 다시 서울로 올라와 큰 술집에 들어갔어요. 나이트클럽 말예요. 그런데 그 곳에 가보니까 생각처럼 즐길 수 있는 곳이 아니었어요. 생각 외로 내부 규율이 강했어요. 서빙하는 종업원이 허가 없이 몸을 놀리면 그날로 잘리는 거예요. 주인이 여자인데 이 분은 여자 직원들을 최대한 이용하면서도 한편으로는 철저히 보호했어요. 그런 생활을 하다가 그 사람을 만난 거예요."

"그래요. 하나님의 자녀는 내 맘대로 죽지 못해요. 하나님께서 늘 지키고 계시거든요."

"전 정말 하나님의 자녀가 된 걸까요 목사님?"

최은미는 정말 궁금하다는 표정을 지으며 이목사에게 물었다.

"그럼요. 하나님의 자녀가 되었지요. 왜요? 자신이 의심스러울 때가 있어요?"

"네. 전 요즘 이상한 생각을 할 때가 너무 많아요. 말도 안 되는 그런 상상을 하기도 하고요. 해서는 안 될 상상인데 자꾸만 그런 상상이 되는 거예요. 제가 진정한 하나님의 자녀라면 착한 생각만 해야 할 텐데 이상한 생각을 자꾸 하는 거예요. 정말 이런 상태인데도 제가 하나님의 자녀일까요?"

최은미는 예배당 바닥에 시선을 고정시킨 채로 말했다. 이목사는 그녀의 그런 표정을 보고 자기의 뇌리 가운데로 무엇인가 섬광처럼 스쳐가는 것을 느꼈다. 그래서 "무슨 상상이 그렇게 되는데요" 하는 질문을 하고 싶었지만 그 질문은 하지 않았다.

"하나님의 자녀도 어린아이의 기간이 있고, 소년의 기간이 있고, 청년의 기간이 있고, 장년의 기간이 있고, 노년의 기간이 있는 법이에요. 은미 자매는 이제 막 자녀가 되어서 생각처럼 언행이 따르지 않을 거예요. 물론 생각도 마음처럼 되지 않을 거고요. 아직은 신앙이 약해서 그러는 거예요. 신앙의 성장과 함께 생각하는 것, 말하는 것, 행동하는 것들이 많이 달라져요. 예수님을 닮아가는 거예요. 그러니 염려하지 말아요. 시간이 지나면서 신앙은 점점 더 자랄 테니까요."

"목사님도 교회에 처음 나갔을 때에는 저처럼 양심에 거치는 생각도 하셨드랬어요?"

"당연하죠. 교회를 그만 다닐 생각도 여러 번 했었어요."

"정말요?"

최은미는 믿을 수 없다는 표정을 지으며 이목사의 얼굴을 보았다. 이목사는 최은미의 아름답고 상당히 놀란 듯한 얼굴이 너무 이쁘게 보였다. 이목사는 빙그레 웃으면서 말했다.

"정말이에요. 서너 번은 그런 마음을 먹었던 것 같아요. 예수님을 믿는다는 게 이 세상을 모두 포기하는 듯한 그런 느낌이 들 때가 몇 번 있었는데 그 때마다 교회를 그만 나갈까 생각했드랬어요."

최은미는 놀라운 사실을 발견한 듯이 입을 꼭 다문 채 고개를 끄덕거렸다. 이목사는 대화의 방향을 좀 바꾸고 싶었다.

"은미 자매의 가족들은 어때요? 아직 한 번도 그 얘기는 듣지 못해서 좀 궁금한데 이야기해 줄 수 있어요?"

"목사님에게 이야기 못할 게 뭐가 있겠어요. 아빠, 엄마, 남동생, 저 이렇게 네 사람이어요. 아빠는 사업하다 실패해서 오랜 기간 동안 실업자예요. 엄마가 식당에 나가 그릇 닦아서 가정을 이끌어가요. 남동생은 전문대학을 나왔는데 아직 취직을 못하고 친구들과 어울려 다니는 것 같아요. 아빠가 방황을 많이 했어요. 엄마와 이혼 직전에까지 갔드랬어요. 그 때 저도 집을 뛰쳐나왔고요."

"그렇다면, 은매 자매 지금 집 나와서 혼자 살아요?"

"고등학교 졸업하고 백화점에 취직하자마자 집을 나왔어요. 엄마는 지금도 집에 들어오라고 하지만 들어가기가 싫은 거 있죠. 전 민감한 시기에 가정을 통해서 가장 큰 상처를 받았어요. 제가 중학교 3학년 때 아버지 사업이 파탄 났거든요. 고등학교를 겨우 다녔어요."

갑자기 최은미의 목소리가 젖어들었다. 그녀는 눈물을 흘렸다. 이목사는 그녀의 어깻죽지를 다독여 주었다.

"은미 자매가 생각 외로 힘든 시간을 많이 보냈네요. 어린 나이에 말예요."

그녀는 훌쩍훌쩍 울기 시작했다. 이목사는 손수건을 꺼내어 그녀에게 주었다. 아름다운 꽃에게 하나님은 너무 일찍 시련을 주셨구나. 이목사는 이렇게 생각하면서 그녀의 등과 어깻죽지를 가볍게 두드려 주었다. 잠시 후 그녀는 입을 열었다.

"그래도 전 행운이 있었던 것 같아요. 전 이상하게 아주 험한 길로는 가지 않았거든요. 방송가에서 만난 친구 몇 명은 지금 몸을 파는 생활을 하고 있어요. 돈을 많이 모아서 화려한 생활을 하고 있지만 제가 보기에는 그건 아닌 것 같아요. 그렇죠?"

"그럼요. 그건 자신을 파멸로 던지는 인생이에요. 은미 자매는 하나님이 택한 딸이에요."

"앞으로 제 인생은 하나님이 잘 인도해 주시겠죠? 전 그냥 평범하게, 평탄하게 살고 싶어요. 목사님 같은 남자 만나고 싶어요. 비록 가난하다 해도 자기 일에 최선을 다하고 세상을 깨끗하게 사는 남자를 만나고 싶어요. 그런 분들은 여자에게도 책임을 지잖아요. 제가 두 번 다시 막다른 길로 가고 싶지는 않아요."

"우리 하나님은 선한 목자이시니 이젠 염려 말아요. 은미 자매가 꿈꾸는 그런 길로 잘 인도하실 거예요. 틀림없이 그렇게 살도록 해 주실 거예요. 한데, 방은 여기서 먼 곳에 있어요?"

"아니에요. 멀지 않아요. 언제 한 번 오셔서 기도해 주세요."

"당연히 그래야죠. 여하튼 그 청년 문제는 기도를 좀더 해보아야 할 것 같아요. 그러니 너무 쌀쌀하게 대하진 말아요."

"제가 말했잖아요. 전 그냥 평범하게 살고 싶어요. 그 집안에는 그 사람이 유일한 핏줄이에요. 그 사람이 좋다고 해서 아무 여자하고나 결혼을 시키진 않아요. 더구나 저처럼 공부도 많이 하지 않고 집안도 좋지 않은 여자를 며느리로 맞아 줄 리 없어요. 설령 결혼을 한다 해도 그 사람이 저를 지금처럼 대해 준다는 보장은 없어요. 직장을 알선해 준 건 고맙지만 그 사람과 더 이상 엮이는 것은 원하지 않아요. 지금의 제 마음이 그래요."

최은미는 이미 생각을 많이 한 듯 확고한 어조로 말했다. 이목사는 이 문제가 단순한 문제가 아님을 깨닫게 되었다. 최은미는 무엇이 생각난 듯 자리에서 일어섰다.

"목사님, 제 젖은 옷 근처의 세탁소에 맡기고 올게요. 목사님 옷도 맡길 게 있으면 주세요."

"참 그렇구만. 같이 나가요."

그들은 세탁할 옷을 챙겨서 예배당을 나왔다. 소나기가 지나간 저녁 시간은 한껏 쾌청한 느낌을 주었다. 지열도 많이 누그러져 있었다. 비록 그 빛깔이 선명하게 보이지는 않았지만 가로수의 잎들도 조금은 생기가 있어 보였다. 매일매일 폭염에 시달려 축 늘어져 있던 그런 모습은 아닌 것 같았다. 정말이었다. 오늘 밤만은 요 며칠 동안 사람들을 잠들지 못하게 하며 힘들게 했던 그런 밤더위 없을 것 같았다. 최은미가 근처의 세탁소에 옷을 맡기자 이목사는 최은미를 보냈다.

금요일 새벽 예배 후 정공채가 오늘 오후 자기 집에서 구역예배를 드리자고 하였다. 전호영과 석연하 부부도 일을 직원들에게 맡겨놓고 함께 모이겠다고 했다. 이목사는 그렇게 하겠다고 말했다. 사실 이제까지 정금교회는 구역예배라는 게 없었다. 드리고 싶었지만 사람이 없었던 것이다. 아직 저들에 대하여 자세히 아는 바는 없지만 교회를 시작한 지 칠 년 만에 구역예배를 드리게 된다는 게 마음을 기쁘게 하였다. 이목사는 그들을 보내 놓고 곧 강단에 올라가 하나님께 무릎을 꿇었다. 아직 공과책 같은 건 없으니 하나님이 주시는 말씀을 들고가 구역예배를 인도하기 위함이었다. 그런데, 눈을 감고 기도를 시작하려고 하는 순간 앞이 환히 열리며 환상이 보이는 것이었다. 고향 마을의 예배당이 보였다. 주일 예배를 막 마친 성도들이 예배당에서 나오기 시작했다. 이 때였다. 덩치가 소만한, 날카로운 이를 가진 시커먼 멧돼지 몇 마리가 산쪽에서 교회 쪽으로 막 달려왔다. 그 뾰족하고 날카로운 이로 성도들을 금방이라도 들이받을 자세로 먼지를 일으키며 달려왔다. 이목사는 이걸 막아야겠다고 생각했지만 어떻게 해볼 방법이 없었다. 멧돼지가 자꾸만 가까이 오는데도 성도들은 아직 그걸 알지 못하고 있었다. 이목사는 애가 타 이걸 어쩌나 하며 무슨 무기가 없을까 하고 주위를 둘러보았다. 그러다가 멧돼지들이 눈 앞으로 뛰어들자 놀라서 눈을 떴다.

이게 뭔가! 이목사는 잠시 멍한 얼굴로 가만히 앉아 있었다. 이 때 심령 깊은 곳에서 한소리가 울려났다. 마귀를 대적하여라… 갑자기 온 몸에 오싹 소름이 돋았다. 그러나 그러한 느낌은 금방 사라졌다. 이목사는 다시 눈을 감고 기도하기 시작하였다. 그러자 분명한 깨달음이 왔다. 저들이 어떤 불순한 목적을 가지고 이 교회에 등록했다는 것을 보혜사 성령님이 알게 하셨다. 오 주님, 제가 저들을 능히 물리칠 수 있는 능력을 주옵소서. 저들을 내어쫓기 보다는 저들을 주님의 품으로 인도할 방법은 없겠습니까? 권세를 주옵소서. 흉악한 마귀의 사슬로부터 저들을 건져내 주옵소서. 나사렛 예수의 이름으로 명하노니 정공채, 윤영란, 전호영, 석연하를 장악하고 있는 마귀와 더러운 귀신들아, 저들에게서 묶임을 놓고 떠나갈 지어다! 예수 그리스도의 이름으로 명하노니 떠나갈 지어다… 이목사는 계속 기도하였다.

이목사는 기도를 통해 요한복음 사 장 일 절부터 육 절을 본문으로 잡았다. 그리고 제목은 '진리의 영과 미혹의 영'으로 잡았다. 오후가 되어 정공채의 집으로 가니 정공채, 윤영란, 전호영, 석연하 외에 또 한 사람의 남자가 이목사를 기다리고 있었다. 그들은 오십대로 보이는 그 남자를 자기들과 친하게 지내고 있는 성도라고 소개했다. 이목사는 예배를 인도하였다. 그들은 이목사가 인도하는 대로 잘 따랐다. 이목사는 준비한 말씀을 가지고 차분하게 설교하였다. 설교가 끝나자 그들은 아멘 하더니 일제히 박수를 쳤다. 말씀에 은혜를 받은 활짝 웃는 얼굴들이었다. 정공채는 이목사의 설교에 큰 은혜를 받았다면서 준비한 감사 헌금 봉투를 내놓았다. 이목사가 축복 기도를 하였다. 주기도문을 끝으로 예배를 다 마치자 다시 정공채가 말했다.

"목사님의 말씀은 참으로 진리의 말씀입니다. 우리의 관절과 골수를 찔러 쪼개고도 남음이 있는 권세 있는 말씀입니다. 오늘 이 시대에 목사님처럼 설교하는 목사를 찾기란 결코 쉽지 않을 것입니다. 정말입니다. 제가 공사 때문에 여기저기를 다니며 교회를 찾아가보았지만 목사님의 말씀처럼 능력 있는 은혜의 말씀은 듣기가 힘들었습니다. 저희들이 정말 교회를 제대로 찾은 것 같습니다."

이번에는 전호영이 입을 열어서 맞장구를 쳤다.

"정말 그래요 목사님. 저도 수십 년 만에 이처럼 은혜로운 말씀을 들어보아요. 정말 큰 은혜 받았습니다. 맛으로 친다면 꿀맛입니다. 귀한 말씀을 주셔서 너무나 감사합니다."

이 때 오십대로 보이는 그 남자도 입을 열었다.

"지금 한국의 교회가 어디 정상적인 교회입니까. 가짜들이 판을 치고 있잖습니까. 오늘 처음 뵈었습니다만 이목사님은 진짜입니다. 그래서 말씀이 은혜롭고 권세가 있는 거예요. 사실이잖아요. 지금 한국의 강단은 거짓 목사들이 장악하고 있습니다. 그러니 생명의 양식을 공급하기보다는 자기들의 욕심을 교묘하게 전하는 거예요. 엄격히 말하면 말만 설교이지 사기를 치는 거지요. 양들은 그것도 모르고 매주일 물질과 시간을 갖다 바치고 있으니 얼마나 한심한 일입니까. 또 얼마나 두려운 일입니까. 목사님은 어떻게 생각하세요?"

이목사는 이 남자의 얼굴을 좀더 자세히 살펴 보았다. 이마가 좀 벗어졌고, 얼굴이 길었다. 그리고 눈빛은 무엇을 몇 겹으로 감아 숨긴 듯 미묘한 빛을 띠었다. 마치 바닥이 검은 깊은 우물을 내려다보는 듯한 느낌이 왔다. 그의 그러한 눈빛과 얼굴은 미묘한 조화를 이루었는데, 세상과 교회를 조롱하는 듯한 인상을 풍겼다. 이목사는 그를 보면서 입을 열었다.

"한국의 교회들이 문제를 가지고 있는 것은 사실입니다. 그리고 한국의 많은 목회자들이 헛된 것에 착념하여 어리석은 행동들을 하고 있는 것도 사실입니다. 하지만 모두가 그러지는 않는다고 봅니다. 아직도 이 땅엔 하나님을 향하여 진실하게 기도하면서 영혼을 구원하고자 노력하는 종들이 많이 있다고 봅니다."

"바로 그겁니다. 이 땅엔 소수의 선택 받은 무리들이 있습니다. 그들에 의하여 오늘의 한국 교회가 지탱되고 있습니다. 제가 알기로 목사님의 교단도 지금 심각한 분쟁 가운데 있는 줄 압니다. 제가 볼 때엔 그 사람들 다 가짜입니다. 진짜 목사라면 교권을 놓고 그렇게 치열하게 싸우겠습니까. 예수님의 얼굴을 그토록 더럽히겠느냐는 것입니다. 그들은 틀림없는 가짜들입니다. 그러면, 위의 어른들이라 하는 자들이 모두 다 그 모양인데 그 아래에서 목회하는 목사들과 교인들은 또 어떻겠습니까. 마찬가지로 그들 역시 가짜일 확률이 큽니다. 물론 모두 다는 아닙니다. 거기에는 건져올려야 할 소수의 무리들이 있습니다. 이 사실을 빨리 깨달아야 하는데 사람들이 그걸 모르고 있으니 얼마나 안타까워요. 안 그렇습니까 목사님?"

남자는 이목사의 안면을 주시하면서 물었다. 이목사는 이 남자가 보통 사람이 아니라는 것을 금방 알 수 있었다. 아마도 정공채를 포함한 이들 네 사람이 의논하여 데려온 특별한 사람인 것 같았다. 그래서 이목사는 이들의 의도를 떠보기 위해 말했다.

"맞는 말입니다. 한데, 선생님은 지금의 한국 교회 상황을 극복할 수 있는 어떤 좋은 대안이라도 갖고 있으신 것처럼 말씀하시는군요. 무슨 좋은 방법이라도 있습니까?"

이목사의 말에 이 남자의 두 눈이 반짝 빛났다.

"물론입니다. 우리는 대안을 가지고 있습니다. 아니 우리는 이미 올바른 교회를 운영하고 있습니다. 참 목자를 어른으로 모시고 살아 있는 새로운 공동체를 운영하고 있습니다."

이목사는 이 남자의 입에서 우리, 올바른 교회, 참 목자 등의 말이 나오자 자연 긴장이 되는 것이었다. 환상을 통해서 보았던 그 무시무시한 멧돼지들이 떠올랐기 때문이다. 이목사는 고개를 끄덕였다. 그리고는 물었다.

"그런 공동체라면 많은 사람들이 모여들 것 같은데 제게도 좀 알려 주시지 않겠습니까?"

이목사의 이 질문에 남자는 정공채의 얼굴을 보았다. 정공채는 그 남자에게 뭔가를 알리는 눈짓을 하더니 자기가 입을 열었다.

"자, 그런 이야기라면 우리 시간을 좀 두면서 하는 게 좋을 것 같습니다. 우선 준비한 다과를 좀 들도록 하죠. 정말이지 오늘 목사님의 말씀은 너무 좋았습니다. 여보, 어서 다과 좀 내와요."

정공채의 말에 그의 아내 윤영란이 자리에서 일어났다. 그들은 서로 눈빛을 통하여 무슨 말인가를 하는 것 같았다. 이목사의 생각엔, 그들은 이목사 자신에게 자신들의 정체를 알리기엔 아직 이르다는 느낌을 받아 그것을 서로 확인하는 것 같았다. 이목사의 마음에 그런 느낌이 왔다. 과일과 과자, 떡 등이 듬뿍 차려진 상이 들어왔다. 정공채는 이목사에게 기도를 부탁했다. 기도가 끝나자 정공채는 무릎을 탁 치면서 말했다.

"참, 목사님께서는 이번 주에 온 끼 금식하시지! 이걸 모르고 상을 차리다니. 이거 용서하십시오. 깜박 그 사실을 몰랐습니다."

"아닙니다. 저야 금식을 하니까 음식을 안 먹어도 되지만 여러분들은 드시면서 교제를 나누세요. 그것이 제게도 좋습니다."

이목사의 이 말에 그 남자도 정말 감동한 듯 말했다.

"이 시대에도 일주일 동안 온 끼를 금식하는 목사가 있다니 놀라운 일입니다. 우리의 보혜사가 안다면 큰 상을 줄 만한 분입니다."

이목사는 이 남자가 우리의 보혜사라는 말을 하자 온 몸이 오싹하였다.

지금 새천지의 교주가 자기를 보혜사라고 말하고 있기 때문이었다. 이목사는 이들이 지금 한국에서 득세하고 있는 이단인 신천지의 무리인 것을 금방 추정할 수 있었다. 아니, 이들은 그 집단에 속해 있는 자들이라는 확신이 왔다. 이목사는 마음속으로 기도하였다. 하나님, 이들이 이단 신천지의 무리들인 것을 밝히 알게 하시니 감사합니다. 이들을 이제 어떻게 해야만 합니까? 이 자리에서 선을 그어야 합니까? 아니면 다음 기회에 선을 그어야 합니까? 보혜사 성령님의 감화와 감동을 원합니다. 이 때 마음에 감동이 왔다. 악한 무리들과 함께 할 다음 기회가 어디 있겠느냐. 그들을 깨닫게 하고 그들이 거절하면 단호히 돌아서라… 이목사는 입을 열었다.

"선생님께서 우리의 보혜사라고 하였는데 그 보혜사는 누구인지요?"

이목사의 물음에 이 남자와, 함께 있는 이들이 좀 놀라는 눈빛들을 보였다. 그러나 남자는 곧 차분한 어조로 이목사에게 물었다.

"목사님도 그 분을 한 번 만나보고 싶습니까?"

이목사는 이 질문에 대한 대답 대신 이 남자와, 함께 있는 모두에게 물었다.

"혹시 여러분들은 새천지라는 단체에 속해 있지 않습니까? 그 곳에서는 교주를 보혜사라고 칭하고 있다는 것을 저도 압니다."

이목사의 말에 그들의 얼굴은 똑같은 모습으로 변했다. 마침내 올 순간이 왔다는 그런 표정이었다. 이제 이들의 표정은 전같지 않았다. 이를테면 가면을 벗어버린 얼굴들이었다. 정공채가 아까와는 전혀 다른 눈빛으로, 존경을 가장했던 그런 눈빛이 아닌 자기들만이 옳다는 식의 경멸의 빛을 띤 그런 눈빛으로 말했다.

"맞습니다. 우리들은 새천지 교도들입니다. 기도 중에 목사님의 교회에 가게 되었습니다. 목사님은 너무나 훌륭하신 분인데 거짓 집단에 속하여 고생하시는 것 같아 목사님을 우리 십사 만 사천 성도에 들이고자 간 것입니다. 그러니 이번 기회에 우리 새천지로 오시는 게 어떻겠습니까? 저희들이 예배당도 크게 지어 드리고 성도들도 많이 보내겠습니다. 또 중요한 직책도 주도록 건의하겠습니다. 목사님은 충분히 우리 택한 자들의 지도자가 될 능력이 있는 분입니다."

이목사는 기가 막혔다. 이들 이단의 무리들이 어떻게 자기를 목표로 삼아 감히 정금교회에 들어왔는지 어이가 없는 것이었다. 그러나 이목사는 이 곳이 이들의 거처임을 알고 있었기 때문에 낮은 어조로 말했다.

"죄송하지만 그런 제의는 거절하겠습니다. 인간은 어느 누구도 하나님이 될 수 없습니다. 여러분들이 어서 속히 그 진리를 깨달으시길 바랍니다. 그럼 전 이만 일어나겠습니다."

이목사가 단호히 자리에서 일어서자 그들은 크게 당황하였다. 자기들끼리 얼굴을 보면서 어떻게 할지를 모르고 있었다. 이목사는 그들의 표정 따위엔 개의치 않고 밖으로 나왔다. 이목사가 밖으로 나왔지만 그들은 어느 한 사람도 뒤따라 나와 이목사를 배웅하지 않았다. 큰 길로 나오자 이목사는 악몽에서 깬 듯 머리가 띵하였다. 이목사는 작열하는 불볕 더위를 온몸으로 받으며 계속 걸었다. 이 어려운 시기에 이단의 세력까지 가세하여 자신을 공격한다고 생각하자 헛웃음이 나왔다. 그러나 한편으로는 이 악한 영들에 대한 강력한 대적심이 더한층 강해지는 것이었다. 이목사가 이렇게 여러 생각들을 하면서 걷고 있는데 전화가 걸려왔다. 받아보니 최은미를 좋아한다는 바로 그 청년이었다. 이목사를 지금 곧 만나보고 싶다는 것이었다. 그러면서 시간이 된다면 곧 오겠다고 했다. 이목사는 그러라고 하였다. 이목사는 다른 장소를 잡아서 만날까 하다가 예배당으로 오라고 했다. 그와 최은미와의 앞날이 어떻게 전개될지 모르기 때문에 하나님 앞에서 모든 대화를 하는 것이 옳다고 생각한 것이다. 이목사는 곧 집으로 향하였다.

이목사는 방에 들어오자 다시 정공채 일행과의 일들이 생각났다. 아직도 가슴이 떨리고 사뭇 긴장이 되는 것이었다. 그리고 그들이 앞으로 어떻게 나올 것인지 그것도 궁금해지는 것이었다. 또 자신이 어떻게 대처할 것인지도 생각하게 되는 것이었다. 그래서 마음이 좀 혼란스러워졌다. 하지만 곧 그러한 복잡한 마음은 사라졌다. 기도하기로 마음 먹었기 때문이다. 더 깊이 그들을 위하여 기도하리라 마음 먹자 일순간 찾아왔던 모든 혼란스러움이 사라졌다. 이목사는 피곤함을 느꼈다. 금식 5일째인데다가 조금 전에 있었던 사건으로 인해 피곤함이 느껴지는 것이었다. 그래서 잠시 몸을 눕혔다. 그리고는 스스로 잠이 들었다.

얼마나 지났을까? 누군가가 예배당 문을 두들였다. 이목사는 몸을 일으켰다. 아이들이 학교에서 오는 시간이었기 때문에 아이들의 이름을 부르며 문 쪽으로 걸어갔다. 그런데 밖에서 들려오는 소리는 아이들이 아니었다. "이성웅 목사님이 시무하시는 교회 맞죠?" 이렇게 묻는 것이었다. 그러고 보니 최은미를 좋아한다는 그 청년이 온다고 했는데 자신이 그만 깜박 잠이 든 사실을 깨달았다.

"네 맞습니다."

이목사는 얼른 문을 열었다. 이목사 앞에 체격이 건장한 한 청년이 나타났다. 그는 꾸벅 고개를 숙였다. 그리고는 말했다.

"처음 뵙겠습니다 목사님. 조인성이라고 합니다."

"안녕하세요. 반갑습니다. 이성웅 목사라고 합니다. 자 누추하지만 안으로 들어오시지요."

조인성이 안으로 들어오자 이목사는 예배당으로 그를 인도하였다. 그리고는 옆의 사택을 가리키면서 말했다.

"보다시피 지하 개척교회입니다. 살림집은 여기인데 여기에는 함께 앉아서 차를 마실 만한 넉넉한 공간이 없어요. 그러니 예배실로 가는 게 좋을 것 같아요."

335

이목사의 말에 조인성은 고개를 끄덕이면서 말했다.

"그렇군요. 목사님 그렇다면 제가 저녁 식사를 대접하겠습니다. 제가 아는 조용한 장소에 가서 이야기를 나누다가 식사를 하는 게 어떻겠습니까?"

"마음은 고마운데 제가 이번 주일은 금식을 하고 있습니다. 아무 것도 먹지 않고 있어요. 그러니 오늘은 여기서 대화를 하는 게 좋겠군요. 식사 대접하고 싶은 그 마음 감사히 받겠습니다."

"아, 금식을 하고 계시는군요. 이 무더운 날씨에 그 어려운 기도를 하시는군요. 전 그것도 모르고 제 생각만 했군요. 정말 죄송합니다."

"아, 아니에요. 죄송하다는 마음 먹지 마세요. 목사는 때때로 금식 기도를 하는 거예요. 자 우리 저기 앉으십시다. 제가 시원한 음료수 한 잔 가져 오겠습니다."

"아닙니다. 저 음료수 안 마셔도 괜찮습니다. 시원하고 좋습니다. 번거롭게 움직이지 마세요. 몸도 안 좋으실 텐데요."

조인성은 진정으로 거절의 뜻을 표했다. 그래서 이목사는 조인성의 곁에 앉았다. 조인성은 지하 예배당 안을 살펴 보더니 말했다.

"예배실이 지하이니까 아무래도 좀 갑갑하실 때가 있겠어요."

"네. 그런 면이 없잖아 있습니다. 하루 종일 전기불을 켜놓으니까 그것도 좀 그렇고요."

이목사의 말에 조인성은 빙그레 웃으면서 말했다.

"그래도 은미는 이 곳이 이 세상에서 가장 좋은 예배당이라고 저에게 말하곤 했습니다. 사실 저도 꼭 이 곳에 와보고 싶었습니다. 어떻게 생긴 예배당이길래 은미가 이렇게 자랑을 할까 하고 말입니다."

"그래요. 은미 자매의 마음 속에는 이 장소가 세상에서 가장 아름다운 장소일 수도 있을 거예요. 교회는 이 곳이 처음이니까요. 크고 웅장한 아름다운 예배당들을 아직 보지 못했거든요."

"교회가 아름답게 보이는 것은 외관과는 큰 상관이 없는 것 같아요. 전 어려서부터 예배당이 큰 곳을 많이 다녀보았지만 교회를 은미처럼 아름답게 생각해본 적이 없거든요. 은미의 말을 들으면서 이 곳에는 무슨 특별한 것이 있을 것 같다는 생각을 했습니다."

"은미 자매가 우리 교회에 와서 큰 은혜를 받긴 받았나 보네요. 이 누추한 곳을 세상에서 가장 행복한 장소로 알고 있다니 말입니다. 조인성씨는 은미 자매의 마음을 아주 소중히 여기시는군요. 이 곳에 와서 그런 말들을 생각하고 있으니 말예요."

"제가 여기에 와서 목사님에게 말씀 드리려고 한 게 바로 그런 것입니다. 저는 은미를 진정으로 사랑합니다. 그런데, 은미가 저의 이러한 마음을 이해하지 못하고 있습니다. 요즘에 와서는 제 마음이 너무 답답해 어떻게 해야 하는지 모르겠습니다. 이렇게 불쑥 목사님을 찾아오게 된 것은 저를 좀 도와 달라는 간절한 생각에서였습니다. 최근에 와서는 은미가 점점 저로부터 멀어지고 있는 것 같거든요. 은미는 목사님에게 저에 관한 말을 많이 안 했죠?"

조인성은 이목사의 얼굴을 보면서 물었다. 그의 눈은 이목사에게서 어떤 해결책을 찾고 싶은 진정한 갈망의 빛으로 가득했다. 이목사는 그런 조인성에게 낮은 어조로 물었다.

"조인성씨는 은미 자매를 진실로 사랑하는 것 같아요. 그런데, 부모님이 그렇게 반대를 해도 은미 자매와의 관계가 좋은 열매를 가져올 것이라고 믿으세요?"

"제가 워낙 못난이로 소년 시절과 청년 시절을 보냈습니다. 그래서 부모님이 저의 생각이나 결정에 대하여 크게 신뢰를 하지 않습니다. 사실 전 오랜 세월을 탕진했습니다. 성경에 나오는 탕자 있지 않습니까. 제가 바로 그런 인간이었습니다. 아니 그보다 더했습니다. 부모님 속을 너무 많이

337

썩였습니다. 제가 무남독녀 가정에 외아들입니다. 부모님이 저에게 얼마나 큰 기대를 걸었겠습니까. 하지만 저는 중학교 때부터 망나니로 살았습니다. 초등학교 때에는 우등상도 타오고 개근상도 타오고 해서 부모님들이 너무 기뻐하셨습니다. 그러나 중학교에 들어가서부터는 제가 교내 문제아들을 이끌고 다니며 문제를 일으키는 그런 인간이 되었습니다. 참으로 오랜 방황이었습니다. 겨우겨우 고등학교를 졸업하자 부모님들은 저를 미국으로 보냈습니다. 다른 사람들에게도 큰 상처를 주니까 보내버린 거예요. 하지만 미국에 가서도 망나니 생활은 그치지 않았어요. 사고도 많이 내고 문제도 많이 일으켰어요. 그래서 다시 한국으로 온 거예요. 미국에 더 이상 있을 수 없는 상태가 된 거예요. 한국에 들어와서 빈둥빈둥 술이나 마시러 다니는 중에 나이트클럽에서 은미를 만났습니다. 이상하게 은미를 만나자 제 마음이 조금씩 정리가 되기 시작했습다."

조인성은 잠시 말을 멈추고 앞의 강대상을 바라보았다. 이목사가 조용히 다음 말을 기다리는 동안 그는 예배당 안의 여기저기를 바라보았다. 그러다가는 입을 열었다.

"은미를 처음 보는 순간 참 아름다운 아가씨라고 느꼈습니다. 큰 술집에는 외모가 그럴싸한 아가씨들이 많이 있다는 거 목사님도 아실 거예요. 그런데 은미는 그런 류의 아가씨는 아니었어요. 뭐라고 그럴까요? 술과 안주를 나르고 있었지만 그 안의 꽃들과는 다른 꽃이었어요. 조화들 속에 있는 생화라고나 할까요? 제가 그런데서 일하는 아가씨들을 너무 비하했는지는 모르겠지만 그 당시 제 느낌이 그랬어요. 한 마디로 그런 장소에는 안 어울리는 애였어요. 그래서 교제를 하기 시작했고, 가까이 지내다 보니 은미는 실제로 그랬습니다. 마음 속이 따뜻하고 정이 있는 아가씨였습니다. 그래서 그 때 저는 아주 소박한 생각을 했습니다. 망가질 대로 망가진 인생인데 얘랑 결혼해서 애기 낳아 기르며 조용히 살면 좋겠다. 이런 생각을 한 거예요. 지금도 그 생각엔 변함이 없어요. 저는 제 부모님에게 제 이런 마음을 다 말했어요. 그러나 부모님 생각은 제 생각과 달랐어요. 들으셨겠지만 제 부모님들은 가지고 있는 재산이 꽤 많습니다. 그걸 저한테 물려주려고 하거든요. 제가 마음을 잡고 새롭게 살려는 의지를 보이니까 욕심이 점점 더 커지는 거예요. 우리 집과 키가 비슷한 집안의 아가씨를 만나 결혼을 해서 하고 있는 사업들을 이어받으라는 거예요. 이게 은미와 저의 문제였어요. 그런데 최근에 와서는 은미의 마음이 전과는 다른 것 같아요. 저와 제 가정에 관하여 관심이 전혀 없는 것처럼 보이거든요. 제가 아버지에게 말해서 다른 학교에는 있지도 않은 특별기획실이라는 것을 만들었습니다. 제가 실장이고 은미는 비서 겸 직원입니다. 둘만 있는 말 그대로 특별한 사무실이에요. 지금은 하는 일이 거의 없고요. 물론 앞으로는 일이 생길 겁니다. 제가 학교 발전을 위하여 일을 찾아야죠. 그런데, 은미는 받아가는 봉급 외엔 다른 덴 관심이 없어 보여요. 요즘 제 맘은 은미 때문에 매일매일 겁게 타고 있거든요. 어떻게 해야 할지 모르겠어요.”

조인성은 크게 낙심한 표정으로 다시 강대상으로 시선을 주었다. 이목사는 그런 조인성에게 말했다.

“은미 자매만 원한다면 조인성씨는 은미 자매와 결혼을 해서 조용히 살 자신이 있으세요?”

“네. 전 이미 결정했습니다. 부모님은 제게 사업을 물려주려고 하지만 전 그런 사업을 할 만큼 훈련을 받지 못했습니다. 물론 아직 젊기 때문에 지금부터라도 경영 수업을 받으면 가능할지도 모르지요. 하지만 은미가 저와 결혼만 해 준다면 전 은미 의견을 전적으로 따를 겁니다. 집에서 은미를 반대하면 집을 나올 각오도 되어 있습니다. 물론 좀 고달프긴 하겠지만 제 인생을 새롭게 개척해야죠. 은미와 함께 한다면 어떤 상황도 극복할 자신이 있습니다. 정말 그런 자신감이 생겨요.”

이목사는 조인성의 은미에 대한 사랑이 생각했던 것보다는 훨씬 더 뜨겁다는 것을 분명히 알게 되었다. 그래서 말했다.

"조인성씨의 마음을 잘 알았습니다. 은미 자매의 담임 목사로서 저도 두 사람의 관계를 돕도록 하겠습니다. 모든 열쇠는 하나님이 가지고 계시다는 거 아실 겁니다. 하나님의 뜻이 어디에 있는지는 모르지만 우리 앞으로 좋은 열매를 위하여 열심히 노력을 해보도록 하죠."

이목사의 말에 조인성의 어두웠던 표정이 환하게 밝아졌다.

"그렇게만 해 주신다면 너무 고맙겠습니다. 은미는 목사님을 아주 신뢰하는 것 같았습니다. 저는 목사님이 제 나이와 비슷한 아주 젊은 분인 줄 알았습니다."

이목사는 조인성의 말에 빙긋 웃었다.

"제가 너무 젊으면 어쩌나 하고 걱정을 하셨던 것 같은데?"

"솔직히 그런 면도 없잖아 있었습니다. 죄송합니다. 하지만 목사님을 만나고 보니까 마음이 편해졌습니다. 다시 희망이 생기는 것 같아요."

"그래요 조군. 은미 자매를 뜨겁게 사랑하고 있군요. 사랑은 아름다운 거예요. 그 마음 변치 말아요. 영원히요."

"목사님, 저도 이 교회에 나오면 안 되겠습니까? 너무 성급한 생각일까요?"

이목사는 조인성의 이 말에 좀 놀랐다. 그래서 조인성의 얼굴을 살펴보았다. 조인성은 특별한 표정 없이 말했다.

"오붓하고 좋을 것 같아요. 딱 제 타입이에요. 참, 은미가 싫어할지도 모르겠네요. 걘 요즘 저하고 같이 있는 걸 별로 좋아하지 않거든요. 직장도 옮길까 봐 염려가 되어요."

"요즘 그 정도예요?"

"네. 걘 요즘 퇴근 시간되기가 무섭게 사무실을 나가요. 데이트를 하고 싶은데 틈을 주지 않아요. 어디 가느냐고 물으면 교회에 간대요. 오늘도 곧 이리로 올지 모르겠습니다. 제가 시간되면 퇴근하라고 했거든요. 여기 제가 와 있는 것 알면 화 내지 않을까요? 아마 그럴 것 같아요. 목사님, 저 오늘 이만 일어나겠습니다. 나중에 또 전화 드리고 찾아뵙겠습니다. 그럼…"

조인성은 자리에서 일어났다. 이목사는 조인성의 뒤를 따라 예배당을 나오면서 여러 생각들을 하였다. 이목사는 조인성이 차를 타고 건물 주차장을 빠져나가는 것을 보고 다시 집으로 돌아왔다. 이목사는 장의자에 몸을 눕혔다. 피곤함이 밀려왔기 때문이다. 아이들이 올 시간이어서 눈을 감지 않고 가만히 누워 있는데 또 전화벨이 울렸다. 이목사는 몸을 일으켜 전화를 받았다. 나연희 권사였다.

"안녕하세요 권사님. 별일 없으시죠?"

"특별한 일은 없어요. 그런데 사모님이 어제부터 지금까지 자리에서 일어나지를 않네요. 숨은 쉬고 있어서 옆에서 그냥 지켜만 보고 있는데 의식이 거의 없는 것 같아요. 그냥 이대로 있어야겠죠?"

"상태가 그래요. 어떻게 하죠? 그냥 그대로 두어도 괜찮아요? 아니면 집으로 데리고 와야 하나요?"

"이 정도 되면 집으로 데리고 가야 하는데, 사모님이 전에 여러 번 말했잖아요. 자긴 이곳에서 생명이 끊긴 후에 데리고 가라고요. 어떻게 하죠?"

"제가 곧 올라가겠습니다. 일단 거기 가서 상황을 보죠. 아이들이 아직 안 왔어요. 아이들 오면 말하고 곧 출발하겠습니다."

이목사는 정신이 멍멍했다. 하나님께서 기어이 아내를 데려가실 모양이었다. 아무래도 그럴 것 같은 생각이 드는 것이었다. 이목사는 예배당 안을 서성이기 시작했다. 아내와 함께 했던 날들이 달리는 차창 밖의 주마등처럼 마구 스쳐갔다. 그러자 뜨거운 눈물이 솟구쳐 올랐다. '설령 먼저 간다 하여도 천국에서 다시 만납시다…' 이 때였다. 왁자지껄한 소리가 들리면서 아이들이 들어왔다. 최은미도 함께 들어왔다. 이들은 손에 각자 큰 비닐 봉지 꾸러미들을 들고 있었다.

"아빠, 우리들 누나랑 시장 갔었어요!"

"어떻게 된 거예요 은미 자매?"

"내일 수영장 가기 위해서 오늘 시장 보러 간 거예요. 아이들 수영복 사고 가서 먹을 음식 장만하려고 재료 사왔어요. 과자도 좀 사고요. 우리 함께 시장 가자고 어제 약속했거든요. 목사님도 가실 거죠?"

"저 그게…그러니까…"

이 때였다. 또 전화벨이 울렸다. 나권사였다.

"목사님, 밤에 올라오지 마세요. 사모님이 금방 일어나셨어요. 날더러 화장실에 가자고 그러네요. 철야예배나 잘 드리세요. 애들하고요. 여긴 제게 맡기고요. 알았죠? 이만 끊을게요."

"주여!" 하고 이목사는 안도의 한숨을 내쉬었다. 주여라고 하는 말에 최은미가 이목사를 보면서 물었다.

"무슨 전화예요? 좋지 않은 전화예요?"

"아, 아니에요. 좋은 소식이에요. 내일 수영장에 간다고 했죠?"

"네. 같이 준비해요. 김밥도 싸고, 달걀도 삶고… 할 일이 꽤 있어요."

"그래요. 그럼 함께 준비하죠."

그들은 방으로 들어와 물건을 풀어놓고 일을 시작했다. 최은미는 부지런히 움직였다. 이목사는 최은미가 시키는 대로만 했다. 아이들은 사온 과자를 먹으면서 지들 끼리 잘 놀았다. 최은미는 아이들의 비위를 잘 맞추었다. 아이들은 언제부터인지 최은미를 친 누나처럼 따랐다. 이목사는 이 일도 너무 고마운 것이었다. 최은미가 아무리 잘 하려고 해도 아이들이 따라주지 않으면 문제가 생길 것이었다. 그런데 아이들은 최은미를 아주 잘 따랐다. 친 누나나 친 언니처럼 잘 어울리는 것이었다. 최은미는 아이들을 잘 다루는 재주가 있는 것 같았다. 물론 여기에는 쉬지 않고 기도해 주시는 보혜사 성령님의 위로하심과 인도하심이 있을 것이다. 여하튼 최은미가 생활에 끼어서 여러 일을 해 주지 않는다면 이러한 기쁨들은 맛보지 못할 것이다. 이런 걸 생각하면 이목사는 최은미가 너무 고마와서 가슴이 뭉클해지기도 하는 것이었다. 이목사는 다시 한 번 하나님의 크신 은총을 깨달았다. 큰 시험 중에도 전혀 예기치 못한 이런 놀라운 은총을 주시어 위로하시는 그 은혜가 너무나 감사하였다.

최은미는 이목사랑 나들이 준비를 하는 게 무척 즐거운 모양이었다. 얼굴에 웃음을 가득 담고 이리저리 오고갔다. 그녀는 밥통을 들고 오더니 이목사에게 물었다.

"목사님도 김밥 만들어 보셨죠?"

"네. 몇 번 만들어 보았어요."

"언제요?"

"몇 년 되었네요. 오월 어느 날 애들 엄마가 김밥을 만드는 데 옆에서 도와 준 적이 있어요. 은미 자매는 김밥을 싸본 적이 있어요?"

"아뇨. 애들하고 수영장 가려고 며칠 전부터 인터넷을 통해 배웠어요. 전 김밥을 싸본 적이 없어요. 아빠 엄마는 결혼을 하자마자 사업을 시작해서 우리들과 놀아 준 시간이 거의 없었던 것 같아요. 사업이 웬 만큼 될 때는 더더욱 우리들과 함께 하지 못했어요. 도우미 아줌마들이 와서 동생과 나를 돌보곤 했어요. 지금 생각해보면 엄마 아빠에게 좀 문제가 있었던 것 같아요. 아무리 사업을 한다 하여도 아이들은 제대로 챙기는 게 부모잖아요."

"그렇긴 해요. 하지만 이젠 은미 자매도 부모님들을 이해하세요. 그들을 전도해야 하잖아요. 가족들을 모두 천국 백성으로 인도하려면 전략이 필요해요."

이목사의 말에 최은미는 하던 일을 멈추고 두 눈을 크게 뜨고 이목사의 얼굴을 보았다. 이제까지 몰랐던 사실을 알았다는 표정이었다.

"참, 목사님 말씀을 듣고 보니 제 가족들도 모두 예수님을 믿어야 하겠네요. 예수님을 안 믿으면 모두 지옥으로 가잖아요. 항상 불이 활활 타오르는 저 무서운 지옥으로 떨어지는 거잖아요. 그렇죠?"

"바로 그거예요. 예수님을 믿지 않으면 누구나 그 무서운 지옥의 불을 피할 수 없어요. 영원히 활활 타는 그 유황 불못에서 영원히 고통을 받는다고 생각해보아요. 참으로 끔찍한 일이죠. 우리가 그 지옥이 존재함을 알고도 내 가족들을 그대로 방치한다는 것은 정말이지 두려운 일이에요. 은미 자매는 은미 자매의 가족을 구원할 책임이 있는 거예요."

이목사의 말에 최은미는 아주 귀중한 사실을 깨달았다는 진지한 표정을 지으며 심각한 얼굴로 물었다.

"목사님, 천국과 지옥은 정말 존재하겠죠?"

이목사는 최은미의 크고 맑은 두 눈동자를 보면서 분명한 어조로 말했다.

"그럼요. 틀림없이 존재합니다. 예수님을 모르는 사람들은 무슨 그런 장소가 있겠느냐고 말하지만 그건 그렇지가 않아요. 천국과 지옥은 분명히 존재하는 거예요. 이 세상의 짧은 인생이 전부가 아니에요. 이 세상의 삶이 끝나면 인간은 모두 심판을 받는 거예요. 예수님을 구세주로 믿어 죄를 용서 받고 믿음으로 산 사람들은 천국으로 갑니다. 그러나 예수님을 부인하면서 내 맘대로 산 인간들은 모두 다 지옥불에 떨어져요. 뜨거운 불 가운데서 영원한 고통을 받아요. 이 명백한 사실을 분명히 믿어야 해요."

이목사의 말에 최은미는 크게 긴장한 듯 입을 꼭 다문 채 무엇인가를 생각했다. 그러다가 입을 열었다.

"사실은 저도 그런 장소가 있어야 한다는 생각을 한 적이 있어요. 배우를 시켜 주겠다고 말하면서 저를 농락했던 사람을 생각했을 때 견딜 수 없는 배신감을 느꼈거든요. 그 사람은 저뿐이 아니고 허황된 꿈을 가진 수많은 여자 애들을 그런 식으로 농락했어요. 아마 지금도 그 못된 짓을 버리지 않은 채 계속하고 있을 거예요. 그런 인간들에겐 어떤 식으로든 댓가가 주어져야 한다고 생각했어요. 그 때 기독교에서 말하는 지옥 같은 게 있었으면 참 좋겠다 생각하기도 했었어요. 그러나 진짜 그런 장소가 있을 거라곤 믿어지지 않았어요. 그런데 지금은 믿어져요. 목사님 말씀을 들으니까 천국이 있는 것도 지옥이 있는 것도 믿어져요. 목사님 말씀처럼 제 가족들을 천국으로 보내야겠죠?"

"그럼요. 단 한 명도 지옥으로 보내면 안 돼요. 그 곳은 너무나 무서운 곳이거든요. 영원한 형벌의 장소이며 고통의 장소예요."

"잘 알겠어요 목사님. 당장 대책을 세워야겠어요. 우선 동생부터 교회에 나오도록 해야겠어요. 제가 용돈을 주니까 제 말을 잘 듣거든요."

"그렇게 하세요. 너무 강압적으로 끌어오려고 해서는 안 돼요. 그럼 부작용이 생기거든요. 은미 자매를 자연스럽게 따라오도록 해야 돼요."

"잘 알겠어요 목사님. 다른 사람들은 몰라도 제 가족들만은 제가 책임을 지고 꼭 전도할게요."

최은미는 자기의 가족들을 천국으로 인도해야 할 사명이 자기에 있다는 사실을 알고 책임감을 느끼고 있음이 분명했다. 그녀는 또 자기에게 주어졌다고 생각되는 그 일이 너무 기쁜 모양이었다. 밝은 얼굴로 많은 이야기를 하였다. 모처럼 자기 가족들의 이야기를 꺼내어 쉬지 않고 말하는 것이었다. 계속되는 실패를 통하여 이젠 아주 폐인처럼 변해버린 아버지의 이야기를 하면서는 두 눈에 눈물이 그렁그렁하였다. 이목사는 최은미를 위로하였다. 이제부터가 중요하다며 소망을 주었다. 그녀는 이목사의 위로와 소망의 말에 큰 힘을 얻은 듯 둥근 두 눈에 희망의 빛을 모으며 말했다.

"목사님, 저 정말 자신 있게 남은 인생을 살 것 같아요. 우리 가족들도 제가 아름답게 회복시킬 것 같아요. 이제부터 예수님 잘 믿으며 행복한 가정을 꼭 만들어 보겠어요."

"은미 자매는 충분히 그렇게 할 거예요. 벌써 그게 다 보여요."

그들은 다정한 부부처럼 함께 달걀을 삶고, 김밥을 만들고, 내일의 계획을 세우느라 시간 가는 줄을 몰랐다. 이러다 보니 철야 예배를 드릴 시간이 되었다. 최은미는 자기도 이 곳에서 밤을 새우겠다고 하였다. 이목사는 그렇게 하라고 말했다. 최은미가 이 교회 안에서 함께 밤을 보내도 별 문제가 없을 거라는 자신감이 생겼기 때문이었다. 성도가 교회에 와서 밤을 새워 기도하는 일은 하나님이 기뻐하실 것이다. 문제는 인간일 것이다. 그 심령이 거룩하지 못하여 언제나 추한 욕망에 끌려다니는 인간에게 모든 문제가 있을 것이었다. 그런데 지금 이목사의 마음엔 큰 자신감이 꽉 들어차 있었다. 이것은 분명히 전과는 다른 마음이었다. 최은미의 빼어난 외모에 육적으로 감정이 흔들리던 그런 마음이 아니었다. 이젠 그녀와 함께 누워 있어도 결코 헛된 감정으로 흔들리지 않을 그런 자신감이 충만해졌던 것이다. 그 자신감, 그 힘은 위로부터 내려왔다.

이목사와 아이들, 최은미는 함께 예배를 드렸다. 예배가 끝난 후 이목사는 아이들과 최은미를 방으로 들여보내고 자기는 다시 강단으로 올라왔다. 그리고는 기도를 시작했다. 한참을 기도하자 이목사는 피로감을 느꼈다. 그래서 그 자리에 몸을 눕혔다. 그리고는 스르르 잠이 들었다. 얼마나 잤는지 이목사는 소변이 보고 싶어서 자리에서 일어났다. 그리고는 강단을 내려왔다. 그런데, 이목사는 깜짝 놀라지 않을 수 없었다. 최은미가 맨 뒤의 의자에 앉아 있었기 때문이다. 이목사는 그녀를 향해 말했다.

"은미 자매, 왜 자지 않고 나와 있어요?"

최은미는 이목사 곁으로 오면서 말했다.

"잠이 안 와요. 목사님은 들어와서 주무시지 않나요? 금식 중이라 밖에서 자면 몸도 안 좋을 텐데…"

그녀는 이목사를 뚫어지게 바라보면서 말했다. 그녀의 그러한 눈빛은 이목사의 마음에 미묘한 파장을 일으켰다. 이목사가 단호하게 선을 그었던 바로 그 원초적인 욕망을 다시 일으켜세우는 그러한 눈빛이었다. 그러나 이목사는 이 순간엔 이건 아니다라는 분명한 판단이 왔다. 그래서 그녀에게 말했다.

"은미 자매, 내가 기도해 줄게요."

이목사는 최은미를 옆의 의자에 앉히고 그녀의 머리 위에 손을 올렸다. 이 순간 최은미는 이목사의 손목을 꽉 잡으며 떨리는 어조로 말했다.

"목사님, 제 마음이 너무 이상해요… 전 어쩌면 좋아요? 제 마음을 제가 어떻게 해볼 수 없어요. 목사님에게 제 모든 걸 주고 싶거든요. 마음도 몸도 모두 주고 싶어요. 이건 아니다 싶지만 그 열망이 너무 강해서 잠을 잘 수 없어요. 그래서 방에서 나온 거예요. 어떻게 해요? 제 이런 맘을 어떻게 해요?"

이목사는 자신의 손목을 잡고 있는 최은미의 손을 조심히 풀며 말했다.

"은미 자매의 맘 나도 알아요. 하지만 이건 아니에요. 난 아내가 있는 사람이에요. 그리고 성직자이고요. 자, 기도해 줄 테니 아멘으로 받아요."

이목사는 기도하기 시작했다.

"우주와 만물을 창조하신 전능하신 아버지 하나님, 크신 은혜와 사랑을 감사합니다. 하나님께서 아름다운 은미 자매를 이 교회에 보내 주시어 어려운 시간들을 기쁨으로 보내게 하시니 진심으로 감사 드립니다. 우리에게 서로를 사랑하는 지극한 마음을 주시어 주 안에서 아름다운 관계를 만들어 주시니 더욱 감사합니다. 우리의 사랑이 주 안에서 더욱 아름답게 성숙하기를 원합니다. 아버지여 도와 주옵소서. 이 밤에 사랑하는 은미 자매의 심령을 미혹하여 잠을 이루지 못하게 하는 마귀와 더러운 귀신들아, 이 시간 예수 그리스도의 이름으로 명하노니 이 딸의 주위에서 떠나가라! 이 시간 나사렛 예수의 이름으로 명하노니 악한 영들아, 온전히 묶임을 받을 지어다! 이 딸에게서 묶임을 놓고 떠나가라! 영원히 떠나가라!"

이목사의 기도에 최은미는 "아!" 하는 짧은 비명을 토하며 옆으로 픽 쓰러졌다. 최은미는 수분 동안 눈을 감은 채 넋이 나간, 다분히 하얗게 보이는 표정을 하고 의자 위에 누워 있었다. 이목사는 그런 그녀의 얼굴을 담담히 내려다 보았다. 마침내 그녀가 눈을 떴다. 그러나 자기를 내려다보고 있는 이목사를 알아보지 못했다. 허공을 응시하던 그녀는 일분 정도가 지나서야 "목사님!"하고 입을 열었다. 이목사는 "그래요. 나예요 은미 자매. 괜찮아요?"하고 말하면서 그녀의 눈을 들여다보았다. 그녀는 "정신이 좀 멍멍해요. 하지만 괜찮은 것 같아요. 저 괜찮은 거죠? 일어나고 싶어요." 이렇게 말했다. 이목사는 그녀의 손을 잡고 그녀의 몸을 일으켜 앉혔다. 그녀는 어둡고 긴 동굴을 어렵게 걸어 나온 사람처럼 여전히 눈의 초점이 흔들거렸다. 이목사는 그녀의 의식을 맑게 하고자 물었다.

"은미 자매, 우리 밖으로 나갈까요? 지금은 밤중이라 열이 가시어 시원할 거예요. 밤공기 마시며 좀 걸어보는 게 어때요?"

"그래도 괜찮을까요? 머리가 좀 멍멍한 것 같아서요."

"시원한 공기 마시면 머리가 맑아질 거예요. 일어나요. 힘들면 내가 부축할 테니까."

그녀는 의자에서 몸을 일으켰다. 이목사는 최은미와 예배당 밖으로 나왔다. 새벽 한 시가 넘은 시간이었다. 그러나 거리에는 오고가는 사람들이 있었다. 이목사는 공원이 있는 평지 쪽으로 가지 않고 마을 사람들이 운동 장소로 사용하는 마을 위쪽의 공지로 발걸음을 옮겼다. 이 곳은 여러 운동기구들이 설치되어 있어서 마을 사람들이 마음 내킬 때마다 와서 운동도 하고 쉬기도 하는 장소였다. 공지 가로는 긴 의자들이 여러 개 놓여 있어서 여기에 앉아 아래의 시가지를 내려다볼 수 있었다. 최은미는 이미 기운을 차린 듯 잘 걸었다.

"머리 괜찮아요?"

"네 목사님. 맑아진 것 같아요. 상쾌한 느낌이 들어요."

최은미는 쾌활한 어조로 대답했다. 공지에 오르자 시원한 바람이 얼굴과 몸에 와닿는 것을 느꼈다. 하늘은 맑은 것 같은데 별은 보이지 않았다. 최은미는 아래 시가지를 내려다보고는 큰 소리로 말했다.

"목사님, 갑자기 마음이 상쾌해져요! 눈에 보이는 밤풍경들이 너무 아름다워요! 우리가 사는 서울이 이처럼 아름답게 보이기는 처음이에요!"

"그래요! 느낌이 그처럼 새로워요?"

"네. 생각 같아서는 훨훨 날아갈 것 같아요. 기분이 너무 상쾌하고 좋아요!"

"머리도 깨끗해요?"

"네! 깨끗해요! 아주 맑아요! 너무 상쾌한 거 있죠! 저 이런 기분 처음이에요! 정말이에요! 너무 아름다운 밤이에요! 목사님, 저 붉은 십자가들을 보세요! 마치 누구인가가 붉은 칼을 들고 우리가 사는 이 서울을 지키는 것 같아요! 그리고, 생명을 공급하는 빠알간 꽃들처럼 보여요! 우리 인간의 몸에 피를 공급하는 생명의 꽃들처럼 보여요! 너무 아름다워요!"

이목사는 최은미의 영혼에 어떤 변화가 왔음을 분명하게 알 수 있었다. 그녀는 틀림없이 거듭남의 은혜를 받았을 것이다. 그녀를 장악하고 있던 악한 영이 떠나감으로 그녀의 심령에 주님이 주시는 큰 평화가 임하였을 것이다. 만물이 새롭게 보이는 놀라운 은총이 임하였을 것이다. 이목사는 그녀에게 말했다.

"은미 자매, 밤마다 빠알간 십자가의 꽃들이 피어나는 나라는 전 세계에서 우리나라밖에 없어요. 밤에 무수한 십자가의 꽃들을 볼 수 있는 나라는 우리나라밖에 없어요."

"그래요! 그렇다면 우리나라는 이 세상에서 가장 아름다운 나라네요. 밤마다 생명을 살리는 꽃이 이렇게 많이 피어나는 나라보다 더 좋은 나라가 어디 있겠어요! 더 아름다운 나라가 이 세상 어디 있겠어요! 그리고 보니 우리나라가 세상에서 가장 아름다운 나라이네요! 안 그래요? 전 그렇게 생각해요! 보세요 목사님! 저 많은 빠알간 십자가의 꽃들을 보세요!"

이목사는 여기저기 붉게 빛나고 있는 십자가들을 보았다. 그리고 가슴에 뭉클 와 닿아 그의 마음을 감동으로 흔드는 최은미의 말을 되뇌었다. 세상에서 가장 아름다운 나라… 이 말은 얼마나 정확한 말인가. 얼마나 은혜스럽고 아름다운 표현인가. 사실이 그러하지 않겠는가. 세상을 구원하시기 위해 예수님이 지셨던 십자가를 세우고, 그 놀라운 은총을 기념하면서 살아가는 인생만큼 복된 인생이 세상에 또 있을까. 그리고 그런 사람들이 살고 있는 나라보다 더 아름다운 나라가 이 세상 어디에 또 있을까? 결단코 없으리라. 예수 그리스도를 이처럼 사랑하는 나라가 이 세상 어디에 또 있을까. 그렇다. 이 나라 대한민국이야말로 이 세상에서 가장 아름다운 나라이다. 하나님 감사합니다. 무한영광 받으소서. 복 받은 대한민국, 세상에서 가장 아름다운 나라 대한민국 만세입니다. 이 때 최은미가 말했다.

"목사님, 저는 십자가가 이렇게 아름답게 보인 적이 전에는 없었어요! 그냥 교회의 상징 같은 것으로만 생각되었거든요! 그런데 지금 이 순간에는 그렇지 않아요. 너무 아름답게 보여요!"

"왜 그런지 자신에게 한 번 물어볼래요?"

이목사의 말에 최은미는 미처 생각 못한 것을 깨달았다는 어조로 말했다.

"정말 그러네요. 제가 지금 왜 이러죠? 왜 이렇게 즐겁고, 설레고, 십자가가 다르게 보이는 거지요?"

"은미 자매 오늘 밤 큰 은혜 받은 거예요. 예수님의 품에 확실히 안긴 거예요."

"그래요? 그러고 보니 정말 그런 것 같아요! 솔직히 말씀 드리면 제가 좀 본심과는 다르게 말하고 행동한다고 느낀 적이 있었거든요! 목사님에게요! 그러나 이제는 전혀 그런 마음이 없어요! 이 마음이 제게는 전보다 훨씬 편하고 좋아요!"

"그럴 거예요. 내가 그 마음 잘 알아요. 나도 은미 자매가 큰 은혜 받아서 너무 기뻐요."

"저 이제 진짜 크리스천 된 거예요?"

"이제는 예수님 품 떠나서 살 수 없어요."

"전 죽을 때까지 예수님 품에 있을 거예요!"

얼굴을 자세하게 볼 수 있는 낮이 아니었지만 최은미의 얼굴은 은혜의 광채로 빛나고 있음이 분명하였다. 소망이 가득 담긴 맑고 깨끗한 생명력 있는 목소리와 기쁨을 주체 못하는 그녀의 행동이 그것을 증명하였다.

"은미 자매, 내일 일정을 위하여 이제 그만 내려가는 게 어때요? 잠을 좀 자 두어야 할 것 같아서요."

"맞아요 목사님. 내일을 위하여 잠을 좀 자야 해요. 그만 내려가요."

그들이 교회로 발걸음을 옮길 때 한 줄기 시원한 바람이 불어왔다.

이목사는 예배당에 도착하자 기도할 마음이 생겼다. 그래서 최은미를 방으로 들여보내고 강단에 올라가 기도를 시작했다. 기도가 깊어질수록 감사가 넘치면서 통회의 눈물이 솟구치는 것이었다. 이러는 중에 갑자기 예배당 안이 찬란한 빛으로 충만하며 환하게 밝아지는 것이었다. 이목사는 두 손을 번쩍 들고 할렐루야로 찬양을 시작했다. 할렐루야! 할렐루야… 찬양이 계속될수록 더운 눈물이 솟구치면서 하늘로부터 한없는 평화가 내려오는 것이었다. 이 목사는 그 평화 속으로 빠져들었다.

　이목사는 강단에서 눈을 떴다. 그는 곧 구수한 된장국 냄새가 코 안 가득히 들어오는 것을 느꼈다. 이목사가 몸을 일으켜서 부엌 쪽을 보니 최은미가 앞치마를 두른 채 열심히 음식을 만들고 있는 게 보였다. 이목사는 곧 강단을 내려와 최은미에게로 갔다. 그녀는 이목사를 보더니 밝게 웃으면서 "몸 괜찮으세요?" 하고 물었다. 이목사는 고개를 끄덕이며 대답했다. "오늘이 오히려 어제보다 더 나은 것 같아요. 한데 된장국 끓이나 보아요. 냄새가 아주 구수한 게 좋아요."

　"애들이랑 먹으려고 어제 사온 시금치 넣고 끓였어요. 냄새만 맡아서 어떡해요? 이번 주 빨리 지나갔으면 좋겠어요."

　"그래요. 내일 지나면 함께 식사할 텐데요 뭐. 그런데, 은미 자매 앞치마 입으니까 영락 없는 주부네요. 시집 간 아줌마 같이 보여요."

　"그렇게 보여요? 저도 시집 갈 때가 됐나 보죠. 밖에 나가 보았는데 오늘 날씨 너무 좋아요. 애들이 몹시 기뻐할 것 같아요. 목사님, 우리 한강 근처로 가지 말고 서울 밖으로 나가면 안 돼요? 기왕에 가는 가니까 저녁 늦게 돌아오더라도 그게 더 나을 것 같아요. 운전은 제가 할게요."

　"그것도 괜찮을 것 같은데, 난 사실 어떤 수영장이 어디에 있는지 잘 몰라요. 더구나 서울 밖으로 나가서는 어디에 어떤 수영장이 있는지 더더욱 알지 못해요."

　"가깝고 유명한 곳으로는 대천 해수욕장이 있잖아요. 하지만 거긴 너무 먼 것 같고요, 제 생각엔 대부도 쪽이 괜찮을 것 같아요. 방송국 기웃거릴 때 그 쪽에 몇 번 가보았거든요. 여기서 가깝고, 애들 수영하면서 놀기 좋은 곳도 있어요. 수영을 할 만한 장소가 여러 곳　있는 것 같았어요. 그 때 저희들은 방아머리라는 이름의 해변에서 수영을 했던 것 같아요. 이름이 특이해서 기억에 남아 있는 것 같아요."

"그랬군요. 대부도라면 포도가 유명한 섬 아니에요? 대부도 포도라고 적힌 상품 박스를 본 것 같은데?"

"맞아요. 포도도 나는 곳이에요. 섬이긴 하지만 경기도 안산시와 이어진 긴 뚝이 있어서 도로가 좋아요. 아마 안산시에 속한 섬일 거예요."

"경기도이니까 여기서 멀지는 않겠네요. 그렇죠?"

"네. 여기서 가까워요. 바다여서 바람도 좋고, 애들한테 조개도 먹일 수 있고, 괜찮을 것 같아요. 어때요 우리 그리로 갈까요?"

"그럼 그렇게 하도록 해요."

"알았어요. 애들이 무척 좋아할 거예요. 얘들아 밥 먹자!"

최은미는 큰 소리로 아이들을 불렀다. 환한 그녀의 얼굴 표정은 그 어느 때보다도 활기가 넘쳐흘렀다. 그녀의 이런 모습은 이목사의 마음도 큰 기쁨으로 채워 주었다. 비록 금식 중이긴 했지만 최은미와 아이들 모두가 함께 바닷가에 가서 하루를 보낸다는 일이 벌써부터 기대가 되기도 했다. 시원한 곳에 가서 이 무덥고 온 몸이 찝찝한 여름을 잊으며 단 몇 시간이라도 보냈으면 하는 마음이 간절했기 때문이다.

이 무렵 공중제국에서는 긴급비상회의가 소집되었다. 전 같으면 모든 참모들이 모인 후 마왕이 나타나곤 했는데 이번에는 그렇지 않았다. 마왕이 가장 먼저 회의장에 나와 앉아 있었다. 마왕의 얼굴은 크게 일그러져 있었고 두 눈은 분노로 이글거리고 있었다. 참모들은 이 사실을 전해 듣고 허둥지둥 회의장으로 모여들었다. 마왕은 두려운 표정들을 짓고 달려오듯 빠른 걸음으로 회의장에 와 제자리에 앉는 귀신들을 하나하나 유심히 살폈다. 마침내 참모들은 한 자리를 빼고는 모두 다 제자리를 메웠다. 마왕은 그 빈자리를 보고는 아주 못마땅한 표정을 지으며 마국지를 보았다. 그리고는 다분히 성난 음성으로 물었다.

"마국지, 마국아수는 왜 아직 자리에 나오지 않나?"

마국지는 놀란 듯 두 눈을 크게 뜨고 마국아수의 자리를 보았다. 그리고는 낮은 어조로 말했다.

"자세한 이유를 알지 못하겠습니다 각하. 아마 늦어질 수밖에 없는 무슨 중대한 일이 있나 봅니다."

마국지의 말을 듣고 마왕은 주먹을 불끈 쥔 오른 손으로 탁자를 사정없이 내리쳤다.

"무슨 중대한 일이라니! 내가 오라는 일보다 더 중대한 일이 어디 있어! 가서 당장 잡아 와!"

마왕은 회의장을 빙 둘러싸고 있는 무장 귀신들에게 명령하였다. 무장 귀신들은 "네 각하!" 하고 대답하기가 무섭게 뛰어나갔다. 회의실은 이미 공포의 그늘이 쫙 깔려 있었다. 마왕은 참모들을 한 번 빙 둘러보았다. 그의 청동 빛 안광이 날름거리는 뱀의 혀처럼 자기들의 면상을 훑고 지날 때마다 참모들은 소름이 돋았다. 참모들은 입을 꼭 다문 채 두 눈들을 자기 앞의 탁자 면에 고정시키고 있었다. 이러한 참모들을 보고 마왕이 소리쳤다.

"이놈이 때가 어느 때인 줄 알고 감히 나를 기만해! 나를 속이려고 하다니! 내가 이 자리에서 너희들에게 분명히 말한다! 어떤 놈이 또 한 번 날 속이려고 했다간 그 놈은 바로 이 자리에서 내가 죽일 것이다! 마국아수는 바로 이 자리에서 나를 속인 자다! 저 한국의 목사 이성웅이라는 자의 실상을 하나님의 천사들이 두르고 있어서 촬영할 수 없었다고 나를 속였다! 잘 들어라! 나는 세상의 모든 인간들 곁에 우는 사자와 같이 입을 벌리고, 두 눈을 부릅뜨고 서 있다! 이십 사 시간 저들의 주위를 맴돌고 있단 말이다! 이것은 내 능력이고 내 특권이다! 그런데 나로부터 중책을 받은 놈이 나를 속이다니 가소롭구나! 그래도 내가 한 번 더 기회를 주었는데 일을 엉망으로 만들고 말았다! 이성웅 목사라는 인간을 죽이기 위해 가장 적합한 인간들을 붙이라고 했더니 결과적으로는 그 자를 이롭게 하는 인간들을 골라다 붙였단 말이다! 내 이놈을 갈가리 찢을 것이다! 그런데, 이놈이 어디를 가서 아직도 이 자리에 나타나지 않는단 말이냐?"

마왕의 추상같은 목소리가 회의장 안을 찌렁찌렁 울렸다. 이 때 마국아수를 잡으러 간 무장 귀신들이 허둥지둥 들어왔다. 그리고는 두려운 표정으로 마왕에게 보고했다.

"마왕 각하, 마국아수 사령관께서는 몇 시간 전부터 자리를 비웠다고 합니다."

"뭐라고? 자리를 비웠어? 이놈이 제 명이 다한 줄 알고 머리가 돌았구나! 빨리 공중제국 전역에 수배령을 내려! 잡는 즉시 이리로 끌고 와! 이 곳에서 공개처형을 할 테니까!"

"네 각하!"

무장귀신들이 바짝 긴장된 얼굴들을 하고 다시 회의장 밖으로 나갔다. 마왕은 무엇을 생각했는지 혼자만의 생각을 정리하고 머리를 끄덕거렸다. 그리고는 다시 좌중을 둘러보았다. 그러다가는 마국지에게 물었다.

"너도 마국아수에 대한 정보를 하나도 가지고 있지 않느냐?"

"네 각하. 제가 알기로는 마국아수가 모든 참모들과 관계를 끊은 지가 꽤 오래 된 것 같습니다."

"뭐라고? 그 놈이 모든 참모들과 관계를 끊은 지가 꽤 오래 되었다고? 나한테는 어제까지만 해도 모든 참모들과 긴밀히 협조를 하여 일을 잘 진행하고 있다며 큰 소리를 쳤는데 그것도 거짓말이라는 거야? 이놈이…"

마왕은 뿌드득 이를 갈았다. 그리고는 다시 참모들을 둘러보았다. 참모들은 마치 몸들이 꽁꽁 얼기라도 한 듯 굳은 몸과 굳은 표정들로 마왕의 소름끼치는 안광을 받았다. 마왕은 저들의 그러한 표정들을 살피고는 입을 열었다.

"요즘 우리 제국이 무질서해지고 있다. 세상이 우리 손아귀에 거의 다 들어왔다고 자만하는 모양인데 이러다가는 큰 코 다친다. 너희들이 아직 예수라는 존재를 잘 모르고 있는 모양인데, 그는 내 유혹에도 넘어가지 않았던 당돌한 존재야. 오히려 내 뒤통수를 쳐서 나를 꼼짝 못하게 묶었단 말이다. 그런데, 일들을 이 따위로 하고 있는 거야. 마국아수라는 놈은 젊은 여자를 붙여서 이성웅 목사라는 자를 죽이라고 했더니 오히려 그 여자가 목사를 좋아하게 만들었다. 내가 너희에게 항상 당부했던 게 무엇이냐. 우리의 대 역사를 위하여 두 번 다시 욥 같은 인간들을 고르지 말라고 했지 않느냐. 욥을 잘못 골라 우리 공중제국이 오랜 동안 타격을 받고 있는 것은 내 실수 하나만으로 족하단 말이다. 그런데 이 중차대한 시기에 마국아수라는 놈은 일을 이 따위로 만들었다. 이 시간부로 우리 공중제국 제이군대의 사령관으로 저 아프리카 지역에서 일하고 있는 부사령관을 임명하겠다. 앞으로 나오기 바란다. 마왕의 뒤편에 있는 문이 열리면서 키가 장대한 거인 귀신 하나가 나타났다. 그는 몸집이 큼에도 불구하고 아주 가벼운 걸음걸이로 마왕 앞까지 와 차렷자세를 취하고 섰다. 두 눈이 부리부리하고 이마가 좁은, 인상부터가 성질이 사나워 보이는 체격 좋은 귀신이었다. 마왕은 그 귀신의 위아래를 한 번 살펴보고는 말했다.

"마국아수, 우리 제국의 참모들에게 인사해라. 이제부터 너는 아시아 지역을 통치하는 우리 공중제국의 사령관이다."

새로운 마국아수가 몸을 똑바로 세우고 참모들을 향하여 거수경례를 했다. 그러자 마왕이 또 말했다.

"마국아수는 오랜 기간 동안 아프리카에서 혁혁한 공을 세웠다. 부족들이 예수로 인하여 개화되는 것을 철저하게 막으며 오직 나에게 절하도록 만드는 일을 지금까지 해오고 있었다. 그리고 온갖 음란하고 폭력적인 종교를 그 곳에 심는 일에도 큰 공을 세웠다. 이뿐만 아니라 인종 청소에도 앞장서서 일을 하였다. 또한 빈곤과 에이즈 확산 등에도 마국아수의 공이 컸다. 이제 마국아수는 아시아에서 우리 제국을 위해 또 한 번 놀라운 일들을 행할 것이다. 특별히 저 한국 땅의 교회들을 박멸하는 일에 이제까지 보지 못했던 작전들을 전개할 것이다. 이 새로운 장군과 함께 너희들 모두 분발하기 바란다. 알겠나!"

"네 각하!"

공중제국의 회의실은 천정이 날아갈 것 같은 대답 소리로 크게 울렸다. 마왕은 새로이 임명한 마국아수를 보면서 말했다.

"난 이미 너의 실력을 보아왔다. 지금까지 네가 해오던 대로 아시아에서도 모든 일을 하기 바란다. 특별히 한국에서도 너의 실력을 백분 발휘하기 바란다. 너의 방식을 써라. 난 네가 아프리카에서 인종 소탕을 할 때 너무나 통쾌했었다. 난 인간들이 내 사슬을 목에 감고 비명을 지르며 죽어가는 것을 좋아한다. 그 피 냄새가 내 영혼을 흡족하게 해 준다. 이제 한국의 기독교도들에게 너의 쓴 맛을 보여 주어라. 전갈이 쏘는 것보다 더 고통스러운 방법으로 저들을 다루란 말이다. 그리고 저들 한국인들에게 동성애가 공중제국의 제왕인 나의 축복이라는 것을 설득시켜라. 그리하여 이전보다 훨씬 더 적극적으로 에이즈를 통해 인간들을 죽여라. 한국인들이 가지고 있는 모든 순결한 분별력을 마비시켜라. 알겠느냐 마국아수!"

"네 각하! 그 명령들을 충성을 다해 실행하겠습니다!"

마국아수는 다시 몸을 꼿꼿히 세우며 큰 소리로 대답했다.

"좋아! 맘에 든다 마국아수! 자 우리 참모들이여, 우리 새로운 아시아의 통치자에게 박수를 보내 주자!"

박수소리가 회의장을 가득 메웠다. 마국지는 박수를 치면서 마왕과 새로운 마국아수를 번갈아 보았다. 그러나 아무 말도 하지 않았다. 이 때 마왕은 다시 한 번 좌중을 둘러보면서 입을 열었다.

"이제 이 세상은 거의 다 내 손안에 들어왔다. 하지만 단 일순간도 마음을 놓아서는 안 되는 상황이다. 너희들도 보았다시피 종적을 감춘 전 마국아수는 한국의 교회들을 다루는 일에 실패하였다. 물론 한국의 교회들도 머지않아 온전히 변질되어 나의 손아귀에 들어올 것이다. 그러나 그는 작은 교회의 목사 하나를 제대로 잡지 못했다. 바로 이것이 문제이다. 저 큰 세상이 다 나의 뜻대로 되어지는데 따르는 자도 몇 명 안 되는 작은 목사 하나를 죽이지 못하는 게 우리의 맹점이다. 우리들은 이것을 극복해야 한다. 그렇지 않으면 우리의 제국이 이 세상을 완전히 평정하는 날은 점점 더 멀어질지도 모른다. 우리들은 모두 다 함께 일하고 있기 때문에 엄격히 말한다면 어느 한 군인의 허물만을 책망할 수 없다. 내가 전 마국아수를 괘씸하게 보는 것은 그가 감히 나를 속였기 때문이다. 우리 제국에서 나를 속이는 자는 그 즉시 죽는다는 사실을 잊지 말라. 물론 속이는 것은 우리의 생리이고 본성이며 우리의 최대 전략이다. 또 우리의 자랑이다. 그러나 마왕인 나를 속이는 것은 그 자신의 죽음을 의미하는 것이다. 이것을 잊지 말라. 나는 나를 속이는 어떤 부하도 용납하지 않을 것이다."

마왕은 잠시 입을 다물고 있다가 마국지에게로 눈길을 돌리며 물었다.

"마국지, 지금이야말로 너의 지혜가 전적으로 필요한 때이다. 모든 참모들이 모인 이 자리에서 너의 의견을 한 번 말해 보아라."

마국지는 자리에서 일어섰다. 그리고는 대답했다.

"잘 알겠습니다 각하. 공중제국의 지관으로서 먼저 각하에게 용서를 빕니다. 제가 전 마국아수에게 좀더 나은 지혜를 주었더라면 오늘과 같은 불행한 일이 없었을 줄로 압니다. 그렇습니다. 마왕 각하의 말씀은 정확한 말씀입니다. 우리의 맹점은 세상을 손아귀에 넣으면서도 아무 것도 아닌 목사 하나를 마음대로 죽이지 못하는 데 있습니다. 우리들이 이 하찮은 적을 없애지 못하는 것은 그가 우리의 강적인 예수와 묶여 있기 때문입니다. 여러분들도 알다시피 예수와 견고히 묶여 있는 자들의 생명은 창조주인 하나님이 보호하십니다. 하나님이 보호하고 있는 생명은 우리로서는 어떻게 해볼 수 없습니다. 그러므로 우리가 그들을 죽이려면 예수와 묶인 그 끈을 끊어야만 합니다. 이것을 자르지 않으면 우린 그들을 죽일 수 없습니다. 그럼 어떻게 해야 우리들이 예수와 인간이 견고하게 묶인 그 끈을 끊어버릴 수 있습니까?"

마국지가 여기까지 말했을 때 마왕과 공중제국의 온 참모들의 눈은 마국지에게 더욱 집중하였고 그 눈들은 청동색 안광들로 번쩍거렸다. 마국지는 그들을 보면서 입을 열었다.

"방법은 하나입니다. 그들이 구세주라 믿고 있는 예수의 존재를 하찮게 만드는 것입니다. 그러기 위해서는 예수에 관하여 기록된 성경이라는 책을 거짓 서적으로 만들어야 합니다. 이 방법밖에는 다른 방법이 없습니다. 우리가 전투할 때 사용하는 거짓과 살인은 인간의 영혼을 죽일 때에 절대적으로 필요한 방법들입니다. 그러나 성경과 예수를 살려놓고 이 일을 행하면 나중엔 우리가 더 큰 피해를 입게 됩니다. 그러므로 우리들은 이단과 사술을 더더욱 강렬하게 세상에 퍼뜨려야 합니다. 그리고 신학대학이나 교회에 우리의 첩자들을 계속해서 심어야 합니다. 어떻게 해서든지 성경은 하나님의 말씀이 아니라고 각인시켜야 합니다. 그리고 예수 역시 평범한 인간이었다고 가르쳐야 합니다. 우리들은 분명히 압니다. 우리들은 예수가 흘린 피의 능력을 압니다. 우리들은 그 피 냄새를 맡으면 모두 다 쓰러집니다. 예수의 피라는 말만 들어도 골치가 아파서 그 곳을 떠나야만 합니다. 십자가라는 말도 마찬가지입니다. 우리들은 예수가 십자가에서 죽었다는 말을 듣는 순간에 숨이 막힙니다. 그리고 부활했단 말을 들으면 두려워집니다. 이것은 여기 있는 모든 참모들이 이미 경험했고 지금도 계속 경험하는 일이라고 믿습니다. 결론은 그렇습니다. 성경을 평범한 책으로 끌어내려야 합니다. 예수를 인간으로 전락시켜야 합니다. 여기서부터 우리의 모든 전략이 출발되어야 합니다."

"옳다. 마국지의 말이 전적으로 옳다! 마국지는 우리가 듣고자 했던 가장 핵심적인 말을 했다! 우리의 지혜장관 마국지에게 박수를 한 번 보내자!"

마왕의 말에 공중제국의 참모들은 박수를 쳤다. 마왕은 이번엔 마귀제국의 종교장관인 마국종을 보면서 말했다.

"너도 마국지의 말을 잘 들었을 것이다. 너는 어떻게 정책을 펼치고 있느냐?"

"네 각하, 말씀 드리겠습니다. 각하에게 말씀 드린 대로 저는 우선 이단과 사술을 끊임없이 개발해내고 있습니다. 저의 연구원들은 밤을 새워 가면서 인간들을 우리 제국의 노예로 만들기 위해 새로운 종교와 철학들을 만들어내고 있습니다. 공산주의처럼 실패한 아이디어도 있지만 성공한 아이디어들도 많이 있습니다. 저희들은 계속적으로 아이디어를 창출할 것이며 보다 더 강렬하게 우리가 만든 이단과 사설들로 인간들을 시험하고 유혹할 것입니다. 수단과 방법을 가리지 않고 우리의 종교와 철학들을 세상에 심을 것입니다. 각하께 보고 드린 대로 한국에서는 오래 전부터 우리의 특공대들이 활동하고 있습니다. 이미 이슬람 사원 모스코 수십 개를 세웠고, 힌두 사원도 여러 개 세웠습니다. 몇 년 후엔 그 곳에서 놀라운 일들이 벌어질 것입니다. 저 유럽처럼 무슬림들이 음란과 폭력의 자기 정체성을 드러낼 것입니다. 납치와 살인, 폭력, 일부다처의 성적인 문란이 동성애의 열기와 함께 활화산의 불길처럼 치솟을 것입니다. 저 유럽이나 아프리카보다도 더 강력한 폭력과 음란의 대 역사가 펼쳐질 것입니다. 대왕 각하의 마음에 쏙 드는 그러한 일들이 저 한국 땅에서 일어날 것입니다. 각하께서 기대하셔도 좋습니다. 그리고 우리가 만든 수많은 이단과 사설들이 한국인들에게 방종을 심으며 예수를 잊어버리도록 만들 것입니다. 백의민족이라는 말은 자연스럽게 사라질 것이며 동방예의지국이라는 말도 듣지 못하게 될 것입니다. 경제도 악화되어 다시 예전처럼 남의 나라의 도움을 받는 빈국이 될 것입니다."

"좋다. 매우 잘하고 있어. 그렇게 계속 밀고 나가기 바란다. 더 많은 종교들을 만들어 저들의 영혼을 혼란케 하고 유린하여라. 특별히 일부다처로 여성을 학대하며 거침없이 폭탄을 던지는 이슬람 종교를 최대한 활용하여라. 지금처럼 계속 지식인들과 하층민들을 유혹하여 내 사람들로 만들어라. 너의 말을 들으니 내 마음이 후련하구나. 희망이 보인단 말이다. 자, 우리 제국의 탁월한 아이디어맨인 우리의 종교장관에게도 큰 박수를 한 번 쳐 주자!"

우렁찬 박수 소리가 멈추자 마왕은 이번엔 공중제국의 디지털장관인 마국디에게 시선을 주면서 말했다.

"너도 진행상황을 말해 보아라."

"네 각하. 각하에게 보고 드린 대로 저 역시 저의 대원들과 불철주야 연구하면서 우리 제국의 발전을 위해 노력하고 있습니다. 저는 각하께서 이 세상을 보다 효과적으로 통치할 수 있는 컴퓨터 시스템을 거의 완성하였습니다. 이제 머지 않아서 이 세상의 모든 인간들이 각하의 손끝에서 인형이나 로봇처럼 행동할 것입니다. 모든 인간들의 신상정보를 각하께서 일순간에 읽을 수 있는 시스템을 곧 완성하게 됩니다. 또 그 인간들의 일거수일투족을 관찰하고 관리할 수 있는 시스템도 머지않아 완성됩니다. 그 때는 이 세상의 어떤 인간도 각하의 손을 벗어날 수 없습니다. 각하께서 죽이기도 하고 살리기도 하는 권세가 컴퓨터 시스템을 통하여 각하에게 주어지는 것입니다. 저는 또 동료들과 함께 해킹과, 악독 바이러스 개발 및 유포를 위해서도 노력하고 있습니다. 또 잔인한 게임을 개발하고 그것을 유포하여 인간들을 우리의 포로로 만드는 일에도 최선을 다하고 있습니다. 인터넷과 전자 체계를 최대한 활용하여 세상의 모든 인간들을 대왕 각하의 노예로 만들고자 최선을 다하고 있습니다."

마왕은 흡족한 얼굴로 고개를 끄덕이면서 말했다.

"알았다. 잘 하고 있어. 얼마 전 한국인 대다수의 금융정보를 빼내 유포한 일은 상을 줄 만한 일이었다. 그런 일들을 계속하여 한국인들의 영혼을 계속 혼미케 하거라. 저들이 정신이 없도록 만들란 말이다. 무엇이 진리이고, 무엇이 정의이고, 무엇이 좋은 것이고, 무엇이 나쁜 것인지 알지 못하게 만들란 말이다. 그리하여 이 세상이 온통 끝도 없는 사막처럼 보이게 하고, 또 맹수들이 우글거리는 정글처럼 인식하도록 만들어라. 사기와 술수, 음란과 폭력, 중독, 도박, 자살 같은 일들이 인간의 영혼에 평화를 가져오는 일이며 인간답게 사는 일이라고 계속해서 광고하고 유혹하기 바란다. 그리고 이 세상은 돈이 없으면 죽는다는 절망감을 심어라. 오직 돈만이 인간의 생명줄을 연장시키는 유일한 도구라고 가르쳐라. 사회의 전 시스템을 돈 중심으로 만들란 말이다. 디지털 기술을 통하여 그것을 심어주란 말이다. 그리하여 인간들을 죽여라. 기회를 놓치지 말고 죽여라. 한 인간이 우리의 칼에 죽으면 우리 공중제국의 벽은 그 피로 인하여 그만큼 두터워진다는 사실을 잊지 말아라. 죽는 인간들이 많아질수록 우리의 왕국은 새 힘을 얻게 되고, 이 세상은 나의 힘에 더욱 복종한다는 사실을 너도 알 것이다. 그러니 계속 분발하기 바란다. 참, 미디어를 통하여 한국을 고립시키는 전략을 보다 더 깊이 연구하기 바란다. 미국과 한국을 갈라놓는 것은 물론, 일본과 중국, 러시아, 영국, 독일, 프랑스와도 갈라놓아야 한다. 어떠한 경우에도 한국이 저들 강대국들의 협조를 얻어서 통일을 하게 되면 안 된다. 너도 알다시피 북한 땅에는 우리가 죽인 수많은 기독교인들의 피가 뿌려져 있다. 그러므로 만약 통일이 되는 날엔 그 피의 생명력이 그 땅에서 강력하게 솟구칠 것이다. 그렇게 되면 우리 제국은 또 어떤 급박한 상황을 맞을지 모른다. 아니, 한국은 분명히 이 세계를 움직이는 강력한 나라가 될 것이다. 저들은 유대인들보다도 더 강인한 정신력과 칼날 같은 예리한 분별력을 가지고 있다. 자신을 계속 새롭게 하는 혁신의 능력도 탁월하다. 거기에 유대인들은 가지지 못한 탁월한 예의범절을 가지고 있다. 저들이 통일을 하는 날엔 저들의 이러한 탁월성이 예수의 이름을 힘입고 전 세계를 지배할 힘으로 확장될 것이다. 틀림없이 그럴 것이다. 우리는 그것을 막아야 한다. 저들이 세계를 지배하든 하지 않든 우리에게는 그것이 중요한 게 아니다. 우리의 대적 예수가 높아지고 강해지고 칭송 받는 것이 우리의 문제이다. 저 대한민국 땅에서 더 이상 예수가 높아지면 안 된다. 더 이상 예수가 구세주로 추앙 받으면 안 된다. 그것을 막아야 한다. 통일이 되면 우린 분명히 큰 타격을 입는다. 저들은 다시 평양을 예루살렘 같은 예수 신앙의 중심지로 만들 것이다. 대한민국을 나를 대적하는 세계에서 제일가는 예수본부로 만들 것이다. 우린 그것을 막아야 한다. 예수를 믿는 이들이 세계를 호령하면 우리의 입지는 그만큼 좁아지고, 우리의 왕국은 그만큼 큰 타격을 받게 된다. 그러니 정신을 번쩍 차리고 한국이 세계의 대국들과 친해지는 것을 막아야 한다. 이 일을 위해서는 미디어가 큰 역할을 해야 한다. 분열을 유도하도록 우리의 첩자들을 한국의 미디어 집단에는 물론 전 세계의 미디어 집단에 더 많이 심어야 한다. 내 말을 명심하여라. 알겠느냐 마국디?"

"예 각하! 명심하겠습니다. 저들 한국인들에게 결코 통일이 오지 않도록 최선을 다하여 노력하겠습니다."

"좋아. 내 너를 믿겠다. 자, 우리 마국디에게도 격려의 박수를 보내주자!"

우렁찬 박수 소리가 공중제국의 회의실 안을 울렸다. 마왕은 다시 새로운 마국아수에게 말했다.

"마국아수, 넌 어떻게 해서든지 한국의 교회들을 저 유럽 교회들 이상으로 완전히 박멸해야 한다. 한국의 교회들이 죽지 않으면 우리 제국의 꿈이 실현되지 않을 수도 있단 말이다. 이 시대에 하나님을 그렇게 찬송하면서 따르는 족속이 이 세상에는 없단 말이다. 이것은 예삿일이 아니다. 그러니, 어떻게 해서든지 남북통일을 막아야 한다. 멍텅구리인 이전의 마국아수는 한국의 통일을 앞당긴 죄도 지은 놈이다. 그놈은 중국과 한국을 밀착시켜 놓았다. 중국과 한국이 밀착되면 어떻게 되는 줄 너도 알 것이다. 저 옛날 신라가 삼국을 통일할 때 중국의 당나라가 저들을 도왔다. 그것도 모르고 이전 마국아수는 한국과 일본을 갈라놓고 중국과 북한을 갈라놓았다. 중국과 한국이 붙으면 통일이 된다는 사실을 모르는 바보 멍텅구리였단 말이다. 한국이 일본과 붙어 있고 중국이 북한과 붙어 있어야만 통일이 되지 않는다. 너는 그 구도를 다시 복원시켜야 한다. 중국이 한국을 자기의 작은 이웃으로 생각할 수 있는 기회를 갖지 못하도록 저들의 생각을 혼미하게 만들란 말이다. 그리고, 한국의 경제가 더 이상 성장하지 못하도록 막아라. 재벌들에게 이기심을 가득 부어주고, 저들의 가정이 분열하도록 만들어라. 한국 국민들이 재벌들을 미워하게 만들란 말이다. 그리고 국민보다는 제 욕망에만 집착하는 이들을 계속해서 요직에 세워라. 무엇보다도 우리의 전사들을 정계와 법조계, 공기업에 심으란 말이다. 언론계와 학계에도 지금처럼 계속해서 우리의 전사들을 심어야 한다. 그리고, 한국 교계의 요직에 있는 목사나 장로들을 전보다 훨씬 더 강하게 유혹하기 바란다. 교권 싸움, 음란 사건, 탐욕 사건 등 저들을 넘어뜨리는 작전을 더욱 강렬하게 전개하라는 말이다. 쓸만한 놈들은 수단과 방법을 가리지 말고 모조리 쓰러뜨리란 말이다. 모든 신학대학엔 우리의 사람들을 박아라. 모조리 교체하란 말이다. 두 말할 것 없이, 예수가 숨기고 있다는 저 의인이라는 놈들은 한 명도 남기지 말고 찾아서 모조리 없애버리기 바란다. 마른 나뭇단을 태우듯이 그렇게 없애버리란 말이다. 그런 인간들은 단 한 놈이라도 남겨 놓으면 안 된다. 내가 저 선지자라는 놈들에게 당한 것을 생각하면 이가 갈려. 씨를 말리란 말이다. 뿌리까지 태우란 말이야. 우선 이성웅 목사라는 놈을 꼭 죽이기 바란다. 내가 계속해서 지켜보는데 그놈은 보통 당돌한 놈이 아니다. 이전 마국아수를 꼼짝 못하게 만든 놈이다. 이제 네가 그 놈을 상대해야 한다. 알겠나?"

"네 각하! 각하의 마음을 잘 알겠습니다. 명령대로 행하겠습니다. 중국과 대한민국의 관계는 염려 마십시오. 북한이 계속해서 핵과 미사일을 개발하면 한국은 자연히 미국의 힘을 빌리게 될 것이고 그러면 중국은 자연히 한국과 멀어질 것입니다. 한국이 미국에서 첨예한 전술무기를 들여올수록 중국과 러시아는 한국과 멀어질 것입니다. 그 점은 염려 마십시오."

"마국아수, 명장은 하나만 알고 둘을 모르면 안 되는 법이다. 지금 한국에는 중국인과 러시아인들이 필요 이상으로 많이 살고 있다. 막상 전쟁이 터지면 중국과 러시아는 한국에 총을 쏘지도 못하고 포탄을 날리지도 못한다. 자기 백성들을 살리기 위하여 북으로 총을 쏘고 포탄을 날려야 한단 말이다. 이것이 내게 얼마나 큰 고민이 되고 있는지를 너도 알아야 한다. 알겠느냐 마국아수?"

사탄은 퍼런 안광이 번쩍거리는 눈으로 마국아수를 쏘아보면서 말했다. 마국아수는 마귀의 그 눈을 보고 새파랗게 질려서 떨리는 어조로 대답했다.

"아… 알겠습니다 대왕 각하!"

사탄은 예리한 눈빛으로 마국아수를 쏘아보다가 그에게 말했다.

"내 말은 정신을 차리라는 말이다. 중국과 러시아는 내가 북한과 하나로 묶고 있으니 그 문제는 너무 염려 말아라. 나는 저들이 가진 과거의 연대를 통하여 단합하도록 허망한 꿈을 계속 불어넣을 것이다. 난 저들이 세계의 어떤 인간들도 모르게 은밀히 협조하도록 할 것이다. 난 이미 오래 전부터 그렇게 하고 있다. 함께 핵을 보유하여 세상을 위협하고 지배하리라는 누에동산의 꿈을 심어 저들이 비밀리에 그것을 가꾸도록 조종하고 있다. 그러나 방심하면 안 된다. 러시아와 중국에도 예수를 숭배하며 기도하는 이들이 있다는 사실을 명심하란 말이다. 내 말 알겠나 마국아수?"

"명심하겠습니다 폐하!"

사탄은 다시 한 번 좌중을 둘러보았다. 그리고는 말했다.

"다시 한 번 말한다. 이제 이 세상은 나의 수중에 거의 들어왔다. 몇 개의 교회들만 없애버리면 이 세상에서 나를 대적하여 훼방할 존재는 아무 것도 없다. 인간들은 모두 다 나의 노예가 되어 충성스럽게 일할 것이다. 그러나 방심하면 안 된다. 이전 마국아수와 같이 어리석은 행동을 하면 안 된다. 그는 지금 비록 실패하였으나 예전에는 십자군 전쟁에서 적군들을 쳤던 자이다. 그는 그처럼 큰 공을 세운 장군이지만 방심함으로 지금과 같은 종말을 맞게 되었다. 내가 하나님의 완전한 전략을 잘 알지 못한 건 사실이다. 그러나 지금 하나님이 우리들에게 보이는 전략은 전과 현저히 다르다. 우리의 생각처럼 세계의 교회들이 큰 힘을 행사하지 않고 있단 말이다. 아니 오히려 우리들의 전략에 교회들이 말려들고 있는 상황이다. 지금 이 세상의 교회들을 보아라. 예수를 숭앙하는 열기가 뻘겋게 불타오르던 저 옛날의 그것과는 너무 다르다. 가끔 그런 불길이 솟기도 하지만 우리들이 공격하면 금방 꺼져버리고 만단 말이다. 왜 하나님이 이러시는가 나는 알지 못한다. 그러나 분명한 사실은 하나님은 나를 천국에서 이 공중으로 내쫓으신 분이다. 그런 만큼 나를 유익하게 하기 위하여 교회를 약하게 하시지는 않는단 말이다. 여기에는 분명히 어떤 함정이 있을 것이다. 그것을 알고 너희들도 조심하기 바란다. 무슨 일을 행할 때엔 보고를 철저히 하기 바란다.

알겠나?"

"네, 각하!"

우렁찬 대답이 끝나자마자 마국지가 입을 열었다.

"각하! 우리의 힘에 교회들이 맥없이 허물어지는 것은 하나님께서 그 날을 준비시키고 있는지 모릅니다."

마국지의 이 말에 사탄은 깜짝 놀란 듯 반사적으로 참모들을 돌아보았다. 그리고는 마국지에게 말했다.

"그 날이라니? 어떤 날을 준비시키고 계신단 말이냐?"

"아들 예수를 다시 이 땅에 보내는 날 말입니다."

이 말에 갑자기 사탄의 얼굴이 굳어졌다.

"마국지, 내 너의 입에서 그 말이 나올 줄 알았다. 넌 여전히 순진한 데가 있구나. 넌 그 성경이라는 내용을 다 믿고 있는 듯이 말하는구나. 예수가 이 땅에 다시 온다는 그 말을 그대로 믿고 있는 것 같으니 말이다."

"각하…"

사탄은 몸을 조금 흔들며, 다분히 가소롭다는 듯한 표정을 지으며 기묘한 웃음을 흘렸다. 그리고는 마국지에게 말했다.

"너도 이젠 성경이라는 책자의 내용에 대하여 자유로울 때가 된 것 같은데 그 마음이 바뀌는 게 쉽지 않구나. 우리의 최고 책략 중 하나가 거짓이다. 그러나 하나님의 최고 책략 중 하나야말로 예수가 다시 온다는 거짓말이다. 마국지, 내 너에게 분명히 말하는데 다시는 그따위 거짓말로 우리 제국의 참모들에게 겁을 주지 말기 바란다. 알겠나?"

"잘 알겠습니다 각하. 앞으로 조심하겠습니다."

마왕은 마국지의 표정을 한번 살피더니 다시 자기의 참모들을 둘러보면서 말했다.

"자, 오늘은 여기에서 회의를 마치도록 하겠다. 모두 다 제 위치로 가서 일하기 바란다. 이전 마국아수를 발견하면 즉시 제국의 정보국에 알리는 걸 잊지 말라."

마왕이 자리에서 일어나 저만큼 걸어가자 참모들도 자리에서 일어났다. 마국지는 걸어가는 마왕의 뒷모습을 물끄러미 쳐다보았다. 이 때 마국아수가 마국지 곁으로 왔다. 그는 마국지에게 손을 내밀었다. 그의 손바닥과 손가락은 곰의 발바닥을 방불하였다. 크고 부숭부숭하고 흉측한 게 모양부터가 그의 악명과 잔인함을 증거하는 것 같았다. 마국지는 손을 내밀어 그의 손을 잡았다. 그리고는 말했다.

"축하합니다 장군."

"감사합니다. 앞으로 장관님의 협조가 많이 필요할 것 같습니다. 많은 도움을 부탁 드리겠습니다."

"도움은 오히려 제가 받아야지요. 앞으로 잘 부탁 드리겠습니다."

마국아수는 간교한 눈으로 마국지를 내려다 보면서 말했다.

"이전 마국아수와 장관님은 아주 가깝게 지냈다고 들었습니다. 저와도 가깝게 지내면서 이 쪽 아시아의 실정을 잘 이해시켜 주셨으면 좋겠습니다. 특별히 한국의 상황을 좀더 확실하게 가르쳐 주었으면 합니다."

"난 장군께서 생각하는 것처럼 무엇을 많이 알고 있지는 못합니다. 하지만 이 곳에서 먼저 일한 만큼 도울 게 있으면 힘껏 돕겠습니다."

"꼭 좀 부탁 드리겠습니다. 백전노장이시며 대 선배님이신 이전 마국아수께서 작전에 실패를 할 정도라면 이 한국이 결코 만만치 않다는 생각이 듭니다."

"네. 좀 특별한 지역입니다. 예수를 진실하게 신봉하는 자들이 의외로 많습니다. 그들은 기도를 많이 합니다. 이것을 항상 경계해야 합니다. 예수가 각별하게 사랑하는 사람들이 많이 있다는 말입니다."

마국아수는 입을 꼭 다물며 고개를 끄덕였다.

"잘 알겠습니다. 장관님의 조언을 명심하겠습니다."

마국아수는 정중하게 인사를 하고 출입구 쪽으로 걸어갔다. 마국지는 체격이 큰 마국아수의 뒷모습을 바라보다가 자신도 걷기 시작했다.

이 무렵 천국에서는 금방 끝난 공중제국의 회의 내용이 천사들에 의하여 하나님께 그대로 보고되고 있었다. 전지전능하시고 무소부재하신 하나님은 이미 마귀와 그의 무리들이 가졌던 집회의 모든 내용들을 알고 계셨지만 천사들의 보고에 귀를 기울이셨다. 무지개가 둘린 보좌 우편에는 예수님이 앉아 계셨고 하나님과 똑같은 표정으로 천사들의 보고에 귀를 기울이셨다. 그리고 하나님과 예수님의 보좌 주위에는 흰옷을 입은 이십 사 장로들이 각각 보좌에 앉아 있었다. 이들도 보고하는 천사들의 무리를 보고 있었다. 모든 천사들을 대표하여 한 천사가 앞으로 나아가 하나님과 예수님에게 경배하고 입을 열었다.

"찬송과 존귀와 영광을 영원토록 받으시기에 합당하신 권능의 주님이시여, 저희들이 대한민국의 상황을 두루 살펴보고, 마귀의 집회에도 참석하여 저들의 계략을 모두 듣고 모든 사실들을 그대로 보고 드립니다. 대한민국의 교회들은 지금 어려움 가운데 있습니다. 변절하는 종들이 많고, 헛된 것을 추구하는 사람들이 교회 안에 점점 많아지고 있습니다. 사탄은 온갖 음모와 술수를 동원하여 종들을 죽이고자 시도하고 있습니다. 그는 세상에서 가장 악랄하고 흉측한 자기 하수인들을 대한민국으로 집결시키고 있습니다. 하나님을 진실하게 믿고자 하는 이들을 가차없이 죽이고자 원하기 때문입니다. 최근에는 새로운 마국아수로 살인으로 악명 높은 귀신을 세웠습니다. 그리고 그에게 우선적으로 숨겨놓은 의인들을 색출하여 죽이라는 명령을 내렸습니다. 저들의 중보기도가 사라진다면 한국의 교회들은 금방 어둠에 잠길 것입니다. 전능하신 주 하나님의 선처가 필요합니다."

천사들의 말을 들으신 하나님은 옆에 계신 예수님과 이십 사 장로들을 한 번 둘러보셨다. 예수님은 말이 없으셨으나 이십 사 장로들은 한 목소리로 말했다.

"영원하신 주 하나님, 이제야말로 어린 양되신 예수님을 심판의 주님으로 다시 세상에 보내셔야 합니다! 사탄은 자신이 왕이 된 것처럼 세상을 지 마음껏 주무르고 있습니다! 힘 있는 자들을 대부분 포섭했고, 우리의 의인들은 무참하게 죽어가고 있습니다! 날마다 죄 없는 붉은 피가 땅을 적시고 있습니다! 이제는 우리의 주님을 세상에 보내시옵소서. 사탄과 귀신의 무리들을 모두 잡아 불못에 던지시옵소서!"

하나님은 이십사 장로들의 말에 고개를 끄덕이시다가 옆에 앉아계신 예수님을 보았다. 입을 여시지 않았지만 "내 아들아, 너의 생각은 어떠냐?" 하고 묻는 눈빛이 역력하셨다. 예수님은 몹시 안타까운 표정을 지으시면서 입을 열으셨다.

"존귀하신 아버지, 지금 이 시기가 촉박한 시기임을 이 아들이 잘 알고 있습니다. 그러나 세상에는 아직도 복음을 듣지 못한 이들이 있습니다. 우리가 이미 종들을 통하여 성경에 명시하였듯이 저들에게도 복음이 전해져야만 하리라 생각합니다. 그러니 조금만 더 기간을 주십시오."

예수님은 이번에 이십 사 장로들의 얼굴을 한 번 둘러보고 말씀하셨다.

"그대들의 안타까운 마음을 잘 알고 있다. 거룩한 종들의 피흘림에 아파하는 너희들의 그 아름다운 마음을 잘 알고 있다. 그러나 세상에는 아직도 나에 관하여 전혀 듣지 못한 이들이 상당수 남아 있다. 물론 그들도 머지않아서 복음을 듣게 될 것이다. 이제 내가 세상에 내려갈 준비를 본격적으로 할 것이니라. 그러니 저 세상으로부터 어떤 보고들이 들어와도 그렇게 알고 끝까지 인내하기 바란다. 나는 머지 않아서 세상을 심판하러 내려갈 것이니라."

"우리의 영원하신 어린 양이시여, 구세주이시여, 그 생각이 아름답고 귀하십니다! 저희들은 인내함으로 기다리겠습니다. 존귀와 영광을 세세무궁토록 받으소서! 영원무궁토록 찬양을 받으소서!"

예수님의 말씀을 들으신 하나님은 곧 천사장 미가엘을 부르셨다. 미가엘은 무장한 모습으로 하나님 앞에 나타나 머리를 숙였다.

"우주와 만물을 창조하신 영광의 주님, 분부를 내리시면 충성을 다하겠나이다!"

"마지막 시대를 감당시키려고 내가 특별히 선별한 대한민국의 교회들이 어려움에 처해 있구나. 이제 너는 저들을 이전보다 더욱 적극적으로 돕기 바란다. 특별히 나의 사랑하는 종들을 지키기 바란다."

"성은이 망극하옵니다. 즉각 대한민국에 특별순찰대를 보내고, 교회들을 지킬 보다 견고한 대책을 세우도록 하겠습니다."

미가엘 천사가 허리를 굽혀 인사를 하고 보좌 앞을 떠나자 이십 사 장로들과 천사들이 하나님과 예수님이 앉은 보좌를 향하여 말하였다.

"우리 주 하나님이시여, 영광과 존귀와 권능을 받으시는 것이 합당하오니 주께서 만물을 지으신지라 만물이 주의 뜻대로 있었고, 또 지으심을 받았나이다! 이제도 우주와 만물을 통치하시고 장래에도 영원토록 통치하실 주 하나님 아버지, 부디 만물들을 불쌍히 여기시고 굽어살피소서! 옛부터 거짓과 살인으로 하나님을 모욕한 마귀와 그의 부하들인 귀신들을 어서 속히 불로 사르소서!"

하나님은 사랑과 자애가 넘치시는 얼굴로 고개를 끄덕이셨다. 그리고는 입을 여셨다.

"나도 그대들의 고통을 잘 알고 있다. 나를 대적하였던 사탄이 공중에 자신의 나라를 만들고 자신을 따르던 악한 동류들과 함께 쉬지 않고 생명들을 해하는 것을 너무나 잘 알고 있다. 나를 사랑하는 수많은 영혼들의 핏소리가 저 아벨의 핏소리처럼 내 귀에 계속해서 들려오고 있다. 나는 정녕 그 핏소리에 응답할 것이다. 그 응답의 시간이 점점 가까워오고 있다. 그러니 그대들은 끝까지 인내하면서 그 시간을 기다리기 바란다.”

"주 하나님, 성은이 망극하옵니다! 만유의 주이신 아버지의 뜻대로 행하옵소서!”

이십 사 장로들과 천사들이 하나님께 경배하면서 말했다. 그러자 하나님은 옆에 앉아 계시는 예수님을 보면서 말씀하셨다.

"사랑하는 내 아들아, 그대는 서서히 준비를 하기 바란다. 함께 세상으로 내려갈 천군천사들을 준비시키고, 나의 말이 떨어지면 언제든지 심판의 주로 세상에 내려갈 수 있도록 모든 준비를 해놓기 바란다.”

"아버지의 뜻대로 행하겠나이다.”

다소곳이 대답하는 예수님의 얼굴을 한 번 살핀 하나님은 입을 다물고 생각에 잠기셨다.

천사들의 아름다운 찬양 소리가 다시 하늘 보좌를 감싸기 시작하였다.

12.
사랑의 증명

이목사는 새벽에 수 시간 동안 간절히 기도한 후, 지하실 밖으로 나와 하늘을 보았다. 날씨는 그 어느 때보다도 쾌청하였다. 최근에 이처럼 하늘이 깨끗해 보이는 날은 없었던 것 같았다. 바람도 솔솔 불어오고 있었다. 이목사는 즐거운 마음으로 다시 지하실로 내려갔다. 최은미는 즐거운 표정으로 아이들에게 옷을 입히고 있었다. 그 얼굴이 너무 사랑스러워 보였다. 그녀와 함께 좋은 장소에서 하루를 보내기 위해 밖으로 나간다고 생각하니 기대가 되었다. 마음이 즐거운 것이었다. 그러나 바로 이 순간 이목사는 기도원에서 사경을 헤매고 있는 아내를 생각했다. 그리고는 반사적으로 속으로 말했다. '여보, 정말 미안해. 지금 내가 하고 있는 이 행동이 옳은 것인지 모르겠어. 모처럼 아이들 바람을 쐬어주고 싶어서 결정한 일인데 그래도 당신이 마음에 걸려. 용서해. 상황이 이래서 안 갈 수도 없고 말이야. 너무 미안해…'

이 때 아이들의 옷을 다 입힌 최은미가 아이들에게 "너희들도 짐 하나씩 들고 밖으로 나와." 이렇게 말하고는 가장 큰 짐 하나를 들었다. 이목사도 돗자리랑 물통을 들었다. 그러자 최은미는 놀란 표정으로 그것을 말렸다.

"목사님, 금식 때문에 힘들잖아요. 여기 그냥 놓으세요. 제가 애들이랑 다 나를 테니까요. 어서요. 우리 끼리만 날라도 금방 나를 수 있어요."

"아니에요 은미 자매, 나도 이 정도는 들 수 있어요. 예수님은 사십 일 동안 금식하시고도 건강하셨어요. 그러니 염려 말고 어서 나가요."

"오늘은 더욱 힘이 없어 보이시는데 정말 괜찮으시겠어요?"

"그래요. 난 괜찮아요. 은미 자매가 원한다면 나 운전도 할 수 있어요."

"그건 안 돼요 목사님, 대부도까지는 상당한 거리잖아요. 운전은 제가 할 거예요. 저 운전 잘 해요."

"해본 말이에요. 운전은 은미 자매가 하세요. 하지만 조심히 해야 해요. 이 차는 원래 나만 운전하게 되어 있다는 거 은미 자매도 잘 알죠?"

최은미는 고개를 끄덕이며 "네, 잘 알았어요."하고 대답했다.

그들은 별로 넓지 않은 차 뒤칸에 차곡차곡 짐을 싣기 시작하였다. 맑은 햇살 사이로 시원한 바람이 솔솔 불어왔다. 이목사는 자신들의 해변 나들이를 하나님이 축복하고 계시는 게 느껴졌다. 그들은 뒤칸에 짐을 다 싣고 모두 차에 탔다. 최은미가 운전대를 잡고 시동을 걸어 엔진이 돌기 시작하자 이목사는 무사하고 즐거운 하루를 위하여 간절히 기도하였다. 차는 마침내 대부도 해변을 향하여 출발하였다. 한껏 기대에 부푼 아이들은 벌써부터 재잘거리기 시작했다. 최은미는 한참을 운전하다가 무엇이 생각난 듯 아이들에게 자기의 손가방을 이목사에게 주라고 말했다. 그녀의 손가방은 아이들 좌석 위인 차 뒤칸과 연결된 공간에 있었다. 상준이 그녀의 손가방을 이목사에게 주었다. 최은미는 이목사에게 말했다.

"가방 안에 선글라스 있어요. 저에게도 하나 끼워 주시고 목사님도 하나 끼세요. 제가 사이즈를 대충 어림잡아 목사님 것도 하나 준비했거든요. 하늘색은 제 것이고 보라색은 목사님 거예요."

이목사는 하늘색의 선글라스를 최은미에게 끼워 주었다. 선글라스를 끼자 그녀는 마치 영화에 등장하는 유명 배우처럼 멋있게 보였다.

"은미 자매 선글라스 끼니까 마치 연예인처럼 보여! 톱스타처럼 보여! 정말이야! 아주 어울리는데!"

"그래요. 전에 그런 말 들어본 적 있어요. 목사님도 끼세요. 시원하거든요."

이목사도 선글라스를 끼었다. 그 모습을 최은미가 얼른 보았다. 그리고는 웃었다.

"목사님도 멋있어요. 안경을 끼니까 목사님보다는 스파이 007처럼 보여요."

"스파이 007!"

"네. 꼭 그렇게 보여요."

최은미의 이 말에 이목사는 큰 소리로 웃고 말았다.

"하하하- 스파이 007! 하하하- 은미 자매 말이 너무 재미 있어! 하하하-"

이목사는 참으로 오랜 만에 큰 소리로 웃어보았다. 하나님은 항상 기뻐하라고 하셨는데 수많은 크리스천들이 그렇게 살지 못하고 있다. 설령 그렇게 산다 하여도 그 기쁨을 마음껏 표현하고 사는 성도는 극히 소수일 것이다. 이목사는 기분이 좋았다. 최은미는 운전을 능숙하게 하였다. 아주 즐거운 표정으로 핸들을 돌렸다.

"은미 자매 언제 이렇게 운전을 배웠어요?"

"영화배우되겠다고 방송국 들락거릴 때요. 가슴에 빈 바람이 가득 담긴 풍선 하나를 품고 방송국과 그 주변을 들락거릴 때 운전을 했어요. 제 차도 있었고 그 사기꾼 차도 있었어요. 그 후에 조인성 씨와 사귈 때도 제가 주로 그 사람 차를 운전했어요. 저는 운전하는 게 재미 있거든요."

"그랬군요. 옆에서 보니 운전 실력이 대단해 보여요."

"대단하긴요 목사님, 보통 사람들도 이 정도는 하죠. 아마 목사님도 이 정도는 하실 걸요. 아니, 저보다는 훨씬 잘하실 거 같아요."

"아니에요 은미 자매, 난 정말 운전 잘 못해요. 필요하니까 그때그때 하는 거예요."

"참 목사님, 천국에도 차가 있나요? 제 생각엔 천국엔 없는 게 없을 것 같거든요."

이 질문에 이목사는 잠시 고개를 갸웃거렸다. 아직 이것에 관한 생각을 해본 적이 없기 때문이다. 천국에 차가 있을까? 성경에는 그런 내용이 언급되어 있지 않다. 성경이 기록된 시대가 차가 없었던 시대였던 만큼 성경에는 차에 대한 언급이 없다. 아니 현대인들이 사용하고 있는 대부분의 기구들에 대한 언급이 없다. 컴퓨터며, 스마트폰이며, 비행기며, 텔레비전이며, 영화 등에 대한 언급이 없는 것이다. 그래서 이목사는 속으로 기도하였다. "오 보혜사 성령님이시여, 제가 은미 자매에게 가장 적합한 대답을 하게 해 주세요…" 그리고 나서는 곧 대답하였다.

"성경에는 차가 나오지 않아요. 하지만 천국에는 세상에서 볼 수 없는 그런 차가 있을지도 몰라요. 모든 문명과 문화는 하나님이 주시는 지식과 지혜로 만드는 거니까요."

"정말 그러겠네요. 하나님은 모든 것을 하실 수 있는 전능하신 분이라고 했죠. 저는 언제부터인가 천국에 미리 한 번 가보았으면 하는 그런 마음을 갖기 시작했어요. 어떤 분의 말을 들으니까 죽지 않고 세상에 있으면서도 천국에 가볼 수 있다고 했어요. 물론 특별한 경우이긴 하지만요. 그거 맞는 말이에요?"

"맞아요. 많은 사람들이 천국에 갔다 온 경험을 글로 썼어요. 내가 언제 은미 자매에게 거기에 관한 책을 한 권 사서 주어야겠네요."

"꼭 그렇게 해 주세요 목사님. 저는 책을 읽는 일이 별로 즐겁지는 않지만 그런 책은 금방 읽을 것 같아요."

"잘 알았어요. 내가 이번 주일 지나면 서점에 가서 꼭 한 권 사다 줄게요."

아이들은 뒷 자석에서 지들 끼리 이것저것을 먹으며 웃고 떠들었다. 이 목사는 문득 기도원에서 사경을 헤매고 있을 아내를 생각했다. 그러나 이 내 고개를 흔들었다. 사실 그는 오늘 새벽 기도 시간에 최소한 오늘만은 아 내 생각을 하지 않기로 마음먹었었다. 아이들과, 은미 자매를 위해서라도 오늘만은 이들과 한 마음이 되어서 어울리고 싶었다. 아내도, 아니 하나님 도 이목사의 이러한 마음을 잘 이해해 주시리라 믿었다.

차는 어느새 서울을 벗어나 외곽도로로 접어들었다. 그리고 안산시 를 향하여 달리기 시작하였다. 한참을 운전하던 최은미는 이목사에게 물었다.

"천국에서도 사랑하는 사람과 연애를 하고 결혼식을 하나요?"

"아니에요. 천국에서는 결혼이라는 게 없다고 예수님이 말씀하셨어요."

"그래요."

최은미는 좀 실망한 듯 낮은 어조로 말했다. 그리고는 숨을 고른 다음에 말했다.

"이 세상에서 결혼을 잘못해 실망하고, 마지못해 살다가 죽고, 또 이혼 한 사람들도 많잖아요. 이런 사람들은 천국에 가서 자기 맘에 맞는 사람들 과 만나서 행복하게 살았으면 하는 게 제 맘이거든요. 그런데 그게 불가능 하다니 좀 안타까와요."

이목사는 빙그레 웃었다.

"은미 자매, 천국은 결혼을 하지 않아도 이 세상과는 비교할 수 없을 만 큼 좋은 곳이에요. 거기에는 아마도 더 멋지고 아름다운 사랑이 있을 거예 요. 좋아하는 사람과 만나서 사랑하고, 아기를 낳아서 기르고, 함께 사는 그것보다 더 멋지고 기막힌 놀라운 사랑이 꼭 있을 거예요. 우린 그것을 믿어야 해요."

"그래도 전 천국에 가서 목사님 같은 분과 결혼하고 싶어요."

"은미 자매…"

이 이야기 저 이야기를 하다보니 차는 어느새 안산 시내를 통과하고, 반월공단을 지나 바다 한 가운데로 쭉 뻗어 있는 방조제 뚝 위를 달리고 있었다. 서편으로 파아란 수평선에 닿은 푸른 창공이 끝없이 펼쳐져 있었다. 바다에서 불어오는 시원한 바람과 한없이 펼쳐진 푸른 하늘을 대하자 아이들이 탄성을 질렀다. 이목사도 모처럼 청량한 바다 냄새를 맡으며 그 깨끗한 공기를 마음껏 들이켰다. 최은미는 앞을 보면서 운전에 몰두했지만 옆으로 고개를 돌려 바다 쪽을 볼 때마다 감탄을 자아냈다. 하지만 차가 방조제 중간 지점을 지날 때쯤 이목사는 기도원에 누워 있는 아내 김미란 사모를 생각했다. 결혼 후 한 번도 아내와 함께 이런 곳에 와보지 못한 지난 시간들이 생각났던 것이다. 목회가 아무리 어려워도 가끔은, 일 년에 한 번 정도는 이런 곳에 와보았어야 하는 건데… 그는 아무리 아쉬워하여도 해답이 없는 한숨 같은 생각을 거듭하면서 바다를 바라보았다. 그러자 끝없이 펼쳐진 푸른 바다 너머로 지나간 시간들이 하얀 파도를 만들어 출렁이면서 가슴을 할퀴고 있었다. 최은미는 이러한 이목사의 기분을 전혀 모르는 듯 소리쳤다.

"목사님 너무 멋있죠! 저 파아란 바다와 하늘 좀 보아요! 오늘 보니까 정말 아름다와요! 이 기분 전에는 느끼지 못한 기분이에요!"

"아, 그래요. 같은 풍경도 새롭게 보일 때가 있어요. 달이 새롭게 보인다는 김소월씨의 시처럼 말예요."

"김소월의 시에 그런 내용이 있어요?"

"예전엔 미처 몰랐어요라는 시 있잖아요."

이목사는 자기가 왜 갑자기 김소월의 시 내용을 꺼냈는지 몰랐다. 최은미는 고개를 끄덕였다.

"알아요. 목사님 저 그 시 알아요. 그 시 어떤 가수가 곡을 붙여 불렀잖아요. 한데 좀 슬퍼요."

마침내 그들은 방조제를 지났다. 그리고 대부도로 들어섰다. 상점들이 즐비한 입구를 지나 바다로 나가는 좁은 길로 들어섰다.

"이제 얼마 안 남았어요. 저 산을 넘어서 조금만 내려가면 해수욕장이 있는 바다가 나와요."

최은미는 차창 밖으로 보이는 앞의 한 산을 보면서 말했다. 마침내 차는 그 산 가운데로 뚫린 길로 들어섰다. 오고 가는 차가 겨우 비켜갈 만큼 길이 좁았다. 이들이 탄 차가 그 산을 넘어섰을 때였다. 백여 미터 앞에 시커먼 차 한 대가 나타났다. 최은미는 속력을 줄이고 천천히 달렸다. 그런데 그 차는 가까이 다가올수록 점점 속력을 내는 것 같았다. 차가 가까이 오자 최은미가 소리쳤다.

"목사님, 저 차 운전수 술 취한 것 같아요! 중앙선을 침범했어요! 저것 봐요. 우리 차선으로 달려오고 있잖아요!"

"그래요!"

이목사는 두 눈을 크게 뜨고 저 앞에서 달려오는 검은 승용차를 보았다. 정말이었다. 정면으로 달려오는 것은 아니었지만 중앙선을 침범한 것은 사실이었다."

"목사님, 자꾸 달려오는데 어떻게 하죠? 길이 좁아서 옆으로 피할 수도 없어요!"

이목사는 사태의 위급함을 느꼈다. 검은 승용차는 이미 삽십여 미터 앞까지 와있었다. 이목사는 왼손으로 최은미의 목을 감아 당기며 오른손으로는 최은미가 잡은 핸들을 오른쪽으로 사정없이 꺾었다. 그러나 이미 때는 늦었다. 검은 승용차는 이목사의 승용차 왼편을 사정없이 덮쳤다. 쾅- 하는 굉음과 함께 차는 옆으로 튕겨져 나갔다. 실로 순식간에 일어난 일이었다. 이목사는 정신이 멍했다. 그러다가는 캄캄해졌다. 이목사가 다시 눈을 떴을 때엔 아이들의 울음소리가 들렸다. 그리고 얼굴이 붉은 피로 덮인 최은미가 눈을 감은 채 운전석에 앉아 있었다. 이목사는 반사적으로 그녀의 몸을 흔들었다.

"은미 자매! 정신 차려요! 정신 차려요 은미 자매!"

그러나 그녀는 아무런 미동도 없었다. 설마 하면서 이목사는 최은미의 손목을 잡았다. 그리고 맥박을 확인했다. 순간 긴 안도의 숨을 쉬었다. 그녀의 맥박은 여전히 뛰고 있었다. 이목사는 핸드폰을 찾았다. 그러나 누가 신고했는지 벌써 앰뷸런스가 소리를 울리며 이쪽으로 달려오고 있었다. 그리고는 곧 경찰관들과 의사, 간호사들이 달려왔다. 그리고 부서지지 않은 오른쪽 문을 열고 이목사부터 끌어냈다. 이목사는 이 때야 비로소 뒷좌석에 있는 아이들을 보았다. 아이들은 멀쩡한 모습 같았지만 계속 울고 있었다. 아이들과 이목사는 상당히 세밀한 검사를 마친 후 앰뷸런스에 함께 탔다. 그러나 최은미는 다른 앰뷸런스에 실렸다. 이목사는 멍한 표정으로 아이들을 품에 안았다.

"은미 누나는 어떻게 된 거야 아빠?"

상준이 두려운 눈빛으로 물었다.

"글쎄다. 하지만 죽지는 않았으니 염려 마."

이목사의 말에 아이들의 눈들이 갑자기 둥글어졌다.

"피 많이 흘렸던데 아빠가 어떻게 그걸 알아?"

"아빠가 누나 손목의 맥을 짚어 보았어. 분명히 숨을 쉬고 있었어."

아이들의 얼굴이 바뀌었다. 어둠 속에서 빛을 발견한 표정이라고나 할까, 아이들의 얼굴에 희망이 피어났다. 그러나 아이들은 갑자기 "누나!" 하고 울기 시작했다.

"울지 마. 여기 우리들만 있는 게 아니잖아. 울지 마 얘들아…"

이목사는 참으로 순식간에 일어난 이 참변에 대하여 무슨 생각을 해야만 할지 몰랐다. 그래서 그는 눈을 감고 기도했다.

"하나님, 이런 일도 있네요. 이런 일도 있어요. 하나님, 이런 사고 속에서도 저희들을 지키시고 살려주신 것 감사합니다. 저희들을 도와 주세요. 은미 자매를 살려 주세요. 우리들의 모든 죄는 용서하시고요…"

이목사는 병원에 도착하자 아이들과 함께 검진을 받았다. 종합 검진 때에는 받아보지 않은 몸의 뼈 상태를 점검하는 아주 세밀한 검사를 받았다. 놀라웁게도 이목사와 아이들의 몸엔 아무 이상이 없었다. 며칠 동안 심신의 안정만 취하면 된다고 하였다. 문제는 최은미였다. 이목사는 취은미의 상태를 알아보려고 하는데 한 의사가 급한 걸음으로 이목사에게 왔다. 그리고는 말했다.

"실례지만 함께 탔던 여자분과는 어떤 관계이신가요? 아무래도 급히 수술을 해야만 할 것 같아서요. 수술에 동의한다는 보호자의 싸인이 필요합니다."

"저는 그 자매님의 교회 담임목사입니다. 제가 싸인을 해도 될까요? 제가 지금 그 자매님의 부모님 전화번호를 가지고 있지 않거든요. 그렇지 않으면 그 자매님의 남자 친구를 부를까요?"

"여하튼, 빨리 가장 가까운 분을 불러 주세요. 수술이 일 초가 급합니다."

"그렇다면, 전화 좀 하게 해 주세요."

의사는 곧 옆의 간호사에게 전화기를 주라고 말했다."

이목사는 곧 조인성에게 전화를 걸었다. 그는 이목사의 말을 듣고 놀란 어조로 말했다.

"알겠습니다 목사님, 곧 그리고 가겠습니다. 의사 선생님 바꿔 주세요."

이목사는 곧 의사에게 전화기를 주었다. 의사는 조인성의 전화를 받고 잘 알았다며 급히 진료실을 나갔다. 이목사는 아이들과 함께 멍하니 앉아 있다가 두 눈을 감고 기도를 시작하였다. "오 하나님, 최은미 자매를 살려 주세요…" 이목사는 가만히 앉아서 십여 분 이상을 그렇게 간절히 마음속으로 기도하였다. 그런데, 바로 이 순간이었다. 시커먼 무엇이 이목사 앞으로 빠르게 스쳐갔다. 그리고 이목사의 등골에 오싹한 느낌이 일어났다. 이목사는 이 순간 이 사건이 사탄의 공격과 관계가 있다는 것을 깨달았다. 그래서 그는 즉시 마음속으로 악한 영들을 향하여 명령하였다. "최은미 자매와 이 종, 우리 아이들을 공격한 마귀와 더러운 귀신들아, 그리스도 예수의 이름으로 명하노니 우리의 주위에서 지금 즉시 떠나가라! 지금 당장 떠나가라! 떠나가라…" 이렇게 계속 몇 번을 축사하고 나자 마음이 편안해졌다.

이목사는 아이들이 화장실에 가고 싶다고 말하자 눈을 떴다. 그런데 바로 이 순간 조인성이 놀란 표정으로 이목사에게 왔다. 이목사는 깜짝 놀랐다. 비행기로 왔다고 해도 조인성이 이 시간에 안산에 도착할 수는 없기 때문이었다. 이목사는 놀랍고 반가와서 조인성의 손을 잡았다.

"아니 조군, 어떻게 이렇게 빨리 왔습니까?"

"하나님이 도우신 모양입니다. 사실은 제가 학교 일 때문에 아침 일찍 안산에 내려왔거든요. 일을 다 마치고 서울로 가려는 참에 목사님의 전화를 받았습니다. 미스 최는 어디에 있습니까? 응급실이 어디입니까?"

이목사는 아이들에게 잠시 기다리라고 말한 다음 응급실로 향하였다. 그러나 응급실에는 최은미가 없었다. 간호사가 이목사와 조인성 곁으로 다가왔다. 그리고는 물었다.

"혹시 최은미 씨 보호자들 되십니까?"

이목사가 그렇다고 말하자 간호사는 차트를 가져오더니 말했다.

"최은미 씨는 상태가 너무 급하여 이미 수술실로 들어갔습니다. 여기에 싸인을 좀 해 주시겠습니까?"

조인성은 싸인을 하고는 간호사에게 물었다.

382
하얀나라 공사장

"어떤 부위를 다쳤길래 상태가 그렇게 급했죠?"

"뇌요. 뇌가 심하게 손상이 됐다는 진단이 나왔어요. 차와 부딪칠 때 충격이 너무 컸나 봐요."

"그렇군요. 잘 알았습니다. 고맙습니다."

조인성은 사뭇 낭패한 얼굴로 이목사를 보면서 물었다.

"목사님, 쟤 괜찮겠죠? 뇌가 망가졌으면 심각한 건데 말입니다."

이목사는 조인성의 손을 잡으며 말했다.

"하나님께서 친히 수술해 주실 거예요. 염려 마요. 다 잘 될 거예요."

"정말 그러겠죠? 목사님, 전 쟤 없으면 못 살아요. 쟤 꼭 살려내야만 해요…"

조인성의 두 눈에 눈물이 고였다. 조인성이 진심으로 최은미를 사랑하고 있음을 이목사는 알 수 있었다. 조인성의 이러한 마음을 모르고 최은미가 의도적으로 조인성을 멀리 했다는 생각이 들자 안타까운 마음이 들었다. 이목사는 조인성의 손을 다시 한 번 꼭 잡으면서 말했다.

"조군, 모든 염려는 하나님께 맡겨요. 조군을 위해서도 하나님은 은미 자매를 꼭 살려 주실 거예요. 진실한 사랑은 늘 시련이 있잖아요. 이제 우린 수술이 잘 되기를 기도합시다."

"네 목사님."

"수술이 길어질 것 같으니까 우린 밖으로 좀 나갑시다."

이목사는 아이들을 진료실에 있게 하고 조인성과 함께 건물 밖으로 나왔다. 그리고 나무 그늘 아래 있는 벤치로 갔다. 조인성은 밀려오는 불안감을 떨쳐버리기가 힘이 드는 듯 여전히 안절부절했다. 그는 의자에 앉아 왜 이런 사건이 발생했느냐고 이목사에게 물었다. 이목사는 자초지종을 모두 말했다. 조인성은 이목사의 말을 조용히 듣고 나서는 긴 한숨을 내쉬었다. 그리고는 입을 열었다.

"갑자기 교회를 다닌다고 하길래 그 때부터 뭐가 좀 이상했어요. 교회에 나간 후엔 거기에 완전히 몰입하는 거예요. 그 때 제 마음은 너무 불안했어요. 저를 노골적으로 피하면서 교회 이야기만 하길래 화가 나기도 했어요. 하지만 지금에 와서 그런 게 무슨 소용이 있겠어요. 따지고 보면 모두 다 저와 제 부모님의 잘못이에요. 솔직히 제 부모님이 너무나 원망스러워요. 은미를 조금만 더 따뜻하게 대해 주었어도 은미가 이런 사건을 만나진 않았을 거예요. 저를 멀리 하지 않았을 테니까요."

이목사는 조인성이 지금 단단히 화가 나 있고 황망한 상태에 있다는 것을 알고 있기 때문에 그의 말을 가만히 듣기만 했다. 어쩌면 조인성은 이목사 자신까지도 원망하고 있을지 모를 일이었다. 하지만 지금은 그런 감정적인 것들이 중요하지 않을 것이다. 은미 자매의 수술이 잘 되어서 그녀가 무사히 회복되는 일이 가장 중요한 일일 것이다. 조인성은 입을 꼭 다물고 무엇인가를 깊이 생각하고 있었다. 그의 두 눈은 어떤 결심으로 빛나고 있었다. 그는 이목사에 말했다.

"목사님, 만약 말이에요… 만약에 말이에요… 그럴 리가 없겠지만… 정말 그럴 리가 없겠지만… 은미가 혼자서 살 수 없는 그런 장애를 입게 된다면… 전 은미를 데리고 조용한 시골에 가서 은미를 돌보면서 단 둘이 살 거예요. 정말이에요. 그래야 제 마음이 편할 것 같아요. 그렇게 해야만 우리 아버지와 어머니가 은미에게 했던 행동들을 조금이나마 용서 받을 것 같아요. 네, 전 꼭 그렇게 할 거예요."

"조군, 지금은 다른 생각하지 마세요. 그냥 기도만 하는 게 좋아요. 하나님은 치료하시는 하나님이에요. 모든 병과 모든 장애를 능히 치료하시죠. 죽은 영혼도 능히 살려내시는 예수님이에요. 그러니 부정적인 생각을 하지 말고 모든 일들을 긍정적으로 생각하고 우리 주님이 하시는 일을 기다리도록 해요. 주님은 항상 그러시는 것처럼 우리들에게 기쁜 소식을 들려주실 거예요."

"정말 그러시겠죠? 하긴 예수님은 본인도 죽음을 이기시고 부활하셨고 죽은 사람들을 살리셨잖아요. 나사로 같은 이는 죽은 지 나흘되었지만 예수님께서 살리셨잖아요. 나사로야 나오너라 하고 부르시니까 죽었던 나사로가 무덤에서 걸어나왔잖아요. 그랬잖아요 목사님?"

"바로 그거예요. 예수님은 모든 일을 하실 수 있습니다. 우리들은 그것을 믿어야 해요. 우린 끝까지 예수님의 생명을 죽음에서 일으키신 우리 하나님의 크신 능력을 믿어야 해요. 부활하신 예수님을 굳게 붙들어야 해요."

"맞아요 목사님. 전 이제 그것을 믿어요. 예수님의 부활도 믿고요, 죽은 나사로가 살아난 것도 믿어요. 전 믿을래요. 은미가 그 하나님의 능력에 의하여 회복될 것을 믿을래요. 목사님, 정말 굳게 믿을래요. 목사님, 제가 믿도록 도와주세요. 전 엉터리 신자거든요. 지금까지 거짓 신자로 교회를 드나들었거든요. 아버지 어머니에게 유산을 받을 생각으로 교인인 척 한 거예요. 하지만 제가 계속 이런 짓을 하면 은미는 수술에 실패할 것 같아요. 그렇죠 목사님? 제 믿음 없는 것을 좀 도와 도와 주세요. 진실한 믿음을 갖게 해 주세요. 저 이제 목사님의 교회에 나가겠어요. 목사님, 이 가짜를 용서해 주시고 진실한 믿음을 갖게 해 주세요. 목사님…"

조인성은 갑자기 이목사의 손을 잡으며 어린 아이처럼 소리를 내어 울기 시작했다. 이목사는 조인성의 몸을 안으며 그의 등을 토닥거렸다. 그리고 하늘을 보았다.

"오 주님, 한 아들이 주님께 돌아온 것을 감사합니다. 아버지, 우리들이 승리할 것을 믿습니다. 굳게 믿습니다…"

수술은 예상보다도 훨씬 길게 이어졌다. 수술을 시작한 지 다섯 시간이 지났지만 여전히 진행 중이었다. 이러는 동안에 최은미의 가족들이 병원에 도착했다. 그녀의 아버지 최치환과 어머니 우영희, 남동생 최지우가 병원에 도착한 것이다. 그녀의 아버지 최치환은 떨떠름한 표정으로 병원을 둘러보았으나 어머니 우영희는 넋이 나간 표정이었다. 그녀는 이목사에게 사건의 내막을 세세하게 물었다. 그녀는 이목사에게 무슨 말을 하려다가는 옆에 서 있는 조인성을 노려보았다. 그러더니 말했다.

"자네가 왜 여기에 왔나? 왜 여기에 왔서? 우리 딸 그만큼 괴롭게 했으면 되었지 왜 또 이곳까지 왔느냐구?"

조인성은 아무 말 없이 그 자리에 못박힌 듯 서있었다. 이목사는 우영희에게 말했다.

"어머니, 진정하십시오. 조군은 제 전화를 받고 달려왔을 뿐입니다. 그리고 수술비와 치료비 전액을 자신이 내겠다고 병원과 약속했습니다. 조군에게 이러지 마세요 어머니."

이목사가 이렇게 말하자 이번에는 우영희가 이목사를 노려보면서 말했다.

"그래요! 수술비와 치료비는 차 주인인 당신이 내야지 왜 얘가 냅니까? 그깟 수술비와 치료비 때문에 날더러 입 다물고 있어라 그거예요? 지금!"

우영희가 이목사에게 삿대질을 하자 조인성이 그녀를 가로막으며 말했다.

"어머니, 목사님은 아무 죄 없습니다. 저와 은미 사람 만든 죄밖에 없어요. 모든 잘못은 저와 제 부모에게 있어요. 그러니 목사님에게 제발 이러지 마세요."

이 때 경찰관 두 명이 이목사에게 왔다. 그리고는 말했다.

"목사님, 잠깐 저희와 저쪽으로 가실까요?"

이목사는 그들을 따라서 작은 방으로 들어갔다. 그들 중 한 명이 이목사에게 말했다.

"목사님, 사고 난 차는 목사님의 차더군요. 그런데 운전은 최은미라는 아가씨가 했습니다. 목사님도 알다시피 이것은 범법입니다. 저희들이 정상을 충분히 참작한다 하여도 상당 기간 면허 정지를 받을 수밖에 없을 것 같습니다. 그리고 아가씨 집안에서 어떤 요구를 했을 때 목사님이 저 분들의 요구를 따라 주어야만 합니다. 이유야 어찌 되었건 제 삼자인 저 아가씨에게 자동차 키를 준 것은 목사님의 잘못이기 때문입니다. 참으로 다행인 것은 저쪽에서 돌진해 목사님의 차를 받은 이들은 우리 경찰들이 수년간 쫓고 있던 흉악범들이었습니다. 그래서 저희가 최대한 정상을 참작하려고 하지만 다른 사람에게 운전대를 넘긴 것은 틀림없는 범법입니다. 그렇게 아시고 저희의 통보를 기다리시기 바랍니다. 참고로 한 가지 더 말씀 드린다면 아가씨 측과 깨끗하게 합의를 보아야 합니다. 저 쪽에서 작은 항의 사항이라도 나온다면 문제가 생각보다 복잡해집니다."

"잘 알겠습니다. 모든 말씀 마음에 새기고 최선을 다하여 대처하겠습니다. 감사합니다."

이목사가 경찰관들과 헤어져 다시 조인성과 최은미의 가족들이 있는 곳으로 오자 그들은 함께 의자에 앉아 있었다. 모두 다 어두운 얼굴들이었다. 이목사가 곁으로 오자 조인성이 자리에서 일어나며 물었다.

"경찰들이 뭐라고 했어요? 무슨 다른 일 있대요?"

"아니에요. 특별한 말은 없었어요. 한데 아직도 수술 안 끝났어요?"

바로 이 때였다. 수술실 문이 열렸다. 그리고 수술에 참여했던 의사들과 간호사들이 한 사람씩 나오기 시작했다. 이목사는 조인성과 함께 그들을 따라갔다. 그리고 수술을 집도한 의사를 만났다. 의사는 그들에게 말했다.

"큰 충격 때문에 뇌가 많이 상했습니다. 그러나 워낙 젊고 건강했던 분이라서 수술하는 데는 별 어려움이 없었습니다. 제 생각인데 수술은 잘 되었습니다. 그러나 이런 경우 깨어난 후에 육체의 어느 부위에서 장애가 발견될 수도 있습니다. 이런 일이 없기를 빌어야 할 것입니다."

수술이 잘 되었다는 말에 조인성의 얼굴이 밝아졌다. 그는 활기찬 어조
물었다.

"의식은 언제쯤 회복되죠?"

"이런 경우 시간이 좀 필요합니다. 뇌라는 게 워낙 복잡한 거잖아요. 한
번 헝클어지면 다시 정상적인 가닥을 잡기까지 시간이 많이 필요합니다. 하
지만 깨어나긴 할 거예요. 제 경험에 의하면 틀림없이 의식을 회복합니다."

"네, 잘 알겠습니다 선생님. 너무 수고하셨고 너무 감사합니다."

"환자는 삼 일 후에 일반 병동으로 옮겨질 것입니다. 그 때부터 보호자
들의 적극적인 관심과 기도가 필요합니다. 이런 환자는 의사와 간호사들만
의 노력으로는 빠른 회복이 어렵습니다. 제 말 뜻 잘 아시겠죠?"

"네, 잘 알겠습니다."

조인성은 고개를 돌려 뒤에 서있는 우영희에게 말했다.

"어머니 잘 들었죠. 어머님이 와서 은미 돌보세요. 제가 수고비며 생활
비며 다 드릴 테니까 그렇게 해 주세요."

그녀는 아무 말도 하지 않았다. 이 때 의사가 또 말했다.

"모두 다 서울 분들인데, 환자의 상태가 좋아지면 환자를 서울에 있는
저희 병원으로 옮겨 드리겠습니다. 그 때까지만 이 곳으로 오셔서 수고를
해 주셨으면 합니다."

"잘 알겠습니다. 그렇게 해 주시면 너무 고맙겠습니다."

그들은 모두 병원 휴게실로 왔다. 그리고 앞으로의 대책을 논의하였다.
조인성이 말한 대로 최은미의 어머니 우영희가 병원에 머물면서 은미를 돌
보기로 하였다. 이목사와 아이들은 일단 조인성의 차를 타고 집으로 돌아
왔다. 조인성은 이목사에게 말했다.

"목사님, 치료비나 경찰들과의 문제에 대해서는 아무 염려 마세요. 제가
최선을 다 해서 해결하겠습니다. 참, 은미 가족들에 대해서도 염려 마세요.

제가 중간에서 모두 책임지고 해결하겠습니다."

"고마와요 조군. 그리고 미안해요. 은미 자매를 데리고 해수욕장에 가지 말았어야 했는데 내 실수로 이런 일이 벌어졌어요. 정말 미안해요."

이목사의 말에 조인성은 고개를 세차게 저으며 말했다.

"아닙니다 목사님. 절대로 그렇게 생각하지 마세요. 제 느낌인데요. 하나님께서 저희들을 올바르게 인도하시는 과정 같아요. 저는 지금 그 어느 때보다도 평안하고 행복하거든요. 희망이 생기거든요. 모든 일이 잘 되리라는 확신 같은 게 와요. 제 마음 목사님은 잘 모르실 거예요. 전 지금 행복해요. 뭔지 모르지만 제 인생이 예전과는 다르게 느껴져요. 전 앞으로 사람답게 살 것 같아요. 정말이에요. 그런 자신감이 생겨요."

이목사는 조인성의 손을 꼭 잡았다.

"하나님의 크신 은혜가 조군에게 임했어요. 그게 보여요. 느껴져요. 정말 감사해요."

이목사는 조인성의 차가 시야에서 사라질 때까지 도로 위에 서있었다.

이목사는 아이들을 다시 한 번 안정시킨 다음에 예배당으로 들어가 기도하기 시작했다. 오늘의 이 엄청난 사고가 왜 닥쳐왔는지 하나님께 여쭈며 간절히 간절히 기도하였다. 이렇게 계속 기도하자 하나님이 주시는 놀라운 평안이 그의 심령을 가득 메웠다.

다음 날 정금교회에는 조인성이 출석하였다. 놀라운 사실은 조인성과 함께 이목사의 친구 최민수가 교회에 나왔다. 그는 예배가 끝나자 이목사에게 자긴 비즈니스 관계로 조인성을 만나러 온 것이니 그리 알라고 말했다. 이목사는 그렇게 말하는 최민수의 손을 꼭 잡고 말했다.

"잘 알았다 친구야. 어떤 목적으로 이 곳에 왔던 함께 예배를 드렸으니 그거면 되었다. 하나님께서 니 예배를 기쁘게 받으셨을 거야."

"돌아온 탕자, 뭐 그런 거지?"

"니가 왜 탕자니. 넌 열심히 살았고, 지금도 최선을 다하는 한 가정의 가장이잖니. 잠시 쉬었다가 다시 하나님께 나온 거야. 편하게 맘 먹어."

"그렇지 않아도 예배를 드릴 때 내 마음이 아주 편했어. 세상만사가 그냥 흘러가는 구름처럼 생각되더라구. 정말이야. 나 오랜만에 여기서 아주 편안 시간 보냈다."

"그러니까 계속 나와. 애들 엄마랑 애들이랑 같이 와."

"그래. 생각해볼게."

그들은 점심 식사 후 최은미가 입원해 있는 안산의 병원으로 내려갔다. 최은미의 어머니 우영희는 응급실 근처에서 왔다갔다 하다가 이들을 만났다. 어제에 비해서 얼굴이 많이 펴져 있었다. 이목사 일행이 인사를 하자 고개를 끄덕하면서 받았다. 면회 시간이 되자 이들은 응급실로 들어갔다. 최은미는 머리에 붕대를 감은 모습으로 편히 누워 있었다. 그녀의 어머니 우영희가 손을 잡으려고 하자 간호사가 말렸다. 환자가 이 곳을 나가기 전까지는 환자를 만져서는 안 된다고 주의를 주었다. 우영희가 딸을 보면서 훌쩍훌쩍 울자 조인성도 눈물이 글썽글썽한 얼굴로 최은미를 내려다 보았다. 이목사는 그들을 달랜 후 잠시 기도하였다. 그리고 그 곳을 나왔다.

이목사는 최은미와 보냈던 시간들이 생각나자 빙긋이 웃었다. 그리고 그녀가 하나님이 보내 주신 천사였음을 새삼 깨닫게 되었다. 그래서 그는 고개를 끄덕이면서 마음속으로 말했다. '은미 자매, 자매는 분명히 하나님이 보내 주신 천사였어. 우리의 만남은 짧았지만 이야기는 너무 많은 것 같아. 우린 서로를 사랑했어. 아주 아름다운 사랑을 한 거야. 그러나 아주 위험한 그런 사랑을 한 것 같아. 우리 주 예수님은 보혜사 성령님을 통하여 우리들의 관계를 아름답게 지켜 주실 거야. 영원히 그렇게 해 주실 거야. 은미 자매 주 안에서 영원히 사랑해요…'

이 때 최민수가 손바닥으로 이목사의 등을 쳤다. 그러면서 말했다.

"사람이 갑작스럽게 변한다는 것은 위험한 일이야. 내가 늘 이상하다 했거든. 은미 걔가 교회에 나갈 사람이 아닌데 갑자기 교회에 푹 빠지더라니까. 결국 이런 사단이 나잖아."

"자신을 바로 알지 못해서 방황했던 자매야. 예수님 만나고 나서 자신을 바로 안 거야. 그래서 열성을 다했던 거고, 하나도 이상한 일 아니야. 그리고 우리 차 들이받은 사람들 경찰에서 지명수배를 하고 수년 동안 쫓던 사람들이야. 흉악범들인 것 같아. 그러니까 은미 자매에 대하여 이상하게 생각하지 마."

"차 들이받은 인간들이 그런 인간들이었어?"

"응. 경찰관들이 그렇게 말했어. 이 사고 때문에 아주 중요한 범죄자들을 잡게 되었나 봐. 그건 다행인데, 은미 자매가 빨리 깨어나야 할 텐데…"

"이목사, 너무 걱정할 것 없어."

최민수의 말에 이목사는 그의 얼굴을 보았다. 그는 웃으면서 말했다.

"은미 걔 쉽게 죽을 애도 아니고 이상하게 될 애도 아냐. 걔 망가지더라도 얼굴 값, 성질 값 다하고 망가질 애야. 걔 보통 사람 아니야. 내가 너에게 말 안 했지만 걔 생각보다 영악스러운 애야. 쉽게 안 죽어. 거기에다 세상만물을 만드신 하나님까지 믿으니 무슨 문제 생기겠느냐 말이야. 그러니 걱정 마. 곧 깨어날 거야."

"그러겠지?"

"그렇다니까. 내가 그 애 하루 이틀 보았니. 그러니 너무 염려 마. 그나저나 모처럼 생긴 니 차 망가져서 어쩌니? 하긴 그것도 염려 마라. 내가 이번 일 잘 성사되면 새 차로 한 대 뽑아 줄게."

"이번에 큰 건수 하나 문 거야?"

"미스터 조 학교 일 말이야. 그 재단에서 내게 지방 분교 자리 물색하는 일 맡기면 너한테 차 한 대는 너끈히 뽑아 줄 수 있어. 내가 그 일 맡도록 기도해라."

"그 일 가능한 거니? 그런 큰 재단에서 작은 중개업소에 그런 일을 맡길 수도 있는 거야?"

최민수는 고개를 저으면서 웃었다.

"99퍼센트 불가능하지. 하지만 기적이라는 게 있잖아. 1퍼센트의 확률도 없는데 이루어지는 일, 그런 일이 있잖아. 예수님이 부활하신 거, 그런 게 있잖아. 안 그래?"

이번에는 이목사가 웃었다.

"민수 너 옛날 초등학교 때 가졌던 믿음 까먹지 않았구나. 부활의 기적을 믿고 말이야. 기적이 있지. 예수님이 수많은 기적들을 행하셨지."

"그렇지? 기적이 있지? 야 성웅아, 내 인생에서 기적은 이미 일어난 거야."

"그래. 어떤 기적인데?"

"내가 오늘 예배에 참석한 거."

"그게 무슨 기적이야. 넌 옛날에 나보다 믿음이 더 좋았는데…"

이목사의 말에 최민수는 다분히 자조적인 표정을 지으며 말했다.

"나 너한테 아직 한 번도 이런 얘기는 안 했는데, 사실 나 다시는 교회 안 다니기로 결단했었어. 내가 다시 예배당 문턱을 넘으면 내 발을 내가 도끼로 찍어버리겠다고 수백 번 다짐했었어."

"그런 끔찍한 결심을 한 적이 있단 말이야? 언제?"

"객지에 나와서 한 교회를 다니다가 상처 받은 후에 그랬어. 나중에 알고 보니 그 사람 완전히 사기꾼이었더라구. 가짜 목사였어. 여하튼 나 객지에 나와서 신앙 때문에 방황 많이 했다. 니가 목사가 안 되었다면 난 영원히 예배당 문턱 안 넘었을 거야. 정말이야. 비록 그 인간이 가짜 목사였어도 한 번 당하고 나니까 십자가만 보아도 정나미가 떨어지더라구. 괜히 교회와 교인들이 미운 거야. 솔직히 나 너만 빼고 이 한국의 모든 교회와 교인들

392
하얀나라 공사장

미워했는지도 모르겠어. 난 정말 한심한 인간이었지?"

이목사는 최민수의 어깻죽지를 치면서 웃었다.

"너는 예나 지금이나 나를 놀라게 해. 넌 가끔 나를 니가 도무지 어떤 사람인지 이해할 수 없는 사람으로 보이게 만들어. 도대체 네 정체가 뭐니?"

"그것도 몰라. 내 정체는 네 깨복장이 친구지 뭐야."

"글세, 그렇게 늘 믿고 있는데…"

"그냥 믿어. 믿으면 복이 온다고 예수님이 말씀하셨잖니."

이 때 조인성이 곁으로 오면서 말했다.

"목사님과 최선생님 무슨 대화를 그렇게 심각하게 나누셔요?"

이 말을 듣고 최민수가 어이가 없다는 표정을 지으면서 이목사를 보며 말했다.

"이목사, 얘 말하는 것 좀 봐. 우리가 심각한 대화를 했다잖아. 야, 얘야말로 완전히 자기 멋대로 생각하잖아. 안 그래 이목사?"

"우리가 심각한 대화를 한 건 사실이잖아. 너 나한테 오늘 네 속마음 처음 밝혔잖아."

이목사의 말에 최민수는 자신의 오른 손바닥으로 자기의 머리를 한 번 쳤다.

"참 그랬지. 그러고 보니 조인성이 너 보통 아닌데. 우리 저쪽으로 가서 하던 얘기 마저 하도록 하자."

최민수가 조인성을 끌고 가자 이목사는 병원 휴게실로 내려가 의자에 앉았다. 조용히 눈을 감고 어제부터 지금까지 되어진 일들을 다시 한 번 정리하였다. 이 때였다. 휴대폰 벨이 울렸다. 나연희 권사였다. 그녀는 힘 없는 어조로 말했다.

"목사님, 아무래도 사모님 하산해야 할 것 같아요. 요즘은 예배도 못 드리고 계속 잠만 자요. 일어나지를 못해요. 주위 사람들도 이 정도 되면 집에 가서 천국으로 보내 드릴 준비를 해야 한다고 말하네요. 어떻게 하실래요? 차 가지고 올라오실래요?"

이목사는 갑자기 머리가 멍해지는 것이었다. 그러나 그는 마음을 추스르고 어제의 사고에 대하여 간단하게 말했다. 차를 가지고 기도원에 올라갈 수 없는 형편임을 알렸다. 그러자 나권사는 그럼 자기가 택시를 불러서 김미란 사모를 데려오겠다고 말했다. 이목사는 그렇게 하라고 말했다. 전화를 끊고 이목사는 자신도 모르게 절망적인 한 마디를 토해냈다.

"아 하나님, 어느 곳까지 저를 내려가게 하시나요… 하나님…"

이목사는 두 눈을 감은 채 그 자리에 가만히 앉아 있었다. 그리고 김미란 사모를 생각하면서 흐르는 눈물을 닦았다. 그러나 더운 눈물은 하염없이 솟구쳐 올랐다. 그는 눈물이 너무 솟구쳐 올라 자리에서 일어나 휴게실 밖으로 나왔다. 그리고는 아무도 없는 나무 그늘 아래로 가 소리를 내어 울기 시작했다. 한참을 그렇게 울고 있는데 최민수와 조인성이 이목사를 부르며 곁으로 왔다. 이목사는 얼른 손수건으로 다시 한번 얼굴을 닦고 그들을 맞았다. 최민수는 곁으로 오더니 이목사의 얼굴을 살피고는 물었다.

"이목사, 무슨 일 있어?"

"아냐. 별일 없어. 인제 올라가는 거니?"

"많이 울었는데. 무슨 일이야?"

"아니야. 빨리 올라가지."

이목사는 주차장을 향하여 그들을 앞서서 걸었다. 차에 탄 후에도 최민수는 자꾸 무슨 일이냐며 이목사에게 물었다. 그러나 이목사는 그냥 아무일도 아니니 염려하지 말라고 말했다. 그러나 최민수는 이목사의 얼굴을 보면서 말했다.

"무슨 일이 있긴 있는 것 같은데, 여하튼 급한 일 생기면 즉시 전화해라. 내 말 알았지 이목사?"

"그래 고맙다. 네 맘 잘 알았어."

이목사는 눈을 감고 몸을 의자에 맞겼다. 최민수는 조인성과 사업에 관한 여러 내용들을 의논하기 시작했다. 이목사는 주님을 계속 부르면서도 만약 아내가 임종을 맞게 된다면 당장 어떻게 할 것인가를 생각했다. 그러자 마음이 답답해졌다. 아이들을 생각하면 더욱 가슴이 아픈 것이었다. 아내의 상태가 거의 소생이 불가능한 상태인 것을 알고 있었지만 그녀가 하나님의 부름을 받아 이 세상을 떠난다는 생각은 아직 해보지 않았었다. 솔직히 그의 내면 깊숙한 곳에는 아내가 결코 죽지 않을 것이라는 믿음이 있었다. 그녀의 성품이나 살아온 인생, 이목사 자기의 목회 현실을 볼 때 하나님이 그녀를 이 시점에서 데리고 가신다는 것은 제 시기가 아니라고 생각했던 것이다. 그러나 이제는 생각을 바꾸어야 할 것 같았다. 하나님이 하시는 일은 인간의 생각과는 다른 경우가 많기 때문이다. 하지만 이목사는 꼭 다문 입의 입술에 힘을 주었다. 그는 하나님이 하시는 모든 일에 순종하기로 다시 한 번 결심했다. 어차피 자신이 가는 이 길은 십자가의 길일 것이었다. 본을 보이시고 먼저 가신 저 예수 그리스도와 같이 자기도 자신의 십자가를 지고 죽기까지 이 길을 가야만 할 것이었다. '그래 죽으면 죽는 것이다. 이것이 나의 길이다.' 심령 깊은 곳에 자리한 이 마음을 다시 한 번 확인하자 그의 마음은 평안해졌다.

이 무렵 공중제국에서는 긴급 참모회의가 소집되었다. 마왕은 부릅뜬 눈으로 좌중을 둘러보면서 모두를 금방이라도 잡아먹을 것 같은 날카로운 어조로 소리쳤다.

"이게 도대체 무슨 망조냐 말이다! 이전 마국아수는 여전히 잡히지 않고, 이성웅 목사란 놈을 죽이라고 했더니 우리가 요긴하게 이용하는 인간들만 경찰에 잡히게 하다니, 그리고 우리를 배신한 그 요망한 계집을 함께 죽이라고 했더니 죽이기는 커녕 머리통만 살짝 건드려놓고, 도대체 너희

참모들이라는 자들은 무슨 짓들을 하고 있는 거야? 잠을 자고 있는 거야, 아니면 유람선을 타고 여행을 다니는 거야? 마국아수, 이게 도대체 어찌 된 일인지 설명을 해보아라!"

마국아수는 잔뜩 겁에 질린 얼굴로 육중한 몸을 자리에서 일으켰다. 그는 그의 통치자인 사탄의 얼굴을 조심히 살피며 말했다.

"각하, 입이 백 개라도 할 말이 없습니다. 하지만 이전 마국아수는 곧 잡을 것 같습니다. 정보에 의하면 그가 지금 우리의 전사들을 포섭한다는 말이 들립니다. 하지만 그건 불가능한 일로 제가 곧 그를 각하 앞에 대령시키겠습니다… 그리고"

"잠깐! 이전 마국아수가 우리의 전사들을 포섭한다니 그게 무슨 말이냐?"

사탄은 집요한 눈빛을 발산하면서 마국아수를 노려보았다.

"아뢰옵기 황송하오나 그가 지금 가당치 않은 생각을…"

마국아수가 말 끝을 흐리자 사탄은 어이가 없다는 표정을 지으며 말했다.

"그러니까 그 놈이 감히 나의 보좌를 넘보고 일을 꾸미고 있단 말이냐? 그것이 사실이냐?"

"각하, 정보에 의하면 그러합니다. 하지만 아직은 아무 것도 분명하게 알 수 없습니다. 다만 제가 소집한 정보에 의하면 그러합니다. 그러나 너무 염려하지 마십시오. 제가 곧 그를 잡아들이겠습니다."

마국아수의 이 말에 사탄은 갑자기 흉측하게 생긴 입을 크게 벌리고는 웃기 시작했다.

"쿠하하하- 아카카카- 한 동안 조용하다 했더니 이제는 그놈이 내 자리를 넘보다니. 날 누구보다도 잘 알고 있는 놈이 감히 내 자리를 넘보고 졸개들을 규합하고 있다 이거지… 아하하하, 가소로운 놈, 어디 한 번 해보라고 해라. 이 공중제국의 왕인 나의 보좌가 영원무궁하다는 것을 내 그 놈에게 분명히 보여 주겠다. 내가 그 놈을 가루로 만들어 날려버리는 것을 여기 있는 너희 모두에게 확실하게 보여 주겠다. 잘들어라! 너희들도 마찬가지다! 누구든지 내게 도전하는 자는 가루가 될 것이다. 지금까지 이 왕국은 내 왕국의 자랑인 절대 복종의 계율을 따라 이만큼 발전해 왔다. 우리의 전략은 불복종과 이간과 다툼과 분열이지만 우리의 제국은 나를 중심으로 지금까지 하나로 뭉쳐 있었다. 물론 가끔 나를 대적하는 놈들이 생겼다. 그러나 나는 그 놈들을 모두 갈갈이 찢어서 죽였다. 그런데 감히 이전 마국아수가 나를 대항하여 졸개들을 모은다니 기가 찰 노릇이다. 내가 그에게 어떻게 하는지 너희들은 자세히 보기 바란다. 이 공중제국에서 나를 거역하는 자가 받는 형벌이 어떤 것인지를 너희들에게 똑똑히 보여 주겠다! 내 말을 잘 알아 들었나?"

"넷 각하!"

공중제국의 참모들은 두려움이 가득한 목소리로 대답했다. 그리고는 바짝 기합이 든 얼굴들을 하고는 가만히 앉아 있었다. 마귀는 다시 마국아수를 쏘아보면서 말했다.

"내가 너를 믿었는데, 넌 나에게 실망을 안겨주고 있다. 그 하찮은 목사 한 명을 죽이지 못하고 일을 그르치다니 참으로 한심하구나. 이제 어떻게 할 셈이냐?"

"각하, 입이 열 개라도 할 말이 없습니다. 하지만 저는 포기하지 않겠습니다. 부하들에게 그의 아내를 죽이라고 명령했습니다. 아마 그 일은 성사될 것입니다. 일단 한 가지를 마무리하고 나서 제 이 단계의 공격을 가할 생각입니다."

사탄은 고개를 갸웃거렸다.

"그러니까 그 이목사라는 놈의 아내를 죽인다는 거냐?"

"네 각하!"

"네 말을 믿어도 되겠느냐?"

397
12. 사랑의 증명

"아직은 확실하지 않지만 이번엔 틀림없이 성공하도록 하겠습니다. 지금 집중 공격 중입니다. 목을 조르고 있습니다. 곧 숨이 끊길 것입니다."

사탄은 마국지에게로 시선을 돌렸다. 그리고는 입을 열었다.

"마국지, 지금 우리 제국의 참모들이 하는 일에 제동이 걸리고 있구나. 한국의 기독교를 거의 박멸하여 이젠 씨를 말리리라 생각했는데 그 숨겨 놓은 의인이라는 놈들 때문에 자꾸 문제가 생기는구나. 너에게 어떤 좋은 방법이 없느냐? 너의 지혜는 항상 우리 제국이 어려움에 처했을 때 빛나곤 했었다. 한 번 말해보아라."

사탄의 말에 마국지의 두 눈이 차갑게 번뜩거렸다. 그리고는 말했다.

"각하, 이런 경우에는 일단 국면 전환이 필요하다고 생각합니다. 한국의 기독교를 간접적으로 파괴하는 방법을 쓰는 겁니다. 그와 동시에 기강이 해이해진 우리 공중제국의 규율을 잡는 것입니다."

"그것 참 좋은 방법이구나. 어디 한 번 말해보아라."

"지금 한국에서 활발하게 활동하고 있는 기독교와 유사한 우리의 조직 (이단) 하나를 깨뜨리는 것입니다. 그러면 그 이단을 주관하고 있던 우리의 장군이 자리를 잃게 되지만 한국의 불신자들은 기독교를 다시 한 번 혐오하게 될 것입니다. 거기에 우리 첩자들이 심겨진 매스컴들이 가담할 것입니다. 이렇게 되면 한국은 금방 혼란상태에 빠질 것입니다. 그리고 그 책임은 당연히 기독교로 돌아갈 것입니다. 우리 장군 하나가 좋은 자리를 잃게되는 문제가 있지만 이 방법이 지금 이 상황에서는 최적의 방법인 것 같습니다."

사탄의 얼굴에 희미한 미소가 어른거렸다.

"역시 너는 마국지구나. 이 제국 최고의 지혜자야. 마국아수, 방금 마국지가 내놓은 계략을 알았느냐?"

"네 각하! 한데 어떤 조직을 쳐야 합니까?"

사탄은 마국지를 보았다. 마국지는 마국아수에게 말했다.

"기독교와 가장 비슷하게 행세하면서, 관리들을 가장 많이 매수하여 장사를 하는 조직을 치시오. 그래야만 한국민 모두가 기독교도들을 미워하게 됩니다. 또 칠 때엔 아주 잔인하게 쳐야 합니다. 이를테면 최대한 많은 생명들을 없애야 합니다. 그래야만 예수를 모르는 한국 사람들이 기독교를 미워하고 불신하게 됩니다."

"잘 알겠습니다. 장관님의 조언대로 즉각 행하겠습니다."

사탄은 다시 좌중을 둘러보면서 소리쳤다.

"내 말 잘 들어라! 지금 우리 제국은 이 세상을 완전히 장악할 가장 좋은 기회를 맞이하고 있다. 한국에 있는, 저 숨겨놓은 의인이라 하는 놈들만 색출하여 죽이면 우리의 계획들은 일사천리로 진행되어 세상은 곧 우리 손아귀에 온전히 들어올 것이다. 그러나 방심하면 안 된다. 지구에 있는 모든 교회들을 완전히 제거하기까지는 생명을 걸고 싸워야 한다. 그러므로 지금 하고 있는 것처럼 계속 비방과 술수와 음란과 폭력을 강행하라. 온갖 방탕과 중독을 종용하고, 무엇보다도 인간과 인간 사이에 불신을 심도록 하여라. 미움을 심도록 하여라. 그리고 전쟁을 일으키고, 사람들을 죽이는 일을 계속해야 한다. 지구를 온통 혼란과 지옥의 도가니로 만들어야 한다. 그래야만 우리의 점령 프로그램에 모든 인간들이 순순히 걸려들게 된다. 예수의 이름을 부름으로 우리 백성이 한 영혼이라도 진리라는 독약에 죽으면 안 된다. 내 말 알겠느냐?"

"네 각하!"

이 무렵 천국에서는 공중제국의 참모회의를 그대로 내려다보고 있었다. 이십사 장로들은 하나님을 향하여 큰 절을 올린 다음 사뭇 떨리는 어조로 말했다.

"전지전능하신 창조주 하나님, 사랑의 대주재이시여, 이제 저들 악귀들이 무고한 생명들을 더더욱 많이 해할 텐데 어찌 하면 좋습니까? 우리 주 예수님을 어서 속히 세상에 내려 보내시옵소서. 신들의 마음을 헤아려 주옵소서."

그러나 하나님은 아무 말씀도 하지 않으셨다. 그러자 오른쪽 보좌에 계신 예수님께서 입을 여셨다.

"때가 가까웠으니 우리는 더욱 더 인내해야 할 것이니라. 참고 기도하면서 기다려야 할 것이니라. 쉬지 않고 기도하는 저 의인들의 기도가 필요한 때이다. 저들을 지켜야 한다. 미가엘 천사는 내 말을 명심하여라."

"만주의 주시요, 만왕의 왕이신 우리 주님의 명령을 말씀대로 복종하겠습니다."

미가엘 천사는 곧 천국 어전을 떠나 하늘 군대가 집결된 곳으로 갔다.

이 무렵 이목사는 기도원에서 내려온 아내와 만났다. 하지만 그녀는 단한 마디의 말도 못하는 마른 막대기와 똑같았다. 그녀의 얼굴은 뼈에 가죽만 입혀져 있을 뿐 예전의 모습을 전혀 알아볼 수 없었다. 나연희 권사와 시화에서 달려온 문정애 성도는 안타까운 얼굴로 이목사와 김미란 사모를 번갈아 보았다. 나연희 권사가 말했다.

"목사님, 저희들도 잠시 여기에 머물겠습니다. 아무래도 사모님이 오래 계시지는 않을 것 같아요. 괜찮겠죠?"

"저야 고맙지만 머무를 곳이 마땅치 않아서 그게 문제입니다."

"목사님, 그건 염려 마세요. 저희들 이 예배당에서 잘 거예요. 밖은 열이 펄펄 끓는데 여기는 꼭 냉장고 같네요. 저희들 여기서 함께 예배 드리고, 나가서 함께 전도할 거예요. 문정애 성도님도 이미 저와 같은 결심을 했대요."

"감사합니다. 두 분에게 뭐라고 고맙다는 말씀을 드릴지 모르겠습니다. 너무 감사합니다. 지금 제게는 두 분이 너무 큰 힘이 되고, 위로가 됩니다."

이것은 사실이었다. 최은미가 큰 사고를 당하여 혼미한 상태로 병원에 누워 있는데다가 아내마저 사경을 헤매고 있는 지금, 이목사에겐 바로 곁에 있는 이 두 성도들이 큰 버팀목으로 생각되는 것이었다. 나연희 권사와 문정애 성도가 시장에 가겠다며 아이들을 데리고 밖으로 나가자 이목사는 망연자실 피골이 상접한 아내의 얼굴을 내려다 보았다. 그러다가는 뼈나 다름없는 손을 잡았다. 바로 이 순간이었다. 김미란 사모가 눈을 떴다. 그녀는 남편 이목사를 올려다 보았다. 그리고 웃는 것인지 우는 것인지 알 수 없는 표정을 지었다. 그녀는 무슨 말인가를 하고 싶은 모양인데 입을 제대로 열지 못했다. 이목사는 여지껏 눈을 감고 있던 아내가 눈을 뜬 것이 너무 신기하고 감사했다. 그래서 아내에게 말했다.

"여보, 많이 아프지? 말을 할 수 없는 거지? 무슨 말인가를 하고 싶은 거야?"

이 때 아내가 희미한 어조로 말했다.

"무…르… 무울…물"

"물을 달라고? 물 마시고 싶어?"

그녀는 두 눈을 꿈벅거렸다.

"여보 알았어. 내가 물 가져올게. 잠깐만 기다려. 냉장고에서 물 가져올게."

이목사는 방문을 열고 주방으로 나가 찬장에서 컵 하나를 꺼냈다. 그리고 냉장고에서 물병을 꺼내 가지고 들어왔다. 이목사는 김미란 사모의 상체를 반쯤 일으키고 물을 한 컵 마시게 했다. 그런데 그녀가 물을 좀더 달라고 했다. 그래서 또 한 컵을 마셨다. 그런데 이번에도 물을 더 달라고 하였다. 그래서 이목사는 물을 한 컵 더 마셨다. 김미란 사모는 꺼억- 소리를 내면서 트림을 몇 번 하더니 몸을 일으키고자 했다. 이목사가 그녀를 돕자 그녀는 어렵게 상체를 일으켰다. 그리고는 이목사에게 물었다.

"애들은… 우리 애들은… 어디 있어요?"

"아 애들, 애들은 나권사님과 문정애 성도님 따라서 조금 전에 시장에 갔는데… 한데 당신 정신이 좀 드는 거야?"

"조금요… 당신은… 당신은 그 동안… 평안했어요?"

"그래요. 난 잘 있었어요. 기도원에 자주 올라가지 못해서 미안해요. 정말이야. 너무 미안해요."

이목사의 말에 그녀는 고개를 흔들었다.

"난 하나님께… 우리 하나님께 맡겼잖아요… 난 괜찮았어요. 집과 교회가 늘… 항상 걱정되었어요."

"그래. 당신 마음은 늘 그랬을 거야. 내가 당신 마음 알지. 암 잘 알고 말고…"

이목사의 이 말에 김미란 사모는 숨을 거칠게 내쉬며 말했다.

"우리… 우리요… 아무 염려하지 않기로 해요… 나 천국에 들어갈 자신 있어요… 진짜예요. 나 다 준비되었어요…"

"여보, 애들이랑, 나랑, 우리 목회를 위해서도 당신이 살아야지. 꼭 살아야 해."

이목사의 말에 김미란 사모는 고개를 끄덕이면서 웃었다. 그리고는 힘이 드는 듯 작은 어조로 말했다.

"준비는 다 했지만… 나도 좀더… 좀더 살고 싶어요… 애들이랑, 당신이랑, 교회 성도들이랑 좀더 살고 싶어요… 나 좀 누울게요."

"그래요. 어서 누워요."

이목사가 그녀를 눕히자 그녀는 다시 눈을 감았다. 그리고 거친 호흡을 하기 시작했다. 이목사는 그런 그녀의 두 손을 꼭 잡았다. 그녀는 거친 숨을 계속 몰아쉬다가 갑자기 온 몸을 뒤틀었다. 얼굴이 시뻘겋게 변하면서 온 몸을 마구 뒤트는 것이었다. 그리고 끙끙 앓기 시작하는 것이었다. 이목사는 당황했다. 이 상황에서 무엇을 어떻게 해야 되는 것인지 알지못하여 당황했다. 그래서 이목사는 그녀의 양손을 잡은 채로 기도하기 시작했다.

간절한 기도는 방언과 섞이여 이목사의 영혼에서 뜨겁게 솟구쳐올랐다. 계속 기도하는데 김미란 사모 역시 견딜 수 없다는 듯 온 몸을 비틀며 신음하였다. 그러다가 악~ 하는 비명을 질렀다. 그리고 그녀의 몸이 축 늘어지는 것이었다. 이목사는 깜짝 놀라서 눈을 뜨고 아내를 보니 그녀는 숨이 끊긴 듯 축 늘어져 있었다. 이목사는 그녀의 몸을 흔들며 그녀를 불렀다.

"여보, 상준이 엄마, 왜 이래요? 여보 왜 이래? 눈을 좀 떠봐!"

바로 이 때 김미란 사모가 긴 숨을 내뿜었다. 그리고 눈을 떴다. 그녀는 숨을 몰아쉬면서 말했다.

"여보… 나 물… 물… 목이, 목이 타요… 목에서 뭐가, 뭐가 떨어져나간 것 같아요."

이목사는 그녀의 상체를 일으키고 또 물을 마시게 하였다. 이번에도 그녀는 세 컵을 거푸 마셨다. 그리고는 숨을 가쁘게 몰아쉬었다. 이 때 이목사는 그녀의 하체를 통하여 방바닥으로 번지고 있는 검은 액체를 발견했다. 시커먼 피였다. 그녀의 하체에서 자꾸만 시커먼 썩은 피들이 흘러나오고 있는 것이었다. 이목사는 그녀를 옆의 벽에 기댔다. 그리고 주방에서 걸레를 가져와 피를 닦기 시작했다. 그녀는 계속 가쁜 숨을 몰아쉬면서 이목사를 보았다. 이목사는 방바닥을 닦다 말고 그녀의 곁으로 가서 물었다.

"여보, 괜찮아?"

그녀는 여전히 거칠게 호흡하면서 고개를 끄덕였다. 이목사는 그녀의 눈빛이 조금 전과는 다르다는 것을 느꼈다. 검은 동공이 반짝거렸기 때문이다. 순간 이목사는 두 눈을 크게 뜨고 다시 한 번 아내의 얼굴을 보았다. 그리고 그의 영혼으로 전광석화와 같이 스쳐가는 강력한 무엇을 느꼈다. 그것은 놀라운 소망이었다. 예수 그리스도가 다시 살아났다는 그 놀라운 소망이었다. 이목사는 아내의 얼굴을 보다가 그녀의 손을 잡고 다시 아내에게 물었다.

"여보, 정말 괜찮지?"

그녀는 땀방울이 송송히 맺힌 얼굴을 위아래로 끄덕거렸다. 그리고 입을 꼭 다문 채 무엇을 생각한 듯 방바닥을 내려다보았다. 그러나 여전히 거친 숨을 내쉬고 있었다. 하지만 이목사는 어떤 확신으로 가슴이 벅차올라 어쩔 줄을 몰랐다. 그녀는 멍하니 천장을 보다가 갑자기 이목사에게 말했다.

"여보, 내 몸이 아주 가벼워요. 아주 개운하고 거뜬한 느낌이에요."

이목사는 그녀의 얼굴을 자세히 살피면서 말했다.

"그렇지. 분명히 몸이 가뿐하지. 그럴 거야. 나도 그걸 알았어. 당신 이제 산 거야. 하나님이 살려 주신 거야."

이목사는 아내의 목을 끌어안았다. 그리고 "하나님, 감사합니다 감사합니다…" 하면서 흐느꼈다. 김미란 사모도 상체를 흔들며 계속 흐느껴 울었다.

이목사와 김미란 사모의 영혼은 갑자기 환한 불빛으로 가득찼다. 시커먼 동굴에 갇혀 있다가 이제 막 그 동굴을 빠져나와서 광명한 세상에 서있는 것처럼 그들은 새로운 세상에 있는 것이었다. 아직 김미란 사모의 상태를 장담할 수는 없는 것이었지만 그들의 마음은 확신으로 넘쳤다. 예수님이 채찍에 맞아 흘리신 그 피의 권세로 이제 병마가 물러갔다는 확신이 넘치는 것이었다. 예수님이 흘리신 저 십자가의 피로 사탄의 결박을 끊어버리고 이제 새로운 부활의 생명으로 인쳐진 것이 분명하게 믿어지는 것이었다.

나연희 권사와 문정애 성도는 김미란 사모가 벽에 기대어 앉아 있는 것을 보고 깜짝 놀랐다. 더구나 그녀의 얼굴이 전 같지 않고 생기가 돌고 있는 것을 보고는 이게 도대체 무슨 일인가 하고 몹시 당황하는 것이었다.

"목사님, 어떻게 된 거예요? 눈도 못 뜨던 사모님이 어떻게 이렇게 멀쩡한 모습으로 앉아 있죠?"

나연희 권사의 말에 이목사가 말했다.

"두 분의 제 집사람에 대한 지극정성의 마음을 우리 주님께서 들으신 모양입니다. 하나님께서 아내를 살려 주신 것 같습니다. 두 분께 진심으로 감사 드립니다."

이 목사의 이 말에 나연희 권사와 문정애 집사는 놀란 표정을 지으면서 김미란 사모에게 가까이 와서 그녀의 얼굴을 유심히 살폈다. 그러자 김미란 사모는 가볍게 미소를 지었다. 그들은 이러한 김미란 사모의 얼굴을 보고는 깜짝 놀랐다.

"어머나! 사모님이 웃으시기까지 하다니! 사모님 정말 다시 살아나셨네! 부활하셨어! 정말이야! 죽었다가 다시 사셨어! 이게 웬일이야! 하나님께서 기적을 베푸셨잖아! 너무 기뻐요 사모님!"

그들은 김미란 사모의 손을 잡고 좋아서 어쩔 줄을 몰랐다. 나연희 권사가 이목사에게 물었다.

"사모님에게 죽을 좀 먹여야 할 것 같아요. 조금만요. 밖에 나가 사올까요 여기서 만들까요?"

"저도 지난 주간에 금식을 해서 지금 죽을 먹고 있습니다. 제가 먹고 있는 걸 먹으면 안 될까요? 동치미도요."

"알았어요. 그럼 제가 한 번 볼게요."

나연희 권사는 주방으로 나가 냉장고를 열고 죽과 동치미를 확인하였다. 그러더니 곧 방문을 열며 고개를 내밀고는 말했다.

"목사님, 좀더 부드럽게 쑤어야겠어요. 야채도 좀 많이 넣고요. 동치미는 괜찮은 것 같아요. 하지만 제가 시장에 가서 좀 더 시원하고 사근사근한 게 있는가 볼게요."

"그렇게 하세요."

이목사는 계속 김미란 사모 곁에 앉아 있었다. 김미란 사모는 시간이 지나면서 점점 더 의식이 뚜렷해지는 것 같았다. 말에도 힘이 실리기 시작했다. 참으로 꿈 같은 일이었다. 이젠 천국으로 가는구나 생각했는데 이처럼 새로운 모습으로 자기 곁에 앉아 있다는 것이 믿어지지 않았다. 하지만 이것은 꿈도 환상도 아니고 분명한 현실이었다. 이목사의 가슴은 표현하기 힘든 벅찬 감동으로 가득 차 있었다. 이제까지 느껴왔던 모든 고난의 아픔들이 일순간에 사라져버리고 기쁨과 감사만 심령에 가득하였다.

밖에서 놀다가 들어온 아이들도 벽에 기대어 앉아 있는 엄마를 보고는 놀랐다. 저들은 서로 부둥켜안고는 한동안 소리 내어 울었다.

이 날 저녁 예배에는 정금교회가 개척된 이후 가장 많은 성도들이 모였다. 사모님이 기도원에서 내려왔다는 말을 듣고 성도들이 모두 모였고, 이목사의 친구 최민수도 가족들을 데리고 참석했기 때문이다. 또 조인성과 나연희 권사, 문정애 집사까지 더해지니 예배당이 꽉 찬 것 같았다. 물론 김미란 사모도 예배에 참석하였다. 이목사는 로마서 팔 장 삼십일 절부터 삼십구 절 말씀을 가지고 '하나님의 사랑'에 관하여 설교하였다. 우리가 종일 주를 위하여 죽임을 당하게 되고, 도살할 양같이 여김을 받는다 하여도 우리들은 우리들을 사랑하시는 예수 그리스도의 십자가 사랑으로 말미암아 넉넉히 이길 수 있음을 말하였다. 그 상황이 아무리 절박하고, 그 어떤 강력한 존재가 우리들을 죽이고자 하여도, 우리와 하나님의 사랑은 결코 끊을 수 없음을 강조하였다. 그 놀라운 십자가 보혈의 사랑은 결국 부활을 가져오며, 이 시간 그 증인으로 김미란 사모가 바로 이 자리에 앉아 있음을 담대히 선포하였다. 이 설교가 이어지는 동안 예배당 안은 보혜사 성령님의 감화, 감동하시고 교통하시는 충만한 은혜가 가득하였다.

죽을 먹기 시작한 후 김미란 사모의 회복은 더욱 빨라졌다. 일주일이 지나자 예배당 밖으로 나가 가벼운 산책도 할 수 있게 되었다. 몸은 여전히 마른 상태였지만 전신에 서서히 살이 오르고 있음을 알 수 있었다. 그녀는 몸이 아주 가볍다고 말했다. 마치 저 초등학교 시절처럼 몸이 날아갈 것 같다고 말했다. 이목사는 그녀의 그런 말이 실감나지 않았다. 누우런 얼굴을 하고 항상 누워 있던 그녀가 이런 모습을 보인다는 게 그저 신비하기만 했다. 그리고 우리 주 예수 그리스도가 성도들의 병을 고치시는 신유의 주님이심을 굳게 확신할 수 있었다. 김미란 사모의 회복과 함께 정금교회는 성도의 수가 이십 명 이상으로 늘었다. 참으로 놀라운 일은 이목사의 친구 최민수가 자기와 함께 일하는 동료 직원의 가족들을 전도하였다는 사실이다. 식구가 다섯인데 다섯 명 모두가 주일 예배에 참석하고 있었다. 최민수는 앞으로도 계속 전도를 하겠다고 말했다. 전도왕으로 큰 명성을 얻었던 나연희 권사는 그런 최민수를 보면서 빙긋이 웃기만 했다. 정금교회는 모처럼 꽃들이 활짝 피어나는 것 같은, 희망이 넘치는 부흥의 계절을 맞이하고 있었다.

　그러나 수술한 지 이십 일이 되었는데도 최은미는 아직 깨어나지 못하고 있었다. 조인성은 직장에서 퇴근하면 곧바로 병원으로 갔다. 하루도 빠지지 않고 그녀를 찾아가 상태를 살폈다. 그리고 다시 교회로 와서 이목사와 김미란 사모에게 답답한 마음을 토로하곤 했다. 이목사는 최은미의 회복을 위하여 특별기도를 할까 생각 중이었다. 이 무렵 오지훈 목사도 교수 채용시험에 응모하였다. 그러나 그는 교단 신학교의 교회사 교수로 채용되지 않았다. 예상했던 대로 증경총회장 진충희 목사의 아들 진순범 목사가 교수로 뽑혔다. 이렇게 되자 교단에서는 소문들이 무성하였다. 진순범 목사가 다녔다는 아프리카의 학교가 학위 장사를 하는 학교로 알려지면서 교수 채용을 다시 해야 한다는 목회자들도 나타났다. 이렇게 되자 교권분쟁으로 가뜩이나 시끄러운 교단은 또 하나의 분쟁거리로 인하여 대립과 투쟁이 더욱 격렬해지는 것이었다. 이목사는 긴 한숨을 몰아쉬지 않을 수 없었다. 어찌 되었던, 이목사는 친구 오지훈 목사를 위로하고 싶었다. 한번 만나서 식사라도 대접하면서 교수로 선발되지 못한 마음을 다독이고 싶었다.

　그런데, 어느 날 그가 그의 아내와 함께 정금교회를 방문하였다. 얼굴이 새까만 외국인 한 사람도 그들과 같이 왔다. 이목사는 오목사의 손을 잡았다.

"좀더 빨리 만나고 싶었는데 이제야 만나는군! 너무 반가워!"

"나도 빨리 이목사를 한 번 만나고 싶었는데 바빠서 늦었어. 일이 좀 있었거든. 참 이 분 모르겠어? 로버트 목사님이라고 아프리카에서 오신 목사님인데, 언제인가 자넬 기도원에서 한 번 보았다고 하던데. 버스 정류장에서 말이야."

이목사는 이 순간에야 로버트 목사를 알아보았다.

"아, 알겠어. 그 분이구만. 하우 알 유?"

이목사는 로버트 목사에게 손을 내밀었다. 그도 "아임 파인 앤 유?" 하면서 이목사의 손을 잡았다.

"아니, 오목사가 어떻게 이 분을 아는 거야?"

"실은 내가 아는 목사님 한 분이 안산의 원곡동에서 외국인들을 위한 사역을 하고 계셔. 그 곳을 몇 번 방문했는데 이 분을 그 곳에서 만났어. 그 후 몇 번 만났는데 이야기를 하다 보니 자네 이야기가 나왔어. 그런데 이 분이 자네를 한 번 만났다는 거야. 그래서 오늘 모시고 온 건데 진짜 초면이 아니군. 하나님의 섭리가 참 신기해."

"정말 그렇군."

그들은 곧 한 자리에 둘러앉았다. 오목사 내외는 김미란 사모의 회복을 진심으로 기뻐하였다. 기적을 베푸신 하나님께 영광을 돌렸다. 함께 여러 대화를 나누다가 세 목사는 예배당으로 나왔다. 이목사는 오목사에게 교수로 채용되지 않은 것을 너무 마음 아프게 생각하지 말라고 위로했다. 이목사의 말에 오목사는 쓸쓸히 웃으면서 말했다.

"이목사, 내가 너무 세상을 모르나 봐. 학교에 지원서를 낸 사람 중에 인맥, 돈줄 없는 사람은 나밖에 없었어. 사실 내가 교수로 뽑힌다는 것은 불가능한 일이었어. 기적이라는 게 있는데, 지금의 우리 교단 체제에서는 그게 쉽지 않아. 하나님의 손길이 닿을 곳이 없는 것 같거든. 정말 치열하더라구. 모든 걸 잘 준비한 사람들이 한두 명이 아니야. 난 그저 알려진 대학 나왔다는 그 성적표와 졸업장만 가지고 갔는데, 그런 건 별로 중요하지 않았어. 누가 힘이 있느냐, 이게 중요한 거야. 사실 난 지금은 마음이 너무 편해. 너에게 말은 안 했지만 교수라는 생활이 부담스러운 면도 있었어. 제 역할을 못하면서도 매달 엄청난 보수를 챙겨서 내 인생만을 위해서 살면 어쩌나 싶었어. 말은 종들을 바로 키우는 일을 한다고 하면서도 예수님과는 전혀 다른 인생을 사는 신학대학의 교수들이 많이 있잖아. 나도 그런 사람이 되면 어쩌나 염려했었어. 그러나 아내와 아이들 때문에 꼭 교수가 되어보자는 쪽으로 뛰었어. 그런데 생각 외로 아내가 내가 다른 길로 나가도 괜찮으니 맘 편히 먹으라고 위로를 해 주는 거야. 그래서 교수 임용이 불가능할 것 같아 새로운 사역을 찾아보았어. 사실 그 동안에 그 일을 주선하느라고 이목사에게 빨리 못 온 거야."

"그랬구만. 새 일은 어떤 일인데?"

"이 분이 지금 안산에서 살고 있어. 그 곳에서 작은 교회를 하고 있어. 아프리카 사람들만 모이는 공동체야. 일단 나도 이 분과 함께 사역을 하기로 결심했어. 하지만 그 곳에는 수만 명의 외국인들이 있거든. 궁극적으로는 그들을 대상으로 사역을 하는 거야. 한국어 교실부터 시작해서 성경교실까지 여러 프로그램을 만들어서 운영해보고 싶어. 영어는 좀 하니까 말이야."

"그거 아주 귀한 사역인데. 처음에는 고생이 좀 되겠지만 나중에는 아주 좋은 열매가 있을 것 같애. 세계 선교를 제대로 할 수 있을 것 같거든. 나도 힘닿는 데까지 도와 볼 테니까 한 번 열심히 해봐."

"그래 해볼게. 이 쪽으로 결정을 하고 나니까 마음이 무척 편해."

"그래. 정말 잘 생각했어. 교수라는 자리, 그 자리에 안 간 거 하나님의 은혜인 것 같애. 저 갈릴리 바닷가를 거니시면서 어부들을 부르신 우리 예수님처럼 한 번 해봐. 먹고 사는 거야 하나님이 주실 테니까."

"기도 많이 해 줘."

"암, 그래야지. 오목사도 내 기도 많이 해 줘."

오목사의 얼굴이 아주 편안해 보였다. 그 동안 많은 시간을 투자해 혼신의 노력을 하여 박사 학위까지 받았는데 쉴 틈도 없이 광야로 다시 나가는 그의 모습이 조금은 안쓰러워 보였다. 그러나 이목사는 마음 깊은 곳에서 솟구쳐오르는 기쁨을 느꼈다. 이 어려운 시대에 오목사는 길을 제대로 찾았다고 생각했기 때문이다. 우리가 가야 할 길은 안전하고 평안한 탄탄대로가 아니라 전갈과 뱀이 득실거리는 저 광야이기 때문이다. 우리 주 예수님이 가신 십자가의 길이기 때문이다. 죽음을 각오하고 사탄과 싸워야 하는 무시무시한 이 세상이기 때문이다. 그리고 그것이 곧 산 길이며 생명의 길이기 때문이다. 오직 우리 주 예수님만을 붙들고 살아가는 길이기 때문이다. 이 시대의 많은 성도들이 그것을 잊고 있는 것이다. 그리하여 교수를 하기 위하여 온갖 권모술수를 동원하고, 총회장, 감독회장을 하기 위하여 치열하게 싸우는 것이다. 내 자식에게 교회를 물려주기 위하여 교회가 두 쪽이 나도록 싸우는 것이다. 하나님의 교회야 어찌 되든 이생에서의 내 욕심을 채우기 위해 모든 추악한 일들을 서슴없이 하는 것이다. 이를테면 돈만 생기는 곳이라면, 그런 일이라면 그것을 잡기 위하여 온갖 방법을 다 동원하는 것이다. 예수님이 자신을 십자가의 죽음에 내어준 것과는 정 반대의 길에 생명을 걸고 있는 것이다. 그리하여 형제라 말하는 이들끼리 원수가 되고 분열하는 것이다. 그런데 이들이 개혁을 외치고 있다. 이러한 욕심들을 버리지 않는 한 교회들은 결코 새로워지지 않을 것이다. 위로부터 주어지는 신령한 능력은 회복되지 않을 것이다. 이것을 밝히 알아야 하리라. 영계의 질서는 명료하다. 두 마음을 품은 자들은 허망한 인생을 살다가 가는 것이다. 아무리 주여 주여 부르고 능력을 행하였다 하여도 그들의 가는 길은 천국이 아니다. 얼마나 두려운 일인가. 지금 이 나라의 교회는 어려움 가운데 있다. 예수님이 명하시고 본을 보이신 영혼 구원이라는 본 궤도를 한참 벗어나 있다. 공정한 질서를 위해 일해야 할 매스컴 기관과 출판사들까지도 돈의 우위를 점유하고 있는 기득권 세력과 짝하고 있다. 하긴 그렇게 해야만 존재할 수 있음으로 그럴 수밖에 없으리라. 저들은 선지자들의 음성을 차단하고 있으며 돈을 위해 돈을 주는 자들의 말을 전할 뿐이다. 지금이야말로 사탄이 장악한 세상과 싸우기 위해 분연히 일어서셨던 예수님의 뒤를 따를 때이다. 성경대로, 예수님이 가신 대로 걸어갈 때이다. 돈과 명예와 권세와 세상이 주는 모든 안락함의 굴레를 박차고 나올 때이다. 나의 십자가를 지고 오직 믿음으로 승부할 때이다. 오 주여, 이 연약한 종을 도우소서.

오목사를 위로하려고 했던 이목사는 오히려 오목사에게서 큰 위로를 받았다. 오목사 같은 친구가 곁에 있다는 게 너무 감사하였다. 세계적으로 알려진 명문대학에서 박사 학위를 받았지만 그 모든 기득권을 포기하고 가장 낮은 곳으로 담대히 내려가는 모습이 아름다웠다. 그러고 보면 한국교회는 희망이 있었다. 비록 소수의 사람들이지만 순수한 복음의 질서를 견고히 지키며 자기의 사명을 다하려고 하는 이들이 있으니 분명 소망이 있는 것이었다. 저 어두운 시대에 루터 한 명을 통하여 교회를 새롭게 하셨던 하나님은 이제 소수의 순결한 영혼들을 통하여 한국의 교회를 새롭게 할 것이다. 그리고 그들을 통하여 한국을 변화시키며, 이 세계를 변화시킬 것이다. 이목사는 정금교회를 나서는 오목사를 뜨겁게 포옹하였다.

다음 날이었다. 근처의 파출소에서 이목사에게 전화가 왔다. 교통사고 건 때문이라며 나오라는 것이었다. 그래서 이목사는 곧 파출소로 갔다. 이목사가 들어가서 인사를 하자 담당 경찰관이 주민등록증을 확인하더니 자리에 앉도록 하고 말하였다.

"안산 경찰서에서 목사님에 대한 관련 서류가 넘어왔었습니다. 그래서 저희 쪽에서 면밀히 검토하여 최종 결론을 내렸습니다. 아직까지 고소가 들어오지 않은 것으로 보아 피해자와는 합의가 잘 된 것으로 생각합니다. 문제는 피해자가 된 그 아가씨가 목사님만 운전하게 된 차를 운전했다는 것입니다. 이것은 면허 취소에 해당되는 중대한 사안입니다. 그런데 보안 카메라를 자세히 조사해보니까 목사님의 차가 위반한 것은 하나도 없었습니다. 그리고 목사님의 차를 들이받은 두 사람은 우리들이 찾고 있던 흉악범들이었습니다. 인터넷을 통하여 확인하셨는지 모르겠지만 그들에게는 상당한 액수의 현상금이 걸려 있었습니다. 또 목사님은 아직 한 번도 운전 법규를 어긴 적이 없었습니다. 이런 여러 가지를 참작하여 이번 사건을 목사님에게 벌금형을 내리는 것으로 마무리하기로 했습니다. 물론 그 돈은 현상금에서 제하기로 했습니다. 그리고 목사님의 차는 저희 쪽에서 수리를 해 주기로 했습니다. 이 비용도 현상금에서 나갑니다. 나머지 액수는 국고로 들어갑니다. 이러한 저희 경찰 측의 입장에 이의가 있으시면 말씀해 주십시오. 아니면 여기에 동의한다는 내용을 적어 주십시오."

"잘 알겠습니다. 이렇게 선처를 해 주셔서 진심으로 감사 드립니다."

이목사는 곧 경찰 측의 뜻을 따르겠다는 진술을 하였다. 그리고 싸인했다.

이목사는 차 문제로 염려가 되었는데 이런 식으로 해결이 되자 하나님의 놀라우신 은혜에 다시 한 번 감탄하였다. 그는 파출소를 나오자 하늘을 쳐다보면서 하나님께 여러 번 감사를 표하였다. 하나님을 사랑하는 자 곧 그의 뜻대로 부르심을 입은 자들에게는 모든 것이 합력하여 선을 이루느니라 하신 로마서 팔 장 이십팔 절 말씀이 생각났다.

이목사는 나연희 권사와 문정애 성도를 중심으로 '통일을 위한 기도회'를 조직하였다. 매주 수요일과 금요일에 통일을 위하여 집중적으로 기도했다. 또 정금교회 안에 '흠점티 버리기 사랑회'를 두었다. 이것은 흠 없고 점 없고 티 없는 예수 그리스도의 양심을 가지고 살아가며, 거기에 적극적으로 선을 행하자는 의미에서 만든 일종의 양심청결운동과 선행추구운동 모임이었다. 이 모임은 매주 월요일 저녁에 예배를 드리면서 심령부흥회도 동시에 가졌다. 비록 소수가 모였지만 이러한 예배들은 아주 은혜롭게 이어졌고 기도를 할 때엔 성령의 불이 떨어졌다. 참으로 감사한 것은 김미란 사모의 몸이 생각보다 빠르게 회복되었다는 것이다. 그녀의 몸은 회복의 기미가 보인 후 한 달 정도가 지나자 거의 정상으로 돌아왔다. 살도 알맞게 찌기 시작했고 모든 생활을 예전 건강했을 때와 똑같이 하게 되었다.

놀라운 일이 또 하나 있었다. 그것은 나연희 권사와 조인성의 어머니 박애리 권사가 고등학교 동창이라는 것을 우연히 알게 된 일이었는데, 이로 인하여 이목사가 조인성의 어머니 박애리 권사를 만난 것이다. 어느 주일 예배 후 점심 식사를 마치고 이야기를 하는 중에 조인성과 나연희 권사가 대화를 하게 되었다. 그들은 대화 중에 박애리 권사와 나연희 권사가 고교 동창생임을 알게 되었다. 두 사람은 고등학교 때 아주 친한 사이였고, 대학 교회가 설립되어 조인성의 아버지와 어머니가 그 곳으로 교적을 옮기기 전에는 그들도 나권사가 출석하는 교회에 나왔었다. 조인성도 그들을 따라서 가끔 그 교회에 가곤 했었다. 그런데 이들이 이 정금교회에서 다시 만난 것이었다. 하나님의 섭리가 참으로 오묘하였다. 나권사는 수일 내로 조인성의 어머니를 한 번 만나보겠다는 뜻을 이목사에게 비쳤었다. 그리고 얼마 후 그녀를 만난 모양이었다. 그 후 어느 날 이목사에게 누군가가 전화를 하였는데 그녀는 조인성의 어머니 박애리 권사였다. 그녀는 이목사에게 꼭 한 번 만나자고 하였다. 그래서 이목사는 그녀가 나오라는 곳으로 갔다. 조인성의 어머니는 나연희 권사와 고교 동창생이라는 것을 믿지 못할 정도로 아주 젊어 보였다. 그녀는 미소를 짓기 보다는 상당히 심각한 표정으로 이목사를 맞았다. 서로 인사를 나눈 후 그녀는 먼저 입을 열었다.

"제 친구 연희를 통해서 제 아들 인성이가 목사님이 시무하시는 교회에 출석한다고 들었습니다. 돌봐 주셔서 감사합니다. 좀 빨리 찾아뵐려고 했었는데 집안에 일이 좀 있어서 늦어졌습니다."

"아닙니다. 이렇게 권사님을 뵙게 되어 너무 영광입니다. 아주 훌륭한 아드님을 두신 것도 축하 드립니다."

이목사의 이 말에 박애리 권사는 의심쩍은 눈으로 이목사를 보면서 말했다.

"부끄러워요. 부족한 아들이 교회 안에서 문제나 안 일으키는지 모르겠어요."

"아닙니다 권사님, 이 시대에 보기 드문 아주 훌륭한 아드님을 두셨습니다. 조인성군은 그 마음이 아주 곱습니다. 제 말은 빈말이 아닙니다. 제가 듣기로는 조군이 전에 방황을 좀 했었다고 하였습니다. 부모님 마음을 많이 아프게 했다고 하였습니다. 하지만 오히려 그것이 그의 인생에 아주 좋은 약이 되었다고 봅니다. 그는 이제 그러한 자신의 과거를 하나님 앞에서 회개하였고 새로운 인생을 결단하였습니다. 그는 보혜사 성령님의 도우심을 통하여 그 자신의 본래 성품을 되찾았습니다. 사람이 너무 겸손하고 너무 순수합니다. 하나님이 기뻐하시는 성품을 지녔습니다."

박애리 권사는 다분히 놀란 표정을 지으며 이목사에게 물었다.

"그 애가 정말 그렇게 보였어요?"

"네. 아주 좋은 청년입니다. 순수한 청년이에요. 가정이 그 정도 되면 사고방식이 고급스러울 법도 한데 조군은 전혀 그렇지 않습니다. 순수하고 겸손해요. 앞으로 하나님께서 귀하게 쓰시리라 확신하고 있습니다."

박애리 권사의 얼굴이 많이 펴져 있었다. 그녀는 이목사를 보면서 또 말했다.

"나권사가 목사님 칭찬을 많이 했어요. 이 시대에 보기 드문 목사님이라고요. 꼭 한 번 뵙고 싶었는데… 목사님이 제 아들을 그렇게 보고 계시다니 어머니인 저로서는 기쁘긴 하지만… 제 아들이 워낙 엉뚱한 면이 있어서요."

"알고 있습니다. 그것 때문에 조군이 방황을 많이 했던 것 같습니다. 조군은 공부를 열심히 하거나, 어떤 일을 치밀하게 밀고 나가는 성격이 아닙니다. 제가 볼 때엔 예술가 기질이 좀 있는 것 같습니다. 아직 거기에 관해서는 깊이 대화를 못했습니다만 그런 면이 다분히 있어요. 인생을 자유롭게 살고 싶은 거예요. 하지만 지금은 부모님의 일을 돕고자 하는 그런 마음이 강해요. 조군의 자유로운 성품이 오히려 부모님의 일을 더 효율적으로 도울 것입니다. 틀림없습니다. 그러니까 아드님을 믿으세요."

"저희가 정말 제 아들을 믿어도 될까요?"

"네 믿으세요. 믿어도 될 만한 아드님입니다."

"걔한테 실망을 너무 많이 해서요…"

박애리 권사는 여전히 못 믿겠다는 표정을 지으며 말끝을 흐렸다. 이목사는 그런 박애리 권사의 얼굴을 보면서 또렷한 어조로 말했다.

"기대의 관점을 바꾸어 보세요. 공부를 잘 해라, 모범생이 되어라, 이런 요구보다는 네가 잘 할 수 있는 일을 한 번 열심히 해보아라. 다른 사람들에게 기쁨을 줄 수 있는 일을 한 번 열심히 해보아라. 이런 식으로 관점을 바꾸어서 무엇인가를 요구해보세요. 아마도 조군은 부모님을 감동시킬 겁니다."

박애리 권사는 잠시 생각에 잠겼다. 그리고는 말했다.

"하긴 저희들이 너무 일방적으로 밀어붙인 것은 사실이에요. 아들이 하나이다 보니까 걔를 제대로 키워서 저희들의 일을 이어받게 하고 싶었거든요. 걔는 목사님 말씀처럼 공부 스타일은 아닌데 말예요."

"아닙니다. 조군은 공부를 했어도 아주 잘 할 수 있었을 거예요. 그러나

도중에 정서가 산만해진 겁니다. 바로 그런 주위의 압력 때문에 반항심과
방종의 마음이 조군을 사로잡은 거예요. 그러나 다시 중심을 잡았습니다.
이제 염려 않으셔도 됩니다."

"정신을 차린 애가 그런 여자애한테 집착해 있을까요?"

박애리 권사는 다시 실망이 가득한 표정으로 말했다.

"그런 여자 애라면 혹시 은미 자매를 말하시는 건가요?"

"네. 그 앤 질이 좋지 않은 애예요. 호스티스 노릇도 했고 성질도 아주 고
약하고요. 그런데도 저 애가 그런 여자애한테 빠져서 지금까지도 그 늪에
서 헤어나오질 못하잖아요."

"권사님, 은미 자매가 집안 형편 때문에, 또 철부지한 마음으로 방황을
많이 했던 것은 사실입니다. 그러나 그 자매님은 아주 훌륭한 자매님입니
다. 이 교회에 와서 그녀가 어떻게 변화되었는지를 제 눈으로 분명하게 확
인했습니다. 조군이 여자를 제대로 본 것입니다. 물론 이렇게 말씀 드리면
박권사님은 좀 서운하시겠지만 조군이나 은미 자매나 그 성품들이 아주 훌
륭한 젊은이들입니다. 권사님께서 제 말씀을 믿고 마음을 한 번 넓히시는
게 어떠십니까. 은미 자매 받아들여도 후회하지 않으실 겁니다. 그녀는 이
제 아주 경건한 크리스천입니다. 참으로 그러합니다."

이목사는 은미 자매에 대하여 마음껏 칭찬을 해 주고 싶었다. 이목사의
이런 모습을 보고 박애리 권사는 믿을 수 없다는 표정을 지으며 물었다.

"그 여자애가 정말로 괜찮은 것 같아요? 목사님 보시기에 그래요?"

"네. 바탕이 아주 순수한 자매입니다. 전에야 어쨌든 이제는 하나님의
사람이 되었습니다. 참, 은미 자매 소식 들었습니까? 지금 혼수 상태에 있
다는 거 아십니까?"

그녀는 고개를 끄덕였다.

"네. 인성이를 통해서 들었습니다. 안됐다 생각이 들어서 한 번 가보고

싶은데, 선뜻 발걸음이 옮겨지지 않아요. 교회 권사가 이래서는 안 되는데 말예요. 솔직히 하늘나라에 가서 집안이 어쩌네 했던 거 말하면 유치하지 않아요? 저도 그 정도는 아는데 마음이 잘 안 열려요. 전에 제가 그 애한테 모질게 했거든요. 저러다가 영영 못 일어나면 사과할 기회도 없을 거 아녜요. 물론 그런 일은 없겠지만 말예요."

이목사는 박애리 권사의 표정을 유심히 살피고는 물었다.

"이렇게 만난 김에 저하고 병원에 한 번 가볼까요?"

"지금요? 목사님이랑 같이 가보자고요? 그렇게 하죠. 그럼 제 마음이 좀 덜 무거울 것 같아요."

"그러실 거예요. 그럼 지금 한 번 가보죠. 참, 은미 자매의 어머님을 만나 보신 적 있습니까?"

"걔 부모들은 만난 적이 없어요. 걔만 여러 번 만났어요."

"알았습니다. 지금 은미 자매를 돌보고 계시는 분은 은미 자매의 어머님 이십니다. 그리고 며칠 전에 은미 자매가 수술을 또 한 번 받았습니다. 의사 선생님 말로는 뇌신경은 회복이 되어서 문제가 없는데, 충격 때문에 보이지 않는 파장 같은 것에 영향을 받고 있는 것 같다고 했습니다."

"그건 무슨 말이죠?"

"저도 자세히는 모르지만 이런 것 같습니다. 물이 고인 곳에 큰 돌을 던지잖아요. 그러면 돌이 빠진 주위로 물결이 일어납니다. 돌에 맞아 파괴된 부분이 아물었다 하여도 그 파장의 후유증은 남는가 봅니다. 큰 돌이 떨어져 물결이 크게 흔들리면 그 안에 어떤 변화가 오잖아요. 바로 이 변화를 말하는 것 같아요. 또 하나 예를 든다면, 벽에 무엇이 강력하게 부딪치면 벽이 뚫리고 그 주위에 금이 갑니다. 바로 이 금을 말하는 것 같습니다."

박권사는 고개를 끄덕였다. 그들은 박권사의 차에 탔다. 박권사는 자기 차를 손수 운전하였다. 이 얘기 저 얘기를 하는 중에 차가 병원에 닿았다.

박권사는 병원 안에 있는 휴게실에서 과일이랑 죽이랑 음료수를 샀다. 입원실에 들어가니 은미 자매의 다리를 마사지하던 우영희 씨가 일어났다. 그녀는 이목사에게 공손히 인사하였다. 이목사는 그녀에게 박애리 권사를 소개했다.

"어머님, 이 분은 은미 자매의 남자 친구 조인성 군의 어머니이십니다. 서로 인사하시죠. 이 쪽은 박애리 권사님이시고, 이 쪽은 우영희 씨로 은미 자매의 어머니이십니다."

그들은 서로 인사했다. 박애리 권사는 가지고 온 물건들을 우영희 씨에게 주고 곧 은미 자매에게 갔다. 은미 자매는 아주 평안한 모습으로 누워 있었다. 하얀 얼굴은 눈이 감겨져 있었지만 눈이 떠 있을 때와 똑같이 아름다웠다. 박권사는 은미 자매의 한 손을 잡고 두 눈을 감은 채 조용히 기도를 하였다. 그녀의 눈에서 눈물이 한 방울 배어 나오더니 그녀의 볼을 타고 굴러내렸다. 바로 이 때였다. 박권사가 잡고 있는 그녀의 손이 파르르 떨렸다. 그리고 그녀가 신음하기 시작했다. 그녀는 윗몸을 조금 움직였다. 이목사와 박권사, 우영희 씨 모두가 두 눈을 휘둥그레 뜨고 그녀의 얼굴을 주시했다. 그러자 그녀가 두 눈을 떴다. 그녀는 두 눈을 뜨고 천장과 주위를 휘둘러보았다. 모두가 놀랐다.

"은미 자매!" 하고 이목사가 부르자 그녀는 이목사를 보더니 낮은 어조로 말했다.

"목사님! 여기가 어디에요?"

"여기 병원이에요! 은미 자매 드디어 깨어났네요!"

우영희 씨는 의사에게로 달려갔다. 최은미는 자기 손을 잡고 있는 박권사를 보았다. 박권사가 그녀에게 말했다.

"깨어났구나. 이제 됐다. 너한테 함부로 했던 나를 용서해라."

최은미는 아무 말 없이 천장을 보더니 이목사에게 물었다.

"나 여기에 오래 있었어요?"

"네. 상당히 오래 있었어요. 이제야 깨어난 거예요."

"그랬구나…"

이 때 간호사들과 함께 의사가 왔다. 의사는 최은미의 눈과 귀 등을 유심히 살펴보더니 빙긋이 웃었다. 그리고는 주위 사람들에게 말했다.

"의식이 완전히 돌아왔습니다. 그러나 너무 많은 말은 시키지 마세요. 이제 막 돌아온 뇌신경이 피로해지면 예기치 않은 후유증이 생기거든요. 그러나 말을 너무 안 시켜도 안 됩니다. 적당하게 말을 하도록 해야 해요. 여하튼 축하합니다. 회복됐습니다."

"고맙습니다 선생님."

이목사는 복도에까지 의사를 따라나와 인사를 했다. 의사는 기분이 좋은 표정으로 이목사의 인사에 답례하였다. 참으로 신기한 일이었다. 박애리 권사가 손을 잡고 기도하는 순간 최은미가 깨어난 것은 우연일 수도 있지만 거기에 하나님의 섭리가 있는 것도 분명했다. 어찌 되었던 김미란 사모의 회생 다음에 찾아온 최은미의 회복은 이목사에게 큰 기쁨을 안겨 주었다. 이제까지 지하 개척교회를 담임하면서 느꼈던 모든 피로감이 일시에 날아가버렸다. 이목사는 넘치는 기쁨을 주체하지 못하고 마음 속으로 계속 할렐루야를 외쳤다. 박애리 권사는 돌아오면서 이목사에게 말했다.

"아까 참 신기했죠? 제가 기도할 때에 그애의 손이 움직이고 그애의 의식이 돌아왔잖아요. 사실 저 그 순간에 마음이 뜨거워졌어요. 어떤 감동이 제 영혼에 느껴졌어요. 애써 참았지만 제 가슴이 너무 뜨거워 혼났어요."

"아무래도 은미 자매가 권사님과 깊은 인연이 있는 것 같습니다. 권사님이 손을 잡아 주어야만 할 자매인가 봐요."

"그런 의미일까요? 하나님의 음성이 그렇게 온 것일까요?"

"기도해 보세요. 저도 기도할 테니까요."

이목사의 이 말에 박권사는 말했다.

"사실 저 그 애 받아들이기로 작정했어요. 혼수상태에 있는 애인데도 좋다고 아들이 생명을 걸고 달려드는데 그걸 어떻게 막아요. 목사님 만나러 오기 전에 제 마음 정리했었어요. 그러나 목사님 말을 한 번 더 들어보고 분명한 결정을 하리라고 마음 먹었드랬어요. 그런데 목사님 얼굴을 보는 순간 그 앨 받아들이자 하고 결정이 되었어요. 세상의 헛된 걸림돌들이 일시에 사라졌거든요."

"감사합니다 권사님. 저들은 아주 좋은 부부가 될 거예요. 그리고 은미 자매는 아주 훌륭한 며느리가 될 거예요."

이목사와 헤어질 무렵 박권사의 얼굴은 아주 평안해 보였다.

그로부터 3일 후였다. 박권사가 전화를 했다. 사모님 보양식을 좀 사드리고 싶으니 통장번호를 알려달라는 것이었다. 이목사가 극구 사양했지만 그녀가 간절히 원하여 통장번호를 알려주었다. 그 다음 날 그녀는 또 전화를 하였다. 그리고는 통장을 확인했느냐고 물었다. 이목사가 아직 확인하지 않았다고 말하자 그녀는 말했다.

"목사님, 사실은 제가 목사님 사역하시는 예배당을 좀 바꾸라고 헌금을 보냈어요. 그 돈이면 지상에 예배 처소를 마련할 수 있을 거예요. 주변을 한 번 둘러보시고 부족하면 전화 주세요. 제가 더 보내드릴 게요. 제가 나권사에게 목사님의 형편에 대한 이야기 다 들었어요. 사모님 중병에서 겨우 회복되셨는데 그런 탁한 지하에 계속 계시면 안 돼요. 제 말 이해하시죠?"

"권사님…"

주님이 고쳐 주신 병이 다시 도질 리는 없겠지만 그러나 지하에서는 나가고 싶은 것이 이목사의 간절한 마음이었다. 그런데 하나님께서 이런 식으로 일을 진행하시니 그 은혜가 너무 감사하였다.

"하나님, 하나님은 정말 하나님이시네요! 이 땅을 사랑하사 독생자 예수님을 보내 주신 그 사랑의 하나님이시네요!"

이목사는 갑자기 자신의 몸이 하늘로 훨훨 날아오르는 것 같았다.

최은미가 퇴원하던 날 이목사는 병원으로 갔다. 그동안 이목사는 틈나는 대로 심방을 했다. 그러는 동안에 최은미의 어머니 우영희 씨와도 가까워졌다. 최은미와 그녀의 어머니 우영희 씨는 이목사를 반갑게 맞았다. 최은미는 "목사님" 하면서 그 어느 날보다도 기쁜 얼굴로 이목사를 보았다.

"은미 자매, 드디어 병원 나가네요. 기분 좋죠?"

"네. 너무 기분 좋아요. 어서 빨리 병원 나가서 교회에 가고 싶었거든요. 저 아직 목사님에게 말씀 안 드렸는데 놀라운 체험을 했드랬어요."

"언제요?"

"제가 아직 깨어나지 못 했을 때에요."

"그래요. 어떤 체험을 했는데요?"

"예수님께서 제게 천국과 지옥을 구경시켜 주셨어요."

"그래요?"

"네. 너무 놀라운 광경들이었어요. 언제 한 번 제가 말씀 드릴게요. 하지만 이런 얘기 아무에게도 하지 마세요. 저를 이상한 사람으로 볼지 모르니까요."

"알았어요 은미 자매. 하지만 전에 말했던 대로 천국과 지옥을 구경하고 온 분들은 종종 있었어요. 그런 일은 간증을 하는 게 좋아요. 성도들에게 큰 은혜가 되거든요."

"그래요? 그런 분들이 계세요?"

"그럼요. 구경한 것을 그대로 글로 써서 책으로 낸 분들도 많아요. 은미 자매도 그렇게 한 번 해봐요." "제가 그래도 될까요?"

"그럼요. 안 될 이유가 없죠."

그녀는 웃었다. 그리고 그 놀라운 광경들을 다시 생각하는 듯 잠시 생각에 잠겼다. 그러다가 말했다.

"알겠어요 목사님. 제가 한 번 생각해볼게요. 정말이에요 목사님, 천국과 지옥이 있었어요. 아름다운 천국이 있고 무서운 지옥이 분명히 있었어요. 우리 인간들은 모두 다 예수님을 믿어서 그 천국에 들어가야지 지옥에 가면 안 돼요. 지옥은 너무 무서운 곳이었어요. 스물 네 시간 온 몸이 불로 타는 곳이었어요."

딸의 말에 우영희 씨는 두 눈을 크게 뜨고 무슨 생각인가를 하고 있었다. 그러다가 최은미에게 말했다.

"나는 원무과에 좀 다녀 오마."

어머니 우영희 씨가 나가자 최은미는 이목사에게 말했다.

"어머니에게 전도했어요. 아직은 반응이 없어요. 하지만 곧 예수님을 믿게 되겠죠?"

"그럴 거예요. 인내심을 가지고 계속 전도해야 돼요. 처음부터 너무 강압적으로 하면 부작용이 생길 수도 있어요. 내 말 알겠죠?"

"네. 하지만 전 우리 가족 중 한 사람도 지옥으로 보내고 싶지 않아요. 그곳은 너무 끔찍한 장소였어요."

"하나님께서 은미 자매에게 큰 은혜를 주셨네요."

그녀는 이목사의 말에 행복한 표정을 지으며 창문으로 쏟아져 들어오는 노오란 햇볕을 보았다. 그런 그녀의 표정은 이슬을 머금고 이제 막 피어난 한 송이 꽃처럼 아름다웠다. 조금 있자 조인성이 들어왔다. 이목사는 그들에게 기도를 해 주고 병실을 나왔다.

13.
쉬지 말고 기도하라

그토록 무더웠던 여름도 지나갔다. 어느덧 이 산 저 산에 울긋불긋 단풍이 들고 있었다. 그 동안에 김미란 사모는 완전히 회복되었다. 그녀는 이제 병이 찾아오기 전에 하였던 모든 일들을 다시 할 수 있게 되었다. 그녀는 어떻게 하든지 하루 세 시간 이상의 기도는 꼭꼭 하려고 몸부림쳤다. 또 말씀도 하루에 열 장 이상씩은 읽고 중요한 주제들 몇 가지는 깊이 묵상하고자 최선의 노력을 기울였다. 그녀는 몸이 회복된 후 기도와 말씀의 중요성을 더더욱 절실히 깨달았던 것이다. 우리 그리스도인들에게 말씀과 기도보다 더 중요한 것이 없다는 사실을 그녀는 자신의 회복을 통하여 실감했던 것이다. 그리고 그녀는 요즘 또 하나의 큰 깨달음으로 크게 기뻐하고 있었다. 이것은 아직 남편 이목사에게도 말하지 않은 내용이었다. 그녀는 자신에게 무서운 병이 왔던 이유를 나름대로 깨달았던 것이다. 물론 하나님의 마음과 인간의 마음은 다르다. 오직 말씀을 통해서만 한 마음이 된다. 그녀가 고난당한 다른 이유도 얼마든지 있을 수 있다. 다만 김미란 사모는 보혜사 성령님의 감동을 통하여 그 나름대로 자신이 고난당한 한 이유를 깨달았던 것이다. 그런데 이 답은 아주 단순한 것이었다. 그녀는 이 세상의 누구도 모르는 자신만의 비밀 하나를 가지고 있었다. 그 비밀이란 하나님에 대한 그녀의 태도였다. 그녀의 이 은밀한 태도는 자기 아버지도, 남편 이 목사도 알지 못하는 것이었다. 왜냐하면 그녀는 그만큼 외형상으로 감사가 넘치는 여인이요 사모였기 때문이다. 하지만 그것은 그녀의 온전한 진실이 아니었다. 그녀의 마음속에는 하나님에 대한 야속한 감정이 있었다. 그처럼 훌륭한 아버지를 좀 더 큰 교회로 옮기셔서 좀 더 많은 일을 하도록 인도하시지 않은 데 대한 야속함, 어려서부터 공부도 잘 했고 성품도 좋은 남편 이성웅 목사를 지하 개척교회에서 오랫동안 고생시키는 것에 대한 서운함… 하나님에 대한 이러한 감정이 그녀의 마음속에는 늘 있었다. 내가 이래서는 안 되지 하는 마음도 순간순간 그녀의 의식을 일깨우곤 했지만 그 서운한 마음은 결코 사라지지 않았다. 자신이 병으로 쓰러질 때 그녀의 서운한 감정은 극에 달하였다. 그러나 남편에게는 일절 내색하지 않았다. 그 감정은 오히려 하나님과 맞서는 형태로 나타나는 것이었다. 계속 이런 식으로만 나아가는 인생이라면 죽으면 죽는 거지 하는 자포자기의 마음으로 그녀 스스로를 몰아부쳤던 것이다. 하나님을 신뢰하면서도, 하나님의 하시는 일에 불만이 솟구치는 감정이 그녀의 심령 깊은 곳에 늘 있었던 것이다. 그녀는 저 무시한 사망의 음침한 골짜기를 지나면서까지도 자신의 그러한 감정이 죄악이라고 생각하지 않았다. 인간이기 때문에 누구나 가질 수 있는 당연한 감정이라고 생각했다. 하지만 몸이 회복된 후 성경을 다시 읽으면서 그녀는 생각하였다. 결국 이 마음은 나누어진 두 마음일 것이라고 생각한 것이다. 예수님을 진정으로 믿고 의지한다면 예수님이 지신 십자가의 길까지도 기꺼이 따라가야 할 것이다. 모든 일에 감사하면서 주어진 시간과 환경들을 기쁨으로 받아야 할 것이다. 그러나 김미란 사모는 그러지 못하였다. 말과 행동으로는 그러는 것처럼 보였지만 아무도 모르는 내면 깊은 곳에 주님을 향한 불만이 있었다. 왜 이러시나 왜 이러시나, 내가 무슨 잘못을 범했다고 이렇게 인도하시나… 이러한 마음이 그녀의 마음 밑바닥에 있었던 것이다. 그녀는 이것이 죄악임을 분명히 깨닫고 있었다. 그런 두 마음은 자신이 교만했었다는 것을 증거하는 마음이리라. 바로 그 교만이 무서운 암덩어리가 되어 자신을 죽음의 구렁텅이로 끌고 갔을 것이다. 아니 주님은 그녀의 그런 마음을 없애시기 위하여 그런 무서운 시련을 주셨을 것이다. 참으로, 하나님을 탓하는 마음은 하나님이 기뻐하시지 않는 마음이다. 무흠하시고 순결하신 하나님 앞에서 거짓 모습을 내보이는 악한 태도이다. 그녀는 이 문제를 주님 앞에 내어놓고 진심으로 회개하였다. 그러자 하나님은 그녀에게 이제껏 느끼지 못했던 큰 기쁨을 주셨다. 그녀는 그 기쁨으로 인해 마치 몸에 날개라도 달린 듯 저 창공을 훨훨 날 것 같았다.

그녀는 이 세상에 자기와 같은 마음을 가진 성도들이 또 있을지도 모른다는 생각을 했다. 그러자 그들을 위한 기도가 나왔다. 참으로 간절히 기도를 하게 되었다. 무서운 고난 앞에서도 자신의 의를 끝까지 주장했던 욥은 어쩌면 자기와 닮은 사람인지도 모를 일이었다. 여하튼, 문제는 하나님께 담대히 나아가 예수 그리스도의 이름으로 기도하는 일이 중요하리라. 설령 범죄의 내용이라 하여도 나의 실상을 주님 앞에 그대로 내어놓는 것이다. 응답을 포기하지 않고 믿고 기도하면 해결하시는 보혜사 성령님의 역사가 분명히 있으리라. 욥처럼 회개한다면(욥 42:1-6) 그것은 나와 내 가족과 교회를 위하여 더더욱 좋은 일일 것이다(채찍에 맞으신 예수님의 치료하시는 능력이 틀림없이 나타날 것이다). 주님은 내 영과 혼과 육을 치료하시며 나를 온전히 회복시키신다. 나를 부활의 은총 가운데로 들어가게 하신다. 모든 저주로부터 자유하게 하신다.

이렇게, 김미란 사모가 하나님의 은혜를 충만히 누리고 있는 가운데 조인성과 최은미의 결혼날짜가 잡혔다. 주례는 이목사가 하기로 했다. 이 일

또한 큰 기쁨이 아닐 수 없었다. 최은미는 이미 조인성의 집에 들어가 박애리 권사에게 집안일을 배우고 있었다. 그러나 교회는 대학교회에 나가지 않고 조인성과 함께 늘 정금교회로 왔다. 그리고 열심히 봉사하였다. 이 두 젊은이 때문에 교회에는 젊은이 십여 명이 더 모이게 되었다. 이러다 보니 교회가 갑자기 젊은 기운으로 가득하였다. 불과 일이 개월 사이에 교회가 크게 부흥하자 이목사와 김미란 사모는 매일매일 바쁜 일정을 소화해야만 하였다. 예배당도 근처의 건물 일층 상가로 옮겼다. 사택과 분리하지는 못했지만 지하에 비하면 천국이었다. 이처럼 정금교회가 갑자기 부흥을 체험하면서 은혜가 넘치고 있는데 하루는 오지훈 목사가 전화를 하였다. 시간이 괜찮으면 지금 곧 만나자는 것이었다. 그래서 그와 만났다. 그는 만나자마자 이목사에게 물었다.

"이목사, 내가 지금 어떻게 해야 하지? 나 지금 아주 난처한 일이 생겼거든."

"무슨 일인데 그렇게 당황해? 천천히 한 번 이야기해 봐."

"사실은 나 지금 학교에 갔다가 오는 길이야. 어제 오후에 갑자기 총장실에서 전화가 왔더라구. 오늘 오전에 꼭 좀 학교로 오라는 거야. 그래서 부랴부랴 학교에 갔었어. 그런데, 총장이 하는 말이 이번에 나를 우리 신학대학의 역사신학 교수로 최종 결정했다는 거야. 그래서 내가 이미 이학기를 시작했는데 그게 무슨 말이냐고 물었더니, 지금 학교가 방학 동안에 있었던 임용 문제로 난리 속이라는 거야. 이번 교수 채용 시험에 응시한 자 중 여러 지원자들이 학교에 기부금 조로 돈을 냈는데, 그 중에는 채용되지 않은 사람들도 몇 명 있다는 거야. 그래서 그들이 들고 일어났는데, 이 문제를 교단 내에서 조용히 마무리하기 위해 돈을 내고 교수가 된 사람들은 모두 없던 일로 하고 기부금 조로 낸 돈도 모두 돌려주었다는 거야. 교수는 채용 시에 깨끗하고 정당하게 응시한 사람들 중에서 뽑기로 했는데 교회사에서는 내가 뽑혔다는 거야. 이런 일도 있나 보지?"

이목사는 웃음이 나왔다. 그래서 입을 벌리고 하하하- 하고 소리 내어 웃으니까 오목사도 소리를 내어 웃었다. 그들은 그렇게 함께 웃다가 다시 심각한 표정으로 서로의 얼굴을 보았다. 오목사가 다시 이목사에게 물었다.

"이목사, 나 어떻게 해야 돼? 교수될 마음 다 접고 저 안산의 외국교회로 내려갔는데 이런 경우에는 어떻게 해야 옳은 거야?"

대답대신 이목사가 오목사에게 물었다.

"교수가 된 후에도 매일 새벽 예배 드릴 수 있어? 그리고 십일조 꼬박꼬박 낼 수 있어? 그리고 그 많은 사례비 받으면 오목사 자신과 오목사의 가정만 위해서 쓰는 게 아니라 예수님처럼 어려운 이웃들을 섬길 수 있어? 담임 목사와 현장에 나가 전도할 수 있어?"

"그거야 기본이지. 교수되면 이목사 교회에 와서 함께 생활하려고 했던 사람이야. 그런 건 당연히 해야지. 그런데 하나님의 뜻이 어디 있는가 그게 알고 싶어."

"한 가지 더 물어볼게. 교수되면 매일매일 학교의 모든 교수들과 직원들, 이사진들, 중요 관련 인사들을 위하여 기도할 수 있어? 매일매일 말이야."

"그것도 당연히 해야지. 기도 줄로 학교의 모든 구성원들을 꽁꽁 묶어야지. 헛된 맘은 다 버리고 예수님에게만 집중하도록 말이야. 그 정도는 알고 있어."

"그럼 됐어. 내가 볼 때 오목사는 학교로 가야겠어. 문제 많고 탈 많은 우리 신학대학에 가서 오직 기도함으로 개혁을 해야 될 사람이 바로 오목사야. 안산 일 잘 정리하고 빨리 학교로 가. 이 일 또한 하나님이 이루신 거야. 기적이잖아."

"학교로 가야 할 것 같애?"

"그래. 학교로 가. 교수하면서 외국인들과 계속 교제해. 그 쪽 사역도 옆에서 계속 도우란 말이야. 우리 교회로 올 생각 말고 그 교회로 나가 사역해. 그게 하나님 뜻인 것 같애."

"나 집사람한테도 아직 이야기 안 하고 이목사 너한테 먼저 이야기한 거야. 교수 쪽으로 결정해도 되겠지?"

"그렇다니까. 지체하지 말고 빨리 움직여서 원하는 서류 넣고 학교에 들어가. 난 계속 기도할 테니까."

"그래. 알았어."

이목사는 고개를 끄덕이는 오목사에게 말했다.

"오목사, 내가 늘 말한 대로 교회의 진정한 개혁은 신학교로부터 시작돼야 해. 오목사가 잘 아는 대로 바로 거기에서 인간을 살리는 생명의 물줄기가 솟구치고 있잖아. 그리하여 교회로 흐르고 있잖아. 이 세상의 모든 신학교들이 우리 주 예수님이 세우신 본래의 신학교를 회복해야 해. 예수님은 제자들을 부르시면서 오직 한 가지만을 원하셨어. 자신을 닮은 참 제자들을 만들겠다는 그 하나의 목적 외엔 아무 것도 없으셨어. 그리고 자신의 삶으로 신학교 설립자와 교수로서의 위상을 그대로 나타내 보이셨어. 돈과 명예를 원하지 않으셨어. 그래서 등록금도 받지 않으셨어. 제자들과 함께 먹고 마시고 주무시면서 모든 사명을 감당하신 거야. 십자가를 지시기까지 진정한 스승의 모습을 보이신 거야. 그리하여 부활의 능력과 보혜사 성령님의 강림을 그들에게 체험시키신 거야. 이 시대의 교회들이 변화되려면 교수들이 우리 주 예수님의 그 영성을 학생들에게 흘려주어야 해. 그러나 이 시대의 신학교들은 구조적으로 그것이 불가능하게끔 만들어져 있어. 교수는 영성으로 선택되는 게 아니야. 교수는 많은 봉급을 받으며 기도 없이도 살 수 있는 여유를 가지게 돼. 예수님처럼 전도하지 않아도 돼. 치료하지 않아도 돼. 생명을 살리는 권세 있는 말씀을 전하지 않아도 돼. 제도가 그렇게 만들고 있어. 이러한 교수들을 예수님처럼, 사도들처럼, 저 이방인의 사도 바울처럼 바꾸지 않고는 교회의 개혁은 요원해. 그런 학교에서 배운 목회자들이 보이는 영성은 뻔해. 오늘 이 시대에 우리가 보는 바로 그 영성이야. 삶이 뒷받침되지 않는 외침은 공허해. 그들이 사람을 모아서 교세를 늘리면 총회장도 하고 총장도 하고 다른 무엇도 하겠지만 그의 시대가 지나면 아무 것도 없어. 그들을 진정한 스승으로 기억하는 이들은 없어. 물론 목회 진실하게 하여 천국 갔으면 성공했어. 그러나 그 평가도 하나님이 하실 테니까 자신이 득의할 것은 못 돼. 신학교가 변화되어야 해. 예수님의 모습을 닮은, 닮고자 치열하게 몸부림치는 이들이 교수가 되어야 해. 이것이 없이는 교회에 소망이 없어. 사관학교가 병들면 그 군대는 패하는 것밖엔 아무 것도 없어. 이제 유럽의 많은 대학에서 신학부가 사라지고 있잖아. 학생들이 오지 않으니까 폐강하는 거지. 그건 니가 더 잘 알잖아. 우리 신학교야말로 많은 문제를 안고 있어. 니가 가서 예수님처럼 해. 예수님처럼 새벽 미명에 꼭 기도하고, 교회에 가서 설교도 하고, 목회에 필요한 연구를 해서 논문을 써. 목회에 아무 도움도 안 되는 허망한 이론들 쓰느라 시간 낭비하지 말고. 오목사, 교수는 설교할 사람들에게 설교하는 사람이란 걸 잊지 마. 강의를 학문적인 설교로 승화시켜. 예수님처럼. 사도들처럼. 이것이 교회를 살리는 길이야. 처음부터 뭘 하려고 하지 말고 기도부터 시작해. 그러면 보혜사 성령님이 너를 지도하시고 인도하실 거야. 넌 훌륭한 개혁자가 될 수 있어. 진실한 교수요, 예수님의 참 제자가 될 수 있어. 난 널 믿어."

"그래. 결코 쉬운 일은 아니겠지만 해볼게. 예수님처럼 생명 걸고 해볼게."

오목사는 말을 마치자 입을 꼭 다물었다. 결연한 의지로 반짝이는 그의 눈빛을 보고 이목사가 손을 내밀었다. 오목사가 이목사의 손을 꼭 잡았다.

"건투를 빌겠네."

이목사의 말에 오목사는 입을 굳게 다문 채 고개를 끄덕였다.

이목사는 오목사를 보내놓고 하나님께 영광을 돌렸다. 하나님이 하시는 일의 오묘함을 감히 측량할 수 없었다. 하나님은 불가능을 가능으로 만드시고, 죽은 자들을 살리시며, 없는 것들을 있게 하심으로 이 세상이 할 수 없는 일들을 계속 이루어가고 계셨다. 특별히 기도하는 성도들의 기도들을 단 하나도 땅에 떨어뜨리지 않으시고 모두 다 이루어 주시고 계셨다. 이 놀라운 하나님의 역사를 단 위에서 선포하는 목사라는 사역이 얼마나 위대한가. 얼마나 중요한가. 이목사는 다시 한 번 성직의 성스러움과 그 무한한 은총을 생각하는 것이었다. 그리고 하나님께 감사하였다.

이목사와 정금교회 성도들은 평화적인 남북통일을 위하여 쉬지않고 기도하였다. 또 이 민족의 양심이 희고 곱게 변하도록 쉬지 않고 기도하였다. 세 시간 이상, 때로는 네 시간, 다섯 시간을 기도하면 하늘에서 불이 떨어졌다. 하늘문이 활짝 열리고 이목사의 몸은 새털보다도 더 가볍게 느껴졌다. 그리고 뜨거운 방언과 함께 신비한 하늘의 세계는 더욱 넓게 열리는 것이었다. 기도에 깊이 들어가면 들어갈수록 너는 쉬지 말고 기도하라는 주님의 음성이 더욱 선명하게 들려오는 것이었다. 그런가 하면 기도한 시간 이상으로 성경을 읽고 묵상하고 전하라는 음성도 계속 들려왔다. 그리하여 이목사는 요즘 말씀과 기도에 단단히 붙들려 시간 가는 줄을 몰랐다.

이 무렵 저 공중의 제국 회의실에서는 사탄의 거친 음성이 참모 귀신들의 영혼을 짓누르고 있었다. 사탄은 자기 주위에 있는 참모 귀신들을 금방이라도 잡아먹을 듯 무섭고도 잔인한 안광을 발산하면서 계속 소리치는 것이었다.

"이 멍청한 자식들! 이게 도대체 무슨 낭패냔 말이다! 내가 죽이라고 했던 인간들이 한 명도 죽지 않고 모두 살아났지 않느냐 말이다! 저것들이 저런 생생한 모습으로 되살아나는 동안 너희들은 도대체 어디서 무엇을 했느냐 말이다? 너희들은 도대체 무엇을 했느냔 말이다? 마국아수, 너부터 대답해라!"

"용서해 주십시오 각하. 최선을 다했지만 우리의 뜻대로 되지 않았습니다. 이목사 부인의 경우 우리보다 강한 어떤 힘이 그녀를 살려냈습니다. 우리가 아무리 강하게 눌렀어도 그 힘은 그녀가 죽지 않도록 지켰고 그녀를 다시 살아나게 했습니다. 참으로 죄송합니다. 다시 한번 시도하겠습니다. 기회를 주십시오."

"우리보다 강한 힘이 있다고? 그게 무슨 힘이야? 세상은 내 손아귀에 있다는 것을 모르나. 어떤 힘이 이 루시퍼보다 강하다는 거야? 난 하나님과 겨루었던 자야! 누가 나보다 강하다는 거야? 말해 봐! 그 힘이 누구야? 어떤 힘이야?"

공중제국의 참모들은 아무 말 없이 두려운 표정들을 하고 석상들처럼 서있었다. 마왕은 그들에게 소리쳤다.

"내가 너희들에게 분명히 경고하겠다! 난 이제 너희들을 믿을 수 없다! 난 이제 이 제국을 새롭게 할 것이다! 참모들을 모조리 갈아치우겠다! 그러나 내 너희들에게 한 달 간의 기회는 주겠다! 한 달 안에 이 공중제국을 새롭게 할 아이디어를 가지고 오라! 만약 특별한 아이디어가 없으면 너희들을 모두 없애버리겠다! 그리고 이 자리에 새로운 참모들을 앉게 할 것이다! 이 공중제국에는 지금 이 자리에 앉고 싶어 하는 수많은 인재들이 대기하고 있다. 내 말 알겠나?"

"네, 각하!"

공중제국의 참모들은 회의실이 떠나가도록 큰 소리로 대답하였다. 사탄은 자리에서 일어났다. 그리고는 호위자들과 함께 휑하니 회의장을 나가버렸다. 마국지가 입을 꼭 다문 채 비장한 표정으로 회의장을 나오는데 마국아수가 조심히 그의 곁으로 다가왔다. 그리고는 말했다.

"마국지 장관님, 장관님과 이야기를 좀 하고 싶습니다. 시간 좀 내 주시겠습니까?"

"그렇게 하지요. 어디 조용한 데로 갑시다."

그들은 다른 귀신들이 거의 드나들지 않은 아주 깊숙한 장소로 갔다. 그리고 마주 앉았다. 마국아수는 사뭇 심각한 표정으로 마국지에게 말했다.

"대한민국이라는 나라가 만만치 않습니다. 남과 북이 갈려 있는 작은 나라이고, 수많은 우리의 장수들이 열심히 활동하고 있어서 쉽게 생각했는데 제 생각이 좀 경솔했던 것 같습니다."

마국지는 빙그레 웃으면서 말했다.

"마국아수 장군님, 그 곳은 특별한 나라요 특별한 땅입니다. 저 지상의 영혼들이 천국과 지옥을 불신하는 이십일세기에 유일하게 예수의 이름을 뜨겁게 부르며 천국과 지옥을 믿고 하나님께 충성한 나라가 바로 대한민국입니다. 물론 우리의 장수들은 최선을 다하여 저들을 시험하여 무너뜨리고자 노력했습니다. 하지만 우리의 힘이 하나님의 힘을 이길 수는 없습니다. 저 나라는 하나님이 지키시는 나라입니다. 이전 마국아수 장군이 실패했던 것도 바로 그 이유 때문이었습니다. 이번에 마국아수 장군께서도 바로 그 이유 때문에 목적을 모두 달성하지는 못한 것입니다. 그러니 너무 염려하지 마시기 바랍니다. 저들에게도 많은 약점들이 있습니다. 우리가 이길 수 있는 기회가 올 겁니다. 아니 이미 저들도 많이 흔들리고 있습니다. 틀림없습니다. 이 세상에서 자살을 가장 많이 하는 나라가 바로 저 나라입니다. 우리 기회를 기다립시다."

마국아수는 고개를 끄덕거렸다. 그러면서 입을 열었다.

"많은 교회들이 이미 우리의 손안에 들어왔습니다. 그런데도 하나님은 저들에게 힘을 주고 있습니까?"

"그렇습니다. 하나님은 우리들의 전략을 알고 이미 대책을 세우신 모양입니다. 우리의 손으로 매수할 수 없는 소수의 종들을 빼돌려 은밀하게 숨겨놓고 그들로 하여금 기도하게 하고 있습니다. 그들의 기도가 있는 한 우리의 일이 순조롭게 되기를 기대할 수 없습니다. 그러므로 그들을 색출하여 시험하고 무너뜨려서 죽여야 하는데 그 일이 쉽지가 않습니다. 그들을 하나님이 지키고 있기 때문입니다. 하지만 방법은 있을 것입니다. 저 이스라엘을 보세요. 유럽을 보세요. 미국을 보세요. 물론 미국은 기도하는 이들이 아직도 있습니다만 저들도 거의 기울었습니다. 우리들은 그들을 이겼습니다. 파괴시켰습니다. 저들은 우리들의 시험에 넘겨졌고 결국은 하나님이 저들의 생명을 우리에게 넘기셨습니다. 하나님이 버리신 것입니다. 대한민국도 그런 날이 오리라고 믿어야 합니다."

"장관님, 저도 그것을 믿습니다. 언제인가는 우리들이 저들을 모두 죽이리라 확신합니다. 그러나 문제는 대왕이 선포한 한 달이라는 짧은 기간입니다. 대왕께서는 우리들에게 딱 한 달의 기간만을 주셨습니다. 그 동안에 우리들이 어떤 대책을 내놓지 않으면 우릴 모두 죽이겠다고 하지 않았습니까?"

마국지는 입을 꼭 다문 채 생각에 잠겼다. 그는 몇 분이 흐른 후에야 말했다.

"대왕님의 모습이 예전 같지 않은 게 사실입니다. 왜 그런지 몹시 조급해 하는 면이 있습니다. 제게 한두 가지 집히는 것이 있긴 하지만… 저희들이 알 수 없는 뭔가가 있는 것 같습니다… 새로운 참모들을 원하는 것 같기도 하고요."

"장관님은 어떤 대책을 가지고 계십니까? 모든 장관들이 장관님만 바라보는 것 같은데 말입니다."

마국지는 빙긋이 웃었다.

"저도 제 머리 안에 어떤 대책이 또 남아 있는지는 모르겠습니다. 그러나 살기 위해서는 또 한 번 머리를 짜보아야지요. 그러나 문제는 대왕의 마음입니다. 그것이 염려가 됩니다. 대왕께서 참모들을 모두 바꾸려고 이미 결정했다면 우리에겐 죽는 일밖엔 다른 희망이 없습니다. 아까 분위기로 보아서는 느낌이 안 좋았습니다. 이미 어떤 결정을 한 것 같아요."

마국아수의 두 눈이 반짝 빛났다. 그는 마국지의 얼굴을 보더니 물었다.

"장관님, 어떻게 해야지요?"

"전 마국아수 장군은 어떻게 되었습니까?"

"한 걸인에게 들어가 있습니다."

마국지는 고개를 끄덕였다. 그리고는 말했다.

"어느 누구도 마왕의 눈을 피할 수는 없습니다. 그러나 사는 데까지는 살아야 합니다. 제가 다 알 수는 없지만 어차피 우리의 운명은 저주이며 악입니다. 그 결과가 좋을 리 없습니다. 성경에는 우리가 시험하여 무너뜨림으로 하나님을 버리고 우리에게 죽은 인간들과 우리 귀신들 모두가 지옥불에 떨어진다고 기록되어 있습니다. 마왕은 그것이 거짓말이라고 하지만 어쩌면 그 기록이 옳은 기록일 수도 있습니다. 하지만 우린 사는 데까지는 살아야 합니다. 마왕에게 걸리면 우린 영원한 어둠의 세계에 갇히고 맙니다. 그것도 아주 잔인한 방법에 의해 쥐도 새도 모르게 사라집니다."

"그 정도는 저도 잘 알고 있습니다."

"그럼 됐습니다 장군의 건투를 빌겠습니다."

마국지가 손을 내밀었다. 마국아수는 비장한 표정으로 마국지의 손을 잡았다. 마국지의 눈빛 역시 전 같지 않았다. 그는 긴 콧숨을 내어쉬고는 마국아수의 얼굴을 보았다. 마국아수가 자리에서 일어났다. 마국지도 일어났다. 그들은 한 손을 들어 보이며 작별을 고했다.

비취색 하늘이 유달리 높아 보이는 오후였다. 이목사와 김미란 사모가 근처의 상가를 돌면서 전도를 마치고 사택에 들어섰는데 최은미가 이목사에게 전화를 했다. 시간이 있으면 시내의 찻집에서 잠시 만나자는 것이었다. 이목사는 특별한 계획이 없어서 그렇게 하자고 말했다. 버스를 타고 시내로 나가는데 이목사의 뇌리에 최은미와 함께 하였던 시간들이 하나 둘

지나가고 있었다. 김미란 사모가 사경을 헤매던 가장 어려운 시기에 그녀는 이목사 곁으로 왔다. 그리고 그 어려운 시간들을 어렵지 않게 보낼 수 있도록 많은 것들을 그와 그의 가정, 교회에 주었다. 특별히 원색의 설렘과 청춘의 유혹 같은 뜨거운 시간들이 찾아왔었다. 어찌 생각하면 한없이 부끄러운 시간들이지만 한편으로는 사라져버린 시간들의 회복 같은 것이었다. 그리고 순결한 신앙이 더욱 견고하게 다져지는 은총의 순간들이었다. 그녀의 크고 둥근 눈동자는 여전히 이목사의 마음이 성과 속의 신비한 나라로 들어갈 수 있는 아름다움이었다. 이목사는 그녀와 보냈던 시간들을 생각하면서 빙그레 웃었다. 차창 밖의 가로수들은 오색의 단풍으로 더욱 찬연히 치장하고 있었다.

그녀는 먼저 와있었다. 주일 예배 때 입었던 보라색 원피스를 입고 다소곳이 의자에 앉아 있었다. 이목사를 보자 미소를 지으며 손을 들어서 살살 흔들어 보였다.

"은미 자매, 먼저 와있었네요!"

"네 목사님, 근처의 백화점에서 물건 좀 사느라고 빨리 왔어요!"

이목사가 자리에 앉자 그녀는 활짝 웃으면서 물었다.

"사모님이 곁에 있으니까 너무 좋죠?"

"그래요. 너무 좋아요. 집사람 없을 때 은미 자매가 너무 수고 많았어요."

"제가 뭘요. 저도 그 때 너무 재밌고 즐거웠어요. 정말 매일매일이 너무 즐거웠어요."

"알아요. 그 때 은미 자매 얼굴이 꽃처럼 늘 활짝 펴져 있었어요. 지금처럼 말예요. 어때요? 조군 부모님들이 잘해 주죠?"

"네. 전과는 전혀 다른 모습들이에요. 저를 진심으로 아껴주시는 마음이 느껴져요. 저 지금 너무 행복해요."

"그 말 들으니까 나도 행복해지네요. 은미 자매는 그런 축복 받을 자격이 있어요. 하나님이 앞으로 더 많은 은총을 부어주실 거예요."

"너무 행복해서 좀 두려워져요. 이게 혹시 꿈이 아닐까, 이 꿈에서 깨어나 또 예전처럼 추락하면 어떠나 하는 그런 마음이 들 때가 있어요. 이런 건 옳지 않은 마음이지요?"

"그럼요. 모든 두려움은 사탄이 가져오는 거예요. 예수님 품안에 있는 자녀들은 일평생 그대로 가는 거예요. 그 어떤 것도 우리를 우리 주 예수님의 사랑에서 끊을 수 없는 거예요. 우리 예수님이 십자가 위에서 모든 대가를 이미 치르셨거든요. 이사야 오십 삼 장 오 절 말씀을 항상 읽으세요. 보혜사 성령님이 담대함을 주실 거예요."

"잘 알겠어요 목사님. 저 요즘 성경 열심히 읽고 있어요. 머지않아 전권을 다 읽을 거예요. 계속 반복해서 읽을 계획이에요. 목사님이 설교한 내용도 적어서 집에서 다시 읽어보곤 해요."

"그래요. 잘하고 있어요. 기도도 성실히 하고 있죠?"

"네. 저 혼자 있을 때는 꼭 무릎을 꿇고 기도하고 있어요. 기도하는 시간이 점점 길어지고 있어요. 기도할 내용이 점점 많아지는 거예요."

"그것도 하나님이 기뻐하시는 일이에요. 그게 바로 중보기도예요. 다른 영혼들을 위하여 기도하는 거예요. 우리들은 그 기도를 꼭 해야만 해요."

이목사의 말에 그녀는 만족한 표정을 지으며 말했다.

"목사님, 사실은 제가 우리 결혼식 때 목사님이 입을 양복 한 벌과 넥타이, 손수건을 사왔어요. 그 날 이 양복 입고 저희에게 축복의 설교를 해 주세요."

그녀는 옆에 두었던 흰 색의 쇼핑백을 들어서 이목사에게 건넸다.

"은미 자매…"

"나중에 제가 이보다 더 좋은 양복 가끔 사 줄게요. 넥타이도 사 줄게요."

"너무 고맙긴 한데 받기가 미안하군. 은미 자매에게 이미 받은 게 너무 많아서 말이야."

"받기는요. 제가 목사님에게 받은 것은 숫자로 셀 수 없어요. 저는 목사님을 통하여 천국을 선물로 받았어요. 예수님 만났어요. 아무리 귀한 것을 드린다고 하여도 그 은혜를 다 갚진 못할 거예요. 그러니 그냥 받아요. 너무 약소한 거예요."

"알았어요. 감사히 받겠어요. 그러고 보니 결혼식이 얼마 안 남았네요?"

"네. 며칠 안 남았어요. 그 전에 목사님 가족에게 식사 한 번 대접하자고 그이가 말했어요. 괜찮겠죠?"

"은미 자매, 그럴 필요 없어요. 나중에 신혼 여행 갔다 와서 우리 함께 만나요. 그게 좋아요. 조군에게 그렇게 말해요."

"그게 좋을까요?"

"그게 좋아요. 가족끼리 만나는 거예요. 얼마나 좋아요. 그렇게 해요."

"알았어요. 그렇게 말할게요."

이 때 그녀의 핸드폰 벨이 울렸다. 그녀가 전화를 받았다. 조인성인 모양이었다.

"그이가 친구들과 만난 후 이리로 오고 있나 봐요."

"그래요 은미 자매. 나 일어날 테니까 결혼 준비 잘 하고 우리 식장에서 만나요. 이 양복, 이 넥타이 매고 주례할 테니까 기대하고요."

"네 목사님. 항상 감사해요."

"감사는 내가 많이 하고 있어요. 오늘도 이 선물 너무 감사해요."

그녀는 이목사를 입구까지 따라나왔다. 그리고는 정중하게 인사를 하였다. 이목사는 손을 들어서 그녀의 인사에 답하고 그곳을 나왔다. 거리를 걷는데 시원한 가을바람이 불어왔다. 아름다운 열매의 계절 가을이 빌딩 사이사이와 거리 여기저기에 무르익고 있었다. 가을로 익어가는 서울 거리는 그 어느 때보다도 아름다웠다.

사택에 오니 나연희 권사가 와 있었다. 그녀는 반갑게 이목사를 맞았다. 그리고는 물었다.

"은미 양 만났어요?"

"네. 주례할 때 입으라고 이 양복을 선물했어요. 넥타이와 손수건도 주었어요."

"와, 목사님 오늘 큰 선물 받았네요. 받을 만하셔요. 은미 양이 속이 깊네요."

"네. 그런 것 같아요. 너무 감사해서 오히려 미안했어요."

나연희 권사는 흐뭇한 미소를 보이면서 말했다.

"사실은 제가 뭘 좀 목사님에게 물어보려고요."

"말씀하세요 권사님. 무슨 일인데요?"

"다른 게 아니고 제가 교회를 옮긴 후 전 교회의 몇몇 성도들이 저를 따라서 이리로 오겠다는 거예요. 사실 그분들도 제 마음과 같아서 맘이 편치 않은 이들이거든요. 이런 경우 어떻게 해야 돼요?"

"그래요. 그런 분이 몇 분이나 되죠?"

"스무 명은 족히 될 거예요."

"많은 숫자네요. 그 교회 목사님이 그분들을 아무리 가시 같이 생각한다 하여도 그런 숫자가 교회를 빠져나가면 마음에 상처를 받을 거예요. 이 문제는 쉽게 허락할 내용이 아닌 것 같아요. 그들이 나오면 맨 먼저 권사님이 구설에 오를 거예요. 교인 빼돌렸다고 욕하는 분들도 생길 거예요. 그러니 일단은 그분들을 위해 기도를 해야 할 것 같아요."

"그렇죠. 저도 그런 생각을 했어요. 그렇게 결정할게요."

"네 그게 좋을 것 같아요. 우리 한국교회는 교인 이동 문제로도 갈등들이 많잖아요. 저는 권사님이 우리 교회에 오신 것만으로도 만족합니다. 천군만마를 얻은 기분입니다."

"제가 뭘 한다고요."

"뭘 해서가 아니라 권사님이 곁에 있으면 맘이 든든해요."

"저도 그래요 권사님."

김미란 사모가 맞장구를 쳤다.

"저 너무 비행기 태우면 안 돼요. 저 또 교만해져요. 그러면 어렵게 찾은 이 기쁨 잃어버릴지 몰라요."

"하지만 권사님은 우리 부부와 우리 가정을 위해 하나님이 보내 주신 하늘의 천사예요."

김미란 사모가 나연희 권사의 손을 꼭 잡으면서 말했다. 나연희 권사도 김미란 사모의 손을 꼭 잡으면서 말했다.

"이런 순간이 꼭 꿈만 같아요."

그녀의 눈에 눈물이 그렁그렁 맺혀 있었다. 김미란 사모의 볼에도 어느새 눈물 방울이 또르르 굴러내렸다.

조인성과 최은미가 결혼하는 날 새벽에 이 목사는 예배를 마친 후 늘 하던 대로 엎드렸다. 기도를 시작하였다. 그러다가 깜박 졸았다. 바로 이 때 하늘문이 환하게 열렸다. 그리고 주님의 음성이 역력하게 들려왔다.

"이성웅 목사야, 세 가지를 분명히 알아라. 하나는, 내가 네가 이미 한 그 약속, 네가 내게 무릎을 꿇고 기도하면 나는 그 기도를 다 들을 것이며 응답하겠고, 네 인생을 책임진다는 약속을 끝까지 지킬 것이니라. 그러니 쉬지 말고 기도하여라. 또 하나는, 네 민족 대한민국에 대한 것인데, 나는 네 민족을 말세에 제사장 나라로 선택하였다. 너희들을 통하여 내가 존재하는 것을 이 세상에 계속 알릴 것이니라. 그러므로 너희가 나 예수를 그리스도로 믿고 나아가면 나는 너희 나라 대한민국을 세계 제일의 나라로 세울 것이니라. 너희들을 이 세상의 밝은 등불로 삼을 것이며 모든 일에 복을 내릴 것이니라. 이 세상에서 가장 아름다운 나라로 만들 것이니라. 그러나 너희가 나를 버리고 사탄을 섬기며 악을 범하면 나는 그 악한 자에게 너희 조국을 줄 것이니라. 너희의 인생을 줄 것이니라. 너는 이것을 너의 민족에게 전하여라. 세 번째, 나는 머지않아 지상으로 강림할 것이니라. 저 노아의 시대와 같이 인생들이 시집 가고 장가 가면서 나의 재림을 동화 속의 이야기로 알지라도 너는 계속 기도함으로 나의 강림을 준비하고 선포하여라. 쉬지 말고 성경을 가르침으로 나의 재림을 준비시켜라. 내 말 알겠느냐 이성웅 목사야?"

"잘 알았습니다 주님, 그런데 주님, 이 나라의 통일은 어떻게 됩니까? 언제 통일을 이루어 주시겠습니까?"

"머지 않았다. 믿고 기도하여라. 인생들이 아무리 불가능하다 하여도, 힘 있어 보이는 나라들이 아무리 자기들의 탐욕을 위해 훼방한다 하여도 내가 하면 된다. 어느 누구도, 이 세상의 그 어떤 나라도 나를 막을 수 없다. 내가 세우면 세워질 것이요 내가 부수면 부수어질 것이니라. 나는 통일을 이룰 것이니라. 나의 영광을 위하여 할 것이니라. 그러니 쉬지 말고 기도하여라. 나는 너의 주 예수 그리스도, 너의 하나님, 너희 주 보혜사 성령님이니라."

이목사가 눈을 떴을 때 예배당 안은 고요하였다. 그러나 그 고요함 속에는 우주와 만물을 창조하시고 주관하시는 주님의 숨결이 있었다. 이목사는 그것을 분명히 느꼈다.

조인성과 최은미가 결혼식을 올리는 날, 이 날은 하늘이 높고 푸른 아주 청명한 가을날이었다. 이 날은 토요일이었다. 이목사는 김미란 사모와 아이들을 데리고 식장으로 향하였다. 식장은 시내 중심부에 있는 교회였다. 입구에 내리자 최민수 부부가 하객들을 맞으며 순서지를 주고 있었다. 최민수는 이목사를 보고 달려왔다.

"민수 너 수고 많구나."

최민수는 함박웃음을 머금고 말했다.

"이목사, 혼례 마치고 기쁜 소식 하나 전해 줄게."

"얼굴을 보니 아주 좋은 일이 있는 것 같은데?"

"있어. 이따 봐. 우리 가족들하고 같이 밥 먹어. 그 때 말할게."

"알았어. 수고해."

이목사는 예배당 입구에서 조인성의 가족들과 최은미 가족들을 만났다. 그들은 하나같이 행복한 미소들을 짓고 있었다. 그 모습을 보자 이목사는 기분이 더욱 좋아졌다.

마침내 예식이 시작되었다. 예복을 잘 차려입은 신랑 조인성은 지금까지 보아온 청년 조인성이 아닌 것 같았다. 아주 성숙해 보였고 벌써 한 가정의 든든한 가장이 된 것 같았다. 그의 표정이 그랬다. 흰 드레스에 둘러싸인 최은미는 하늘에서 내려온 선녀처럼 아름다웠다. 작은 바람만 불어도 공중으로 둥둥 떠서 하늘로 올라갈 것 같았다. 하객들은 하나같이 그녀의 아름다운 몸매와 미모에 놀라는 눈빛들을 보였다. 그러나 최은미는 그 어느 때보다도 청순한 표정을 지은 채 아버지의 손을 잡고 조심조심 발걸음을 내딛었다. 결혼 서약을 위하여 이목사 앞에 선 조인성과 최은미는 꿈꾸는 듯한 표정으로 이목사를 바라보았다. 이목사는 그들에게 미소로 답하였다. 그들도 조용히 웃었다.

이목사는 그들에게 주 안에서 서로 다름을 인정하고, 오직 예수님을 바라보면서, 예수님의 사랑을 굳게 믿으며, 예수님의 사랑을 실천하면서 살라고 당부하였다. 이목사가 성부와 성자와 성령의 이름으로 그들의 결혼을 선포했을 때 그들의 얼굴에는 기쁨이 넘쳤다. 그리고 이 순간 최은미는 이목사의 얼굴을 뚫어지게 한 번 바라보았다. 그녀의 눈에서 영롱한 빛이 반짝 빛났다. 그 눈빛은 이목사의 가슴에 와 작은 파장을 일으켰다. 그 파장은 이내 주 예수 그리스도가 주시는 은총의 감동으로 이어졌다. 이목사는 그녀의 눈빛 속에서 감사와, 남은 인생의 행복을 결단하는 그녀의 의지를 분명하게 읽었다. '은미 자매 행복하게 잘 살아요.' 이목사가 미소를 보이자 최은미는 가볍게 다물었던 입술에 힘을 주었다. 이목사는 그들이 손을 잡고 이제는 부부의 몸으로 세상을 향해 나아가는 것을 보고 가슴 가득 밀려오는 평화를 느꼈다. 그리하여 다른 하객들과 함께 뜨거운 박수로 축복해 주었다. 저들이 그리스도 예수 안에서 행복한 인생을 살리라는 확신이 왔다. 이미 거센 시련의 바다를 건넜기 때문이다. 저들은 거친 풍랑 속에서도 좌초되지 않고 결국 예수 그리스도의 품으로 돌아왔다. 험난한 시험의 바다를 건너 예수 그리스도의 품안에 들어온 자들은 사탄의 유혹과 공격에 결코 넘어지지 않는다. 사탄의 사악함과 간교함을 너무나 잘 알게 되었기 때문이다. 그리고 예수 그리스도의 그 놀라우신 사랑을 체험했기 때문이다. 마귀가 우는 사자와 같이 으르렁거리며 삼킬 기회를 찾고자 계속 시험하겠지만 이제 저들은 십자가 보혈의 권세를 굳게 믿으며 기도할 것이다. 그리고 예수님은 그 기도에 응답하시며 사탄의 계교와 술수를 파하실 것이다. 하나님은 예수 그리스도를 진실하게 부르는 모든 영혼들을 당신의 무한하신 권세와 그 지혜, 그 사랑으로 지켜 주시는 것이다. 아무도 예수 그리스도의 피로 맺어진 성도와 하나님의 사랑을 끊을 수 없는 것이다.

조인성과 최은미가 신혼여행을 위해 비행기에 오르는 그 시간 공중제국에서는 다시 참모회의가 열리고 있었다. 사탄의 일그러진 얼굴과 유황빛의 안광이 제국 귀신들의 얼굴을 무섭게 스치고 지날 때 참모들은 사시나무 떨 듯이 떨었다. 사탄은 사색이 다 된 그들의 얼굴을 둘러보면서 큰 소리로 물었다.

"왜 마국지와 마국아수의 얼굴이 보이지 않느냐? 도대체 그들은 왜 아직 회의에 참석하지 않는 거야? 마국디 너는 그 이유를 알고 있느냐?"

마국디는 두려운 눈으로 마왕을 보면서 떨리는 어조로 말했다.

"각하, 솔직히… 솔직히 말씀 드려서 저는, 저는 그 이유를 잘 모르겠습니다."

"뭐라고? 네가 그걸 모르면 누가 그걸 안단 말이냐? 넌 세상 모든 것들을 볼 수 있는 우리 공중제국의 감시 카메라를 주관하고 있지 않느냐. 그런데 네가 그걸 모른다니 그걸 대답이라고 하느냐?"

"각하, 우리의 감시 카메라가 세상 모든 곳을 속속들이 감시하지 못합니다. 그 지역의 군인들이 보고하지 않으면 상황을 알 수 없는 지역들이 많습니다."

"알았다! 하나마나한 대답 그만 두어라! 이놈들이 도대체 어디를 갔단 말이냐? 무엇들 하느냐? 어서 가서 그 놈들을 잡아오지 않고!"

사탄이 소리치자 무관 귀신들이 회의장 밖으로 달려나갔다.

이 무렵 식장에서 교회로 돌아온 이목사는 옷을 갈아입고 방을 나왔다. 그 모습을 보고 김미란 사모가 물었다.

"어디 가세요?"

"예배당에 기도하러요. 모든 일들이 너무 형통하잖아요. 민수가 조군 대학의 지방 분교 부지 찾는 일을 맡았다고 하잖아요. 몇 개월 동안에 우리의 인생과 목회는 온통 축복으로 바뀌었어요. 사탄은 이 기회를 노리고 총공격을 해올 거예요. 기도하지 않으면 당해요. 나 기도할 테니까 누가 찾더라도 저녁 시간에나 통화할 수 있다고 말해 줘요."

"네. 잘 알았어요."

김미란 사모는 나도 기도해야 할 텐데 하는 생각을 하면서 이목사를 배웅했다.

이신현

1955년 1월 12일 전남 진도 출생

학력

1983. 2. 성결대학교 지역사회개발학과 졸업

1985. 2. 명지대학교 대학원 국어국문학과 졸업(문학 석사, 현대문학)

1994. 2. 성결대학교 대학원 신학과 졸업(Mdiv. 과정)

1995. 영국 웨슬리칼리지 수학

1998. 2. 호서대학교 연합신학대학원 신학과 졸업(신학석사, 구약학)

2003. 8. 호서대학교 대학원 신학과 졸업(철학박사, 구약학)

목회 경력

1987.– 1994. 동두천 성심교회에서 목회

1997.– 1998. 남서울 제일교회 개척 시무

1999.– 현재. 안산푸른숲교회 개척 시무

2009.– 방글라데시 한국교회 개척

강의 경력

1988. 3.– 2002. 12. 31. 장로회신학교 출강(합동·진리)

1998. 3.– 2012. 12. 31. 성결교신학교 출강

1998. 3.– 2012. 12. 31.– 호서대학교 출강

1997. 3.– 2019 성결대학교 출강(객원교수)

문단 데뷔와 저술

1880년 장편소설 《거울 속의 타인》을 발표하고 한맥문학 신인상을 받음으로 문단에 데뷔

1980. 장편소설 《이브의 초상》 출간

1986. 장편소설 《가고 또 가고》 상하 출간

1987. 병영일기 《해병일기》 출간

1989. 장편소설 《공존의 그늘》 4,5권 출간(합작)

1996. 실명소설 《프랑크푸르트에서 드럼치는 요리사》 출간

1998. 장편소설 《새야새야 파랑새야》 전 5권 출간

1999. 장편소설 《구도자》 출간

1999. 시집 《외롭다는 이에게》 출간

2001. 시집 《성도여 일어나소서》 출간

2001. 《개혁자 느헤미야》 출간

2004. 장편소설 《목회자》 상하 출간

2006. 강의노트 《선지자들의 영성과 신학》 출간

2006. 단편집 《빛의 능선》 출간

2016. 시집 《그 강》 출간

1993. – 2020년 현재. 월간 《한길》에 '5천자 소설' 연재

글쓴이의 말

　이 글은 예수교대한성결교단에서 발행했던 월간 「성결」에 연재하였던 글을 완성한 것이다. 2010년 3~4월호 합본부터 시작하여 여러 횟수를 연재했는데 잡지 발행이 중단되어 자연히 연재도 중단하였다. 당시의 제목은 '새 하늘과 새 땅'이었다. 그러나 글을 읽었던 여러 목회자들과 가족들이 재미있다고 평을 해 주어 틈틈이 나머지 부분을 썼다. 그 사이에 수년이 하루같이 지나갔다.

　이 글은 내 인생에 있어서 여러 의미를 지니는 글이다. 완성도 높은 글을 꼭 한 번 써보겠다고 다짐할 무렵 나는 예수님을 만났다. 그리하여 내 인생은 내가 전혀 생각하지 못했던 대 전환의 길로 들어서야만 했다. 나는 신학을 공부하는 길로 들어섰고, 교회를 담임하며 신학생들을 가르치는 일도 자연스럽게 하게 되었다. 나는 이제 다시는 문학이라는 깊고 높은, 광활한 숲에서 어중간한 재주를 가지고 방황하지 않으리라 결심하였다. 그러나 "그 재능을 버리려 하지 말고 갈고 닦아 나를 위해 사용하라."는 예수님의 음성을 선명히 듣고 다시 펜을 들었다. 하지만 내가 글쓰기에 집중할 시간은 없었다. 나는 교회에서 설교하고 신학교에서 가르치는 두 사역을 동시에 해야만 하는, 이를테면 특수 사역자였다. 이러다 보니 가끔씩 써내는 글들은 완성도가 높지 못한 게 사실이었다. 이러한 나의 모습은 항상 가장 절박한 기도의 제목이 되었다. 이런 내게 이 글은 내 자신에게 상당한 위안을 주고 있다. 지금까지 써낸 어떤 글보다도 정성을 기울인 글이기 때문이다. 또, 한 사람의 성직자로서도 마땅히 해야 할 일을 작게나마 해낸 것 같기 때문이다. 이런 면에서 나는 이 글이 내 인생에 여러 의미를 주고 있다고 믿는 것이다. 물론, 나는 지금도 문학이라는 저 거대한 산의 밑자락에서 물가에서 물장난하는 어린이들처럼 놀고 있는지도 모른다. 하지만 이 글을 마친 지금의 나는 참 즐겁다.

나는 진리를 만나 진리를 전하고자 하며, 또 그렇게 살고자 노력하는 사람들에게 나의 진심을 말하려고 노력했다. 그런가 하면 내 조국, 내 민족들에게도 사랑하는 마음을 전하고자 노력했다. 인간의 영혼과 이 지상에 존재하는 모든 생명체들을 사랑하고자 노력하는 내 간절한 마음도 전하고자 하였다. 나의 이런 진심들이 모두에게 전해져서 함께 희망의 노래를 부르며 살기를 원한다. 그리고 언제나 자신을 과신하지 말고 항상 겸손하게 살기를 원한다. 이 세상은 단순한 곳이 아님을 알고 늘 자신과 인생을 깊이 성찰하는 자세로 살아가기를 원한다. 이 책이 그런 마음을 갖도록 생각하게 하고 독려하는 그런 책이 되기를 원한다.

내가 좋은 글을 써내길 간절하게 바라는 내 아내 이상미씨, 딸 이레, 린나, 예은이에게 이 책이 좋은 선물이 되었으면 하는 마음이다.

이 책을 1984년 7월 30일 오후 2시 이후에 전남 광주에서 나타나 내게 흰옷을 입혀 주신 우리 주 예수님에게 조심히 올려 드린다.

2020년 봄을 기다리며
이신현 작가

하얀나라 공사장

초판 인쇄   2020년 2월 15일
초판 발행   2020년 2월 20일

지 은 이   이신현
펴 낸 곳   **코람데오**
등   록   제300-2009-169호
주   소   서울시 종로구 세종대로 23길 54, 1006호
전   화   02)2264-3650, 010-5415-3650
             FAX. 02)2264-3652
E-mail   soho3650@naver.com

ISBN | 978-89-97456-80-2 03230

값 **15,000**원

※ 잘못된 책은 바꾸어 드립니다.